# 教育现代化的动态监测及政策调适研究



陈国良
杜晓利
李伟涛
等著

上海教育出版社
SHANGHAI EDUCATIONAL
PUBLISHING HOUSE

全国教育科学规划国家重点项目“教育现代化的动态监测及政策调适研究”（AFA140001）于 2014 年 9 月立项，2020 年 1 月经全国教育科学规划领导小组审核结项。

# 前　言

推进教育现代化发展是党和国家确定的一项重大战略性任务。

教育现代化既是以现代信息社会为基础，以先进教育理念为指导，运用先进科学技术推进教育变革的过程，也是由传统教育转向现代教育，建设新时代中国特色社会主义现代教育体系，赶超全球教育先进水平以及引领世界教育发展潮流的过程。

在世界最大人口规模的国家实现教育现代化，不仅对我国的经济和社会发展产生前所未有的基础性影响，也将对世界教育发展产生重大影响。作为发展中的人口大国，围绕推进全国及各地的教育现代化发展，我们必须科学把握国际、国内以及教育内外部的发展环境与形势，按照党和国家确定的教育现代化发展思路和目标，立足国家发展全局和教育整体发展，科学确定制度框架，将教育现代化发展监测评价作为战略抓手，合理定位功能趋向，系统设计指标体系和监测评价方法，为全国及各地客观把握和判断教育现代化发展进展、困难和短板提供依据，为有针对性地调控政策和探索、创新发展提供支持与支撑。提高教育现代化动态监测能力，是我国面向2035年推进新时代教育现代化发展目标实现的重要任务，也是国家教育治理体系和治理能力现代化的内在要求。

从《国家中长期教育改革和发展规划纲要（2010—2020年）》实施五周年的中期监测评估情况看，我国教育改革和发展取得了举世瞩目的成就，与发达国家的教育差距进一步缩小。但面对来自经济社会发展和人民群众对优质教育日益增长的需求，我国教育还存在一些亟待解决的问题，需要加快教育现代化步伐，提高教育供给服务品质。2015年以来，本课题根据所构建的教育现代化监测评价指标体系，对全国教育现代化进展情况、我国及不同分组国家教育发展水平和全国各地教育现代化发展情况进行跟踪，开展监测评价与实证分析研究，形成年度教育现代化进程监测评价系列报告。

2020年1月，经全国教育科学规划领导小组审核，由时任上海市教育科学研究院院长陈国良教授为首席专家的全国教育科学规划国家重点项目“教育现代化的动态监测及政策调适研究”结项。该课题研究历时5年，立足于推动教育现代化的战略目标，着眼于研究探索构建基于科学评价指标体系的现代化动态监测模型和系统应用开发设计，以动态监测过程和结果的科学决策系统为依托，根据我国幅员辽阔、区域教育发展差异较大的特点，研究建立教育现代化动态监测和政策调适机制。课题研究成果对推进国家教育现代化发展战略的实施具有现实应用价值。

本书是上述课题研究成果的聚合和丰富。

2020 年 7 月

# 目 录

# 第一章

# 研究问题、研究设计与主要研究发现

# 第一节

# 研究问题

## 一、 研究目的

伴随我国教育现代化发展中长期目标的设定、规划与政策呈现出的综合化特点，以及提高国家教育治理能力现代化不断提出的新要求，教育现代化监测功能面临着从提供信息数据向提供动态深层次支持转变的迫切需求。为提升教育现代化监测能力，满足动态深层次监测需求，本研究的目的主要确立为以下方面。

### （一） 综合监测我国教育现代化动态进程

对照确定的教育现代化发展目标，对全国教育现代化发展状况进行监测评价，以求整体把握国家教育现代化发展的水平、进展及目标达成度，并结合国家经济社会发展和相关重大政策举措来研判我国教育现代化发展的进展和成就，站在教育现代化发展的全局，关注需要着力解决的重大问题。

### （二） 监测分析我国教育在世界上的相对位置

以国际教育现代化发展的趋势、特点和多样化格局分析为基础，以定量指标为主，将我国的教育发展水平与不同类型国家的教育发展平均水平（包括按世界银行不同收入国家分组和世界各国平均水平、经合组织成员国、金砖国家和九个人口大国的水平等分组）进行比较，在国际坐标中进行多维度、多视角的比较分析，立体展现我国教育现代化的国际地位，分析中国教育现代化发展对世界教育发展的贡献，从而综合研判和把握世界教育格局变化中我国教育现代化发展的目标取向与战略重点，促进我国教育进一步改革开放和交流合作，提升我国在世界教育发展和监测评价领域的影响力。

### （三） 监测我国各地教育现代化发展格局和态势

监测评价我国各地教育现代化发展水平、进步程度和目标达成度，并通过建立和完善监测评价各地教育现代化发展的推进与激励机制，推动教育协调发展，努力提高教育服务经济和社会发展的能力，办人民满意的教育。

## 二、 研究意义

### （一） 加快国家教育治理体系和治理能力现代化

面向2035年实现教育现代化的战略目标，持续推进教育现代化发展监测评价，是加快转变政府职能，加快教育治理体系和治理能力现代化的重要机制。

根据我国教育现代化发展的阶段性特点和教育发展实际，科学设计、有序实施、社会参与的教育现代化监测评价，能够推进教育科学决策、有效管理与信息公开，建立与完善教育改革和发展的激励、监督和推进机制，为创新教育行政管理方式，提高教育治理现代化水平，科学统筹全国及各地的教育发展提供支撑。

### （二） 成为推进教育现代化发展的战略抓手

针对我国教育发展的特征，构建教育现代化发展指标体系，对全国和各地区教育现代化发展状况进行监测评价，是我国加快教育现代化发展的战略抓手。

尽管我国教育发展水平领先的一些地区较早探索并建立了一些教育发展监测评价的体制机制，部分东部地区设计了教育现代化评价指标体系和监测评价办法，但从总体上看，还是受数据信息获得不及时、监测评价周期长、监测评价结果针对性不强、缺少监测结果转化及政策调适机制等因素或问题的制约。为此，迫切需要从科学、有效的监测和解决推进教育现代化进程中实际问题与技术难题入手，科学构建一套适合我国国情、体现我国特色、有国际可比性和国际影响力的教育现代化监测指标、工具与方法，从而有利于比较分析全国各地的教育现代化发展水平、薄弱环节及影响因素，彰显国家对各地区教育发展的引领，同时有利于动态把握我国在世界教育格局中的战略地位，以及各地区在我国教育全局中的作用，从而为国家及各地区加快推进教育现代化发展提供支撑。

### （三） 有助于丰富我国教育监测评价与政策理论研究

从学理上阐述教育动态监测的导向性、长周期性、动态性和复杂性，有助于丰富我国教育监测评价与政策理论研究，建立我国在教育现代化监测评价领域的理论自信。

### （四） 激发教育发展活力

教育现代化动态监测是基于实证数据分析形成证据，综合监测全国和各地区教育现代化发展目标的达成度、进步程度与任务落实程度，因此不仅有助于把握国家和各地区教育现代化发展进程以及在时空维度所处的方位，而且有助于展示各地区教育现代化进步程度和学校案例，产生激励效益，激发我国教育发展的活力。另外，全方位跟踪、展示我国教育现代化发展成就，将凝聚多方力量，形成广泛共识，增强中国教育自信。

## 三、 核心概念

### （一） 动态监测

动态监测早期主要产生于地理信息系统领域，是指运用多平台、多时相、多波段和多源数据，对地球资源与环境各要素时空变化进行的监视与探测。[1]21 世纪以后，随着人们对教育质量及其协调发展的重视程度的提升，动态监测开始作为一个重要概念被引入到教育评估领域，并且受到越来越多的关注。就教育领域而言，动态监测是指围绕办学条件、学生素养、教师水平、制度建设等诸多指标，对国家或者区域教育动态发展水平和能力进行历时性的长期观测和评估过程。从性质上看，动态监测属于教育评估的方法范畴；从特殊属性看，动态监测体现了历史发展、现实矛盾和未来变革的统一。

教育现代化监测是教育领域动态监测的关键和核心内容，也是国家现代化监测的重要构成部分。理解动态监测，主要可以从三个方面展开：一是从实施主体看，中央和地方各级政府是实施教育现代化动态监测的主体，为教育现代化监测提供经费保障和制度支持；二是从指标体系看，动态监测的内容主要包括教育普及度、教育公平度、教育质量度、教育开放度、教育保障度、教育统筹度、教育贡献度、教育满意度等；三是从方法手段看，动态监测是绝对指标与相对指标的统一，是对传统的僵化评估体制的有效回应，其结果变化彰显了教育发展的历史过程。

### （二） 政策调适

基于不同理论视角，研究者对政策调适有不同的理解。结合已有的观点和内容，本研究认为政策调适是决策主体对政策制定或执行问题的纠偏和矫正，是整个政策链条中的重要一环，位于政策反馈阶段。教育政策调适与一般政策调适存在差异，也存在联系，反映了教

[1] 张兵，黄文江，等.地球资源环境动态监测技术的现状与未来[J].遥感学报，2016(6)：1470—1478.

育发展矛盾的内在特殊要求。从现代化的角度看，动态监测的结果能够为教育政策的调适提供具体的证据支持。

# 第二节

# 理论基础与相关研究

## 一、 理论基础

### （一） 教育现代化监测理论

结合现有文献资料，一般认为教育现代化动态监测有三个理论来源。一是，伴随着公共管理理论、新公共管理理论再到公共治理理论的转变，教育监测的关注点也从关注执行（与政策实施有关）到关注结果（评价真实的变化是否发生），以及到现在的关注政策决策、政策执行和政策影响的三位一体。[1]二是教育实践论、教育产品论、教育控制论等理论视角。陈桂生认为，教育实践论中的概念、命题、体系“大抵有符合实践逻辑的规定性”，在一定的社会—文化体系中，依据主流或非主流的一般价值观念，形成一般的教育价值观念，把一般的教育价值观念转化为教育价值原则与指令性或指导性的教育规范，如教育目的规范、规范性的课程以及各种教育行为规范，用以规范人们的教育行为。这便是教育实践逻辑的大致情况。[2]教育产品论起源于公共产品理论，其核心观点认为教育产品涉及教育资源配置和利用决策，其实质是政府、市场、社会提供或参与提供教育产品关系的表征。教育控制论实质上就是利用客观规律来达到一定目的的方法学理论。三是结合教育评价理论，如第四代评价、柯克帕特里克（Kirkpatrick）的四级评价模型、考夫曼（Kaufman）的五级评价、CIPP 模型（背景评价、输入评价、过程评价、结果评价）、CSE 模式（需要评定、方案计划、形成性评估、总结性评估）等理论和模型构建教育现代化动态监测体系。如冉华尝试总结出教育现代化评价指标体系的三种取向：归纳—描述取向、演绎—分析取向、系统—整体取向（见表 1-1）。

[1] 胡伶，范国睿.从关注过程、结果导向到“共享领导”：教育政策监测与评估的理论模型构建[J].教育发展研究，2013(04)：1—6.
[2] 陈桂生.“教育理论与实践关系问题”的再认识[J].湖南师范大学教育科学学报，2005(01)：8—10＋17.

**表 1-1 取向、方法与维度之间的关系表**

| | 取向 | 操作思路 | 阶层关系 | 方法 | 应用关系 | 具体案例及评价维度 |
|---|---|---|---|---|---|---|
| 第一种 | 归纳—描述 | 测量数据<br>评价指标<br>评价维度 | 自下而上 | 量化方法为主 | 国际大型组织 | 经济合作与发展组织(OECD):教育与学习的效果;教育的财政资源;教育机会、参与和进步;学习环境与学校组织 |
| 第二种 | 演绎—分析 | 核心概念<br>从属概念<br>评价维度 | 自上而下 | 质性方法为主 | 欧洲社会指标建构传统 | 福利为核心的概念:生活质量、社会和谐、可持续发展 |
| 第三种 | 系统—整体 | CIPP 模式<br>教育领域 | 自上而下 | 德尔菲法、混合方法 | 国内区域指标构建 | 江苏:教育普及度、教育公平度、教育质量度、教育开放度、教育保障度、教育统筹度、教育贡献度、教育满意度 |

(资料来源:冉华.教育现代化评价指标体系的价值维度比较研究[D].上海:华东师范大学,2016.)

### (二) 政策调适理论

教育现代化动态监测作为一个周期较长、参与角色众多、冲突性较强的政策议题,其转型受到多重因素的共同影响。正是多重因素相互作用的动态过程,影响、塑造和推进了教育现代化动态监测的演化。教育政策调适的理论基础多源于公共政策学和经济学领域,较有代表性的政策分析理论包括公共政策领域托马斯·戴伊(Thomas R. Dye)的政策分析模型、约翰·金登(John W. Kingdon)的多源流理论以及经济学领域赫伯特·西蒙(Herbert A. Simon)的有限理性理论。其中,托马斯·戴伊提供了制度主义模型、过程模型、理性主义模型、渐进主义模型、团体理论模型、精英模型、公共选择模型、博弈论模型等八种可选择的政策分析模型。多源流理论最早由约翰·金登在其代表作《议程、备选方案与公共政策》(1984)中提出,认为在政策议程中存在三种不同的源流,即问题源流、政策源流和政治源流,涉及政策议程多个层面的动态变化过程。赫伯特·西蒙提出的有限理性理论奠定了现代管理理论的基础,他认为作为管理者或决策者的人是介于完全理性与非理性之间的"有限理性"的"管理人"。"管理人"的价值取向和目标往往是多元的,不仅受到多方面因素的制约,而且处于变动之中乃至彼此矛盾状态,显示了人类决策的复杂性和不确定性。

## 二、 相关研究成果

在我国积极参与全球治理的背景下,把握我国教育现代化的实现程度,并和世界先进水平比较，是教育现代化监测中不可或缺的内容。这就要求研究者必须关注国际教育现代化动态监测的研究。在国内外关于教育现代化研究方面，直接以教育现代化的动态监测和政策调适为主题的研究尚较少，部分研究者将动态监测和政策调适作为教育现代化的内容、指标体系中的某一环节进行过为数不多的阐述，更多的研究者是在讨论教育评价的时候涉及动态监测问题。

## （一）国外的研究

由于重视监测评价指标的国际通用性和可比性，国内众多学者更为关注的是在世界范围内影响较大的国际组织实施的教育监测评价。但随着各国积极参与全球治理，加强监测评价指标的国际通用性，部分学者转而关注各国教育监测评价，相关研究成果逐渐增多。国际上关于教育监测评价方面，无论是国际组织还是各个国家，均根据需要，注重通过评价年度指标数据的变化来反映教育问题。

### 1. 国际组织教育监测评价研究概述

较有影响的权威性国际组织所用的教育与人力资源指标评价可为我国教育现代化监测带来启发。

经济合作与发展组织（Organization for Economic Co-operation and Development，简称OECD）（简称经合组织）从教育机构的产出及学习的影响，教育中的财政与人力资源投入，教育机会、参与与过渡，学习环境与学校的组织四个方面，采用统计数据和社会调查采集数据方法以及年度评价方式考察教育进展。2018 年经合组织教师教学国际调查（Teaching and Learning International Survey Programme，简称 TALIS）在扩展学校领导、专业发展主题的基础上，纳入创新学校、课堂实践、保证课堂公平和多样性主题，收集了 48 个国家近 1.5 万所学校超过 26 万名教师和学校领导的数据，便于国家（地区）间进行教师发展方面的数据比较及教育政策重心转移。由经济合作与发展组织和联合国教科文组织统计所、欧盟统计办公室联合设计的 UOE（UNESCO-OECD-EUROSTAT）教育统计数据表，为教育系统成果提供了稳定的数据来源，国际劳动力调查则提供了有关劳动力市场成果的指标数据。

联合国教科文组织（United Nations Educational，Scientific and Cultural Organization，简称 UNESCO）出版的世界教育报告为我们提供了了解世界各国教育状况的数据和资料。其构成方法是先确定一个理论框架，然后根据理论框架来演绎与此有关的特定指标集，接着通过对大量已有的统计数据和资源的适当分析、筛选、整理和再加工，汇集出与特定指标相关的信息。其采用的世界教育指标体系包括教育供给资源、教育需求、入学和参与、教育内部效率、教育产出等指标。联合国教科文组织的《全民教育全球教育监测报告》为监测全民教育六大目标的实现程度，确定了18项核心指标并进行重点监测，由各参与国定期向联合国教科文组织统计所提供年度数据。18项评估指标包括：学前教育毛入学率、一年级学生中受过学前教育的比例、小学新生毛入学率、小学新生净入学率、小学毛入学率、小学净入学率、小学公共经费占GNP的百分比及小学生均教育经费占人均GNP的百分比、小学公共经费占教育总经费的百分比、小学教师合格率、小学教师资格合格率、小学生师比、小学分年级重读率、小学五年级续读率、小学绩效系数、小学四年级合格率、15—24岁人口识字率、成人识字率和识字率的性别差异指数。联合国教科文组织还发展出一项反映各国全民教育实现情况的综合指标——全民教育发展指数（the Education for All Development Index，简称EDI）。全民教育发展指数是全面评估国家教育系统实现全民教育目标情况的一个综合指数。联合国教科文组织统计所自2003年开始发布《全球教育要览》，在可比的基础上汇集了世界各国教育的数据，主要涉及教育普及程度与期望受教育年限、学制、经费投入、教师队伍、国际学生流动、在校生人数及构成、高等教育毕业生及学科构成等11个方面的内容，也采用数据逐年更新的方式，为评价各国及世界教育发展提供服务。其发布的《全民教育全球教育监测报告（2019）》纳入可持续发展的4项新指标，指标数达到33项，包括初等教育和中等教育、幼儿教育、职业教育、高等教育和成人教育、工作技能、公平、识字和算术、可持续发展和全球公民意识、教育设施和学习环境等。

世界银行（World Bank）的《世界发展报告》是以一国的经济与社会发展为依据形成的综合性指标体系。指标的挑选是由内部工作人员紧密磋商而形成的，并得到许多外部伙伴，如其他国际性组织、统计机构、国家政府部门给予的数据支持。《世界发展报告》教育指标由教育投入、受教育机会、教育效率、教育成果、性别与教育五部分组成。即用于教育的公共支出占的百分比、用于不同教育级别每个学生的支出、教师津贴的支出占经常性支出总额的百分比、小学生与教师比、义务教育年限、各级教育毛入学率、净入学率、读到五年级的人占同龄级人口百分比、中小学生复读率、失学儿童人数、成人文盲率、青年文盲率、预期受教育年限、中小学女教师占教师总人数的百分比、中小学女学生占学生总人数的百分比、中小学生中女童失学率。[1]其发布的《世界发展指标》更关注教育削减贫困作用的评

[1] 徐玲.国际教育指标体系的分析与思考[J].教育科学，2004(02)：18—21.

价，评价教育的指标分为教育投入、教育参与、教育效率和教育成果四个方面，教育参与包括学生规模、入学率等，教育效率包括保留率、升级率、重读率等，教育成果以识字率和完成率、受教育年限等来表达。教育效率、教育参与和教育成果中有五十多项指标与普及程度有关。

世界经济论坛（World Economic Forum，简称 WEF）发布的《全球竞争力报告（2018）》提出，如今评价教育质量的重要因素包括：发展数字素养、人际交往技能以及批判性思维和创造性思维能力。[1]《全球竞争力报告（2019）》将全球竞争力指数分为 12 项支柱，其中“技能”支柱围绕现有劳动力教育、技能与未来劳动力教育，“技能”下设 9 项教育指标。每项指标采取 0—100 分的计分制度，可以展示一个经济体距离理想状态（“满分”）的差距。

瑞士洛桑国际管理学院（International Institute for Management Development，简称 IMD）发布《2019 年世界竞争力年报》，将监测指标分为“经济表现”“基础建设”“政府效率”“营商效率”。其中“基础建设”包含教育支出占 GDP 百分比、女性劳动者比率、境外高技术人才、个人所得税率、国际学生和 PISA 测评等。全球受评估的经济体共 63 个，采用量化考核与质性考核相结合的方法获取测量数据。此外，联合国开发计划署（United Nations Development Programme，简称 UNDP）使用人类发展指数（HDI）评估各国的人类发展情况，从寿命、知识和高质量生活三个基本维度来测量人类发展程度。知识维度选取的变量为预期受教育年限和平均受教育年限，从年度的增量和存量两个角度评价一个国家教育发展带来的知识丰富程度。

**2. 各国（地区）教育监测评价研究概述**

美国教育统计指标包括各级各类教育概况、教育的结果、教育的国际比较、图书馆和教育技术等。美国联邦教育部国家教育统计中心每年出版多种教育统计报告，主要有教育情况、教育统计摘要、各州教育统计报告、教育统计季刊及教育统计预测等。教育指标体系包括：学习结果、教育机构质量、入学准备、学习的社会支持、教育与经济生产力、公平性、教育情况。《美国教育状况》分六个部分评价教育，包括教育的参与、学习的结果、学生的努力和教育的进步、小学和中学教育状况、中学后教育状况、社会对学习的支持，共 44 个评价指标。具体到基础教育领域，美国将监测作为保障学前教育质量的重要手段，其根本目标在于根据监测的结果改进和提升学前教育机构质量。如质量评级与提升系统（Quality

［1］ World Economic Forum. The Global Competitiveness Report 2018[R]. Switzerland: WEF Publishing, 2018:632.

Rating and Improvement System，简称 QRIS），评估人员依据评估结果为家长、学前教育机构提供专业指导。到高等教育领域，美国国家科学院 2018 年 1 月发布的国家本科 STEM 教育质量监测指标，开发了 21 个包含时间分量的监测指标，重点监测本科 STEM 教育过程和教育环境两个环节。在宏观层面，美国主要利用学校排名和评级（colleges' ranking and rating）、满意度追踪调查（follow-up studies）、毕业生调查（college outcome studies）对高等教育全过程进行监测。在微观层面，建立不同层级、多样化的学生学习和发展评估项目，包括大学生学术能力评估（CAAP）、全国大学生学习性投入调查（NSSE）和大学生学习评估（CLA）等。

英国教育监测评价更加关注社会公平问题。英国的教育标准局（Office for Standards in Education）专门负责全国教育质量标准的制定和实施工作。该局发布的《学校督导指南》（School in Section Handbook）提出了教育督导评估的指标。评估指标共有 4 个，分别是：教育领导与管理的有效性，教学与评价的质量，学生的发展、行为和福祉，学生的成就。其 2017 年发布的《教育社会流动性监测报告》通过评价教育质量、教育成果、经济状况等指标，监测教育弱势群体的教育状况，为政府提供帮扶弱势群体的政策依据。该监测体系涵盖幼儿期、学龄期、青年期、工作期四个年龄阶段，共计 16 个指标。前三个阶段均通过教育状况的指标进行衡量，最后一个阶段通过经济状况进行衡量。由教育部下设的"社会流动委员会"采取标准化打分和加权求和方式进行评价。对于监测结果的使用，英国教育标准局制定了非常严格的奖惩措施，以保证其权威性。对于表现良好的学前教育机构给予奖励，并将优秀案例进行公开宣传或表彰；而对评估结果不合格的学校会给予警告，严重者将被勒令关停或撤销。[1]

欧洲国家历来重视教育监测评价在政府宏观管理中的作用。如欧洲高等教育区（ESG）重视关键绩效指标，规定高等教育机构定义财务和非财务绩效监测指标，指标通常定义为学生对教学的满意度、师生比例、学生比例、研究保留率、考试结果、毕业后的就业情况、出版物数量、科学进步、研究收入、资本投资支出，以确保有效利用公共资金。[2]荷兰教育测量研究所（Cito）开发的 Cito—LOVS 评估系统已被约 85%的荷兰小学应用。其在整个小学阶段（包括幼儿园、小学一年级至六年级）提供不同学科领域的标准化评估，例如阅读理解、数学和拼写。近半个世纪以来，北欧国家因其基于教育公平理念的基础教育系统而闻名。[3]芬兰除着重强调对学习成果和进展的地方监测外，还需要国家指标来制定国家一级

[1] 底会娟，王艺芳.发达国家学前教育质量监测体系的比较与启示——以美国、英国、澳大利亚为例[J].现代教育管理，2019(05)：77—82.

[2] Budimir，V.，Lutilsky I.D.，Idlbek R. Performance Indicators Development in Function of Higher Education Quality Monitoring [J]. Eurasian Studies in Business and Economics，2016(02)：17—46.

[3] Antikainen，A. In search of the Nordic model in education[J]. Scandinavian Journal of Educational Research，2016，50(03)：229—243.

的教育政策。但是,与许多国家在整个年龄段的人群中使用国家测试或考试来监控绩效趋势不同,芬兰采用基于样本的评估,并在《教育成果评估框架》中将教育成果分为三类:效率、有效性和经济性。

这些国际组织和发达国家在教育监测评价方面的特点是:第一,把保障受教育机会作为教育评价的重要关注点。大部分国际组织的指标中都包含了数量、层级不一的教育普及程度指标。联合国教科文组织与世界银行尽可能全面衡量所有人的受教育机会是否受到保障。第二,教育质量评价越来越深化。国际组织关注教育质量评价的目的不同,或在于评价教育为经济发展服务的能力,或评价一国人力资本质量,或关注教育投入效率,或关注教育给个体带来的收益等。对教育质量的评价测量,从广义上的教育教学保障条件、完成率、重读率等普及指标,过渡到课程质量、学生学习质量等。第三,通过调查手段获取指标数据的方式越来越受重视。由于统计数据本身特点的限制,它无法满足一些定性评价指标的需求,一些国际组织便开展大规模调查以弥补不足。例如,经合组织定期或不定期举行国际学生评估项目(Programme for International Student Assessment,简称 PISA)、国际成人素养调查(International Adult literacies Survey,简称 IALS)。世界经济论坛的《全球竞争力报告》部分数据也来自参评国家和地区发放问卷所获得的调查数据。世界经济论坛的数据中,调查数据占 3/4。第四,评价内容在稳定中注意灵活和发展。评价的稳定部分往往用于年度比较,分析发展脉络和进步幅度,如受教育机会的普及程度指标多年来一直保留。但许多指标也在及时调整,既与指标开发理论研究的深化有关,也与政策焦点的转移、社会需求的变化有关,还与统计技术和数据基础的改善有关。如联合国开发计划署因对人类发展内涵认识的变化而不断调整指标及算法,如"知识"维度曾经使用"成人识字率"和"小学、中学和大学综合入学率"来衡量,现在是使用受教育年限指标。国际教育评价也对教育现代化动态监测有启发,比如要注重基础性和重点性相结合,评价要以人为本,评价"教育"要置于社会大系统中,评价"公平"无论是指标设计还是算法,都应注重细化,评价中需使统计与调查相结合等。

### (二)国内的研究

综合来看,国内教育现代化监测评价的前期研究和实践探索主要集中在四个方面。

#### 1. 教育现代化监测评价的内涵及价值取向研究

顾明远提出教育现代化的八个特征,即民主性、终身性、生产性、个性化、多样性、变革性、国际化、科学性；[1]提出现代教育的主要特点，即受教育者的广泛性和平等性、教育的终身性和全时空性、教育的生产性和社会性、教育的个性性和创造性、教育的多样性和差异性、教育的变革性和创新性、教育的国际性和开放性、教育的科学性和法制性。[2]杨小微等提出，教育现代化是一个“化”的过程，体现为一种空间式的存在，且渗透于一切教育活动领域。[3]钟贞山认为，实现教育现代化就是要建设充满活力的教育体制、惠及全民的公平教育、更高水平的普及教育、内涵丰富的优质教育和体系完备的终身教育，反映全体人民在教育现代化进程中的主体地位，彰显教育为人民的价值取向，凸显以人民为中心的教育现代化发展思想。[4]在探讨教育现代化内涵的基础上，国内学者进而关注教育现代化监测评价的价值取向。檀慧玲等提出以监测基础教育阶段的教育过程，调适教育精准扶贫政策，促进教育结果公平，[5]并结合“立德树人”提出基础教育质量监测的五大转向：监测目标从基于课程标准的测评转向基于学生核心素养的综合测评；监测内容从侧重抽测样本群体的学业表现转向关注学生个体的全面发展；监测重心从单一结果监测转向多元全过程监测；监测方式方法从传统教育测评转向基于信息与智能技术的测评；监测主体从注重学校监测转向学校、家庭、社会协同监测。[6]刘静等利用全国流动人口动态监测调查数据分析农村劳动力、进城务工人员随迁子女异地上学的迁移特征。[7]对教育现代化监测评价的研究更多注重教育公平，结合国家现代化整体布局，促进教育科学研究从注重理论和技术性研究转向更加主动关注国家教育的重大、宏观、战略、实证的综合性研究。

### 2. 教育现代化监测评价理论及相关指标研究

我国基础教育质量监测领域已经建立了重要的数据库，如教育部基础教育质量监测中心。采用地方购买国家监测服务的模式，地方自主实施监测的模式，委托第三方实施监测的模式监测教育质量。倪晓丰等从区域义务教育、均衡发展监测、薄弱学校筛选及预测、中小学布局及教育资源配置、学校信息动态监测等四个方面构建了面向县域区域义务教育发展情况的指标评价体系与测算模型。[8]赵茜等针对学龄前儿童学习能力评价纸笔施测不合用

[1] 顾明远.关于教育现代化的几个问题[J].中国教育学刊，1997(03)：10—15.
[2] 顾明远.教育现代化的基本特征及实施策略[J].人民教育，2007(Z2)：8—11.
[3] 杨小微.迈向2035：中国教育现代化的目标定位[J].华中师范大学学报(人文社会科学版)，2019(05)：38—44.
[4] 钟贞山.以人民为中心的教育现代化：理论、实践与内涵实现[J].国家教育行政学院学报，2018(01)：56—61.
[5] 檀慧玲，李文燕，罗良.关于利用质量监测促进基础教育精准扶贫的思考[J].教育研究，2018(01)：99—107.
[6] 檀慧玲.新时代我国基础教育质量监测的向度转变[J].教育研究，2018(06)：98—104.
[7] 刘静，张锦华，沈亚芳.迁移特征与农村劳动力子女教育决策——基于全国流动人口动态监测数据的分析[J].复旦教育论坛，2017(02)：87—93.
[8] 倪晓丰，等.基于GIS的区域义务教育发展监测与应用研究[J].现代教育技术，2019(06)：102—108.

等情况，在物联网技术支持下，利用真实的游戏情境，整合了近场通信、低功耗无线传输等物联网技术数据采集技术，结合认知诊断评估筛选游戏任务，实现群组评价和发展性评价。[1]李鹏等提出，职业教育质量监测系统应依托“互联网＋”技术平台形成“用户端口—数据分析—评估报告”的技术环节，全息性采集，深度分析相关数据，为教育决策提供依据。[2]黄宝印等从贡献度、支撑度、达成度等角度尝试构建研究生教育质量指数。[3]高丙成采用统计指数方法进行教育现代化发展指数的计算，利用《中国教育统计年鉴》《中国教育经费统计年鉴》等现有可得数据，在对每个监测点的上限、下限阈值进行标准化处理的基础上，采用德尔菲法确定每个监测点的指标权重，最后合成教育现代化发展指数。[4]张炜借助教师教育现代化外延可以浓缩于 CSC（核心层，core layer—支持层，support layer—特色层，characteristics layer）三层次理论模型和教师教育评价的面向维度（宏观面、中微观面）、阶段维度（职前阶段/入职与职后阶段），提出基于现代化目标要素的中国教师教育现代化评价的“三层二维”指标体系构建框架。[5]总体而言，相关研究成果相当丰富。学者较为认可教育现代化很难用一种指标来衡量，既不能用单一的量化指标来说明，也不能用纯粹模糊的定性指标来概括，必定是两者的有机结合，因而在监测评价理论及相关指标研究中，更加关注不同教育阶段与群体。

### 3. 教育现代化实证监测评价研究

上海市教育科学研究院在 2009 年、2010 年、2011 年及 2012 年，利用前期研究的教育现代化评价指标体系，先对中国教育现代化总体发展水平及在国际坐标中的地位进行了国际比较评价，其后对全国 31 个省份和 15 个副省级城市的教育现代化发展水平进行了评价，其成果连续在成都举办的“全国城乡一体化中教育现代化建设”“首届城市教育现代化论坛”等会议上发布，引起社会广泛关注和领导关切。在其研究中，逐年评价并发布评价结果，具体指标根据形势需要进行微调，关注各地年度教育工作特色等研究方法，均体现了教育现代化动态监测的思想。以陈国良领衔，上海市教育科学研究院牵头，会同中国教育科学研究院、清华大学国情研究院、中国科学院现代化研究中心参与的联合研究团队，包括国内十数所大学、研究机构等外围力量支持，在研究完成适用于全国评价、国际比较和省级评价的教育现代化进程监测评价指标体系基础上，提出了部分关于教育现代化动态监测的思想，比如利用

[1] 赵茜，辛涛，刘雨甲.我国基础教育质量监测与评价的现状与趋势——第二届“中国基础教育质量监测与评价”学术年会综述[J].教育研究，2017，38(09)：154—159.
[2] 李鹏，朱德全.监测评估：“互联网＋”时代职业教育质量评估体系创新[J].中国电化教育，2018(06)：45—51.
[3] 黄宝印，王顶明.探索构建研究生教育质量指数　创新研究生教育质量监测与评价方法[J].学位与研究生教育，2019(07)：1—4.
[4] 高丙成.我国教育现代化评价指标体系的构建与应用[J].教育科学研究，2019(07)：5—12.
[5] 张炜.治理视域下教师教育现代化评价指标体系框架的构建[J].教师发展研究，2017(04)：49—55.

指标体系及其目标构建多维度动态监测方法，建立目标导向监测和预警机制及激励机制以指导地方教育现代化发展等。同时，他们对2010—2012年全国和各省份教育现代化进程进行监测评价，收集2013年全国及各省份教育、人力资源、经济社会等数据，并进行动态更新，尝试将教育、经济社会大数据平台和系统建设相结合。应该说，这些探索在国内教育现代化监测研究中具有前沿地位。

**4. 国内部分先行省份和城市教育现代化监测实践**

随着21世纪的到来，我国经济发达地区纷纷加快教育现代化建设的步伐，尤其《国家中长期教育改革和发展规划纲要（2010—2020年）》颁布以来，北京、上海、广东、江苏、浙江等地的教育现代化建设成为统领我国教育改革和事业发展的主旋律。各地在教育现代化评价中分别立足本地发展的阶段特点及要求，从内容、基本原则、功能定位、指标形式等方面进行整体思路设计。主要特点是：注重评价指标的科学性，兼顾省情教情与国际可比性，突出对实际工作引领，定性定量指标相结合。从评价内容看，上海、江苏、浙江、广东等均涉及教育普及、教育公平、教育质量、教育投入、师资水平、教育信息化、教育开放、教育贡献八个方面，评价方法上采用计分制、分级制等。2018年，《浙江省县（市、区）教育现代化监测指标细则》发布，基于CIPP指标分析框架编制而成，围绕优先发展、育人为本、促进公平、教育质量、社会认可5个一级指标、11个二级指标和47个监测点，同时设反向扣分指标1个，采用绝对赋分、相对赋分和等级赋分法，监测县域基础教育领域发展情况。在各地推动动态监测方面，江苏、成都、广州的工作较突出。2013年年初，江苏发布《江苏教育现代化建设指标体系》，出台《关于加快推进教育现代化建设的实施意见》，制定了《江苏教育现代化建设监测评估实施办法》。而后在2016年，江苏修订《江苏教育现代化监测指标》，监测指标由教育普及度、教育公平度、教育质量度、教育开放度、教育保障度、教育统筹度、教育贡献度、教育满意度8个一级指标、16个二级指标和49个检测点组成，目标值为100分，采用综合加权评分办法，进行问卷调查和实地抽测；成立省教育现代化监测评估工作领导小组，负责年度监测评估结果和监测报告的初审工作。从2012年起，成都市每年对各区（市）县教育发展水平、教育公平和质量、教育经费投入、办学条件及教育信息化水平、师资队伍建设、教育国际化、学习型社会建设水平、教育管理水平和社会满意度8项内容的教育现代化发展水平实施监测，将监测结果报告给成都市“四大班子”，同时反馈给各区（市）县，逐步建立监测报告公报制度，向社会公布监测结果。这种由政府行政部门推动的监测方式直接服务于工作需要，试图用其自身行政工作活动诠释动态监测的概念，政策性明显，但其社会组织参与动态监测的动力机制尚需完善，其动态监测方式方法也有待科学性检验，过度浓重的行政色彩在一定程度上影响了监测评价的客观公正。广东省指标体系框架与“投入—过程—产出”模式最为接近，分别与“投入”“过程”“产出”相对应，设计了“教育现代化保障”“教育现代化实践”“教育现代化成就”3个一级指标。

### （三）相关分析评价

国内外教育发展评价理论和实践探索，在评价内容、评价方法、评价标准等方面，或多或少都涉及了教育现代化动态监测和政策调适的部分内涵，也出现了一些尽管散乱但操作性强的动态监测做法，为进一步研究探讨教育现代化动态监测带来许多启发和思考，但也存在研究不足或待扩展的方面：一是如何在教育发展监测细化操作基础上明确政策导向尚不够，导致数据采集有难度；二是如何建立科学、有效的动态监测模型和系统应用设计架构尚未涉及；三是如何把动态监测与各个层面切实促进教育工作的政策调整结合起来，现有的教育现代化的政策举措贡献度不高；四是行政手段主导过多，导致教育现代化监测的持续活力、动力及体制机制有待完善和加强。这些方面均需要在教育现代化监测理论探索和实践发展中进一步拓展和深化。

本课题立足于推动教育现代化基本实现的战略目标，着眼于研究探索并构建基于科学的评价指标体系的教育现代化动态监测模型和系统应用开发设计，以动态监测过程和结果的科学决策系统应用为依托，根据我国幅员辽阔、区域教育发展差异较大的特点，建立教育现代化动态监测和政策调适新机制。构建教育现代化动态监测和政策调适密切结合的目标导向新机制，科学发挥动态监测作用，有利于及时发现教育发展中的新问题和新变化，及时纠正教育工作的偏差；有利于处理好全局发展和局部推进的关系，通过整体性监测，阐明国家教育现代化在各省份的分布状态，在推动国家现代化全局发展的同时，确立不同地区的推进策略，分类引导和促进各地根据自身条件与特点加快改革发展，共同推动国家教育现代化目标的实现；有利于处理好教育整体发展和各级各类重点的关系，服务于结构优化和目标调整，通过年度监测、长期跟踪监测、过程性监测修正、及时信息监测更新、结果应用创新等途径，密切关注教育现代化发展水平的变化特点、进步程度及其研究创新，在教育整体发展中重点聚焦和推动各级各类教育发展的关键领域和环节，在预测目标实现程度的基础上，调整优化某些结构性、局部性指标。通过本研究实现教育现代化实践和理论发展的紧密结合，不仅有利于弥补教育现代化动态评价理论观点的不足，丰富和创新教育现代化评价理论，促进教育科学研究从注重理论和技术性研究转向更加主动关注国家教育的重大、宏观、战略、实证的综合性研究，更有利于完善教育政策，健全体制机制，改进管理方式，对推进国家教育现代化发展战略实施具有独特的现实应用价值。

# 第三节

# 研究设计与程序

## 一、研究设计

### （一）实证数据分析与系统应用开发相结合

构建动态监测模型系统的过程是在指标框架下利用各类海量数据试测并不断优化的过程，需要不断利用全社会适时数据信息反映新问题和新变化，需要常态数据和社会调查数据相结合，需要全国及各地各级教育多种动态数据信息、相关环境数据信息及时、可靠的汇集。这些都是通过系统平台实现的，因此需要同步开发系统应用平台，在利用监测评价技术、分类监测指标数据分析模型的基础上，同步研究开发基于大数据平台和社会调查的数据库系统、自主数据信息更新系统、技术支持系统等，以及与之贯通的国家、各地及基层数据信息系统建设，构建稳定的动态数据信息源及无损耗信息传输系统。

### （二）实施目标导向监测与促进分类发展相结合

教育现代化发展目标属于总体战略目标，全国目标既定情况下如何与各地方教育现代化发展实现链接和互动是研究需要关注的重大问题。我国的特点是幅员辽阔，区域发展差异较大，体现在各地教育的实际发展上，有的地区教育软硬件水平已经达到甚至超过发达国家平均水平，有的地方则还需进一步加大投入，加快教育发展。为此，本研究需要将国家发展目标细化成各地方的发展目标，通过动态监测指出各地教育现代化发展需要加强的地方和领域，为各地合理确定实现教育现代化目标的时间表和路线图提供科学依据。因此研究中需要强调目标导向和促进分类发展的结合。

## 二、研究对象

### （一）主要研究内容

#### 1. 相关理论和国内外实践分析研究

分析研究大数据运用、教育现代化、教育监测指标体系、监测技术方法、教育监测评价以及结果运用等方面的理论。

分析研究国内外教育发展监测的实践，重点研究国家教育现代化监测及江苏、上海等地教育现代化监测评价工具的开发、监测体制机制的创新等。

分析研究中央有效指导、促进各地教育现代化发展的体制机制、路径与成效，分析研究各省有效把握和指导各地、各级教育发展的手段、途径、机制及政策成效。

#### 2. 研究开发教育现代化动态监测系统和监测机制

研究确定教育现代化监测指标体系，创建动态分析模型。确定实施监测内容、指标体系、对照标准，建立分类分析模型，确立年度评价和长期跟踪评价框架。

研究开发教育现代化动态监测数据信息支持系统。主要研究开发基于大数据平台和社会调查的数据库系统、数据信息更新系统、技术支持系统等。

探索研究教育现代化动态监测机制的维持及保障机制。主要研究如何建立政府、教育研究机构、技术开发及运行维持专业机构、学校的联动合作及可靠保障机制，如何滚动设计、采集使用教育内外部数据信息及社会调查数据信息，以保障和突出推进现代化工作的过程性监测，凸显采集融合反映新问题、新变化数据的适时性。

### （二）关键问题和重点难点

本课题研究的关键问题在于研究构建教育现代化动态监测系统。由于我国教育现代化涉及面广，复杂性大，关联度高，各地区之间发展不平衡，再加上动态监测系统必须方便国家教育宏观管理部门操作使用，能够为政策适时调整提供依据，因而存在五个方面的研究难点：一是考虑各地区之间的差异，避免统一的监测标准；二是教育问题涉及经济社会发展、人口因素，教育现代化动态监测如何促进教育与经济社会更加协调发展；三是数据平台不仅包括结构化的统计数据，还包括半结构化的民意调查数据、地区和学校个案，而这些多方面数据需要有机结合在一个系统之中；四是教育现代化动态监测系统的研发需要来自教育研究院所、高校、教育行政部门的教育评价、教育统计、教育政策、信息技术等多方面研究力量的协同；五是动态监测系统中如何体现“动态”特征，需要结合监测模型建构，在机制建设中凸显出来，在我国教育管理体制改革背景下，将集成的数据与政策调适关联起来。

为解决上述关键问题，研究的重点在于监测模型的构建。监测模型的构建需要基于中国国情，恰当使用评价理论和方法技术，梳理定义全国和各地区教育现代化核心指标的监测标准，这是重要前提；同时需要全面分析与动态监测相关的制约教育现代化发展的多方面因素，并分析这些因素与教育现代化核心指标的关联、因素与因素之间的关系，这是核心所在，也是动态监测评价结果应用于政策调适的关键。

## 三、研究方法与技术路线

### （一）研究方法

其一，针对动态监测的理论和技术问题，采用文献分析法，对国内有关专家学者、研究机构和大学等关于教育现代化与监测的相关文献和研究成果进行分析和整理；对联合国教科文组织等国际组织和部分发达国家教育发展统计、评价、监测和相关研究报告进行比较分析；对北京、上海、江苏、浙江、广东等地已经出台的教育现代化评价方案进行分析研究。从理论和实践、国内和国际等多个维度，对教育现代化动态监测的内涵、发展特征等进行系统的梳理、分析和总结。

其二，针对教育现代化动态监测中的数据支撑问题，采取数据分析方法，分别对各类指标数据动态监测提出分析框架，对核心指标的教育类指标数据、人口和人力资源及文化科技类指标口径、现状及发展趋势进行分年度、分地域、分功能、分类型的综合测算及分析。

其三，针对政策调适机制建设的重点和路径等问题，采取专家征询方法，分研究专题、专家类型、层级，采用专家研讨会和头脑风暴方法，对确定教育现代化政策调整重点、改进方向和制度机制创新等内容，多角度、多视野提供智力支撑。

其四，为解决教育现代化动态监测国际视野问题，采取比较研究方法，对国际与国内的教育监测的相关指标、数据进行比较分析和研究，与国际组织或机构进行比较研究，对“六普”人口数据与“五普”人口数进行比对分析与整理，对各项指标按不同年份进行历史比较分析，研究指标发展的历史和现状。

其五，针对构建动态监测模型和系统应用平台难题，采取仿真系统模拟方法进行测试和多维展示，检验评价指标的可测量性和区分度等质量特征，矫正并确定指标权重值，模拟常态指标数据和及时信息更新数据融合方式，模拟统计数据和调查数据耦合方式，模拟“基期值”基础上分类型、分区域的数据呈现方式，通过系统模拟构建动态监测的“稳固”框架。采用技术手段与“国家教育决策支持统计服务系统”平台实现对接，扩充动态监测系统应用范围。初步建成的服务系统可为仿真模拟提供支撑。

其六，从总体上破解各地教育现代化监测中碰到的实际问题，采用实地调查方法，对教育现代化监测中的一些关键问题和技术方法进行实测和实地调研，对已实施教育现代化监测评价工作的部分省市地区进行一线观察与交流，尤其是关于地方对省、市、区(县)、学校层面的动态监测，要获得第一手鲜活资料，为改进动态监测提供实证素材。

### （二）技术路线

#### 1. 总体框架和子课题构成

教育现代化监测及政策调适机制的总体框架主要包括四部分内容，即：理论研究、问题研究、动态监测系统研究及政策调适机制研究。其中，理论研究、问题研究、技术研究是基础，系统开发及政策调适研究是重点。

（1）理论研究

主要包括国内外教育现代化发展、教育现代化监测评价指标体系构建、教育现代化发展目标及判断标准、教育监测评价方法等内容，为课题研究开阔视野，确定思路与重点。

（2）问题研究

主要通过分析国家和部分发达地区已有的教育现代化监测实践中难以实现动态监测，监测结果难以有效运用，难以支撑面对重大、热点、难点问题及时有效调整对应政策的突出问题，分析原因，为建立动态监测体系提供方向。

（3）动态监测系统研究

一是监测评价技术、分类监测指标数据分析模型系统研究；二是全国及各地各级教育多种动态数据信息研究，相关环境数据信息汇集的及时、可靠保障体系研究，这部分研究涉及多学科、多领域内容。

（4）政策调适机制研究

指动态监测结果的及时、有效运用机制的设计研究，包括监测结果数据信息反馈、公开以及已有政策评价、调整和建立新的针对性政策等内容。

课题总体框架见表 1-2。

**表 1-2　教育现代化动态监测及政策调适研究总体框架**

<table>
<tr><th colspan="6">理论研究</th></tr>
<tr><td colspan="6">国内外教育现代化发展及指标体系构建、教育监测评价理论、教育数据信息统计调查及数据分析技术、监测评价技术方法</td></tr>
<tr><td colspan="6">↓</td></tr>
<tr><th colspan="6">问题与挑战研究</th></tr>
<tr><td colspan="6">难以实现动态监测，监测结果难以有效运用，监测难以支撑重大、热点、难点问题对应政策的及时调整</td></tr>
<tr><td colspan="2">国家监测<br>教育发展</td><td colspan="2">国家监测<br>省级教育发展</td><td colspan="2">省级政府监测<br>市县学校</td></tr>
<tr><td colspan="6">↓</td></tr>
<tr><th colspan="6">教育现代化动态监测模型系统开发研究</th></tr>
<tr><td colspan="3">监测评价技术、分类监测指标数据分析模型系统：内容指标、标准与修正机制</td><td colspan="3">各类动态数据信息、环境数据信息、常态数据信息汇集的大数据平台<br>及时可靠的关联与应用保障体系及反馈机制</td></tr>
<tr><td colspan="6">↓</td></tr>
<tr><th colspan="6">监测结果运用及政策调适研究</th></tr>
<tr><td colspan="6">建立基于动态监测结果的教育现代化及时有效推进的政策改进与优化机制</td></tr>
</table>

为了支撑总体研究，设计了以下五个专题分别进行不同方面的深入研究，为教育现代化动态监测系统开发和政策调适机制建设提供理论和实践依据：

专题一，教育现代化发展及监测评价理论与方法研究；

专题二，全国及各地教育现代化监测评价实践探索研究；

专题三，全国及各地教育数据信息动态汇集体系建设研究；

专题四，教育现代化动态监测模型、技术方法及系统开发研究；

专题五，教育现代化政策调适机制研究。

子课题与总课题之间、子课题之间相互具有内在逻辑关系：从满足教育现代化推进工作需要出发，以问题为导向，将监测模型系统开发和应用与指导实践发展紧密结合，总课题与子课题之间体现了重点研究突破与总体研究需要相结合，子课题研究内容既可以有较大发挥，又服从总体需要，相互之间有张力，更有约束力；子课题之间体现了理论指导、实践应用、技术支撑、政策调整和机制创新的内在互融联系，既相对独立，又具有内在融合的整体性特征。

**2. 两个方面突破**

本研究围绕教育现代化的动态监测，拟实现两个方面的突破：一是突破数据“孤岛”，整合各级各类教育统计数据、经济社会数据、国际比较数据和教育调查数据，以提高动态监测的系统性和科学性。二是通过充分运用历史数据，参照经济社会因素，为各地区监测寻找到合理的目标参照值。

本研究从提高教育现代化动态监测的效用出发，探索教育现代化动态监测和专题系统开发应用同步推进并有机结合的方法，通过教育评价、教育政策和信息技术三方面研究的深度融合，力求体现监测的“动态”性、监测结果对教育决策的有效“应用”。

本研究根据我国推进治理体系和治理能力现代化要求，尊重各地区基础和差异，不仅监测发展水平、目标达成度，而且监测进步程度，分析各地区的优势和劣势，并结合地区教育改革和发展政策予以分析，特别关注国家关心的农村地区、连片特困地区和民族地区的教育发展状况，选取指标，结合中央扶贫政策进行监测分析。

## 第四节

## 主要研究成果和发现

### 一、 立足我国国情，构建了一套教育现代化动态监测指标体系

本研究构建的一套教育现代化动态监测指标体系，包含 40 个核心指标，旨在基于每个指标的目标达成度，形成全国教育现代化进程综合指数，逐年监测评价全国教育的整体发展水平和进步程度，进而分析我国教育发展的优势、不足、挑战与重点任务。其中，18 个指标为国际可比指标，旨在根据国际机构发布的权威数据，与不同类型国家教育指标的平均值、部分国家的指标值进行比较，衡量和确定我国指标的相对位置，反映我国教育与世界其他国家的相对状况。31 个指标为省际可比指标，旨在基于专业统计和调查数据，对 31 个省（自治区、直辖市）分别按不同指标予以分析，形成各地在全国发展中的相对位置，反映不同指标的年度变化，综合评价教育发展的进步程度，诊断存在的问题和新出现的问题，为推动各地教育发展提供参考。

#### （一） 指标选取原则

为构建教育现代化动态监测指标体系，本研究在指标选取和设计过程中，把系统性、客观性、可比性、实用性和引导性作为主要原则。

系统性原则体现为指标选取涵盖各级各类教育，涉及包括教育投入保障、教育教学和人

才培养过程、教育产出与贡献在内的相关教育环节与领域，同时也兼顾考虑指标选取的区分度、敏感性和独立性。

客观性原则要求选取的指标直观易懂、对象明确、可测量、目标明晰。坚持指标选取以客观数量指标为主，部分可量化主观指标为辅。所选指标体现教育现代化进程性，并不反映教育现代化的方方面面，目前尚难以测量、难以进行量化、难以获得数据、难以形成明确判断的指标，如制度、管理、理念等相关指标没有纳入本指标体系，其相关内容可通过其他核心指标及其组合的评价得以体现。

可比性原则指的是指标选取着眼于国际先进水平，强调指标、数据的国际可比性。即合理选用联合国教科文组织、联合国开发计划署、世界银行、经合组织等国际机构和部分发达国家广泛使用的教育指标与公开、权威性数据，以保障国际比较结果的可靠性。

实用性原则强调指标选取立足国情，反映现阶段中国教育发展的阶段性特点。注重借鉴上海、江苏、浙江、广东等一批省市在推进教育现代化发展实践探索中选取使用的部分指标，反映各地教育发展实际，选取针对性指标。

引导性原则旨在通过建立指标体系，对各地教育发展发挥积极的作用，尤其是以全国及区域为坐标，对各地重要教育指标进行的系统排序、综合分析和信息反馈，可为各地总结成绩、诊断问题、预警发展以及调整教育发展对策提供依据与支持。

### （二）指标体系构成

教育现代化动态监测指标体系由 40 个核心指标构成，分别指向普及与公平、结构与质量、条件与保障、服务与贡献四大方面。

普及与公平。普及与公平是教育现代化的重要标志和基本要求。普及与公平方面的 11 个指标中，既有随迁子女公办学校就读比例、义务教育发展基本均衡县比例、省域内义务教育县际差异程度等反映我国教育特色的指标，也有联合国教科文组织、经合组织等国际机构常用的各级教育入学率、巩固率指标。

结构与质量。结构与质量在适应性与成效等方面反映教育的重要特征。结构与质量方面的 13 个指标中，既包含与我国教育综合改革相关的德育艺术实践课程开设水平、普通高中选修课比例、高校专业发展水平、学历教育开放水平等指标，也有联合国教科文组织、经合组织等机构常用的学生学业成就水平、来华留学生数、班额达标率等指标。

条件与保障。条件与保障是教育现代化的基础和重要组成部分。条件与保障方面的 9 个指标中，有全社会普遍关注的专任教师学历水平、接受培训教师比例、基本办学条件达标学校比例、信息化配备水平及信息技术应用水平等指标，也有公共财政教育支出占公共财政支出比例、生师比等常用的国际可比指标。

服务与贡献。服务与贡献是教育的主要职能和教育现代化的产出成果。服务与贡献方面的7个指标中，既有政府和社会关注的高校毕业生初次就业率、职业教育毕业生对口就业率、高校社会服务能力等指标，也有国际常用的劳动力受教育水平、人均受教育年限和文盲率等指标。

**表1-3 教育现代化动态监测指标体系核心指标**

| 方面 | 序号 | 指标 |
|---|---|---|
| 普及与公平 | 1 | 学前教育毛入学率 |
| | 2 | 九年义务教育巩固率 |
| | 3 | 高中阶段教育毛入学率 |
| | 4 | 高等教育毛入学率 |
| | 5 | 继续教育参与率 |
| | 6 | 随迁子女公办学校就读比例 |
| | 7 | 残疾青少年受教育水平 |
| | 8 | 家庭经济困难学生资助比例 |
| | 9 | 家庭经济困难学生资助水平 |
| | 10 | 义务教育发展基本均衡县比例 |
| | 11 | 省域内义务教育县际差异程度 |
| 结构与质量 | 12 | 德育艺术实践课程开设水平 |
| | 13 | 学生学业成就水平 |
| | 14 | 学生体质健康水平 |
| | 15 | 班额达标率 |
| | 16 | 普通高中选修课比例 |
| | 17 | 高校专业发展水平 |
| | 18 | 高水平学科数 |
| | 19 | 民办教育发展水平 |
| | 20 | 学历教育开放水平 |
| | 21 | 来华留学生数 |
| | 22 | 高校学生出国留学人数 |
| | 23 | 高校聘请外籍教师和研究人员数 |
| | 24 | 高校具有海外工作学习经历教师比例 |

续表

| 方　面 | 序号 | 指　标 |
|---|---|---|
| 条件与保障 | 25 | 生师比 |
| | 26 | 专任教师学历水平 |
| | 27 | 接受培训教师比例 |
| | 28 | 职业教育双师型教师比例 |
| | 29 | 教育总经费占 GDP 比例 |
| | 30 | 公共财政教育支出占公共财政支出比例 |
| | 31 | 基本办学条件达标学校比例 |
| | 32 | 信息化配备水平 |
| | 33 | 信息技术应用水平 |
| 服务与贡献 | 34 | 高校毕业生初次就业率 |
| | 35 | 职业教育毕业生对口就业率 |
| | 36 | 高校社会服务能力 |
| | 37 | 紧缺人才可获得程度 |
| | 38 | 劳动力受教育水平 |
| | 39 | 人均受教育年限 |
| | 40 | 文盲率 |

## 二、采取指数方式，立体判断我国教育现代化发展面貌

本研究尝试构建教育现代化指数，以此方式来立体判断我国教育现代化发展的总体面貌。之所以采取教育现代化指数方式，旨在把不能直接相加和比较的各个指标数据予以转化，以从数量上揭示国家和各地区教育现代化总体水平、变动的相对情况以及国家间、地区间和指标之间构成的变动情况。教育现代化指数包括进程指数、综合指数和分项指数。

### （一）构建教育现代化指数

第一，确定核心指标目标值。根据《国家中长期教育改革和发展规划纲要（2010—2020年）》确定的发展目标，参考发达国家的总体发展水平，参照东部发达地区实际发展程度，确定每个核心指标 2020 年应达到的值。

第二，归一化处理。为了对不同类型的指标进行比较，消除指标之间的量纲影响，需要进行数据标准化处理，以解决数据指标之间的可比性问题，通过对指标进行归一化处理后，

各指标处于同一数量级,有利于比较分析。

第三,确定指标权重。为合理确定每个核心指标在教育现代化监测评价中的权重,通过对各指标重要性的分析把握和专家咨询,采集了国家教育咨询委员、各地教育部门负责人员和部分教育研究专家三组数据,三组数据高度一致,简单平均形成权重值,形成突出重点和具有明确导向的权重体系,作为计算指数的基础。确定的指标权重,显示某类或某个指标在教育现代化发展中的相对地位。

第四,指数合成。通过对归一化后的核心指标按照既定的权重分配,合成教育现代化指数,用于监测评价国家教育整体发展与变化。教育现代化指数包括:分项指数,即通过对40个核心指标数据进行归一化处理后,按照既定的权重分配,获得分项指数,分项指数反映了教育在普及与公平、结构与质量、条件与保障、服务与贡献方面的综合水平;综合指数,即通过对普及与公平、结构与质量、条件与保障、服务与贡献四个方面的分项指数赋权加总,得到教育现代化综合指数,综合指数反映了教育现代化综合水平;进程指数,即以全国和各地区教育现代化发展目标为标准参照,反映教育现代化发展的进度和与发展目标相比的实现程度。

### (二)指数分析

本研究运用多种方法,从多个维度、多个视角分析指数,立体判断教育现代化发展的面貌,发现、挖掘教育现代化发展中的重要命题,提高指标监测评价结果的解释力。在选择监测评价分析方法上,以标准参照为主线,结合常模参照的办法,体现目标导向和激励发展的思路。以标准参照为主线,就是关注全国教育现代化发展目标的达成度,以及与全国目标密切相关的各地区教育发展目标达成度、发展水平和进步程度,多角度衡量各地区教育现代化进展,牢牢把握国家教育现代化的指标内涵,为实现教育现代化目标提供监测手段。

其一,进程指数分析。教育现代化进程指数包括全国进程指数和各地区进程指数。由于教育现代化目标结构与各地区基础、特点不同,进程指数的分析主要是反映各地区与自身未来发展目标的实现程度,也可以横向比较各省(自治区、直辖市)的目标实现程度,并在此基础上关注东中西部地区目标达成度相对较高的省(自治区、直辖市)及其影响因素。

其二,发展水平分析。进程指数尽管能够反映目标达成度,但不能反映发展水平。发展水平分析是结合核心指标数据变化及相关因素,对各省(自治区、直辖市)的综合指数、分项指数在全国范围内进行排序、分类和聚类,分析发展水平,重点关注薄弱环节。综合指数和分项指数尽管能表示各地区在全国的位次情况，但指数本身并不能有效说明教育现代化的内涵。进一步判断全国和各地区教育现代化薄弱的工作环节，需要结合综合指数或分项指数，采用指标深度横向分析，侧重在全国或地区教育现代化指标中进行指标之间的比对，寻找发展相对弱或强的指标，分析关键指标对指数提高的贡献率。

其三，进步程度分析。关注进步程度，重在体现激励导向。进步指数分析按照东中西部排序，关注东中西部地区中进步程度相对较大的省（自治区、直辖市），并结合核心指标数据变化及相关因素分析原因。由于我国各地区之间、城乡之间均存在较大差异，因而对某些核心指标的进步程度在分析到各省（自治区、直辖市）的基础上，通过地级市、县级层面分析，使进步程度判断更为立体化。

## 三、提高动态监测指标解释力，需要多样化的指标分析方法

### （一）分类分析与聚类分析方法

#### 1. 分类分析

（1）国际比较分类分析

在国际比较上，按经济发展水平、人口规模、世界区域经济体等，分类分析我国教育现代化的水平及相对位置。

按照经济发展水平的分类分析。根据世界银行的分类，我国已属于中上收入国家，将向高收入国家发展，因而将我国教育发展水平与高收入国家、中上收入国家进行比较分析，具有一定的意义。

按照人口规模的分类分析。以人口规模分类，我国属于发展中人口大国，将我国教育发展和人力资源开发水平与其他发展中人口大国、非发展中人口大国比较分析，能够看出我国教育发展取得的成就。

按照世界区域经济体的分类分析。世界区域经济体包括经合组织、二十国集团（G20）、金砖五国等，分析我国在这些区域经济体中的相对位置，能够多维度地判断我国教育现代化的发展状况。

（2）国内地区分类分析

在国内各地区分析方面，采用现行常用的东中西部区域分类，分析各地区教育现代化发展水平及相对位置。东中西部区域分类是一种常规分类，符合我国经济社会发展不平衡的现状。

在我国教育现代化监测评价中，按照东中西部省份分类方法，既有利于发展水平较高的地区进一步发展，更有利于发展水平较低的地区发掘自身优势，通过发展水平和进步程度方面的表现，加快发展。

按照东中西部省份分类进行地区教育现代化发展状况分析，需要把握三个要点。

要点一，围绕指数及指标分析。东中西部区域分类分析，其意义在于从区域的角度分析各地区在指数及指标上的表现，而不仅仅是比较区域内各地区的排序。重点分析东中西部区域在综合指数、分项指数和核心指标上的水平及特点、进步程度表现和努力方向。

要点二，指数与指标结合起来分析。东中西部区域分类分析，无论是综合指数还是分项指数的区域内地区比较，都无法充分反映地区之间的内容特征，因而把指数与指标有机结合起来，才能凸显东中西部地区指标表现上的差异特点，有助于判断地区的优劣势。

要点三，综合提出对策建议。东中西部区域分类分析，尽管立足区域内地区比较分析，但对策建议的提出需要综合，站在全国教育现代化一盘棋推进的高度，围绕指标改进，在全国大局中提出东中西部地区加快发展教育现代化的建议。

**2. 聚类分析**

聚类分析是按各地区核心指标的实际情况确定在全国的相对位置，而不是采用东中西部的常规分类方法。与分类分析不同，聚类分析是一种探索性的分析，不必事先给出一个分类的标准，而是从样本数据出发自动分类，能够消除分类分析不可避免地带有人为分类的主观性缺陷。

我国教育现代化监测评价在应用传统的东中西部地区分类的同时，使用聚类分析方法，对各地区的评价更符合实际，更为客观地反映各地区教育现代化发展的全貌。

聚类分析可以应用于单一指标分析，也适用于多个指标分析。其基本步骤大致分解为定义问题与选择指标、确定聚类方法（如层次法或谱聚法）、明确聚类的主体、分析评估和阐述聚类结果四个步骤。

（1）单一指标的聚类分析

单一指标聚类分析，即针对某一个指标的表现对各地区进行排序，形成不同的地区类别。单一指标的聚类分析有助于针对性地判断教育现代化的某个方面在全国的发展情况，并且在指标发展不均衡的现实情况下更能对地区产生激励效应。

按照综合指数或分项指数从高到低进行位次排序，可分成三个方阵：第一方阵（1—10 位）、第二方阵（11—21 位）、第三方阵（22—31 位）。借助三个方阵的比较方法，能够比较清晰地看出各地区教育现代化发展的层次性。

聚类分析也可以分成四类乃至五类，也就是说按照数据排列接近的层次性分类，而不是事先预设好的三个方阵，既突破东中西部地区的常规分类，又突破了三个方阵的分类，因而这与常规分类分析显然不同。

(2) 多个指标的聚类分析

由于教育现代化指标之间具有关联性，多个关联指标可以形成群组指标，这些群组多指标的聚类分析对于研究分析教育现代化问题具有一定的挖掘意义。

多个指标的聚类分析，需要注意三个环节。

环节一，根据问题选择指标数量。指标数量选择越多，聚类分析的难度越大。指标数量选择要从关注的教育现代化发展中的问题出发，确保群组指标内部的相似性或关联性尽可能大。分项指数的聚类属于多个指标聚类分析的一个特例。但群组多个指标不一定是同一个分项指数内的指标。

环节二，聚类地区的选择。聚类分析中的地区选择可以是全国各地区，也可以是根据某个指标聚类出来的某个类别的地区，即在聚类基础上的再聚类，即层层聚类选择。

环节三，聚类分析结果的解释。多个指标的聚类分析，其意义不仅在于寻找多个指标表现上均比较相似的同类地区，而且可以验证指标关联性大小的假设，发现和分析预期之外的指标特征。

### （二）指标—因素关联分析方法

采用核心指标进行教育现代化动态监测，其主要目的并不是给出一个基于指标体系的综合指数评价结果，分析各地区在全国的位次情况及其变化，而是通过综合指数、分项指数以及核心指标，既衡量进展与成就，又判断问题与困难，尤其是全国和各地区教育现代化薄弱的工作环节、区域，更注重问题的解决和政策的改进。

从指标体系有利于成为指导各地推进教育现代化发展的角度考虑，有必要认识到指标体系所具有的局限性，无论是来自认识上的原因，还是指标本身所具有的特点，考虑在指标体系定量评价为主的同时，采用指标—因素关联分析方法，将影响某一指标评价值的大小与相关影响因素结合起来分析，使指标表现的改进与问题的解决、改进内在地结合起来，而不是就指标论指标，从而增强监测评价结果的解释力，提高指数的评价效率，为各地推进相关领域改革和强化制度建设提供指导。

根据还原教育发展实际的变量特点，指标—因素关联分析包括指标—指标关联分析、指标—经济社会因素关联分析、指标—教育综合改革因素关联分析三种类型。

### 1. 指标—指标关联分析

指标—指标关联分析还原教育现代化核心指标与教育事业发展的因素关系。比如平均班额与大班额比例、超大班额比例结合分析。我国一些地区各级教育平均班额高于其他地区的重要原因就在于大班额比例、超大班额比例比较高。因而结合教育事业常规统计指标分析教育现代化核心指标,能够提高对教育事业发展平均指标的解释力。

为系统推进教育现代化并有重点突破提供方向和对策,可在全国或地区教育现代化指标中进行指标之间的比对,寻找发展相对弱或强的指标,分析关键指标对指数提高的贡献率,发现指标之间的关联。比如各地区教育现代化发展状况分析,除了根据综合指数和分项指数判断位次之外,还可以就教师队伍建设或人才培养、办学条件、教育经费进行横向的深度分析。以教师队伍建设横向深度分析为例,可以把生师比、教师高层次学历、接受培训教师比例等指标进行比较、筛选和挖掘。

### 2. 指标—经济社会因素关联分析

指标—经济社会因素关联分析还原教育现代化核心指标与经济社会发展因素或其他因素的关系。比如理工类学生比例与三次产业结构(三次产业构成、三次产业人力资源构成)结合起来分析,还可以把医学类学生比例与医疗卫生事业发展水平结合起来分析。由于教育现代化的进程与经济社会的总体发展紧密相关,存在着相互促进、相互影响的关系,因而把教育现代化指标与经济社会因素关联起来,深度分析高校和职业教育的学科专业结构、紧缺人才可获得率、留学生数等指标,能够从深层次上揭示教育现代化指标的内涵,促进教育与经济社会发展适应性水平的提升。

基于区域之间经济社会发展水平差距、区域教育现代化进展不均衡的现状,指标—经济社会发展因素关联分析中可以围绕一个指标进行钻取,发现某些点或片上的地区在某个指标上的表现非常强或弱,以解决某个指标平均值的缺陷,发现迫切需要关注的地区。比如高中阶段教育毛入学率或学前教育毛入学率指标的深度分析,可以作纵向分析,不仅分析到各省(自治区、直辖市),而且分析到地级市、县。纵向分析方法能够更为立体化地判断高中阶段教育或学前教育的普及情况。

### 3. 指标—教育综合改革因素关联分析

指标—教育综合改革因素关联分析还原教育现代化核心指标与政府转变职能、深化教育综合改革因素的关系。比如学前教育毛入学率与国家发展普惠性学前教育、实施学前教育三年行动计划结合起来分析。将教育现代化指标与教育改革因素关联,深度分析学前教育毛入学率、高中阶段教育毛入学率、接受培训教师比例等指标,能够更为深入地剖析教育现代化进程背后的影响因素，为进一步深化教育综合改革指明方向。

由于教育综合改革不仅涉及指标，而且涉及区域发展、部门之间的协调等，因而指标—教育综合改革因素关联分析往往属于横向与纵向相结合的深度分析，既涉及多个指标，又逐渐集中到区域，比如可以应用这种方法对我国集中连片特困地区进行深度分析，横向比较连片特困地区学前教育毛入学率、高中阶段教育毛入学率、生师比、班额、办学条件、教育信息化等多个(类)指标的情况，纵向比较连片特困地区与西部省份平均水平、全国平均水平的差距。

## 四、根据国际可比指标分析，我国教育已处于世界中上水平

基于国际可比指标的动态监测分析表明，我国教育事业发展迈上新的台阶，教育现代化取得重要进展，劳动年龄人口受教育年限明显增加，在世界上的位置明显提升，已跨入中等偏上行列。

### (一)我国经济和教育发展成功实现“双跨越”

我国人均收入水平在国际上的排序从中低收入组进入中高收入组。按世界银行收入分组标准，2001 年我国属中低收入组，在 149 个国家中排序列第 95 位；2010 年我国进入中高收入组，同口径排序列第 79 位，10 年间上升了 16 位；2014 年，我国继续上升 16 位，同口径排序列第 63 位。人均收入水平总体排序的不断上升充分显示了我国经济持续高速发展的成效，进展明显。

**表 1-4　2001 年和 2014 年世界各类国家和中国人均国民收入及年均增长情况**

| 分　组 | 2001 年(美元) | 2014 年(美元) | 年均增长率(%) |
|---|---|---|---|
| 世界 | 5 418 | 10 799 | 5.45 |
| 高收入国家 | 21 955 | 42 705 | 4.02 |
| 中等收入国家 | 1 136 | 5 054 | 11.51 |
| 其中：中高收入国家 | 1 764 | 8 429 | 12.20 |
| 中低收入国家 | 565 | 2 042 | 10.28 |
| 低收入国家 | 225 | 629 | 8.10 |
| 经合组织成员国 | 23 421 | 38 904 | 3.98 |
| 中国 | 1 010 | 7 400 | 16.56 |

从我国人均国民总收入(Gross National Income，简称 GNI)的实际水平来看，2001 年我

国仅相当于世界平均水平的19%，不足高收入国家平均水平的5%。经过十多年年均16%以上的快速增长，尽管2014年我国人均GNI仍远低于世界平均水平，但与世界平均水平相比，由原来的不足20%提高到69%，超过中等收入国家平均水平46%。

我国教育在世界中等收入国家中处于领先地位。进入21世纪，尤其是《国家中长期教育改革和发展规划纲要（2010—2020年）》实施以来，我国教育和人力资源的国际地位显著提升。对世界149个国家教育和人力资源核心指标的分析结果显示，2001年我国教育发展综合指数位列世界第86位，2010年跃升至第59位，10年间上升了27个位次，到2014年，我国教育发展综合指数位列第46位，较2010年排位又上升了13位，教育和人力资源的国际地位提升显著。

**表1-5　2001—2014年中国教育发展水平与人均国民收入水平**

| 分　组 | 综合指数 | | | 人均GNI(美元) | | |
|---|---|---|---|---|---|---|
| | 2001年 | 2010年 | 2014年 | 2001年 | 2010年 | 2014年 |
| 世界 | 0.342 4 | 0.403 7 | 0.415 5 | 5 418 | 9 382 | 10 799 |
| 高收入国家 | 0.542 8 | 0.581 8 | 0.598 9 | 21 955 | 34 985 | 42 705 |
| 中等收入国家 | 0.342 5 | 0.400 5 | 0.403 6 | 1 136 | 3 335 | 5 054 |
| 其中：中高收入国家 | 0.387 4 | 0.459 2 | 0.487 6 | 1 764 | 5 457 | 8 429 |
| 中低收入国家 | 0.284 8 | 0.345 9 | 0.345 7 | 565 | 1 527 | 2 042 |
| 低收入国家 | 0.228 1 | 0.250 0 | 0.228 7 | 225 | 498 | 629 |
| 经合组织成员国 | 0.529 3 | 0.577 3 | 0.594 0 | 23 421 | 36 235 | 38 904 |
| 中国 | 0.362 2 | 0.491 0 | 0.540 6 | 1 010 | 4 300 | 7 400 |

我国教育排序均高于世界平均水平。从总体上看，我国教育发展水平2001年高于世界平均水平和中等收入国家平均水平5%—6%，2014年则高出30%以上。与高收入国家相比，我国教育综合水平也由2001年的相当于67%提升至90%。从中等收入国家看，2001年我国在66个中等收入国家中位列第44位，2014年我国在79个中等收入国家中位列第11位，处于中等收入国家组的前列，发展成就显著。

我国教育优先发展成效显著。国际比较显示，我国教育综合发展水平在世界上的位置明显高于人均收入水平排序。2001年，我国在149个国家排名中，教育综合发展水平比人均国民收入高出9个位次，在66个中等收入国家中，教育领先经济位序17个位次。2014年，两者比较，教育领先17个位次，在79个中等收入国家中的位序也高出11个位次，且教育处于中等收入国家前列，位列第11位。同样，2014年，我国教育综合发展水平在九个发展中人口大国和金砖五国中排序的相对比较也优于2001年。

表1-6　2001年和2014年我国教育综合发展水平和人均GNI在世界上的位次

| 分组比较 | 2001年 | | | 2014年 | | |
|---|---|---|---|---|---|---|
| | 教育位序 | 人均GNI位序 | 教育高出位序 | 教育位序 | 人均GNI位序 | 教育高出位序 |
| 世界 | 86 | 95 | 9 | 46 | 63 | 17 |
| 中等收入国家 | 44 | 61 | 17 | 11 | 22 | 11 |
| 九个发展中人口大国 | 3 | 4 | 1 | 1 | 3 | 2 |
| 金砖五国 | 4 | 4 | 0 | 2 | 3 | 1 |

## （二）我国与发达国家教育发展的差距明显缩小

我国的教育发展与高收入国家的差距明显缩小。2001年，我国教育和人力资源发展综合指数与高收入国家比较，仅相当于后者平均水平的67%，2014年，这个比例提高到90%，与高收入国家的差距大大缩小，进步程度明显。

在学前教育和高中阶段教育普及水平方面，我国与发达国家的差距也明显缩小。2014年我国学前教育毛入学率达到70.5%，与高收入国家平均水平的差距由2001年的38个百分点缩小到12个百分点；高中阶段毛入学率达到86.5%，与高收入国家平均水平的差距由2001年的55个百分点缩小至19个百分点。

我国的教育发展速度与其他发达国家相比优势明显。相比经合组织国家，2010年，我国教育发展综合指数与其他国家平均值的百分位从2001年的68%提高到85%，到2014年，仍然延续了2001年至2010年间的发展速度优势，在2010年的基础上又提升了6个百分点。

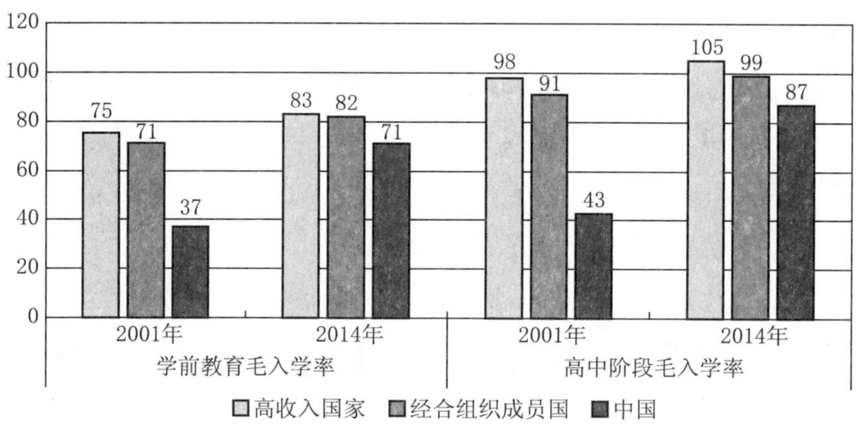


图1-1　2001年和2014年我国学前教育及高中阶段教育普及水平

表 1-7　我国教育发展综合指数相对于发达国家平均水平的变化情况

| 与不同国家组的比较 | 2001 年 | 2010 年 | 2014 年 |
|---|---|---|---|
| 相对高收入国家平均值的百分位 | 67% | 84% | 90% |
| 相对经合组织国家平均值的百分位 | 68% | 85% | 91% |

### （三）我国在发展中国家中继续保持比较优势

在中等收入国家以及九个发展中人口大国（不含欧盟，下同）中，我国教育发展呈现越来越明显的优势。我国教育总体发展水平在中等收入国家中排名居前。

表 1-8　我国教育发展水平在世界的排名

| 分　　组 | 2001 年 | 2010 年 | 2014 年 |
|---|---|---|---|
| 世界各国 | 86 | 59 | 46 |
| 中等收入国家 | 44 | 22 | 11 |
| 九个发展中人口大国 | 3 | 2 | 1 |
| 金砖五国 | 4 | 2 | 2 |

在中等收入国家中，我国教育发展水平排名由 2001 年的第 44 位上升至 2014 年的第 11 位。在九个发展中人口大国中，我国的教育发展水平从 2010 年的第 2 位跃升至 2014 年的第 1 位，同比 2001 年上升 2 位。在金砖五国中，我国的教育发展水平排名第二，仅低于俄罗斯，同比 2001 年上升 2 位。

## 五、综合分析我国教育现代化进展，各地区教育现代化发展态势良好

根据教育现代化动态监测指标的综合分析，党的十八大以来，我国各级教育实现了持续快速发展，有力推进了人力资源开发水平的持续提升。特别是进入 21 世纪以来，围绕落实教育优先发展的战略地位和努力办好让人民满意的教育，国家实施了一系列重大教育项目和工程，为我国教育和人力资源开发水平的提升发挥了重要的支撑和保障作用。

### （一）重大民生政策推进我国各级教育普及水平快速提升

制度突破，免费义务教育和义务教育均衡发展政策的实施夯实了入学机会的制度保障。我国基本实现“两基”（基本实施九年义务教育和基本扫除青壮年文盲）后，国家对中西部农

村地区义务教育家庭经济困难学生实行“两免一补”政策（免教科书费，免杂费，补助寄宿生生活费），并逐步推向全国。2015 年 11 月，国务院发布《关于进一步完善城乡义务教育经费保障机制的通知》，明确从 2016 年春季学期开始，统一城乡义务教育学校生均公用经费基准定额。从 2017 年春季学期开始，统一城乡义务教育学生“两免一补”政策，以后年度根据实际情况，适时完善相关政策措施。国家从农村到城市全面实行免费义务教育政策，为提高我国各地义务教育普及和巩固水平提供了强有力的基础与制度保障。2001—2015 年，我国小学净入学率由 99.1%提升到 99.9%；初中毛入学率由 88.7%提升到 104.0%；九年义务教育巩固率达到 93%左右，加快义务教育普及转向努力实现更高水平的普及教育，切实保障人民群众受教育的权利。进城务工人员随迁子女“两为主”政策[1]的实施取得成就，2018 年义务教育阶段有 79.4%的随迁子女进入公办学校就读。

关注民生，破解“入园难”，明确发展普惠型的办园政策导向，学前教育得到空前重视与发展。《国家中长期教育改革和发展规划纲要（2010—2020 年）》明确提出到 2020 年基本普及学前教育的战略目标。2010 年，国务院颁布《关于当前发展学前教育的若干意见》，把学前教育摆在国计民生的重要位置，其中强调发展学前教育要坚持公益性和普惠性原则，构建学前教育公共服务体系。教育部、国家发展改革委和财政部推动连续实施二期“学前教育三年行动计划”，各地按照国务院的部署，结合本地区人口和经济社会发展状况，着重解决当地学前教育存在的问题，着力扩大普惠性资源，缓解“入园难”，为学前教育发展提供有力保障。2015 年，全国学前教育总规模达到 4 264.8 万人，比 2010 年增加 1 288 万人，规模增长了 43%；学前教育毛入学率达到 70.5%，比 2010 年提高了 18 个百分点。

以人为本，职业教育大发展加快了高中阶段教育的普及。从 2002 年到 2005 年的三年间，国务院连续召开了三次全国职业教育工作会议，先后出台了《国务院关于大力推进职业教育改革与发展的决定》等重要文件，明确提出“发展职业教育是推动经济发展、促进就业、改善民生、解决‘三农’问题的重要途径，是缓解劳动力供求结构矛盾的关键环节，必须摆在更加突出的位置”。中等职业教育的大发展加快了高中阶段教育的普及，2015 年，我国高中阶段教育总规模[2]达到 4 038 万人，毛入学率达到 87.0%，在 2005 年 52.7%的基础上提高了 34.3 个百分点。

---

[1] 为解决进城务工人员随迁子女接受义务教育问题，2001 年国家出台了“以流入地区政府管理为主，以全日制公办中小学为主”的政策。

[2] 高中阶段教育在校生规模包括：普通高中 + 中职 + 技校 + 成人高中注册学生数。

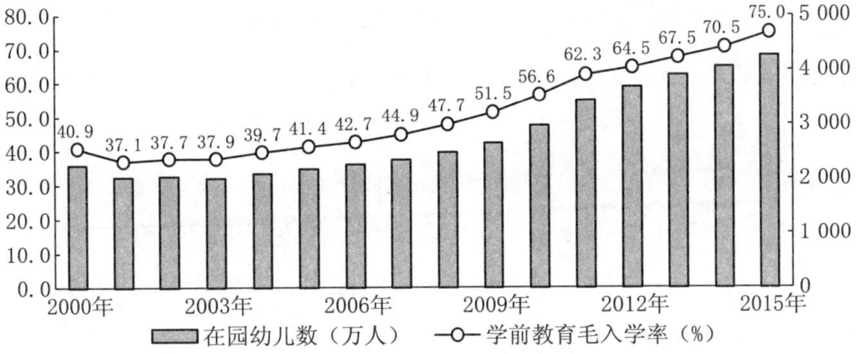


**图 1-2　2000—2015 年我国学前教育总规模及毛入学率变化**

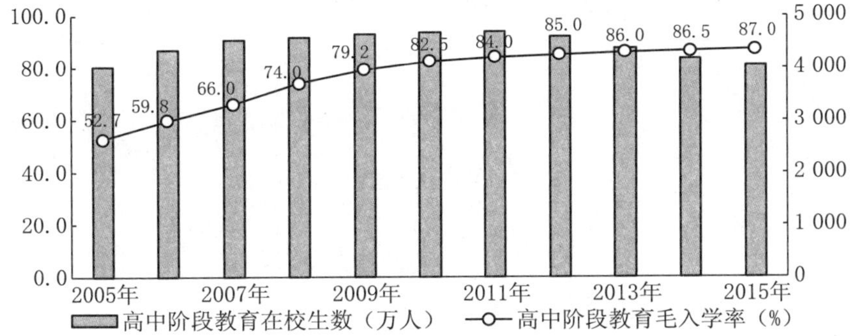


**图 1-3　2005—2015 年高中阶段规模及普及情况**

服务国家和区域经济社会发展，高等教育实现了历史性跨越。改革开放以来，特别是自 1999 年以来，我国高等教育实现了跨越式发展，取得了举世瞩目的成绩。2002 年，高等教育毛入学率达到 15％，进入大众化阶段。2015 年，全国各种形式高等教育在学总规模达到 3 647 万人，规模位居世界第一，每十万人口高等教育在校生数达到 2 524 人，高等教育毛入学率由 2000 年的 12.5％提高到 40.0％。

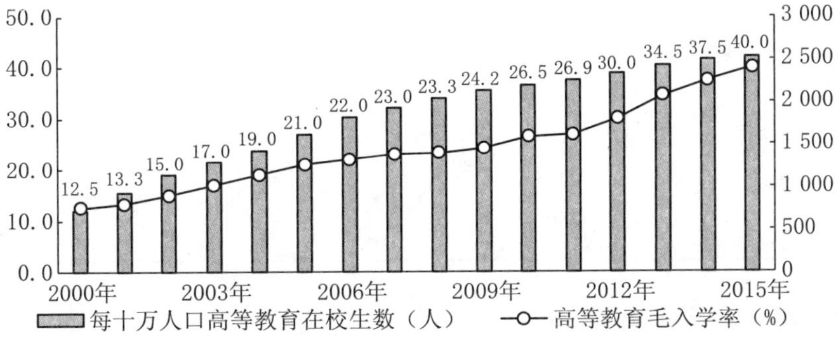


**图 1-4　高等教育毛入学率及每十万人口高等教育在校生数**

## （二）区域教育发展新格局提升全国教育综合水平

东部发达地区教育发展再上新台阶，若干教育指标赶超发达国家。东部发达地区教育发展在若干指标上已达到甚至超过发达国家平均水平。如北京、上海、天津、江苏、浙江等地的学前教育和高中阶段教育发展水平较高，普及水平与以经合组织成员国为代表的发达国家平均水平相当，甚至超出；在办学条件和内部效率方面也赶上发达国家，如北京、上海等地的学前教育生师比和小学生师比甚至优于经合组织国家的平均水平，初中生师比，东部地区均超过经合组织国家平均水平；人力资源水平表现相对较弱，但在25岁及以上人均受教育年限指标的表现上，北京已超过经合组织国家平均水平。

表1-9　2015年我国东部地区部分指标与经合组织国家平均值的比较

| 指　　标 | 经合组织国家 | 东部 | 省　　份 |
|---|---|---|---|
| 高中阶段毛入学率(%) | 98.6 | 94.7 | 北京(97.7)、天津(98.6)、河北(93.5)、辽宁(97.5)、上海(96.4)、江苏(94.0)、浙江(97.0)、福建(87.7)、山东(97.5)、广东(94.6)、海南(83.4) |
| 学前生师比 | 15.4 | 16.5 | 北京(11.5)、天津(16.2)、河北(18.5)、辽宁(14.7)、上海(14.6)、江苏(18.8)、浙江(16.3)、福建(18.0)、山东(16.7)、广东(15.3)、海南(18.9) |
| 小学生师比 | 15.9 | 17.4 | 北京(14.3)、天津(15.0)、河北(17.6)、辽宁(14.3)、上海(15.3)、江苏(18.0)、浙江(18.3)、福建(17.7)、山东(17.0)、广东(18.5)、海南(15.5) |
| 初中生师比 | 14.4 | 11.9 | 北京(8.6)、天津(9.9)、河北(13.6)、辽宁(10.2)、上海(11.0)、江苏(10.8)、浙江(12.3)、福建(11.6)、山东(11.7)、广东(12.9)、海南(12.8) |
| 高中阶段生师比 | 13.5 | 14.0 | 北京(9.4)、天津(11.6)、河北(13.7)、辽宁(13.6)、上海(10.8)、江苏(12.0)、浙江(13.0)、福建(15.1)、山东(14.6)、广东(16.5)、海南(16.8) |
| 公共教育支出占政府支出比例 | 12.9 | 17.5 | 北京(16.8)、天津(17.9)、河北(17.2)、辽宁(11.9)、上海(13.7)、江苏(17.5)、浙江(19.7)、福建(19.0)、山东(20.3)、广东(19.4)、海南(15.5) |
| 15岁及以上人口识字率 | 98.3 | 96.3 | 北京(98.2)、天津(97.7)、河北(97.0)、辽宁(97.9)、上海(97.1)、江苏(95.8)、浙江(93.9)、福建(97.2)、山东(94.4)、广东(97.6)、海南(95.2) |
| 25岁及以上人均受教育年限 | 11.6 | 9.5 | 北京(12.0)、天津(10.5)、河北(9.2)、辽宁(9.9)、上海(10.9)、江苏(9.3)、浙江(8.7)、福建(9.0)、山东(9.0)、广东(9.7)、海南(9.4) |

注：经合组织国家平均值为2014年数据。

中部、西部地区教育的进步程度及总体水平得到显著提升。随着国家各项政策的推进实施，特别是对中西部教育发展的投资和政策扶持，中西部地区教育改革发展迅速，教育发展指数及有关指标的进步程度明显。仅2010—2015年，全国提升了19.49%，各地区进步程度排名，东部小于中部，中部小于西部，中西部地区教育现代化发展水平综合指数进步程度分别达到19.04%和21.04%。

随着《国家中长期教育改革和发展规划纲要（2010—2020年）》的颁布和实施，中西部地区高中阶段教育、高等教育普及水平进一步提高。2015年，中部和西部地区高中阶段教育普及水平分别达到88.7%和83.4%，较2010年提升了10个百分点左右；高等教育普及水平则分别达到34.5%和34.2%，2010年至2015年的提升幅度接近前十年的提升水平。

表1-10　2010—2015年中西部地区高中阶段教育和高等教育普及水平

| 地　　区 | 高中阶段教育毛入学率(%) | | 高等教育毛入学率(%) | |
|---|---|---|---|---|
| | 2010年 | 2015年 | 2010年 | 2015年 |
| 中部地区 | 80.9 | 88.7 | 23.0 | 34.5 |
| 西部地区 | 71.5 | 83.4 | 21.1 | 34.2 |

注：中西部地区高等教育毛入学率所涉在校生规模统计口径均按学校所在地（含部属高校）归属，并且地区在校生规模不含自考生、军事院校学生、网络本专科学生和电视大学学生。

高中及以上教育普及程度的提高，带动了人力资源水平的提高。21世纪以来，中西部地区25岁及以上人口中，受高中及以上教育的比例、25岁及以上人口平均受教育年限等指标进展明显，进步幅度明显大于世界平均水平。

表1-11　2000年和2010年中西部地区人力资源指标水平进步程度

| 地　　区 | 25岁及以上人口中受高中及以上教育的比例(%) | | | 25岁及以上人口平均受教育年限(年) | | |
|---|---|---|---|---|---|---|
| | 2000年 | 2014年 | 进步程度 | 2000年 | 2014年 | 进步程度 |
| 中部 | 13.5 | 23.5 | 74.0% | 7.6 | 8.9 | 17.9% |
| 西部 | 10.8 | 20.9 | 93.8% | 6.8 | 8.4 | 22.5% |
| 世界平均[1] | 33.7 | 45.8 | 36.0% | 7.0 | 8.3 | 18.0% |

### （三）区域间教育差距呈缩小态势，协调发展迈出坚实步伐

核心指标省际差异整体上呈现显著缩小态势。教育作为民生之首，率先实现教育现代

[1] 2000年世界平均指标数据为2001年。

化是推进公共服务均等化的重要基础。近年来,国家和各级政府加大了基本公共服务均等化在教育领域推进的力度,通过多项举措,有效缩小了地区之间的差异,取得重要进展。通过对教育现代化核心指标综合指数和分项指数省际差异的实证分析,结果显示,2010 年至 2015 年,我国教育与人力资源发展省际间的差异呈现明显的缩小态势,五年的降幅达到 14.1%,差异系数均控制在 0.3 以内。

**表 1-12　2010 年和 2015 年教育现代化核心指标省际差异缩小情况**

| 指数名称 | 2010 年 | 2015 年 | 增减幅度 |
| --- | --- | --- | --- |
| 综合指数 | 0.216 1 | 0.185 7 | −14.07% |
| 分项指数 1:普及与公平 | 0.257 1 | 0.201 0 | −21.82% |
| 分项指数 2:结构与质量 | 0.242 2 | 0.279 6 | 15.43% |
| 分项指数 3:条件与保障 | 0.170 4 | 0.128 4 | −24.62% |
| 分项指数 4:服务与贡献 | 0.245 6 | 0.211 7 | −13.82% |

我国教育的地区差异明显小于经济差异,同比均趋缩小。2001 年,我国人均财政支出差异系数为 0.704 9,至 2014 年下降至 0.526 7,降幅达到 25%。与此相应的是,我国教育的地区差异也同步缩小,且差异程度远远小于省际经济差异,普及、条件与贡献等多个方面省际差异系数仅为人均财政支出差异系数的一半左右。可以预期,随着教育优先发展、均衡协调发展的政策效应显现,我国教育发展水平的地区差异必将进一步缩小。

**表 1-13　2001—2014 年全国义务教育部分指标差异系数变化情况比较**

| 指　　标 | 2001 年 | 2010 年 | 2014 年 | 2001—2014 年增减幅度 |
| --- | --- | --- | --- | --- |
| 小学生师比 | 0.200 1 | 0.165 1 | 0.151 5 | −24.3% |
| 初中生师比 | 0.122 9 | 0.163 1 | 0.163 9 | 33.4% |
| 小学平均班额 | 0.146 4 | 0.112 6 | 0.098 2 | −32.9% |
| 初中平均班额 | 0.108 7 | 0.130 4 | 0.127 7 | 17.5% |
| 小学专任教师学历水平 | 0.399 1 | 0.081 1 | 0.044 1 | −89.0% |
| 初中专任教师学历水平 | 0.527 7 | 0.169 4 | 0.106 0 | −79.9% |
| 对比:人均财政支出 | 0.704 3 | 0.507 0 | 0.526 7 | −25.2% |

义务教育的地区差异降到较低水平。实证分析显示,2000 年以来,我国各地区之间小学和初中教师学历水平等指标差异系数缩小的幅度高达 50%以上,超过了人均财政支出省际差异系数缩小幅度的 3 倍,成效显著。同时,应引起关注的是,小学和初中信息化设施配置水平也存在较大的地区差异。每百名学生拥有计算机台数的省际差异系数尽管近年来初

显缩小的态势，但缩小的幅度并不明显，目前仍在 0.5 左右。

非义务教育的地区差异有升有降，值得关注。在非义务教育阶段，部分核心指标的地区差异出现了增减幅度均较大的情况。从常用的教育和人力资源规划目标省际差异情况来看，2000—2015 年间，高中阶段教育毛入学率、高等教育毛入学率和两个人力资源主要指标均呈现大幅缩小的态势，差异系数值达到 0.1—0.3，高中阶段教育和高等教育毛入学率降幅更是高达 50%以上。这一情况的出现反映了十年间我国教育和人力资源开发在中西部地区所取得的重大成效，为全国的经济社会发展提供了强有力的支撑。

表 1-14　2000 年、2010 年和 2015 年全国非义务教育部分核心指标地区差异系数

| 核心指标 | 2000 年 | 2010 年 | 2015 年 | 差异缩小比例 |
|---|---|---|---|---|
| 高中阶段教育毛入学率 | 0.447 8% | 0.155 5% | 0.092 6% | -79.3% |
| 高等教育毛入学率 | 0.686 5% | 0.355 5% | 0.297 9% | -56.6% |
| 主要劳动年龄人口平均受教育年限 | 0.154 2 | 0.116 5 | 0.114 9 | -25.5% |
| 主要劳动年龄人口中受过高等教育的比例 | 0.604 2% | 0.426 3% | 0.326 7% | -45.9% |

2001 年以来，全国普通高中教师学历水平、普通高校生师比、幼儿园平均班额以及各地区财政教育经费占各地区公共财政支出比例等核心指标的省际差异降幅非常明显，有的指标达到 40%和 70%以上。但同时也要看到，普通高中生师比和普通高中平均班额的差异有扩大的倾向，扩大的幅度达到 50%、60%左右，值得关注；但差异的水平是较低的。反映我国教育信息化设施配置的每百名学生拥有计算机台数这一指标，不仅配置水平不高，而且地区差异明显，2003 年以来，中职学校每百名学生教学用计算机台数差异扩大幅度达到 80%左右。

表 1-15　2001—2015 年全国非义务教育部分核心指标差异系数变化情况

| 指　　标 | 2001 年 | 2005 年 | 2010 年 | 2015 年 | 2001—2015 年增减幅度 |
|---|---|---|---|---|---|
| 公共财政预算教育经费占公共财政支出比例 | 0.165 2% | 0.131 8% | 0.141 5% | 0.151 1% | -8.5% |
| 幼儿园生师比 | 0.174 9 | 0.147 7 | 0.170 8 | 0.160 6 | -8.2% |
| 普通高中生师比 | 0.100 8 | 0.112 3 | 0.149 7 | 0.165 1 | 63.8% |
| 中等职业学校生师比 | — | 0.265 0 | 0.259 5 | 0.331 1 | 25.0% |
| 普通高校生师比 | 0.143 6 | 0.078 7 | 0.078 4 | 0.083 2 | -42.0% |
| 幼儿园平均班额 | 0.442 8 | 0.302 4 | 0.163 5 | 0.122 5 | -72.3% |
| 普通高中平均班额 | 0.091 4 | 0.100 8 | 0.122 7 | 0.138 4 | 51.4% |
| 普通高中专任教师学历水平 | 0.993 3 | 0.714 0 | 0.609 3 | 0.576 6 | -42.0% |
| 中职专任教师学历水平 | — | 0.504 8 | 0.501 9 | 0.498 2 | -1.3% |

分析表明，十多年来，在我国地区经济差异较大甚至有所扩大的宏观环境下，我国在推进教育均衡协调发展上取得重大进展，为国家进一步推进基本公共服务均等化率先尝试做出了探索和实践。但同时，在核心指标所反映的部分地区和领域，地区差距依然较大，需要进一步关注。

## 六、动态监测发现我国教育发展的任务繁重

### （一）我国教育整体水平与发达国家尚存明显差距

我国教育整体发展水平仍落后于发达国家。国际比较结果表明，我国教育整体发展水平明显低于高收入国家和经合组织国家平均水平。

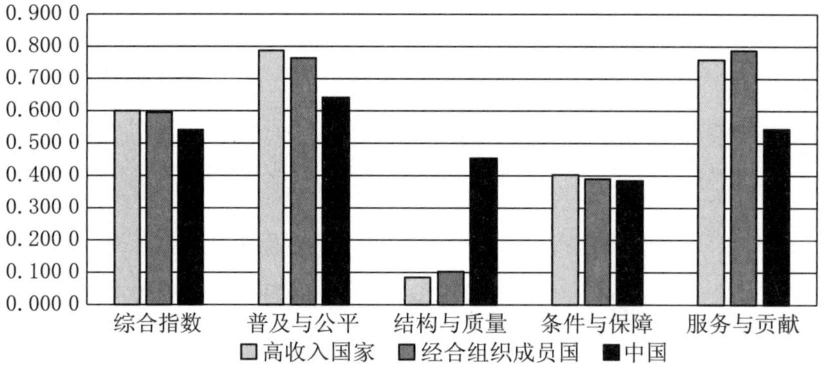


**图 1-5　2014 年我国教育发展水平与发达国家的差距**

从综合指数看，2001 年我国教育和人力资源发展水平仅相当于高收入国家 67%、经合组织国家平均水平的 68%，低于中高收入国家的平均水平。2014 年尽管仍低于发达国家平均水平，但差距缩小了 20 个百分点以上，并已超过中高收入国家平均水平 11 个百分点。但从总体情况来看，在体现教育现代化水平的几个主要方面，如教育普及与公平、条件与保障、服务与贡献等，我国多数核心指标的表现都低于发达国家水平。

2001 年，在学前教育、高中阶段教育、高等教育的普及方面，我国与发达国家的差距尤为明显，学前教育和高中阶段教育普及水平不到发达国家平均水平的一半，高等教育普及水平仅为发达国家平均水平的四分之一。经过十多年的快速发展，我国快速缩小了与发达国家的差距，但在高等教育方面，差距仍较为明显。

2014 年，我国高等教育毛入学率、25 岁及以上人口中受高中及以上教育的比例与发达

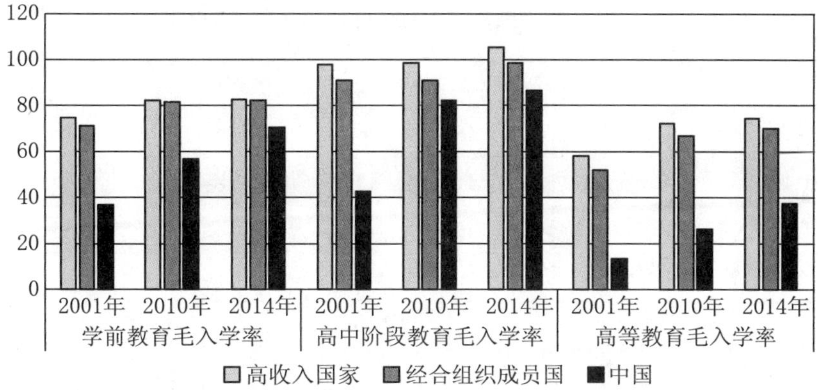


**图 1-6 我国与发达国家教育普及水平的差异**

国家的差距达 35 个百分点以上，25 岁及以上人口平均受教育年限相差 2 年左右。而在过去的十多年间，发达国家高等教育毛入学率在 2001—2014 年间提高了约 16 个百分点，25 岁及以上人口中受高中及以上教育的比例提升了约 12 个百分点，25 岁及以上人口平均受教育年限提升了约 1.1 年。照此推算，我国从教育大国迈向教育强国、从人力资源大国迈向人力资源强国需要 20—30 年的时间。也就是说，我国教育发展水平以及对人力资源开发的贡献水平与目前发达国家依然存在很大差距。

### （二）普及与公平、条件与保障、人力资源贡献等方面仍存在薄弱环节

2015 年，我国学前教育毛入学率为 75％，与“有园上”“上得起”的基本受教育需求有一定距离。部分经济不发达的中西部地区，高中阶段教育的普及水平较低，高中阶段教育的毛入学率仅 70％左右。2015 年，全国义务教育阶段进城务工人员随迁子女在校生数达 1 367 万人，比 2007 年增长了 79％，增加了 601 万人。其中，6 成左右分布在东部地区，特别是东部地区的广东省，进城务工人员随迁子女在校生达到 302 万人，超过整个中部地区其他 10 个省、市之和；上海进城务工随迁子女规模也较大，占在校生比例也已高达 29％。持续增长的进城务工人员随迁子女在校生规模，给这些省、市的义务教育发展、城区校舍建设、资源均衡配置等都带来巨大压力。

我国的教育在条件与保障和教育资源配置水平方面与发达国家差距明显。目前，我国各级教育的教师配备水平与发达国家存在较大差距，特别是学前教育和高中阶段教育的教师配置水平与发达国家差距明显。2014 年，我国学前教育生师比为 18.7∶1，远高于高收入国家学前教育生师比的平均水平 13.4∶1；而我国高中阶段教育生师比目前约为 16.4∶1，也大大高于高收入国家 12.5∶1 的平均水平。

表 1-16　2014 年我国各级教育生师比与高收入国家的差距

| 指　　标 | 中国 | 高收入国家 | 中国差距 |
| --- | --- | --- | --- |
| 学前教育生师比 | 18.7 | 13.4 | 5.3 |
| 小学生师比 | 16.8 | 14.8 | 2.0 |
| 初中生师比 | 12.6 | 12.4 | 0.2 |
| 高中阶段教育生师比 | 16.4 | 12.5 | 3.9 |

我国义务教育阶段的平均班额是世界上最大的，远远高于发达国家、发展中人口大国以及金砖国家，反映了我国义务教育资源配置的差距及不均衡状况。2014 年，我国小学、初中平均班额分别达到 37 人和 48 人，相对于欧美国家，我国的平均班额人数规模最大，资源配置保障水平存在差距。

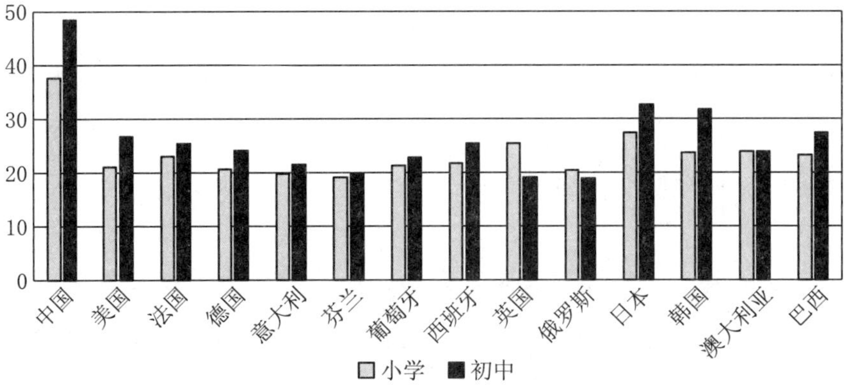


图 1-7　2014 年中国与部分国家的小学、初中生师比

2014 年，我国 25 岁及以上人口中接受高中及以上教育的比例为 27.68%，比发达国家低 40 多个百分点；25 岁及以上人口平均受教育年限相差 2 年以上。据估算，我国人力资源水平要赶上发达国家平均水平，需要 10 年以上的时间[1]。我国各省份之间的人力资源发展水平也很不平衡。部分西部地区省份人力资源指标水平过低，极不利于这些地区实现创新驱动和转型发展。2014 年，我国 25 岁及以上人口中接受高中及以上教育的比例，北京最高，达到 54.8%，而西部各省均值仅为 21.7%，最低的个别省份仅有 15%左右；25 岁及以上人口平均受教育年限，北京最高，为 12.0 年，超过发达国家平均水平，而最低的仅为 4.9 年，中西部地区多个省市仅 8 年左右。

[1] 据第五、第六次人口普查数据，我国 2000—2010 年主要劳动年龄人口的人均受教育年限提高了 1.3 年。

表 1-17　2014 年中国与发达国家人力资源水平差距

| 国家/地区 | 指标原值 | | | 中国的差距 | | |
|---|---|---|---|---|---|---|
| | 15 岁及以上人口识字率(%) | 25 岁及以上人口中受高中及以上教育的比例(%) | 25 岁及以上人口平均受教育年限(年) | 15 岁及以上人口识字率(%) | 25 岁及以上人口中受高中及以上教育的比例(%) | 25 岁及以上人口平均受教育年限(年) |
| 中国 | 95.84 | 27.68 | 9.03 | — | — | — |
| 高收入国家 | 98.67 | 65.39 | 11.22 | -2.83 | -37.71 | -2.19 |
| 经合组织成员国 | 98.27 | 70.14 | 11.57 | -2.43 | -42.46 | -2.54 |

2010 年以来，全国高校本科毕业生初次就业率达到 85%以上，高职高专毕业生找到符合所学专业的工作的比例也超过 60%，对于 2015 年全国普通本专科毕业生总规模 700 万左右的就业形势，不能不说是一个严峻的挑战。尽管就业问题与整个经济社会发展的宏观形势有密切关系，但高校适应社会经济发展的动态调整机制尚有很大的改进空间，尤其是如何按照经济社会发展要求形成高校学科专业动态调整的长效机制，是高校面临的一个亟待解决的问题。

### （三）我国农村尤其是困难地区“保基本”任务依然艰巨

受自然环境以及基础设施、要素流动、资源不足、教育保障等诸多因素的限制，我国农村尤其是农村边远山区、少数民族地区、集中连片特困地区的教育发展水平仍然较为落后，大部分困难地区办学条件仍亟待改进，这些困难地区在学前教育、义务教育等方面仍然存在“保基本”的严峻任务。

集中连片特困地区不仅学前教育规模普及水平较低，办园条件与全国相比也存在很大差距。2015 年，连片特困地区生师比平均水平为 22.9：1，相对于全国 18.1：1 的平均水平，师资配置明显偏紧；独立设置的幼儿园中，无卫生厕所的幼儿园有 12 841 所，无水源的幼儿园有 410 所，办园条件亟待改进。2015 年，全国小学中无厕所学校有 2 700 多所，其中 93%集中在农村地区，无水源设施的学校也主要集中在农村地区，达到了 1 479 所；从反映资源配置的平均班额指标看，全国初中大班额（平均班额超过 55 人）学校有 6 508 所，81%集中在农村地区，达到了 5 254 所。

# 第二章

# 教育现代化评价指标国际比较研究

# 第一节

# 主要国际组织教育发展指标特点

## 一、 指标体系特征

国际组织的教育发展评价指标选择大都遵循国际可比性、统计准确性、价值观普世性、服务于政策等原则。但教育发展评价具有十分明确的目的性,各国际组织因组织的定位不同、理论架构不同,评价视角也有所差异。

### (一) 联合国教科文组织的指标体系具有基础性和全面性

联合国教科文组织(UNESCO)全民教育发展评价重点关注扫除文盲、基础教育的普及和教育公平,指标的基础性色彩浓厚,以保障基本受教育权为目标;《全球教育要览》指标体系则体现了全面性,服务于各国的教育管理决策。

为监测全民教育六大目标的实现程度,联合国教科文组织每年发布《全民教育监测报告》,将六大目标分解成18项核心指标进行重点监测,由各参与国定期向联合国教科文组织统计所提供年度数据。18项核心指标包括学前和小学的入学率、识字率、教育经费投入、教师合格率和生师比、小学绩效系数等,关注低端文化程度人群的受教育机会。此外,《全民教育监测报告》每期重点不同,还会有一些动态性指标。

联合国教科文组织统计所(UIS)负责为联合国管理全世界在教育、科技、文化和信息方面的统计资料。其每年出版的《全球教育要览》,根据"国际教育标准分类法"(ISCED97),在国际可比的框架下汇集了世界各国教育的数据和资料,描述各地区和全球的教育状况,方便跨国间的比较。每一版《全球教育要览》关注一项教育议题,并展开分析。《全球教育要览》主要包括教育普及程度与期望受教育年限、学制、经费投入、教师队伍、国际学生流动、在校生人数及构成、高等教育毕业生及学科构成等11个方面的内容。

### (二) 世界银行指标突出教育削减贫困的导向

世界银行宣称削减贫困是其宗旨,教育是其削减贫困的重要手段,提高女性受教育机会尤为重要。世界银行发布的《世界发展指标》覆盖了世界概览、人口、环境、经济、政府与市场和全球的联系等六个方面。教育包含在人口部分中，分为教育投入、教育参与、教育效率和教育成果四个方面。其中，经费和教师等教育投入指标与全民教育指标类似，主要区别在于全民教育指标关注小学，世行指标覆盖了各级教育；教育参与是以各级教育学生规模和毛入学率、净入学率等指标来衡量的；教育效率指标主要是保留率、升级率、重读率以及一年级的入学率；教育成果指标以识字率和完成率、受教育年限等表达。2012 年的指标中有 50 多项与普及程度有关。国际组织都很重视性别平等，世界银行的教育指标中，几乎所有指标都设了分性别的指标以及指标的性别比。

### （三）经合组织的指标体系评价维度多元

经合组织（OECD）对国际教育指标的研究成果集中体现在其《教育概览 2012：OECD 指标》中，采用“背景、投入、过程和产出”模式构建教育指标体系，全面评价经合组织国家的教育发展及其与经济社会、个人收益的联系。

经合组织教育指标组织框架的特点是指标分类维度多元，更加符合教育系统的复杂性特点。指标框架首次将教育系统内的参与者区分为：个体学习者与教师，教学环境与学习环境，教育服务提供者，教育体系。教育与学习的产出指标、影响教育产出的政策和环境指标、影响政策的指标都按照参与者分为四个层次。同时，指标框架还蕴含质量、公平、效率三个价值视角，指标分析结果的报告分四个方面：教育机构的产出及学习的影响，教育中的财政与人力资源投入，教育机会、参与与过渡，学习环境与学校的组织。

### （四）联合国开发计划署人类发展指数是以人为本的终结性评价

联合国开发计划署（UNDP）作为世界上最大的多边技术援助机构，重点向发展中国家和地区提供知识、经验和资源。该组织认为经济增长不代表国民拥有更多提升自己生活的机会，削减贫困、发展经济、发展教育的终极目标应当是人的全面发展。联合国开发计划署使用人类发展指数（HDI）评估各国的人类发展情况，打破了以前仅凭 GDP 评价国家发展水平的格局。人类发展指数是从人类发展的三个基本维度——寿命、知识和高质量生活来测量人类发展程度的指标。知识维度选取的变量为预期受教育年限和平均受教育年限，从增量和存量两个角度衡量一个国家教育发展带来的知识丰富程度。联合国开发计划署的评价指标在评估技术上的突出优点是简洁有效，在理念上突出了人本身，人在这个指标体系里不再是发展的工具，而成为发展的目的。

### （五）世界经济论坛指标体系关注教育对经济发展的服务能力

世界经济论坛（WEF）发布的《全球竞争力报告》以判断分析各国经济增长的源泉为目标。全球竞争力的定义是，决定一国生产力水平、决定一国经济所能达到的繁荣程度的因素、政策和制度的结合。世界经济论坛将全球经济体分为三个阶段，从低到高分别是生产要素驱动、效率驱动和创新驱动。2012—2013年的竞争力报告共涉及144个国家和地区，其中居于“创新驱动”阶段的国家和地区有35个，中国属于“效率驱动”类国家行列。评级指标体系共包含12项要素111个细项指标，其中与教育直接相关的指标共有13个，分布在支柱4“健康和初等教育”、支柱5“高等教育和培训”、支柱12“创新”中，包括各级教育入学率、初等教育质量、教育体系的质量、数学和科学教育质量、管理类学院的质量、学校互联网的接入、专业研究和培训服务的本地可获得性、创新能力、科学研究机构的质量、大学和企业在研发上的合作、科学家和工程师的可获得性等。

### （六）欧盟2020教育指标体系以智慧可持续发展和包容性增长为目标

欧盟（European Union，简称EU）具有立法权和统一货币，与其他国际组织相比具有知识经济实体性质，其指标具有较强的工作指导性和约束性。为了实现成为世界最强的知识经济体这一目标，2010年欧盟提出“欧洲2020战略”。“欧洲2020战略”设定三个战略重点：智慧发展，即经济增长以知识和创新为基础；可持续发展，即使用绿色能源并提高能源使用效率和竞争力；包容性增长，即提高就业率，增强社会凝聚力。“欧洲2020战略”提出相互关联、互相促进的五大目标，其中两个是教育目标，把教育程度为初中及以下并不再继续接受教育的18岁至24岁人口比例从15%控制到10%以下，将30岁至34岁年轻人完成高等教育的比例从31%提高至40%。实施七大行动计划，其中“创新型联盟”“流动的青年”“新技能和就业议程”“欧洲消除贫困平台”等计划涉及教育发展策略。在欧盟发展战略框架下，教育委员会提出教育与培训的发展指标（ET2020），在上述两个指标外，增加了学前教育参与率、降低国际学生评估项目（PISA）测试低成就学生比例、成人参与终身学习的比例等指标。

欧盟的教育指标体系体现了欧盟重视教育在经济和社会发展中的核心作用和基础地位，围绕智慧、可持续发展和包容性增长，以终身学习的视野全面提高劳动力的受教育水平和质量，提高社会底层受教育水平的意图明显；指标体系简略概要，对目标实现策略限制较少，适应了27个国家的多样性。

## 二、指标体系建构趋势

### （一）受教育机会指标是教育指标体系的根本

受教育机会指标是一切教育发展评价指标体系的根本，绝大部分国际组织的指标中都包含了数量、层级不一的教育普及程度指标，少部分仅采用了国民平均受教育年限指标。联合国教科文组织与世界银行的教育普及程度指标最为丰富，并分布在教育参与、教育效率、教育成果等不同维度，以最大限度地衡量基本受教育机会是否受到保障。这些指标还有一个突出的特点是具有较强的稳定性，多年来指标体系无论怎样修改，都保留了普及程度指标。

### （二）教育质量有关指标数量增多，内容深化

随着基本受教育权逐渐得到保障，义务教育普及程度指标的区分度逐渐降低，教育质量越来越受到关注，反映在各指标体系建构中，有关教育质量的指标增多、细化。各国际组织关注教育质量评价的出发点有所不同，或在于评价教育为经济发展服务的能力，或在于评价一个国家的未来竞争力，或出于关注教育投入效率的考虑，或关注教育给个体带来的收益。但不可否认的是，对教育质量的评价越来越直指核心，评价从广义上的教育教学保障条件、完成率、重读率等普及指标过渡到课程质量、学生学习质量等狭义的教育结果指标。

### （三）“公平”既是独立指标，又是指标体系的评价维度

公平指标有时表现为入学率等一级水平的指标，更多时候表现为指标体系的一个评价维度，例如，普及程度、教育质量、教育保障等方面的指标均可以从公平视角进一步深化。普及程度指标往往细化为城乡差异、地区差异、性别差异、残疾儿童群体与健康儿童的差异、民族差异等指标。经合组织报告一直关注家庭社会经济地位对学生成绩、享有的教育资源的影响，以此作为重要的公平指标，比较各国社会公平程度，并且通过公平系数的变化追踪分析和判断各国政府在促进教育公平方面所做的努力和效果。欧盟对 PISA 低成就学生比例的规定也是一个质量和公平兼顾的指标，相比我国教育公平政策还处于追求教育资源均衡阶段而言，处于更高发展层次。“公平”作为一个评价维度，避免了指标体系的平均数值对弱势群体的掩盖。

### （四）指标体系建构以“人”为核心

国际组织的指标体系中，与人有直接关系的指标比例远远大于与物有关的比例，并且非

常关注指标内部群体间的差异。这出于两方面考虑，从国家竞争力比较角度来说，有的指标体系通过考察公民享有的教育医疗等水平来推估国家的竞争力，有的指标体系则认为国家竞争力最终由人力资源水平决定；从人权保障角度来说，有的指标体系旨在考察个体的受教育情况，评价社会发展是否使个体获益。例如，《教育概览 2012：OECD 指标》从劳动力人口就业率、失业率、收入水平等方面分析各国教育收益的差异，评价教育给个体和社会带来的效益。

### （五）通用指标一般以常规统计为基础

国际组织的指标体系有的只有几个指标，有的则有几百个指标，指标数量多少取决于指标体系的指向性或者功能界定。除了受教育机会之外，还有一些指标通用于各个国际指标体系。例如，投入方面的核心指标一般为教育支出占 GDP 或者 GNP 的比例、公共财政预算教育经费占公共财政支出比例、国家财政性教育经费占教育总支出比例、教师学历水平、生师比、平均班额等；产出方面的指标常采用各级各类教育普及程度、人均受教育年限。这些指标定义明确，计算基于各国常规统计数据，基本能够反映一个国家的教育发展水平，普遍用于各个国际组织的指标体系中，易于进行国际比较。

### （六）通过调查获取指标数据的方式越来越重要

国际教育统计数据主要由联合国教科文组织统计所与其合作机构收集。国家层面的年度教育统计数据主要来源于世界银行，世界银行的教育统计数据库（Education Statistics-All Indicators）汇集了来自联合国教科文组织及其他国际机构的教育相关的统计数据，是权威国际教育统计数据来源之一，且其数据库查询下载方便。另外，为增加国际比较的维度，数据库还收集整理了有关国际组织（例如欧盟、经合组织等）或国家组群（例如高收入国家或地区、中高收入国家或地区等）的有关教育统计数据，数据来自世界银行教育统计数据库及国际组织的年度报告，报告主要包括：联合国开发计划署的《人类发展报告》（Human Development Report）、联合国教科文组织的《全民教育全球监测报告》（EFA Global Monitoring Report）。

统计数据由于本身特点的限制无法满足一些评价指标的需求，如学校管理、课程质量、学习质量等方面的指标需要大规模调查才能获得数据。经合组织举行的国际学生评估项目（PISA）、国际成人素养调查（IALS）等通过素养测量和问卷调查获得教育体制、课程设置、教学方式、学习结果等方面的信息，成为国际教育调查数据的重要来源。世界经济论坛《全球竞争力报告》指标部分的数据也来自向参评国家和地区发放问卷获得的调查数据。由于侧重于经济的动态增长，世界经济论坛的数据中，调查数据占 3/4，在缺少可靠的定量指标可供参考时，调查数据非常重要，教育对企业的服务能力方面，企业的评价比统计数据也更有说服力。这些通过调查获得的数据指标在深入比较各国教育发展特点或为改进政策提供更有针对性的信息方面具有常规指标不可比拟的优势。

# 第二节

# 主要国际组织教育发展指标比较

## 一、 教育普及与公平指标

### （一） 学前教育毛入学率

#### 1. 学前教育毛入学率指标的国际通用性和可比性

（1）学前教育毛入学率的含义

根据联合国教科文组织的界定与说明，毛入学率指“某一特定教育等级的注册学生总数在对应于该项教育等级的正规年龄组人口中所占的百分比，而不管年龄大小。由于入学早晚和（或）留级的缘故，毛入学率有可能超过100%”。学前教育毛入学率是指学前教育在园（班）幼儿数占官方规定的学前教育适龄人口总数的百分比。

计算公式：学前教育毛入学率（%）= 学前教育在园（班）幼儿数/适龄人口数×100%。

（2）学前教育毛入学率指标的功能与国际通用性

学前教育毛入学率反映适龄儿童学前教育入学机会，衡量教育普及程度，体现教育发展水平。同时，通过与净入学率相互补充，反映超过或不足适龄儿童入学的程度。

学前教育毛入学率是联合国教科文组织、世界银行等国际组织普遍采用的监测教育普及程度的基本指标。

（3）学前教育毛入学率国际比较的数据来源

基本数据主要来源于联合国教科文组织、世界银行的教育统计数据库、欧盟、经合组织的有关教育统计数据

#### 2. 学前教育毛入学率的国际比较

（1）世界各国学前教育毛入学率的比较

2011 年，我国学前教育毛入学率的计算值是 61.17%。在 89 个数据可得的国家或地区（不包括对国家组群的统计）中，按照毛入学率由高到低排序，中国排第 39 位，即 39/89 位，百分位数位于 44%。

（2）我国与经合组织国家学前教育毛入学率的比较

经合组织国家 2011 年学前教育毛入学率的平均值为 81.65%，高于中国 20 个百分点，经合组织国家 2001 年学前教育的毛入学率就已经达到 71.17%，远远超过中国目前的水平。

（3）我国与发展中国家学前教育毛入学率的比较

发展中国家 2010 年的学前教育毛入学率为 43%，低于我国在该年度的学前教育毛入学率 54%。我国学前教育毛入学率高出发展中国家平均水平 11 个百分点。

（4）我国与人均 GDP 相近国家学前教育毛入学率的比较

我国 2011 年的学前教育毛入学率为 61.17%，高于世界均值和中等收入国家或地区，接近中高收入国家或地区。我国人均 GDP 在 2010 年超过 4 000 美元，进入中高收入国家行列，但是学前教育毛入学率与中高收入国家或地区的均值还有微小差距。

#### 3. 学前教育毛入学率国际比较的结论

我国的学前教育毛入学率在世界上处于中等水平，在 10 年中增长了 23 个百分点，增幅明显高于世界平均增幅以及各个收入水平国家组群的增幅。

2011 年我国学前教育毛入学率与发达国家、经合组织成员国、欧盟等国家或地区还有较大差距。

我国学前教育毛入学率与人均 GDP 相近的中高收入国家或地区的均值还有微小差距。

### （二）小学五年巩固率

#### 1. 小学五年巩固率指标的国际通用性和可比性

（1）小学五年巩固率的含义

小学五年巩固率（续读率）（survival rate）是指小学一年级入学的学生中连续就读到小学五年级的学生百分比。

（2）小学五年巩固率指标的功能与国际通用性

小学五年巩固率指标的主要功能是衡量教育系统的保留能力和内部效率，小学五年巩固率指标反映小学五年级学生的保留状况，同时也可以间接反映出该年级的辍学率。

小学五年巩固率是联合国教科文组织、世界银行采用的监测教育普及以及保留、巩固能力的基本指标。

(3) 小学五年巩固率国际比较的数据来源

基本数据主要来源于联合国教科文组织、世界银行的教育统计数据库。

**2. 小学五年巩固率的国际比较**

主要国际组织当时无相关数据，所以“小学五年巩固率的国际比较”栏下的“我国与世界各国小学五年巩固率、我国与经合组织国家小学五年巩固率、我国与发展中国家小学五年巩固率、我国与人均GDP相近国家小学五年巩固率”无国际比较和结论。

## （三）高中阶段教育毛入学率

**1. 高中阶段教育毛入学率指标的国际通用性和可比性**

(1) 高中阶段教育毛入学率的含义

高中阶段教育毛入学率是指包含所有课程的高中阶段教育在校生数占官方规定的高中阶段教育适龄人口总数的百分比。

计算公式:高中阶段教育毛入学率(%)=高中阶段教育在校生数/适龄人口数×100%。

(2) 高中阶段教育毛入学率指标的功能与国际通用性

高中阶段教育毛入学率的主要反映高中阶段教育的普及程度，体现教育发展水平。同时，通过与净入学率相互补充，反映超过或不足适龄人口入学的程度。

高中阶段教育毛入学率是联合国教科文组织、世界银行、经合组织、欧盟等国际组织以及各个国家普遍采用的监测教育普及程度的基本指标。

(3) 高中阶段教育毛入学率国际比较的数据来源

基本数据主要来源于联合国教科文组织、世界银行的教育统计数据库。

**2. 高中阶段教育毛入学率的国际比较**

(1) 世界各国高中阶段教育毛入学率的比较

从世界银行可获得的最新数据是2011年数据，可获得国家或地区数为114个，其中对中国的计算值是72.78%，排在第56位，百分位数位于49%。

(2) 我国与经合组织国家高中阶段教育毛入学率的比较

经合组织国家2011年的高中阶段教育毛入学率为91.10%，高于中国18个百分点，经合组织国家2001年的高中阶段教育毛入学率就已经达到90.88%，十年来的增幅不大，但是较高的起点使得经合组织国家的高中阶段教育毛入学率远远超过中国目前的水平。

(3) 我国与发展中国家高中阶段教育毛入学率的比较

可获得的发展中国家高中阶段教育毛入学率的最新数据是2010年为53%，低于我国在该年度的高中阶段教育毛入学率(71%),我国高中阶段教育毛入学率高出发展中国家平均水平18个百分点。

(4) 我国与人均GDP相近国家高中阶段教育毛入学率的比较

我国2011年的高中阶段教育毛入学率为72.78%,高于世界均值(58.84%)和中等收入国家或地区均值(58.36%),接近中高收入国家或地区均值(73.26%)。我国人均GDP在2010年超过4 000美元,进入中高收入国家行列,但是高中阶段教育毛入学率与中高收入国家或地区的均值还有微小差距。

### 3. 高中阶段教育毛入学率国际比较的结论

我国的高中阶段教育毛入学率在世界上处于中等水平,高中阶段教育毛入学率在这十年中呈现了稳步上升的趋势,增长34.12个百分点,高于中高收入国家或地区的增幅,增长速度较快。但是,我国在2010年的高中阶段教育毛入学率距离十年前高收入国家或地区还有26.58%的差距,距离欧盟还有30.65%的差距。我国高中阶段教育毛入学率与人均GDP相近的中高收入国家或地区的均值依然还有微小差距。

## (四) 高等教育毛入学率

### 1. 高等教育毛入学率指标的国际通用性和可比性

(1) 高等教育毛入学率的含义

高等教育毛入学率是指高等或高等以上教育在学人数占国家规定的该阶段教育适龄人口总数的百分比。

计算公式:高等教育毛入学率(%)=高等或高等以上教育在校生数/适龄人口数×100%。

(2) 高等教育毛入学率指标的功能与国际通用性

高等教育毛入学率指标的主要反映高等教育总体入学机会,体现高等教育普及水平。同时,通过与净入学率相互补充,反映超过或不足适龄人口入学的程度。

高等教育毛入学率是联合国教科文组织、世界银行、经合组织、欧盟等国际组织以及各个国家普遍采用的监测高水平教育普及程度与普及水平的基本指标。

(3) 高等教育毛入学率国际比较的数据来源

基本数据主要来源于联合国教科文组织、世界银行的教育统计数据库。

### 2. 高等教育毛入学率的国际比较

(1) 世界各国高等教育毛入学率的比较

从世界银行可获得的最新数据是2011年数据,可获得国家或地区数为99个,其中对中国的计算值是 26.79%，排在第 49 位，百分位数位于 49%。

(2) 我国与经合组织国家高等教育毛入学率的比较

经合组织国家 2011 年的高等教育毛入学率为 66.59%，高于中国近 40 个百分点，经合组织国家 2001 年的高等教育毛入学率就已经达到 52.20%，远超过中国目前的水平。

(3) 我国与发展中国家高等教育毛入学率的比较

目前缺少发展中国家数据。

(4) 我国与人均 GDP 相近国家高等教育毛入学率的比较

我国 2011 年的高等教育毛入学率为 26.79%，高于中低收入国家或地区均值(18.25%)和中等收入国家或地区均值(26.17%)，但低于世界均值(29.11%)。我国人均 GDP 在 2010 年超过 4 000 美元，进入中高收入国家行列，但是高等教育毛入学率与中高收入国家或地区的均值(34.69%)还有较大差距。

#### 3. 高等教育毛入学率国际比较的结论

我国的高等教育毛入学率在世界上处于中等水平，但是低于世界均值。我国的高等教育毛入学率在这十年中呈现了稳步上升的趋势，十年中增幅为 15.85 个百分点，高于中高收入国家或地区的增幅，增长速度较快。但是，我国在 2010 年的高等教育毛入学率距离十年前高收入国家或地区还有 32.08%的差距，距离经合组织成员国和欧盟依然有约 26%的差距。

### （五）在校生性别比

#### 1. 在校生性别比的指标含义及数据来源

在教育现代化指标体系中，在校生性别比是指各级教育在校生中女生所占比例。联合国教科文组织及世界银行均使用各级教育中女生占在校生总数的百分比。

计算公式：

各级在校生中女生所占比例(%)=各级教育在校生中女生数/各级教育在校生总数×100%。

该指标主要反映男女平等接受教育机会的程度，体现教育公平。

基本数据主要来源于联合国教科文组织。

#### 2. 2010 年世界各国各级教育在校生性别比的基本情况

(1) 学前教育在校生中女生所占比例

根据世界银行对 2010 年学前教育在校生中女生所占比例数据的统计结果，可以获得数据的国家或地区(不包括对国家组群的统计)共计 144 个，其中占比最高的是萨摩亚独立国，为52.36%；占比最低的是摩洛哥，为42.15%。占比超过50%的国家或地区共有26个，占比低于45%的共有3个。世界银行对中国2010年学前教育在校生中女生所占比例的计算值是45.08%，是女生占比第四低的国家。

从国家组群的情况看，根据世界银行统计的2010年数据，世界学前教育在校生中女生所占比例为48.23%，按照女生占比从高到低排序，不同收入水平国家群组的顺序依次是低收入国家或地区（49.37%），高收入国家或地区（49.03%），中低收入国家或地区（48.58%），中等收入国家或地区（47.96%），中高收入国家或地区（47.29%）。此外，2010年欧盟学前教育在校生中女生所占比例为48.57%，经合组织成员国为49.09%。以上国家组群数据的比较总体上反映出，在各个国家群组中学前教育中的女生数量均略低于男生数量，男生所占比例高于女生所占比例。

中国2010年学前教育在校生中女生所占比例低于同期世界值、低收入国家或地区、高收入国家或地区、中低收入国家或地区、中等收入国家或地区、中高收入国家或地区、欧盟、经合组织成员国。

（2）初等教育在校生中女生所占比例

根据世界银行对2010年初等教育在校生中女生所占比例数据的统计结果，可以获得数据的国家或地区（不包括对国家组群的统计）共计162个，其中占比最高的是塞内加尔，为50.91%；占比最低的是阿富汗，为39.34%。占比超过50%的国家或地区共有12个，占比低于45%的共有8个。世界银行对中国2010年初等教育在校生中女生所占比例的计算值是46.24%。

从国家组群的情况看，根据世界银行统计的2010年数据，世界初等教育在校生中女生所占比例为47.70%，按照女生占比从高到低排序，不同收入水平国家群组的顺序依次是高收入国家或地区（48.60%），中高收入国家或地区（47.24%），低收入国家或地区（48.11%），中低收入国家或地区（47.61%），中等收入国家或地区（47.46%）。此外，2010年欧盟初等教育在校生中女生所占比例为48.55%，经合组织成员国为48.62%。以上国家组群数据的比较总体上反映出，在各个国家群组中，初等教育中的女生数量均略低于男生数量，男生所占比例高于女生所占比例。

中国2010年初等教育在校生中女生所占比例低于同期世界值、低收入国家或地区、高收入国家或地区、中低收入国家或地区、中等收入国家或地区、中高收入国家或地区、欧盟、经合组织成员国。

（3）中等教育在校生中女生所占比例

根据世界银行对2010年中等教育在校生中女生所占比例数据的统计结果，可以获得数据的国家或地区(不包括对国家组群的统计)共计149个,其中占比最高的是莱索托,为57.71%;占比最低的是乍得,为29.49%。占比超过50%的国家或地区共有40个,占比低于45%的共有16个。世界银行对中国2010年中等教育在校生中女生所占比例的计算值是47.10%。

从国家组群的情况看,根据世界银行统计的2010年数据,世界中等教育在校生中女生所占比例为47.55%,按照女生占比从高到低排序,不同收入水平国家群组的顺序依次是高收入国家或地区(48.60%)、中高收入国家或地区(48.51%)、中等收入国家或地区(47.52%)、中低收入国家或地区(46.51%)、低收入国家或地区(45.82%)。此外,2010年欧盟中等教育在校生中女生所占比例为48.52%,经合组织成员国为48.81%。以上国家组群数据的比较总体上反映出,在各个国家群组中中等教育中的女生数量都低于男生数量,且收入水平越高,中等教育在校生中女生所占比例越高。

中国2010年的中等教育在校生中女生所占比例低于同期世界值、高收入国家或地区、中等收入国家或地区、中高收入国家或地区、欧盟、经合组织成员国。中国2010年中等教育在校生中,女生所占比例高于中低收入国家或地区、低收入国家或地区。

(4) 高等教育在校生中女生所占比例

根据世界银行对2010年高等教育在校生中女生所占比例数据的统计结果,可以获得数据的国家或地区(不包括对国家组群的统计)共计123个,其中占比最高的是安提瓜和巴布达,为73.59%;占比最低的是乍得,为14.75%。占比超过50%的国家或地区共有80个,占比低于45%的共有27个。世界银行对中国2010年高等教育在校生中女生所占比例的计算值是49.70%。

从国家组群的情况看,根据世界银行统计的2010年数据,世界高等教育在校生中女生所占比例为50.56%,按照女生占比从高到低排序,不同收入水平国家群组的顺序依次是高收入国家或地区(54.04%)、中高收入国家或地区(52.67%)、中等收入国家或地区(49.65%)、中低收入国家或地区(44.32%)、低收入国家或地区(39.01%)。此外,2010年欧盟高等教育在校生中女生所占比例为54.80%,经合组织成员国为53.24%。以上国家组群数据的比较反映出收入水平越高,高等教育在校生中女生所占比例越高的状况。

中国2010年的高等教育在校生中女生所占比例低于同期世界值、高收入国家或地区、中高收入国家或地区、欧盟、经合组织成员国。中国2010年的高等教育在校生中女生所占比例高于中等收入国家或地区、中低收入国家或地区、低收入国家或地区。

## 二、 教育结构与质量指标

### （一）学生学业成就水平

#### 1. 学生学业成就水平的指标含义及数据来源

国际学生评估项目(PISA)是一项由经合组织统筹的学生能力国际评估计划。主要对接近完成基础教育的15岁学生进行评估,测试学生们能否掌握参与社会所需要的知识与技能。

PISA在2000年首次开始在参与国家和地区实施,每3年一次,以评价年命名。PISA2000评价的重点是阅读素养,PISA2003评价的重点是数学素养,PISA2006评价的重点是科学素养,PISA2009评价的重点又回到阅读素养。

数学素养主要是指识别和理解数学在现实世界中所起作用的个人能力,作出有理有据的数学判断的个人能力,以及作为一个有独创精神、关心社会、善于思考的公民,利用数学并参与其中以满足个人生活中各种需要的能力。[1]PISA数学素养的测评内容主要在四个领域,即数学技能、主要的数学概念、数学课程因素、数学情境中展开。其中,数学技能和主要的数学概念为主要领域,涉及评价的范围和熟练程度;数学课程因素和数学情境是次要领域,是为了确保测评具有充分的覆盖面以及所选择的评价任务的平衡分布。

阅读素养主要是指为了达到自我的目的,为了拓展知识,为了发展潜能以及为了参与社会生活所需要的理解、应用和反思书面材料的个人能力。[2]PISA阅读素养测评要求学生通过阅读不同类型的文本,来完成范围较广泛的任务。任务的范围包括:找到或重新发现特殊的信息,以证实自己对文本的全面理解,解释文本,反思文本的内容和特点等。文本包括非结构性的散文,以及其他不同类型的文档,如表格、曲线图和图表等。

科学素养主要是指:应用科学知识识别问题,获得新的知识,科学地解释现象并基于证据,对与科学有关的问题得出相应的结论;理解科学作为人类知识和探究的一种形式的典型特征;意识到科学和技术如何塑造了我们的物质、精神和文化环境;作为一个有思想的公民,积极参与与科学有关的议题。[3]PISA从三个维度对科学素养进行评估,即科学知识或概念、科学过程、科学知识和过程应用的情境。PISA科学素养的界定与测评,反映了西方发达国家对科学教育的理解,体现了科学教育的发展方向。

---

[1][2][3] OECD. Assessing Scientific, Reading and Mathematical Literacy: A Framework for PISA 2006[M]. Paris: OECD, 2006, 7—44.

PISA数学素养、阅读素养和科学素养的数据来源于世界银行数据库，基于2009年的评价。

## 2. PISA2009 项目参与国家和地区的基本情况分析

(1) PISA 数学素养

在数据可得的国家和地区中，按照得分多少降幂排序，排名居前的有韩国、芬兰、列支敦士登、瑞士、日本、加拿大、荷兰、新西兰等。排在后10位的分别是：约旦、巴西、哥伦比亚、阿尔巴尼亚、突尼斯、印度尼西亚、卡塔尔、秘鲁、巴拿马、吉尔吉斯斯坦。排在最后的吉尔吉斯斯坦的得分为331.16分（见图2-1）。

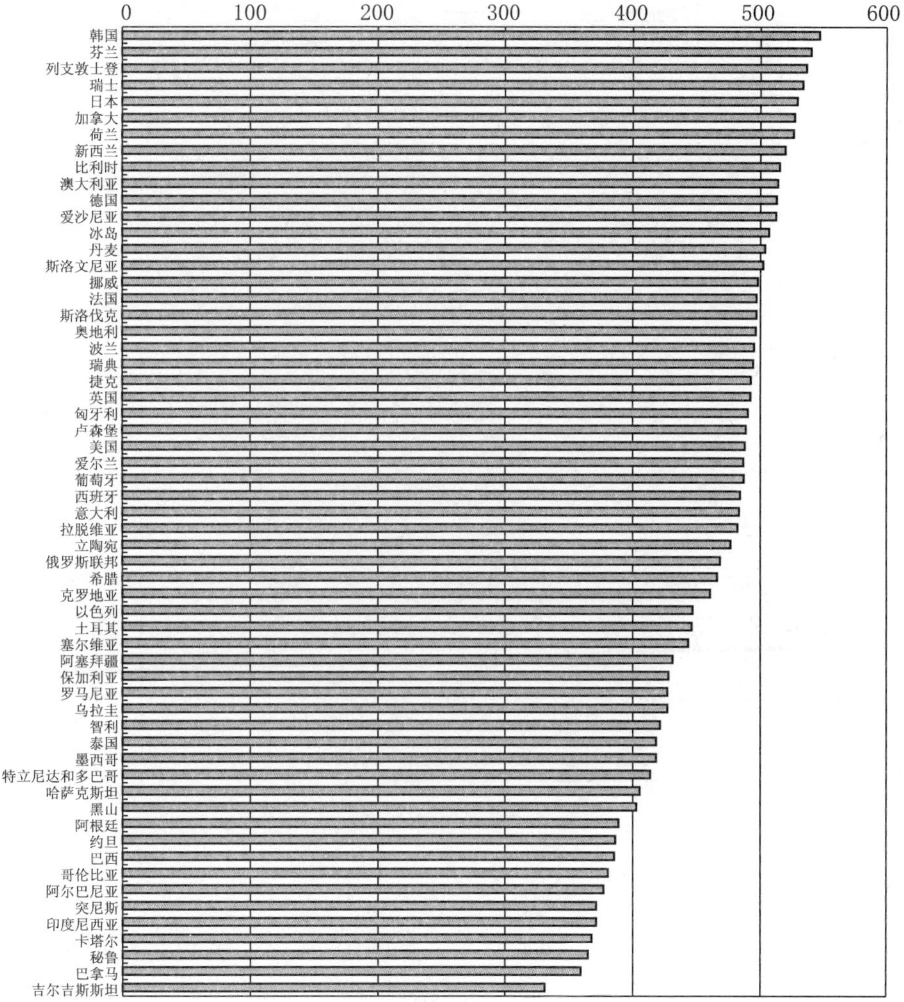


图 2-1　PISA2009 项目参与国家和地区的数学素养得分

(2) PISA 阅读素养

在数据可得的国家和地区中，按照得分多少降幂排序，排名居前的有韩国、芬兰、加拿大、新西兰、日本、澳大利亚、荷兰、比利时、挪威等。排在后10位的分别是:突尼斯、印度尼西亚、阿根廷、哈萨克斯坦、阿尔巴尼亚、卡塔尔、巴拿马、秘鲁、阿塞拜疆、吉尔吉斯斯坦,排在最后的吉尔吉斯斯坦的得分为314.02分(见图2-2)。

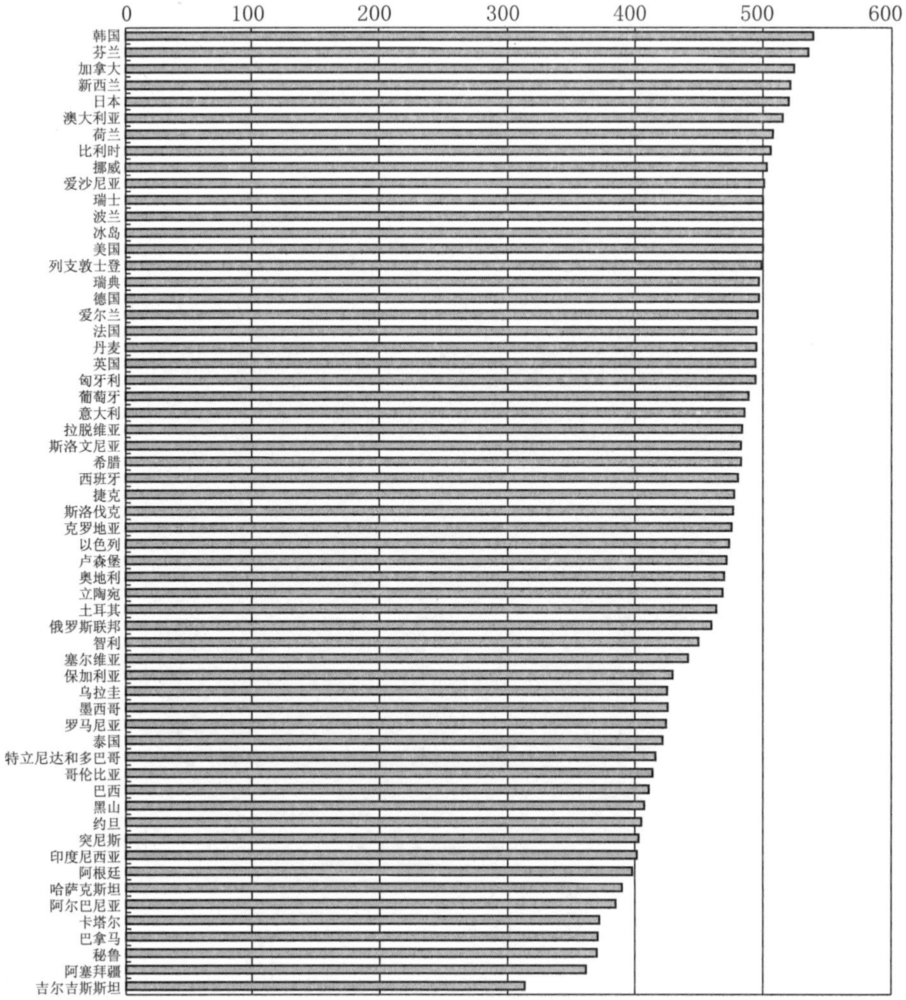


**图2-2 PISA2009项目参与国家和地区的阅读素养得分**

(3) PISA科学素养

在数据可得的国家和地区中,按照得分多少降幂排序,排名居前的有芬兰、日本、韩国、新西兰、加拿大、爱沙尼亚、澳大利亚、荷兰、德国等。排在后10位的分别是:阿根廷、突尼斯、哈萨克斯坦、阿尔巴尼亚、印度尼西亚、卡塔尔、巴拿马、阿塞拜疆、秘鲁、吉尔吉斯斯坦,排在最后的吉尔吉斯斯坦的得分为329.55分(见图2-3)。

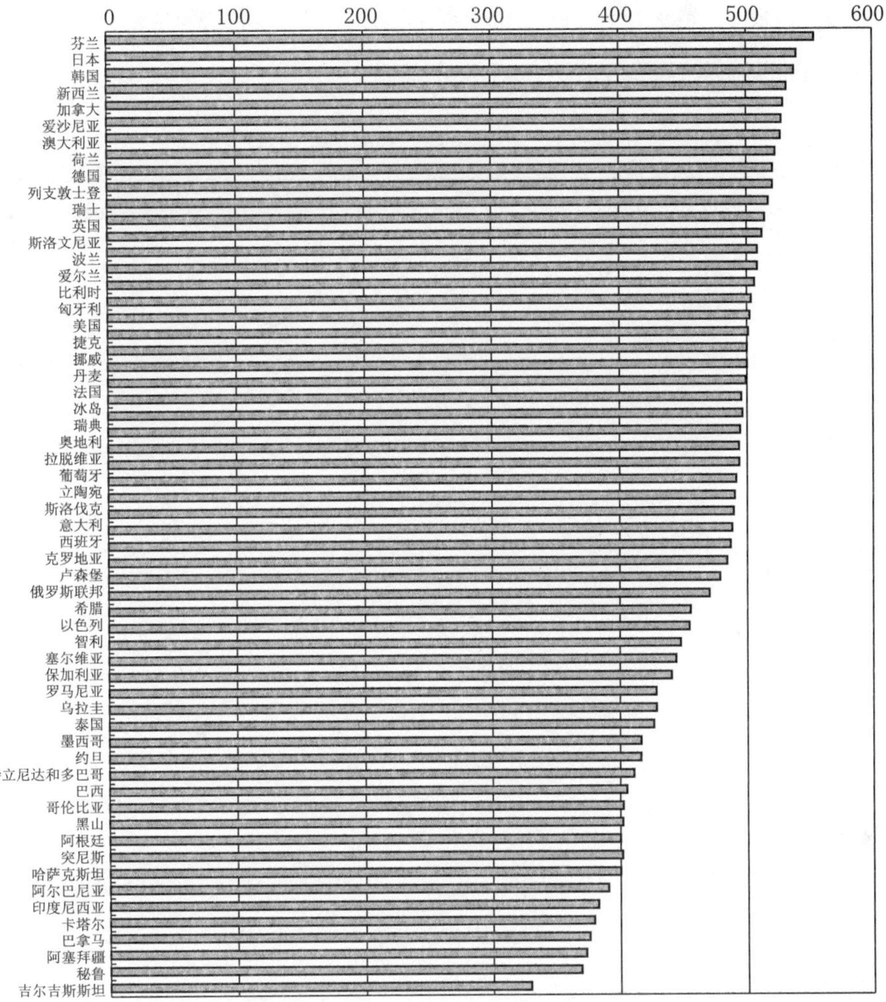


图 2-3　PISA2009 项目参与国家和地区的科学素养得分

## （二）平均班额

### 1. 平均班额的指标含义及数据来源

在权威国际组织教育统计指标体系中，只有经合组织将平均班额作为监测教育发展水平指标，联合国教科文组织和世界银行都未统计平均班额数据。

指标公式：某一级教育平均班额 = 某一级教育在校生总数/该级教育班总数。

在校生是指具有学籍并在本年初进行注册的生数。

教育班是指学校实施教学活动的基本单位。

### 2. 平均班额基本情况及变化趋势分析

（1）小学平均班额

小学平均班额的计算方法中，班额定义为用学习某一普通课程的学生数除以普通课程数的最高值(通常为必修课程)，但不包括小组教学。

**表 2-1　小学平均班额的历年情况**

| | 2001 年 | 2002 年 | 2003 年 | 2004 年 | 2005 年 | 2006 年 | 2007 年 | 2008 年 | 2009 年 | 2010 年 |
|---|---|---|---|---|---|---|---|---|---|---|
| 经合组织国家平均 | 22 | 21.8 | 21.6 | 21.4 | 21.5 | 21.5 | 21.4 | 21.6 | 21.4 | 21.2 |
| 欧盟平均 | | | | 20 | 20.2 | 20.2 | 20 | 19.9 | 19.8 | 19.8 |
| 二十国集团国家平均 | | | | | | | | | 24.5 | 24.2 |
| 中国 | | | 34.5 | | | | | 36.8 | | 37.4 |

注：表中 2009 年的 19.8 和 2010 年的 19.8 是欧盟 21 国平均数值，其他是欧盟 19 国平均数值。
数据来源于历年经合组织《教育概览》。

从表 2-1 中可以看出，在经合组织国家中，小学平均班额从 2001 年到 2010 年一直为 21 个学生以上；欧盟 19 国小学平均班额从 2004 年到 2008 年基本上是 20 个学生，2009 年和 2010 年欧盟 21 国小学平均班额接近于 20 个学生；二十国集团国家 2009 年和 2010 年小学平均班额在 24 个学生以上；经合组织、欧盟 21 国和二十国集团的小学平均班额呈现略有降低的趋势。

中国的小学平均班额，在数据可得的三个年份中是逐渐升高的，而且远高于经合组织平均、欧盟 21 国平均和二十国集团平均，2010 年达到 37 个学生以上。

(2) 初中平均班额

初中平均班额的计算方法中，班额定义为用学习某一普通课程的学生数除以普通课程数的最高值(通常为必修课程)，但不包括小组教学。

**表 2-2　初中平均班额的历年情况**

| | 2001 年 | 2002 年 | 2003 年 | 2004 年 | 2005 年 | 2006 年 | 2007 年 | 2008 年 | 2009 年 | 2010 年 |
|---|---|---|---|---|---|---|---|---|---|---|
| 经合组织国家平均 | 24 | 23.7 | 23.9 | 24.1 | 24.1 | 24 | 23.9 | 23.9 | 23.7 | 23.4 |
| 欧盟平均 | | | | 22.8 | 22.8 | 22.7 | 22.4 | 22.2 | 21.9 | 21.8 |
| 二十国集团国家平均 | | | | | | | | | 26.6 | 26.4 |
| 中国 | | | 56.7 | | | | | 55.2 | | 53.8 |

注：表中 2009 年的 21.9 和 2010 年的 21.8 是欧盟 21 国平均数值，其他是欧盟 19 国平均数值。
数据来源于历年经合组织《教育概览》。

从表2-2中可以看出，在经合组织国家中，初中平均班额从2001年到2010年一直为23个学生以上；欧盟19国初中平均班额从2004年到2008年基本上是22个学生以上，2009年和2010年欧盟21国初中平均班额接近于22个学生；二十国集团国家2009年和2010年初中平均班额在26个学生以上；经合组织、欧盟21国和二十国集团的初中平均班额呈现略有降低的趋势。

中国的初中平均班额，在数据可得的三个年份中是逐渐降低的，但是远高于经合组织平均、欧盟21国平均和二十国集团平均，2010年为53个学生以上。

## 三、 教育条件与保障指标

### （一） 生师比

#### 1. 生师比的指标含义、意义及通用性

联合国教科文组织2012年度《全民教育全球监测报告》指出，生师比指某个特定教育层级的每位教师平均所教学生人数。该指标数值系用在校生总数除以专任教师总数所得的数值，计算公式：生师比 = 在校生总数/专任教师总数。

生师比是用以衡量学校办学水平和质量高低的重要指标，是影响教育质量的关键因素之一。它在一定程度上体现一国教师数量的充足程度，从而反映教育资源的投入、教育规模的大小、学校教师资源的配置情况。

联合国教科文组织《全球教育要览》、经合组织《教育概览》等常使用生师比这一具有国际可比性、通用性的指标。生师比的确定，应从保障教学质量和教师资源合理配置的角度出发，保持相对合理，不宜过低或过高。若生师比过低，教育规模过小，学生数量较少，教师资源得不到有效利用，会降低学校办学的社会效益；若生师比过高，每名教师面对过多的学生，教学中批改作业、教学管理等任务过重，会影响备课和科研、培训等工作，也不利于因材施教和促进学生个体发展，从而不利于保障教学质量。

#### 2. 国际比较

（1）与发达国家相比

中国学前生师比与发达国家相比差距较大，但中小学的生师比差距不大。

根据《全民教育监测报告2012》，中国学前生师比与发达国家相比差距较大（2010年中国学前生师比为24，而发达国家均值为15），但中国小学、初中、高中的生师比（分别为17、15、16）仅略低于发达国家均值（分别为14、12、12）。

表 2-3　2010 年有可获得数据的一些发达国家生师比与中国的比较

| 2010 年 | 学前生师比 | 小学生师比 | 初中生师比 | 高中生师比 |
|---|---|---|---|---|
| 美　国 | 16.35 | 13.59 | 13.38 | 14.18 |
| 奥地利 | 12.41 | 11.03 | 8.50 | 11.92 |
| 葡萄牙 | 15.65 | 10.83 | 7.88 | 6.83 |
| 法　国 | 20.35 | 11.23 | 14.15 | 11.23 |
| 德　国 | 10.27 | 14.95 | 11.99 | 14.95 |
| 日　本 | 26.67 | 10.62 | 13.51 | 10.62 |
| 卢森堡 | 10.94 | 9.29 | 11.18 | 6.88 |
| 新西兰 | 11.31 | 14.19 | 14.85 | 14.19 |
| 西班牙 | 12.41 | 11.05 | 10.67 | 11.05 |
| 中　国 | 24.04 | 16.84 | 14.91 | 16.20 |

2010 年，中国与美国相比，学前生师比差距较大，但中小学的生师比差距不大，随着学段的升高，生师比差距整体趋于变小。

（2）与发展中国家相比

中国学前和中小学的生师比总体较低，表明中国在这方面略优于发展中国家，尤其小学阶段明显优于发展中国家。

根据《全民教育监测报告 2012》，2010 年中国学前、小学、初中和高中的生师比分别为 24、17、15、16，而发展中国家的学前、小学、初中和高中的生师比均值分别为 26、27、17、18。

表 2-4　2010 年有可获得数据的一些发展中国家生师比与中国的比较

| 2010 年 | 学前生师比 | 小学生师比 | 初中生师比 | 高中生师比 |
|---|---|---|---|---|
| 埃　及 | 30.35 | 27.73 | 18.83 | 8.82 |
| 印度尼西亚 | 10.28 | 11.28 | 12.89 | 11.28 |
| 罗马尼亚 | 17.38 | 15.11 | 10.48 | 15.11 |
| 巴拿马 | 17.33 | 23.46 | 16.87 | 13.19 |
| 巴　西 | 17.68 | 15.00 | 17.96 | 15.00 |
| 墨西哥 | 25.37 | 15.77 | 19.31 | 15.77 |
| 哥伦比亚 | 26.58 | 28.13 | 30.10 | 21.57 |
| 古　巴 | 13.60 | 8.82 | 10.17 | 8.82 |
| 拉脱维亚 | 11.22 | 9.58 | 8.35 | 9.58 |
| 中　国 | 24.04 | 16.84 | 14.91 | 16.20 |

2010 年，中国的学前和小学的生师比与墨西哥接近。与巴西相比，中国学前生师比较高，但中小学的生师比差距较小，初中的生师比还略优于巴西。

(3) 同发达国家人均 GDP 与中国接近的年份相比

2010 年，中国人均 GDP 为 4 515 美元，略低于某些发达国家 20 世纪 70 年代初期的人均 GDP 水平，如美国 1970 年(4 892 美元)、法国 1973 年(4 918 美元)和德国 1973 年(4 903 美元)。但中国 2010 年的小学和中学阶段生师比与这些发达国家历经 40 多年后相比，差距并不悬殊。

**表 2-5　2010 年美国、法国和德国生师比与中国的比较**

| 2010 年 | 学前生师比 | 小学生师比 | 初中生师比 | 高中生师比 |
|---|---|---|---|---|
| 美国 | 16.35 | 13.59 | 13.38 | 14.18 |
| 法国 | 20.35 | 11.23 | 14.15 | 11.23 |
| 德国 | 10.27 | 14.95 | 11.99 | 14.95 |
| 中国 | 24.04 | 16.84 | 14.91 | 16.20 |

### 3. 结果评析

随着中国经济的发展和中国政府对教育发展和教师队伍建设的重视，中国的中小学教师数量逐年增长，生师比随学段升高呈现整体降低趋势。根据《中国教育统计年鉴 2010》，中国幼儿园、小学、初中、高中的生师比分别为 26.0：1、17.7：1、15.0：1、16.0：1，比 2009 年均有所降低。整体上看，与发达国家相比，中国仅学前生师比差距较大，中小学的生师比差距较小；与发展中国家相比，中国学前和中小学的生师比略优于发展中国家。

依据经合组织平均线下平均水平，学前、小学、初中和高中阶段的生师比全面现代化指标分别为 11、13、10 和 11。中国的学前生师比要达到全面现代化指标还有较长的路要走，而中小学生师比在走向现代化指标的征程中也要继续努力。

## (二) 专任教师学历水平

### 1. 专任教师学历水平的指标含义、意义及通用性

在教育现代化指标体系中，专任教师学历水平是指高于国家规定学历要求的专任教师数占专任教师总数的比例。在中国，“高于规定学历”是指小学为专科及以上，初中为本科及以上，普通高中和中职学校为研究生及以上。

计算公式：专任教师学历水平(%)＝高于规定学历专任教师数/专任教师总数×100。

专任教师学历水平系衡量教师专业水平、学术能力和整体素质的基础性指标，在一定程度上可以反映出教师的理论知识、业务能力、科研水平和整体素质，体现教育条件保障及质量水平。

大多数发达国家为保障教育条件和教师质量，对中小学教师学历有一定的达标要求，因而专任教师学历水平成为许多国家评价教师素质水平的通用指标。

**2. 国际比较**

(1) 中国专任教师学历水平与发达国家相比差距较大

有关研究显示，大多数发达国家的中小学教师达标学历普遍在本科以上，甚至要求高中教师的达标学历为硕士学位，如芬兰所有高中教师必须具备硕士以上学历。英国小学教师申请者须有教育学士等学位。美国要求中小学教师申请者必须具有本科学历，并受过专门的师范教育训练；有些州甚至要求小学教师须有教育硕士学位，高中教师除有一门学科的学位外，还须获教育硕士学位。美国新罕布什尔州2010年统计数据显示，公立学校持有本科学历的教师达到47.8%，持有硕士学位的教师达到51.2%。日本政府早在1947年颁布的《教育职员许可证法》中就规定，中小学教师须为大学毕业，并通过符合国家规定标准的严格考试。

相比之下，目前中国对中小学教师规定的起始达标学历较低，高于规定学历的教师数量相对较少。根据1993年颁布的《中华人民共和国教师法》，小学、初中、高中教师的起始达标学历分别为高中、专科、本科学历。近年来，中国教师学历合格率逐步增长，但高学历比例不高，与发达国家相比仍有一定差距。2010年，中国学前和中小学教师学历合格率都超过94%；与2009年相比，小学、初中、高中教师学历合格率分别增长0.12%、0.36%、1.20%。2010年，中国的学前和中小学教师高学历教师比例也比2009年有所增长。全国学前、小学、初中、高中的高学历教师比例分别为60.30%、78.29%、64.05%、3.63%，比2009年分别提高1.71%、3.46%、4.61%、0.82%。但与发达国家相比，中国高学历教师比例尚存较大差距。以达到本科以上学历的初中教师比例为例，根据经合组织对某些国家或地区初中教师所获最高学历的统计(2007—2008)以及《中国教育统计年鉴2010》中普通初中教师学历情况，2007—2008年，中国达到本科、研究生学历的初中教师比例分别为63.4%和0.64%，而澳大利亚达到82.8%和13.7%，丹麦达到90.3%和7.5%，葡萄牙达到84.4%和10.7%。

表 2-6 中国与一些发达国家初中教师高学历比例(2007—2008 年)

| 国　家 | 本科(%) | 硕士(%) |
|---|---|---|
| 澳大利亚 | 82.8 | 13.7 |
| 奥地利 | 1.3 | 33.6 |
| 比利时 | 4.2 | 8.1 |
| 丹　麦 | 90.3 | 7.5 |
| 匈牙利 | 71.5 | 27.8 |
| 冰　岛 | 60.6 | 6.3 |
| 爱尔兰 | 79.4 | 15.9 |
| 意大利 | 6.9 | 77.4 |
| 韩　国 | 64.7 | 33.9 |
| 挪　威 | 76.5 | 22.5 |
| 葡萄牙 | 84.4 | 10.7 |
| 斯洛文尼亚 | 52.9 | 1.4 |
| 西班牙 | 11.4 | 78.8 |
| 中　国 | 63.4 | 0.64 |

资料来源：OECD. Creating Effective Teaching and Learning Environments [EB/OL]. [2012-07-30]. http://www.oecd/org/education/preschoolandschool/43023606.pdf.

(2) 中国专任教师学历水平与一些发展中国家相比差距也不小

根据经合组织对某些国家或地区初中教师所获最高学历的统计(2007—2008)以及《中国教育统计年鉴(2010)》中普通初中教师学历情况，中国获本科学历的初中教师比例与某些可获得数据的发展中国家相比，差距也不小，尤其是中国获硕士学历水平的初中教师比例较低。根据经合组织的统计数据，与中国同为 2010 年人均 GDP 中等水平的国家中，巴西(本科 89.3%、硕士 1.8%)、土耳其(本科 88.2%、硕士 5.6%)、墨西哥(本科 75.6%、硕士 10.7%)的教师学历水平要比中国(本科 63.4%、硕士 0.64%)高出许多。

表 2-7 中国与一些发展中国家初中教师高学历比例(2007—2008 年)

| 国　家 | 本科(%) | 硕士(%) |
|---|---|---|
| 巴　西 | 89.3 | 1.8 |
| 爱沙尼亚 | 40.3 | 46.0 |
| 墨西哥 | 75.6 | 10.7 |
| 波　兰 | 4.1 | 94.0 |

续表

| 国　家 | 本科(%) | 硕士(%) |
|---|---|---|
| 斯洛伐克 | 0.5 | 96.2 |
| 土耳其 | 88.2 | 5.6 |
| 中　国 | 63.4 | 0.64 |

资料来源：OECD. Creating Effective Teaching and Learning Environments[EB/OL]. [2012-07-30]. http://www.oecd/org/education/preschoolandschool/43023606.pdf.

### 3. 结果评析

近年来，中国学前和中小学教师队伍学历水平整体提高较快，但与可获得数据的某些发达国家和发展中国家相比，仍存在较大差距。中国绝大多数学前和中学教师学历已基本达标，并且达到本科以上学历者的比例有所增长，但达到本科以上学历者的比例总体上看仍然偏低，尤其是取得硕士以上高学历的中小学教师比例远低于意大利、波兰、西班牙、斯洛伐克等国。某些发达国家对中小学教师准入提出了较高的学历要求。比如，法国从2010—2011学年开始实施“硕士化”的教师培养制度，即使是学前教师也必须获得硕士学位，通过入职竞争才能担任教师。有鉴于此，中国有必要提高学前和中小学教师的入职学历门槛，并对在职教师加强继续教育，包括学历教育。

## （三）接受培训教师比例

### 1. 接受培训教师比例的指标含义、意义及通用性

《全球教育要览2004》报告指出，接受培训教师比例是指，教师中有教师资格证书或达到在从事某教育阶段教学所必需的最低(职前或在职)培训标准的人数，占该教育阶段教师总人数的百分比。在中国编制的教育现代化指标体系中，接受培训教师比例指“按规定接受一定学时培训的专任教师占专任教师总数的比例”(计算公式：接受培训教师比例(%)＝接受一定学时培训的专任教师数/专任教师总数×100)。根据中国《国务院关于加强教师队伍建设的意见》，每年接受72学时培训方可统计为接受一定学时培训的专任教师数。可见，中国“接受培训教师”的解释与国际上的解释有所不同。在国际上，教师接受培训是教师获得某一级教育教师资质的最低要求，并非仅指教师的职后培训。

接受培训教师比例用以体现教育条件与保障，反映教师教育教学能力及质量水平，是影响教育质量的重要因素之一。

该指标为世界银行教育数据库统计指标，具有一定的国际可比性和通用性。

## 2. 国际比较

（1）中国教师职前最低培养标准与一些发达国家相比存在较大差距

目前,发达国家接受培训教师比例的国际组织统计数据缺失严重。但从某些发达国家教师职前最低培养标准和做法来看,中国与这些发达国家尚存较大差距。

法国实行“3+2”的教师职前培养模式,即通过3年的大学培养获得学士学位后再到教师培训学院接受两年专业培训和实习训练。美国在《国防教育法》等法令中提出,联邦政府斥资资助各州和地方学区开展各种教师培训,使之成为全国各州、各地区学区普遍重视的常规工作。俄罗斯实行多层次师范教育体系:培养普通学校教师;在此基础上培养高中教师,学制两年;继续学习1—2年,培养高中、私立学校等专业教师,授予毕业生教师—研究者专门技能证书。德国教师培养实行修业阶段和见习阶段两阶段模式:修业阶段主要在大学进行理论学习,然后通过第一次国家考试者方可进入第二阶段学习;经过一年半到两年或两年半的见习后通过第二次国家考试者,方可获得教师资格证书,成为正式教师。

关于中国接受培训教师的比例,国际组织缺乏统计数据。事实上,中国政府非常重视中小学教师职前培养,正在构建以师范院校为主体、综合大学参与、开放灵活的中小学教师培养体系,强化教师培养机构间的竞争,推动教师培养质量提升;组织师范生到农村学校教育实习,并与“国培计划”相结合,对置换出的农村教师进行脱产培训。但整体上看,中国师范生本科毕业前通过最多一个学期的实习,毕业后通过内容相对简单的入职资格考试,以及简单的招聘笔试等程序,即可从教,因而与上述发达国家相比,中国在教师职前最低培养标准方面尚存较大差距。

（2）中国接受培训的教师比例与发展中国家相比较低

根据来自世界银行的可获得数据的发展中国家接受培训的教师比例,2010年,低收入国家或地区平均有六成以上的学前和中小学教师接受培训;有些国家,如古巴,学前和中小学教师接受培训比例达到100%;大多数有可获得数据的发展中国家的学前和中小学教师接受培训比例在7成以上。

**表2-8　2010年有可获得数据的一些发展中国家或地区接受培训的教师比例(%)**

| 2010年 | 学前接受培训的教师比例 | 小学接受培训的教师比例 | 初中接受培训的教师比例 | 高中接受培训的教师比例 |
|---|---|---|---|---|
| 哥伦比亚 | 100.00 | 100.00 | 96.35 | 96.64 |
| 哥斯达黎加 | 81.85 | 89.48 | 88.02 | 87.73 |
| 古巴 | 100.00 | 100.00 | 100.00 | 100.00 |

续表

| 2010 年 | 学前接受培训的教师比例 | 小学接受培训的教师比例 | 初中接受培训的教师比例 | 高中接受培训的教师比例 |
|---|---|---|---|---|
| 多米尼加 | 95.20 | 84.86 | 85.02 | 93.32 |
| 厄瓜多尔 | 77.46 | 83.79 | 70.89 | 72.87 |
| 巴拿马 | 43.29 | 91.63 | 86.55 | 90.86 |
| 墨西哥 | 82.22 | 95.59 | 89.81 | 92.81 |
| 低收入国家或地区均值 | 62.05 | 79.94 | 64.57 | 51.33 |

关于中国接受培训的中小学教师比例，国际组织缺乏统计数据。事实上，中国政府近年来持续扩大实施“国培计划”，努力提高教师整体素质。2011 年 1 月，教育部印发《关于大力加强中小学教师培训工作的意见》，推动各地对全体中小学教师进行分类、分层、分岗培训，建立完善五年一周期的教师全员培训制度。该文件指出：“今后五年，对全国 1 000 多万教师进行每人不少于 360 学时的全员培训；支持 100 万名骨干教师进行国家级培训；选派 1 万多名优秀骨干教师海外研修培训；组织 200 万名教师进行学历提升；采取研修培训、学术交流、项目资助等方式，促进中小学名师和教育家的培养，全面提升中小学教师队伍的整体素质和专业化水平。”

由《中国教育统计年鉴 2010》和 2010 年“国培计划”培训教师人数可知，中国 2010 年接受培训的教师比例为 10.79%。如果排除中国中小学教师职前获取资格证书的学习培训、中央和地方政府组织的其他形式的统一教师培训及教师继续教育培训，仅从“国培计划”中接受培训教师比例来看，与可获得数据的发展中国家相比，中国 2010 年接受培训的教师比例较低。

### 3. 结果评析

中国近年来逐步加大中小学教师培养培训力度，特别是通过“国培计划”等多种途径，让更多中小学教师尤其是农村教师参加培训。2010—2012 年，中央财政分别安排年度专项资金 5.5 亿元、7.5 亿元、14 亿元，分别培训中小学教师 115 万人、100 万人、130 万人。但与某些发达国家和可获得数据的发展中国家相比，中国中小学教师接受培养培训的机制有待继续完善，教师接受培训比例还有待继续提高，有必要持续加大投入，对更多教师开展培训。

## （四）教育总经费占 GDP 比例

### 1. 指标含义、通用性与国际可比性

国际上与教育总经费占 GDP 比例这一指标含义相近的指标是“教育总支出占 GDP 比例”。教育总支出占 GDP 比例是指政府、个人和国际组织等在教育方面的总支出占 GDP 的

百分比。

计算公式：教育总支出占 GDP 比例 = 教育总支出/GDP×100%。

其中，教育总支出来源于政府、个人和国际组织等，支出用于教育机构和教育行政部门。国内生产总值(Gross Domestic Product，简称 GDP)是指在一定时期内(一个季度或一年)，一个国家或地区经济所生产出的全部最终产品和劳务的价值。

在联合国教科文组织、世界银行和经合组织等国际组织的教育统计指标体系中，教育总支出占 GDP 比例是教育经费的重要指标。该指标英文名称是“total expenditure on educational institutions and administration as % of GDP. all sources. all levels”。

教育总支出占 GDP 比例是一个度量国家财富投资于教育的指标，反映了一国在其现有资源基础上赋予教育的优先地位。教育总支出占 GDP 比例是政府、企业、学生及其家庭选择的结果，在一定程度上也受学生数的影响。

在我国教育经费统计指标体系中，教育经费统计分为来源和支出两个方面，教育支出分为事业性经费支出和基建支出两个部分，统计范围包括各级各类学校和各级教育行政部门，以及“科学技术普及—青少年科技活动”的财政拨款和各类培训机构。因此，与国际教育经费统计相比，我国教育总经费在统计口径方面存在差异，进行国际比较时需要进行口径调整。

**2. 国际数据比较**

对于教育总支出占 GDP 比例，2010 年欧盟国家取值范围在 4.1%—8.0%之间，经合组织国家在 4.6%—7.5%之间，九个人口大国在 5.6%—6.1%之间，八国集团(G8)国家在 4.7%—7.5%之间。

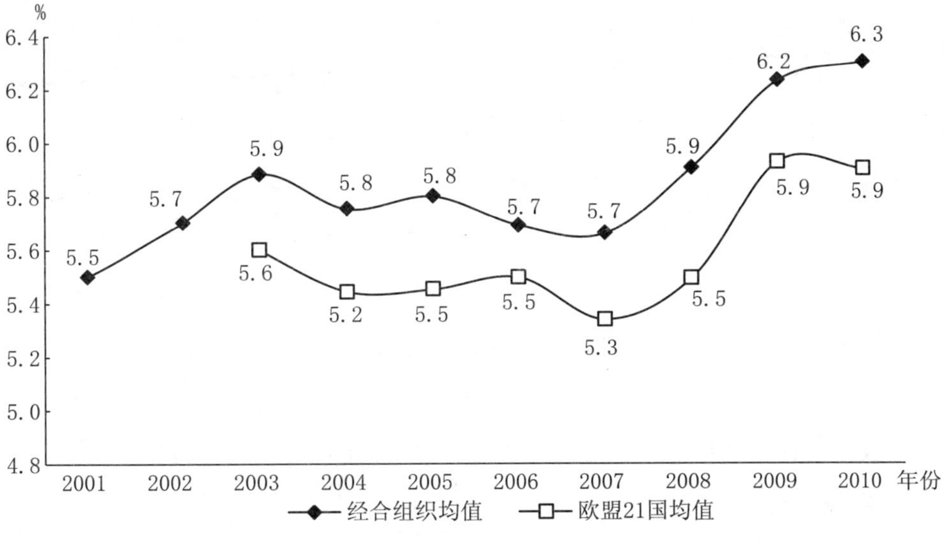


**图 2-4　教育总支出占 GDP 比例**

从2001年到2010年,经合组织国家教育总支出占GDP比例在5.7%左右,欧盟21个国家教育总支出占GDP比例在5.9%左右。从变化趋势来看,教育总支出占GDP比例缓慢增长,经合组织国家和欧盟21个国家教育总支出占GDP比例已经接近6%。

### 3. 比较结果分析

2011年我国教育总支出占GDP比例为5.04%,2010年经合组织国家的平均值为6.3%,欧盟21个国家的平均值为5.9%。2009年二十国集团国家的平均值为4.9%。我国教育总支出占GDP比例与二十国集团国家平均水平相当,但低于经合组织国家平均水平。

## (五)公共财政预算教育经费占公共财政支出比例

### 1. 指标含义、通用性与国际可比性

国际上公共财政预算教育经费占公共财政支出比例这一指标含义相近的指标是“公共教育支出占政府支出比例”。公共教育支出占政府支出比例是指政府用于教育方面的支出占政府总支出的百分比。

计算公式:公共教育支出占政府支出比例=公共教育支出/政府支出×100%。

其中,公共教育支出是指包括自治市在内的地方、地区和国家等各级政府用于教育方面的经常支出(current)和基本建设支出(capital)总额,包括教育机构和管理部门两个部分。政府支出(government expenditure)是指在一定时期内(一般为一年),政府购买产品和服务的支出。

在联合国教科文组织、世界银行和经合组织等国际组织教育统计指标体系中,公共教育支出占政府支出比例也是教育经费的重要指标。该指标英文名称为“public expenditure on education as % of total government expenditure”。

公共教育支出占政府支出比例,表明教育相对于其他公共投入领域的优先地位。

在我国教育经费统计体系中,公共财政预算教育经费是指中央、地方各级财政或上级主管部门在本年度内安排并划拨到各级各类学校、教育行政单位、教育事业单位,列入国家预算支出科目的教育经费。公共财政支出指国家财政将筹集起来的资金进行分配使用,以满足经济建设和各项事业的需要。因此,与国际教育经费统计相比,我国公共财政预算教育经费和公共财政支出在统计口径方面存在差异,进行国际比较时需要进行口径调整。

### 2. 国际数据比较

对于公共教育支出占政府支出比例,2010年欧盟国家取值范围在9.7%—15.8%之间,

经合组织国家在9.7%—17.8%之间，九个人口大国在9.9%—18.1%之间，八国集团国家在9.1%—13.1%之间。

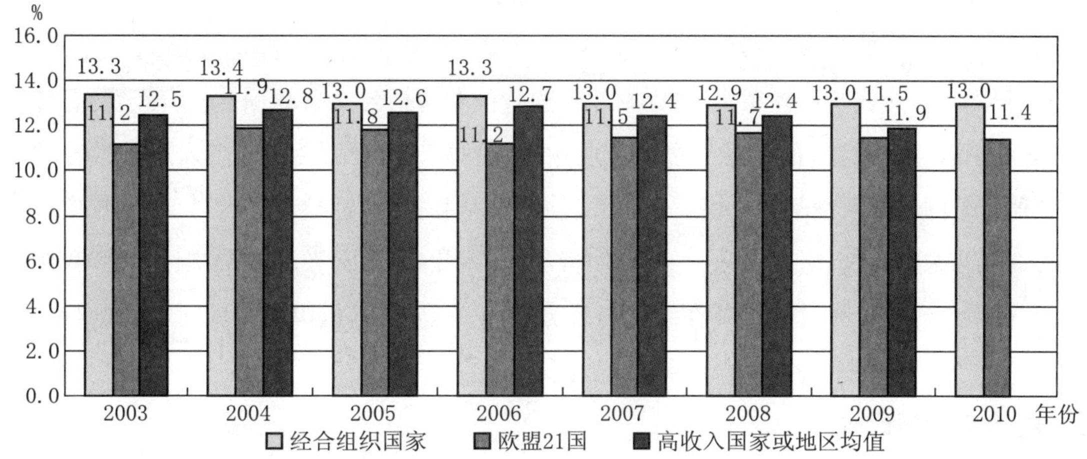


**图 2-5 各类型国家或地区公共教育支出占政府支出比例**

从2003年到2010年，经合组织国家公共教育支出占政府支出比例在13.2%左右，欧盟21国公共教育支出占政府支出比例在11.7%左右，高收入国家或地区公共教育支出占政府支出比例在12.4%左右。从变化趋势来看，公共教育支出占政府支出比例比较稳定，经合组织国家、欧盟21国和高收入国家或地区公共教育支出占政府支出比例变化不大。

### 3. 比较结果分析

2011年我国公共财政预算教育经费占公共财政支出比例为16.3%，2010年经合组织国家的平均值为13.0%，欧盟21国的平均值为11.4%。我国公共财政预算教育经费占公共财政支出比例高于经合组织国家平均水平，也高于欧盟21国国家的平均水平。

## （六）国家财政性教育经费占教育总经费比例

### 1. 指标含义、通用性与国际可比性

国际上国家财政性教育经费占教育总经费比例这一指标含义相近的指标是“公共教育支出占教育总支出比例”。公共教育支出占教育总支出比例是指政府用于公共教育方面的支出占教育总支出的百分比。

计算公式：公共教育支出占教育总支出比例 = 公共教育支出/教育总支出×100%。

在联合国教科文组织教育统计指标体系和世界银行教育统计指标体系中，未计算公共教育支出占教育总支出比例，与公共教育支出相关的指标是“公共教育支出占政府支出比

例”“公共教育支出占 GDP 比例”和“公共教育支出占 GNI 比例”。仅有经合组织统计了公共教育支出占教育总支出比例。

公共教育支出占教育总支出比例主要考察教育经费中公共投入和私人投入的比例，显示政府和私人之间的教育经费分担比例。

在我国教育经费统计体系中，国家财政性教育经费包括公共财政预算教育经费，各级政府征收用于教育的税费，企业办学中的企业拨款，校办产业和社会服务收入用于教育的经费，其他属于国家财政性教育经费。教育总经费包括国家财政性教育经费，民办学校中举办者投入，社会捐赠经费，事业收入及其他教育经费。因此，与国际教育经费统计相比，我国国家财政性教育经费和教育总经费在统计口径方面存在差异，进行国际比较时需要进行口径调整。

**2. 国际数据比较**

对于公共教育支出占教育总支出比例，2010 年经合组织国家取值范围在 57.9%—97.5%之间。

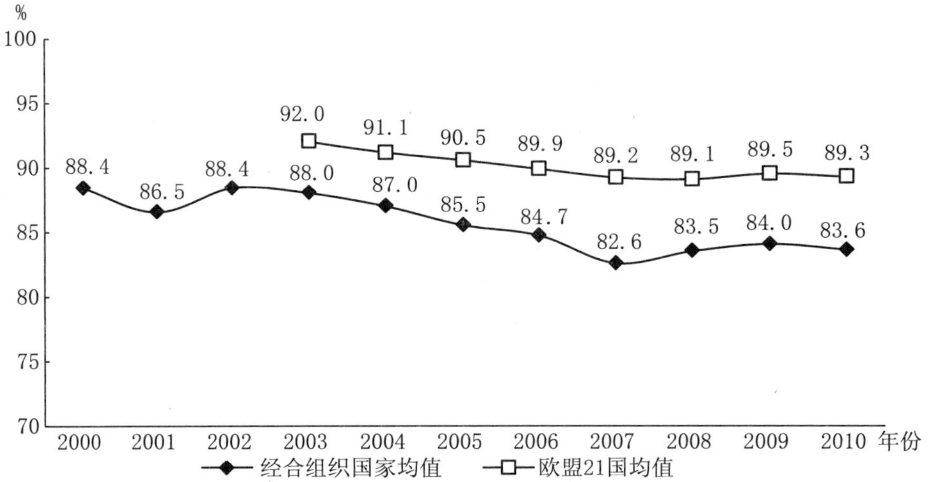


**图 2-6　公共教育支出占教育总支出比例**

公共财政投入是教育经费的主要来源。政府对教育的财政投入除了受教育政策因素影响外，还会受到教育人口数量变化的影响。从 2000 年到 2010 年，经合组织国家公共教育支出占教育总支出比例在 85%左右，欧盟 21 个国家公共教育支出占教育总支出比例在 90%左右。

**3. 比较结果分析**

2011 年我国公共财政预算教育经费占教育总经费比例为 77.9%，2010 年经合组织国家的平均值为83.6%，欧盟21国的平均值为89.3%。我国公共财政预算教育经费占教育总经费比例低于经合组织国家平均水平，也低于欧盟21个国家的平均水平。

## 四、教育服务与贡献指标

服务与贡献是教育的主要职能和教育现代化的产出成果，教育的主要服务与贡献体现在对人力资本的作用，国际常用的相关教育统计指标也主要为人力资本的受教育情况，从而反映人口及劳动力的技能水平，主要有劳动力受教育水平、人均受教育年限和文盲率指标。

### （一）劳动力受教育水平

#### 1. 指标的国际可比性

经合组织在《教育概览2012：OECD指标》中提到，“学历通常被视为人力资本存量的替代指标，即它代表了人口及劳动力的技能”。[1]因此，劳动力人口的受教育水平被经合组织作为反映人力资本的重要指标。劳动力受教育水平一般主要考察主要劳动年龄人口的受教育水平以及25岁及以上人口的受教育水平，一般用接受高中及以上教育的比例来反映。该指标同时是欧盟的常用统计指标，联合国教科文组织也基于各国的人口普查或调查，收集了多个国家25岁及以上人口受教育水平的最新年份数据。

我国退休年龄和经合组织国家存在差异，我国将主要劳动年龄人口界定为20—59岁人口，而在经合组织的教育指标体系中，主要统计的是25—64岁人口受教育水平，二者直接对比不太合适，因此，有关劳动力受教育水平的国际比较，只选取“25岁及以上人口中受过高中及以上教育的比例”这一指标进行分析。该指标指的是25岁及以上人口中至少完成高中教育人口的百分比。

计算公式：25岁及以上人口中受过高中及以上教育的比例（%）=25岁及以上人口中完成高中及以上教育的人口数/25岁及以上人口总数×100%。

数据来源方面，受数据可得性的限制，对各国25岁及以上人口中受过高中及以上教育的比例的统计只有联合国教科文组织收集的数据较全，但由于各国的人口普查或调查组织时间不一，也不会每年进行，因此该指标的国际数据较不完整，各国数据的年份有所不同，从

---

［1］ 经济合作与发展组织.教育概览2012：OECD指标[M].中国教育科学研究院，组织翻译.北京：教育科学出版社，2012：2.

1998年到2011年不等。[1]另外，只有欧盟提供了欧盟27国2003年到2012年的该指标数据。

### 2. 国际数据比较

根据联合国教科文组织收集整理的数据，各国25岁及以上人口中受过高中及以上教育的比例共有125个国家或地区的数据可得，数据年份不同，最早的是1998年的数据，最新的是2011年的数据，其中62个国家的数据较新，是2010年或2011年的数据，我国为2010年的普查数据。根据第六次人口普查数据，我国2010年25岁及以上人口中受过高中及以上教育的比例为22.32%，按照由高到低排序在125个国家中位于第103位，百分位数为82.4%，相比大多数国家比例偏低。

分国家类型看，我国25岁及以上人口中受过高中及以上教育的比例不仅较八国集团国家(45.50%—87.15%)、欧盟国家(63.7%—72.5%)及经合组织国家(25.96%—88.39%)等发达国家低，而且在二十国集团国家(22.32%—87.15%)、数据可得的金砖国家(22.32%—80.03%)和九个发展中人口大国(17.13%—35.83%)中均是最低的。而比较各国2011年人均GDP水平，我国的人均GDP远低于发达国家，但在九个发展中人口大国中排第三位，只低于巴西和墨西哥，远高于孟加拉国和巴基斯坦，也明显高于印度尼西亚，说明我国该指标值在同等经济发展水平国家中偏低。

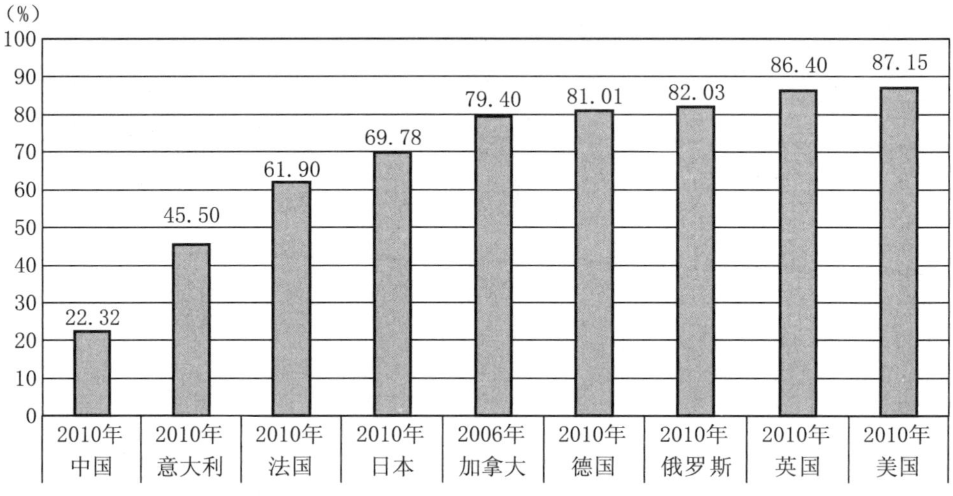


**图2-7 中国与八国集团国家25岁及以上人口受过高中及以上教育的比例的比较**

[1] 该数据下载自联合国教科文网站数据中心(data center)的预编辑表格(Predefined tables)，在联合国教科文组织出版的年度报告《全球教育要览2012(Global Education Digest)》也可见.

从人群来看，根据我国第六次人口普查数据和国家教育事业发展第十二个五年规划公布值，我国2010年25—64岁人口中受过高中及以上教育的比例为24.46%，新增劳动力中受过高中及以上教育的比例为67%，均高于25岁及以上人口中的比例，说明我国主要是高龄人口中受教育程度偏低。

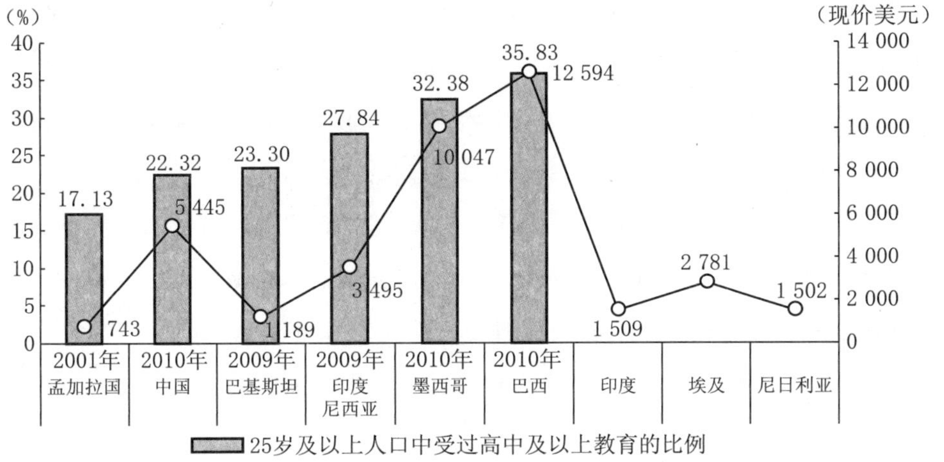


**图2-8　九个发展中人口大国25岁及以上人口中受过高中及以上教育的比例及人均GDP比较**

注：若根据我国第五次人口普查数据计算，2000年我国25岁及以上人口中受过高中及以上教育的比例值为16.46%，低于孟加拉国2001年的数值。

从发展趋势看，我国25岁及以上人口中受过高中及以上教育的比例由2000年第五次人口普查的16.46%增加到2010年第六次人口普查的22.32%，年平均增长率为3.092%，高于欧盟2003—2012年的年平均增长率(1.234%)，比欧盟27国中大多数国家的年平均增长率高，只低于其中卢森堡(3.674%)、葡萄牙(5.649%)和马耳他(7.016%)三个国家，说明我国该指标具有一定的增长优势。

**3. 比较结果分析**

根据上述数据比较结果可以发现，与国际上其他国家相比，我国25岁及以上人口中受过高中及以上教育的比例明显偏低，不仅低于经济发展水平高的国家，甚至与收入水平较为接近的发展中人口大国相比也较低。劳动力人口学历偏低的现状与我国人口基数大有一定的联系，特别是高龄人口学历提升存在困难，事实上，我国新增劳动力受过高中及以上教育的比例已经达到67%。

同时，从发展趋势来看，我国人口的学历水平表现出了明显的增长趋势，近十年的年平均增长率高于欧盟国家的平均增长情况，也高于欧盟大多数国家的年平均增长率，说明我国劳动力人口的学历提升存在空间，具有增长潜力。

## （二）人均受教育年限

### 1. 指标的国际可比性

人均受教育年限也是反映人力资本的重要指标。国际上，巴罗和李基于各个渠道收集的各国人口普查或调查信息，对世界上 146 个国家和地区 1950—2010 年间（以 5 年为间隔）人口的学历分布进行了估算和推算。联合国开发计划署也从 2010 年开始将 25 岁及以上人口的平均受教育年限作为其人类发展指数知识维度的核心指标。

人均受教育年限指的是某年龄组人口的平均受教育年数，联合国开发计划署在其年度报告《人类发展报告》中采用的是“25 岁及以上人口的平均受教育年限”，其给出的定义是，“使用每种教育水平所规定的期限将受教育程度换算为 25 岁及以上年龄人口获得的平均受教育年限”。[1]目前国际上各国 25 岁及以上人口人均受教育年限主要采用巴罗和李的测算数据，巴罗和李用人均受教育年限反映各国的教育参与情况。[2]

巴罗和李给出的某年龄组某一年份平均受教育年限的公式为：[3]

$$s_t^a = \sum_j h_{j,t}^a Dur_{j,t}^a$$

其中，$h_j^a$ 指的是年龄组 $a$ 完成某一级教育 $j$［初等（未完成、完成），中等（未完成、完成），高等（未完成、完成）］的人口比例，$Dur$ 指的是某一级教育对应的规定年限。各级教育的规定年限，采用在某个特定年份中各国初等教育、中等教育（初中和高中）和高等教育的典型规定年限，因此各国各级教育的规定年限在不同时间中可能会有所变化。但是对于高等教育，各国的规定年限均采用 4 年，并将未完成高等教育的学习年限设为 2 年。

### 2. 国际数据比较

根据巴罗和李对世界上 146 个国家和地区的测算（数据截止日期为 2013 年 5 月 15 日），我国 2010 年 25 岁及以上人口的平均受教育年限为 7.54 年，按照由高到低排序，在 146 个国家的位列第 81 位，百分位数为 55.5%。而联合国计划开发署在其《人类发展报告 2013》进一步更新和补充了部分国家或地区的数据，将参与国家或地区数扩展到 187 个，其计算的世界均值为 7.5 年，我国在 187 个国家中排 82 位，百分位数为 44.1%，高于中国人类发展指数（HDI）第 101 位的排名，与世界平均水平相当。根据我国第六次人口普查数据测

［1］ UNDP. 2012.人类发展报告 2013. p147.
［2］ Barro, R. J. & Lee, J.-W. Educational Attainment Dataset. www.barrolee.com.
［3］ Barro, R. J. & Lee, J.-W. 2012. A new data set of educational attainment in the world, 1950—2010. Journal of Development Economics, http://dx.doi.org/10.1016/j.jdeveco. 2012.10.001.

算，我国25岁及以上人口平均受教育年限为8.55年，高于巴罗和李的测算结果。

分国家类型看，我国25岁及以上人口平均受教育年限，低于八国集团国家（9.42—13.27年）和欧盟（7.73—12.32年，若采用我国第六次人口普查数据计算结果则略高于葡萄牙），以及经合组织大多数国家（6.48—13.27年，只高于土耳其的6.48年），但在九个发展中人口大国和金砖国家中则具有明显优势，同时高于我国人类发展指数的综合排名，即高于中等人类发展水平国家或地区的均值。具体来看，在金砖五国（4.41—11.73年）中排名居中，高于印度（4.41年）和印度尼西亚（7.18年），低于南非（8.53年）和俄罗斯（11.73年），我国第六次人口普查的数据计算结果与南非相当；在九个发展中人口大国（4.41—8.52年）中排名靠前，国际估算数据只略低于墨西哥（8.52年），根据我国第六次人口普查数据计算结果则与墨西哥相当；联合国开发计划署测算发现，国家的人类发展水平越高，平均受教育年限越高，我国低于极高（11.5年）与高（8.8年）人类发展水平国家或地区的均值，但高于中等（6.3年）和低（4.2年）人类发展水平国家或地区的均值，高于我国人类发展指数（HDI）的综合排名。

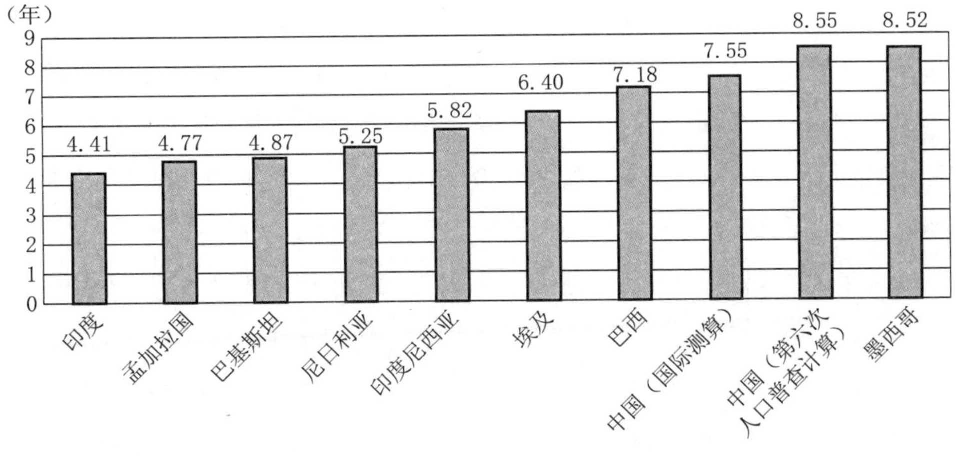


**图2-9　2010年九个发展中人口大国25岁及以上人口人均受教育年限比较**

从变化趋势看，根据巴罗和李的测算，从1950年到2010年，我国25岁及以上人口平均受教育年限由0.74年增加到7.55年，计算每5年的平均增长率为21.34%，在146个国家中排26位（百分位数17.8%），说明我国25岁及以上人口平均受教育年限的增长速度是比较快的。若计算从2000年到2010年的年平均增长率，我国为1.34%。若采用我国第五次人口普查和第六次人口普查的数据计算，年平均增长率为1.45%，在146个国家中排63位（43.2%），增长率排名高于数值排名。

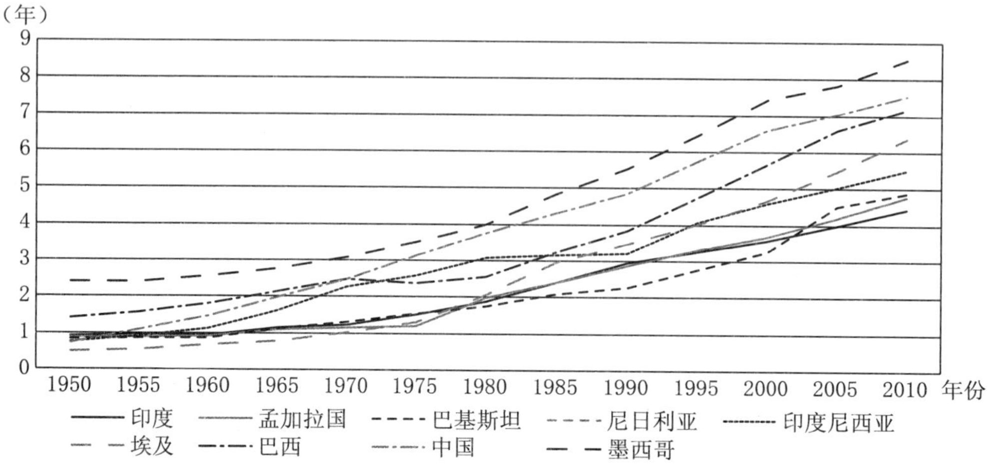


**图 2-10　1950—2010 年九个发展中人口大国 25 岁及以上人口人均受教育年限变化**

### 3. 比较结果分析

根据巴罗和李的测算，我国 25 岁及以上人口平均受教育年限为 7.54 年，与联合国开发计划署计算的世界平均水平(7.5 年)相当，而根据我国第六次人口普查数据测算的结果为 8.55 年，略高于世界平均水平。同时，从国家类型看，我国 25 岁及以上人口平均受教育年限，低于八国集团国家、欧盟和经合组织成员国等发达国家，但在九个发展中人口大国和金砖国家中则具有明显优势，同时高于我国人类发展指数的综合排名。结合劳动力受教育水平看，虽然我国 25 岁及以上人口中受过高中及以上教育的比例还明显偏低，但整体的人均受教育水平已经达到世界平均水平，同时，在经济发展水平相近的发展中人口大国中具有明显优势，这与我国全面普及九年义务教育所取得的教育成就有一定关联，也说明要进一步提升我国人口的人均受教育年限，在义务教育全面普及的背景下，要加快发展高中阶段教育和高等教育。

在增长趋势方面，根据巴罗和李的测算结果，计算 25 岁及以上人口平均受教育年限从 1950 年到 2010 年每 5 年的平均增长率发现，我国在 146 个国家中排名靠前(百分位数 17.8%)，这进一步说明，我国人口的人均受教育年限的增长速度是比较快的，具有较高的增长潜力。

## (三) 文盲率

### 1. 指标的国际可比性

成人识字率或文盲率是联合国教科文组织的常用指标，具体指 15 岁及以上识字或文盲人口占 15 岁及以上人口总数的比例。联合国开发计划署的《人类发展报告》中也将该指标作为反映国家教育成就的参照指标，说明人口的文化程度。

计算公式：成人识字率（或文盲率）（%）= 15 岁及以上识字者人数（或文盲人数）/15 岁及以上人口总数×100%。

对于识字数据，联合国教科文组织在其年度报告《全民教育全球监测报告》中有所说明，识字数据的获得“在很大程度上依据‘自报’的方法或第三方申报方法，即要求调查对象说明自己或家庭成员是否识字，而不是向他们提问较复杂的问题或要求他们展示这种技能”，并进一步说明，“有些国家设定，人只要完成一定等级的学校教育，即为识字人”，因而“鉴于各国为收集数据而采用的定义和方法不尽相同，所以使用数据时需要慎重”。[1]

本指标国别数据来自世界银行数据库和联合国开发计划署《人类发展报告 2013》的整理数据，国家组别均值采用世界银行、联合国教科文组织和联合国开发计划署的计算数据。

**2. 国际数据比较**

联合国教科文组织对我国识字率的统计采用的是联合国教科文组织统计所的估计数据，其对我国 2010 年成人识字率的估计值是 94.27%，即文盲率为 5.73%，在 150 个数据可得的国家或地区（不包括对国家组群的统计）中，按照成人识字率由大到小（文盲率由小到大）排序，中国排第 54 位，百分位数位于 36%。根据世界银行的统计，世界文盲率的均值为 15.93%，我国远低于世界均值。根据我国第六次人口普查数据，我国文盲率为 4.90%，低于联合国教科文组织的估计值。

从国家类型看，我国文盲率高于欧盟国家（均值 0.97%）和经合组织国家（均值 2.17%，但我国低于土耳其 9.2%和墨西哥 6.9%）均值；在数据可得的金砖国家（0.4%—9.7%）和二十国集团国家（0.4%—9.7%）中排名居中；在九个发展中人口大国中（5.73%—45.11%）数值最低。从世界趋势看，随着收入水平的降低，文盲率显著提高，根据世界银行计算结果，我国高于高收入国家或地区均值（1.72%），但低于中高收入国家或地区均值（6.41%），更远低于低收入国家或地区均值（37.13%）；同时，联合国开发计划署测算表明，人类发展水平越高，文盲率越低，而我国文盲率低于高人类发展水平国家的均值（7.3%），远低于中等（17.7%）和低（39.2%）人类发展水平国家均值，远高于我国人类发展指数的综合排名。

从变化趋势看，根据联合国教科文组织的统计，世界成人文盲率均值由 1990 年左右的 24%，降低到 2000 年的 20.3%，又降低到 2010 年的 15.9%，而我国成人文盲率由 1990 年的 22.2%，降低到 2000 年的 9.1%，再降低到 2010 年的 5.7%，降低趋势远高于世界平均水平。

---

[1] 联合国教科文组织.全民教育全球监测报告 2012（中文版）[R]. 2012：310.

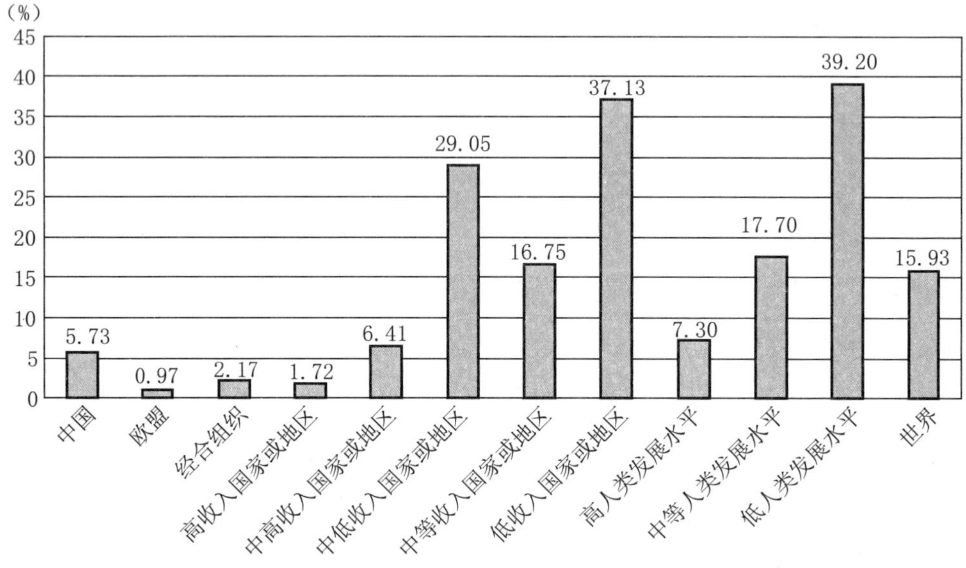


图 2-11　2010 年中国与不同类型国家文盲率比较

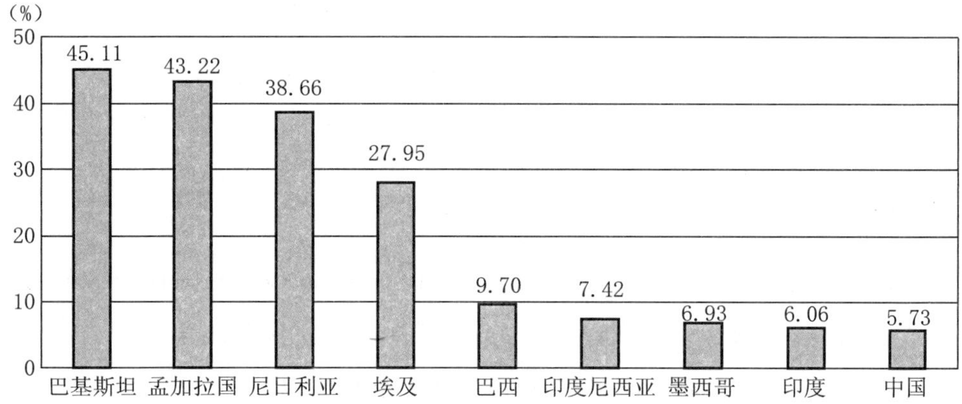


图 2-12　2010 年九个发展中人口大国文盲率比较

### 3. 比较结果分析

根据联合国教科文组织统计，我国 2010 年文盲率为 5.73%，我国第六次人口普查统计数据为 4.90%，远低于 15.93%的世界平均水平。同时，国家群组比较表明，我国文盲率只高于欧盟、经合组织和高收入水平国家均值，低于同等收入水平国家和中等及高人类发展指数国家均值，在金砖国家和二十国集团国家中排名居中，在九个发展中国家中是最低的。说明我国的文盲率已经降到比较低的水平，而且从变化趋势看，我国文盲率降低的趋势远高于世界平均水平。

整体而言，我国的成人扫盲工作已经取得巨大成就。

## 五、信息化指标

### （一）信息化配备水平

#### 1. 指标含义及数据来源

在教育现代化指标体系中的“信息化”部分，信息化配备水平主要从“学校平均接入互联网带宽”“每百名学生拥有教学用终端数”和“网络多媒体教室占教室总数的比例”三项细化指标来反映。

（1）学校平均接入互联网带宽

接入互联网带宽是指学校连接外部网络的设备对外连接端口使用的带宽，网络出口包括中国电信出口、网通出口、教育科研网出口等。其计算公式为：校均接入互联网带宽（bps）=学校网络接入带宽总量（bps）/学校总数。

（2）每百名学生拥有教学用终端数

教学用终端是某一级教育计入学校固定资产且使用年限未满5年的专门用于教学的终端，主要包括为服务学生学习活动而配备的个人计算机、平板电脑、掌上电脑等数字化学习终端设备。其计算公式为：百名学生教学用终端数=用于教学的学生用终端数×100/在校生总数。

（3）网络多媒体教室占教室总数的比例

网络多媒体教室指配备计算机、数字显示设备，且具备宽带互联网接入能力的教室。其计算公式为：网络多媒体教室占教室总数的比例（%）=建有的符合要求的网络多媒体教室数/教室总数×100%。

这三项指标主要适用于义务教育、高中阶段教育，旨在反映教育信息化实现程度、教育条件与保障水平，可用于全国评价、国际比较、省级评价。

国内数据来源为全国教育事业统计，可计算历年全国义务教育和高中阶段学校平均校园网出口总带宽、平均每百名学生拥有计算机台数、平均每百名学生拥有多媒体教室座位数、生均信息化经费投入、建网学校比例等，另外科技司目前做的关于“宽带网络校校通”的全国调查中，也涉及进校宽带的带宽、网络设备等。国际数据来源包括欧盟的大型调查、美国的国际比较调查、联合国教科文组织教育统计研究所关于教育信息化的专项调查等。

#### 2. 信息化配备水平基本情况

信息化配备水平反映教育信息化实现程度、教育条件与保障水平，是体现一国教育资源配置和教育质量的重要指标。

(1) 生机比/师机比作为国际化指标具有可比性

这一指标是世界范围内关于教育中技术应用的最需要的数据点。这一指标对于地区比较很有意义,也是反映学校计算机深入程度的最有用且简单的代表数据。

所有国家总体上都会追踪和设定共享计算机或其他联网设备的教师和学生数目标,即设定生机比、师机比的目标值。这一目标(标准)通常用于帮助政府判定学校或地区间的不公平程度。代表性的四国(智利、法国、日本和荷兰)反映它们会有常规性的学校调查以确保获得关于设备的最新资料。调查中有 8 个国家计划通过大规模投入来改善目前的生机比/师机比,包括澳大利亚、加拿大、爱沙尼亚、伊拉克、日本、韩国、新西兰和葡萄牙。在这些国家中,葡萄牙笔记本电脑时代广泛开始——自 2007 年起,国家项目为接受补助的低收入家庭的不同年龄学生提供折扣笔记本电脑(参见葡萄牙教育部网站)。对于更大一点的学生来说,生机比目标是 2∶1。

但是,技术设备拥有比例作为技术整合和比较不同国家能力的一个重要指标是存在疑问的。来自法国和比利时法语区的最新报告,计算有意义的比例要求不仅仅是机器的数量,其他因素也很值得考虑,如:计算机的年限,是否能有效工作,互联网连接与否与质量情况,有没有适合的软件,有没有适合的外围设备(如打印机、扫描仪和投影仪),在学校的摆放位置。因为没有一致的标准化方法来计算现有的生机比、师机比及未来目标,比较不同国家的这一比例并不总是可行。

调查中,21 个参与国中的 9 个国家正追求一对一的目标(生机比/师机比),包括澳大利亚、奥地利、加拿大、爱沙尼亚、伊拉克、日本、韩国、新西兰和葡萄牙。5 个国家对师机比已经提出一对一的目标,包括爱沙尼亚、伊拉克、日本、新西兰和葡萄牙。11 个国家反映将计划降低生机比,6 个国家致力于某个学生群体达到一对一,包括澳大利亚、奥地利、加拿大、伊拉克和日本。韩国致力于到 2013 年达到 6—18 岁所有学生人手一台计算机。一对一的创新项目关注笔记本或相对便宜的网络本,也可能包括平板电脑或移动智能手机。澳大利亚政府基于国家中学计算机基金项目,正投入 18 亿美元或国家 ICT 计划的总投入的 95% 用于达到全国所有 9—12 岁(14—17 岁)学生人手一台电脑。[1]

(2) 我国计算机配备与发达国家相比存在较大差距

2006 年,我国每百名学生拥有计算机的数据:小学为 3.8 台,初中为 6.4 台。同年,欧盟 25 国平均值:小学为 9.4 台,初中为 10.8 台。欧盟 15 国平均值:小学为 10.2 台,初中为

[1] U.S. Department of Education Office of Educational Technology and the Office of Planning, Evaluation and Policy Development, Policy and Program Studies Service. International Experiences With Technology in Education: Final Report, 2011.

11.8 台。我国 2006 年的小学每百名学生拥有计算机台数低于欧盟所有国家，比最少的希腊 4.8 台少 1 台，比最多的卢森堡 22.6 台少 18.8 台。2010 年，我国每百名学生拥有计算机小学为 4.14 台，初中为 6.35 台，依然低于发达国家 2006 年的水平。

与阿拉伯五国的信息化配备水平相比，除埃及外，我国 2010 年的计算机配备数低于其他四国水平，比最多的卡塔尔 2011 年的统计数据，公立小学要少 15.9 台，公立初中要少 19.7 台。

对于世界其他国家，在统计信息化配备水平时，每百名学生拥有连通互联网的计算机台数也作为一个重要指标。欧盟 25 国 2006 年每百名学生拥有连通互联网的计算机台数，小学平均为 7.7 台，初中平均为 9.7 台，高中平均为 11.4 台。欧盟 15 国的平均值更高一些，由于我国教育事业统计中没有相关数据，这一指标无法比较。

表 2-9　欧盟国家每百名学生拥有计算机台数(2006 年)[1]

| 国　家 | 总数 | 小学 | 初中 | 高中 | 职业学校 |
|---|---|---|---|---|---|
| 比利时 | 9.7 | 7.7 | 13.3 | 11.9 | 13.6 |
| 捷　克 | 9.3 | 7.6 | 7.2 | 10.9 | 12.1 |
| 丹　麦 | 27.3 | 18.6 | 18.4 | 37.3 | 50.3 |
| 德　国 | 8.9 | 10.6 | 8.3 | 8.0 | 9.4 |
| 爱沙尼亚 | 7.3 | 6.1 | 6.0 | 6.4 | 14.1 |
| 希　腊 | 6.5 | 4.8 | 6.6 | 9.0 | 19.9 |
| 西班牙 | 9.5 | 8.6 | 10.0 | 11.3 | 11.8 |
| 法　国 | 12.5 | 8.1 | 11.4 | 19.7 | 25.1 |
| 爱尔兰 | 10.3 | 9.2 | 9.6 | 10.6 | 14.6 |
| 意大利 | 8.0 | 5.7 | 6.9 | 10.7 | 12.4 |
| 塞浦路斯 | 12.4 | 7.3 | 12.1 | 18.6 | 19.8 |
| 拉脱维亚 | 5.9 | 5.5 | 5.6 | 5.4 | 7.0 |
| 立陶宛 | 5.9 | 5.5 | 5.9 | 5.9 | 8.3 |
| 卢森堡 | 19.8 | 22.6 | 21.3 | 20.9 | 7.9 |
| 匈牙利 | 9.6 | 6.8 | 7.8 | 11.6 | 16.4 |
| 瓦莱塔马耳他 | 11.0 | 12.8 | 8.9 | 8.9 | 12.2 |
| 荷　兰 | 21.0 | 15.4 | 19.7 | 22.4 | 27.5 |

[1] Werner B. Korte, Tobias Hüsing. Benchmarking Access and Use of ICT in European Schools 2006[EB/OL], 2006-11.

续表

| 国　家 | 总数 | 小学 | 初中 | 高中 | 职业学校 |
|---|---|---|---|---|---|
| 奥地利 | 16.2 | 11.4 | 13.8 | 20.6 | 24.3 |
| 波　兰 | 6.1 | 5.6 | 5.7 | 7.3 | 7.2 |
| 葡萄牙 | 6.4 | 5.8 | 5.8 | 7.1 | 15.5 |
| 斯洛文尼亚 | 8.0 | 8.0 | 8.0 | 8.1 | 9.0 |
| 斯洛伐克 | 6.7 | 5.4 | 5.0 | 8.3 | 9.2 |
| 芬　兰 | 16.8 | 12.2 | 12.3 | 17.5 | 22.2 |
| 瑞　典 | 17.4 | 14.6 | 13.2 | 29.2 | 17.2 |
| 英　国 | 19.8 | 15.9 | 25.0 | 26.4 | 28.5 |
| 冰　岛 | 15.3 | 14.5 | 14.3 | 17.3 | 18.8 |
| 挪　威 | 24.2 | 18.1 | 21.9 | 40.9 | 38.8 |
| 欧盟 25 国平均值 | 11.3 | 9.4 | 10.8 | 12.5 | 15.6 |
| 欧盟 25+2 平均值 | 11.4 | 9.5 | 10.9 | 12.7 | 15.8 |
| 欧盟 15 国平均值 | 12.1 | 10.2 | 11.8 | 13.6 | 16.8 |
| NMS10 国平均值 | 7.1 | 6.1 | 6.4 | 8.2 | 9.9 |

**表 2-10　欧盟国家每百名学生拥有联网计算机台数(2006 年)[1]**

| 国　家 | 总数 | 小学 | 初中 | 高中 | 职业学校 |
|---|---|---|---|---|---|
| 比利时 | 7.7 | 5.2 | 12.0 | 10.6 | 12.0 |
| 捷　克 | 8.2 | 6.4 | 6.2 | 10.1 | 11.0 |
| 丹　麦 | 26.3 | 17.9 | 17.9 | 37.2 | 48.0 |
| 德　国 | 7.7 | 7.1 | 7.4 | 7.5 | 8.7 |
| 爱沙尼亚 | 7.2 | 6.1 | 5.9 | 6.4 | 13.8 |
| 希　腊 | 5.9 | 4.2 | 6.1 | 8.3 | 19.1 |
| 西班牙 | 8.5 | 7.4 | 9.2 | 10.6 | 11.2 |
| 法　国 | 8.9 | 4.8 | 10.0 | 14.0 | 18.2 |
| 爱尔兰 | 8.7 | 7.0 | 8.9 | 9.9 | 14.0 |
| 意大利 | 6.5 | 4.2 | 5.1 | 9.8 | 10.5 |
| 塞浦路斯 | 8.9 | 6.1 | 9.9 | 12.1 | 9.6 |
| 拉脱维亚 | 5.1 | 4.8 | 4.9 | 4.8 | 5.8 |

[1] Werner B. Korte, Tobias Hüsing. Benchmarking Access and Use of ICT in European Schools 2006[EB/OL], 2006-11.

续表

| 国　家 | 总数 | 小学 | 初中 | 高中 | 职业学校 |
|---|---|---|---|---|---|
| 立陶宛 | 5.2 | 4.7 | 5.2 | 5.4 | 7.8 |
| 卢森堡 | 18.3 | 20.9 | 21.3 | 18.9 | 7.9 |
| 匈牙利 | 8.6 | 5.9 | 7.1 | 11.0 | 14.8 |
| 瓦莱塔马耳他 | 10.2 | 12.2 | 8.6 | 8.6 | 10.2 |
| 荷　兰 | 20.0 | 14.2 | 18.4 | 20.4 | 26.8 |
| 奥地利 | 14.2 | 7.0 | 12.8 | 19.8 | 23.1 |
| 波　兰 | 5.6 | 4.7 | 5.2 | 7.0 | 6.8 |
| 葡萄牙 | 5.4 | 4.4 | 5.2 | 6.2 | 15.3 |
| 斯洛文尼亚 | 7.5 | 7.4 | 7.5 | 7.8 | 8.5 |
| 斯洛伐克 | 5.8 | 4.9 | 4.5 | 6.9 | 7.4 |
| 芬　兰 | 16.2 | 11.3 | 11.9 | 17.2 | 21.7 |
| 瑞　典 | 16.5 | 13.8 | 12.7 | 27.5 | 17.0 |
| 英　国 | 18.5 | 14.6 | 23.4 | 24.9 | 28.4 |
| 冰　岛 | 14.8 | 14.1 | 14.3 | 17.2 | 17.6 |
| 挪　威 | 22.7 | 16.0 | 20.5 | 39.9 | 38.6 |
| 欧盟 25 国平均值 | 9.9 | 7.7 | 9.7 | 11.4 | 14.1 |
| 欧盟 25+2 平均值 | 10.0 | 7.8 | 9.8 | 11.6 | 14.3 |
| 欧盟 15 国平均值 | 10.6 | 8.2 | 10.7 | 12.4 | 15.1 |
| NMS10 国平均值 | 6.4 | 5.3 | 5.8 | 7.7 | 8.9 |

**表 2-11　阿拉伯五国每百名学生拥有计算机台数**[1]

| | 小　学 | | 初　中 | | 高　中 | |
|---|---|---|---|---|---|---|
| | 合计 | 公立 | 合计 | 公立 | 合计 | 公立 |
| 埃及(2009 年) | 0.8 | 0.7 | 4.0 | 3.7 | 4.0 | 3.7 |
| 约旦(2011 年) | 8.3 | 8.3 | 14.3 | 14.3 | 25.0 | 25.0 |
| 阿曼(2011 年) | 14.3 | 14.3 | 10.0[2] | 10.0 | | |
| 巴基斯坦(2012 年) | 7.7 | 5.3 | 6.7 | 6.3 | 16.7 | 14.3 |
| 卡塔尔(2011 年) | 20.0 | 10.0 | 20.0 | 25.0 | 33.3 | 25.0 |

[1] INFORMATION AND COMMUNICATION TECHNOLOGY(ICT) IN EDUCATION IN FIVE ARAB STATES—A comparative analysis of ICT integration and e-readiness in schools in Egypt, Jordan, Oman, Palestine and Qatar[EB/OL]. http://www.uis.unesco.org/Communication/Documents/ICT-arab-states-en.pdf.

[2] 阿曼的数据为中学每百名学生拥有计算机台数。

表 2-12 阿拉伯五国每百名学生拥有连通互联网的计算机台数[1]

| | 小学 | | 初中 | | 高中 | |
|---|---|---|---|---|---|---|
| | 合计 | 公立 | 合计 | 公立 | 合计 | 公立 |
| 埃及(2009 年) | 0.2 | 0.1 | 0.8[2] | 0.7 | | |
| 约旦(2011 年) | 6.3 | 5.9 | 11.1 | 10.0 | 20.0 | 16.7 |
| 阿曼(2011 年) | 14.3 | 12.5 | 9.1[3] | 9.1 | | |
| 巴基斯坦(2012 年) | 2.3 | 1.0 | 2.4 | 1.3 | 5.6 | 3.4 |
| 卡塔尔(2011 年) | 14.3 | 7.1 | 16.7 | 12.5 | 25.0 | 14.3 |

(3) 建网学校比例作为国际化指标具有可比性

连通互联网的学校比例这一指标在于比较学校网络连通的整体水平,是教育信息化配备水平的重要关注点,与互联网用于连通获取教育资源有关。在欧盟国家的调查中,除了统计各国连通互联网的学校比例,同时还比较不同连通类型的学校比例,如窄带网连通、宽带网连通等,美国还统计了连通互联网的公立学校教室比例,通过这些指标来全面、切实地反映学校的网络化水平。

从建网学校比例指标来看,2006 年我国小学、初中建网学校比例分别为 9.77%、32.23%,小学不足十分之一,而同年欧盟国家连通互联网的学校比例基本已达到 90%以上,且多数在 95%以上,差距很大。即便我国建网学校比例逐年增长,到 2010 年,小学、初中的比例分别为 15.93%、46.42%,离欧盟国家仍有较大差距。而有研究数据表明,英国、韩国建网学校比例在 2003 年就已达到 100%,新加坡在 2002 年已达 100%,美国 2005 年数据也为 100%,日本在 2005 年也已超过 99%。甚至美国 2005 年公立学校教室连通互联网的比例也达到 94%。如果说我国的计算机配备水平与其他发达国家差距不算大,那么网络配备水平的差距实在太大。

由此来看,对于"学校平均接入互联网带宽"这一指标,在我国教育事业统计数据中虽然有学校的校园网出口带宽指标,但由于全国范围内建网学校比例过低,导致平均带宽很容易被落下,不足以准确反映已具备网络条件学校的网络配备的实际状况。另外,目前查阅到的国外调查和统计数据,涉及这一指标的不多。对于带宽的统计,应该是在所有学校连通网络的前提之上,方能反映国家学校的网络配备水平。

[1] INFORMATION AND COMMUNICATION TECHNOLOGY(ICT) IN EDUCATION IN FIVE ARAB STATES—A comparative analysis of ICT integration and e-readiness in schools in Egypt, Jordan, Oman, Palestine and Qatar[EB/OL]. http://www.uis.unesco.org/Communication/Documents/ICT-arab-states-en.pdf.
[2] 埃及的数据为中学每百名学生拥有连通互联网计算机台数。
[3] 阿曼的数据为中学每百名学生拥有连通互联网计算机台数。

表 2-13 欧盟国家连通互联网的学校比例(2006 年)[1](%)

| 国 家 | 总数 | 小学 | 初中 | 高中 | 职业学校 |
|---|---|---|---|---|---|
| 比利时 | 96.9 | 96.4 | 99.1 | 98.6 | 98.0 |
| 捷 克 | 99.2 | 98.8 | 99.2 | 100 | 100 |
| 丹 麦 | 99.2 | 98.9 | 98.9 | 100 | 100 |
| 德 国 | 97.5 | 95.5 | 99.6 | 100 | 98.8 |
| 爱沙尼亚 | 98.1 | 99.1 | 98.9 | 99.0 | 87.0 |
| 希 腊 | 96.6 | 95.0 | 99.1 | 99.1 | 100 |
| 西班牙 | 94.7 | 95.7 | 99.1 | 98.6 | 86.7 |
| 法 国 | 90.3 | 88.4 | 99.4 | 100 | 97.5 |
| 爱尔兰 | 98.4 | 98.2 | 99.4 | 99.5 | 100 |
| 意大利 | 97.8 | 96.5 | 96.7 | 100 | 100 |
| 塞浦路斯 | 95.0 | 93.9 | 94.4 | 100 | 100 |
| 拉脱维亚 | 94.3 | 93.3 | 97.0 | 99.6 | 95.6 |
| 立陶宛 | 94.5 | 93.6 | 98.8 | 100 | 98.0 |
| 卢森堡 | 94.5 | 94.5 | 100 | 100 | 100 |
| 匈牙利 | 95.5 | 95.0 | 98.8 | 99.2 | 99.0 |
| 瓦莱塔马耳他 | 96.1 | 100 | 100 | 100 | 100 |
| 荷 兰 | 100 | 100 | 100 | 100 | 100 |
| 奥地利 | 100 | 98.6 | 99.6 | 99.0 | 100 |
| 波 兰 | 99.2 | 92.4 | 98.7 | 92.4 | 95.3 |
| 葡萄牙 | 92.7 | 90.4 | 98.6 | 100 | 98.6 |
| 斯洛文尼亚 | 92.1 | 100 | 100 | 98.5 | 100 |
| 斯洛伐克 | 99.8 | 96.9 | 98.8 | 98.6 | 98.0 |
| 芬 兰 | 97.5 | 100 | 100 | 100 | 97.0 |
| 瑞 典 | 99.7 | 100 | 100 | 100 | 96.4 |
| 英 国 | 99.9 | 100 | 99.5 | 98.7 | 96.0 |
| 冰 岛 | 99.8 | 100 | 100 | 100 | 94.6 |
| 挪 威 | 99.5 | 99.7 | 100 | 100 | 100 |
| 欧盟 25 国平均值 | 96.2 | 95.4 | 99.0 | 98.4 | 97.0 |
| 欧盟 25+2 平均值 | 96.2 | 95.4 | 99.1 | 98.4 | 97.0 |
| 欧盟 15 国平均值 | 96.5 | 95.6 | 99.2 | 99.5 | 96.9 |
| NMS10 国平均值 | 94.7 | 94.5 | 98.8 | 95.7 | 97.2 |

[1] Werner B. Korte, Tobias Hüsing. Benchmarking Access and Use of ICT in European Schools 2006[EB/OL], 2006-11.

表 2-14 美国公立学校教室连通互联网的比例(1994—2005 年)[1]

| 年份 | 百分比 |
|---|---|
| 1994 | 3% |
| 1995 | 8% |
| 1996 | 14% |
| 1997 | 27% |
| 1998 | 51% |
| 1999 | 64% |
| 2000 | 77% |
| 2001 | 87% |
| 2002 | 92% |
| 2003 | 93% |
| 2005 | 94% |

## （二）信息技术应用水平

### 1. 指标含义及数据来源

信息技术应用水平指标包括四项细化指标：学生每周利用信息技术学习时间，教师每周利用信息技术教学时间，教育管理信息化达到基本要求学校比例，教师信息技术应用能力达标比例。

前两项指标，即学生每周利用信息技术学习时间、教师每周利用信息技术教学时间，目前还没有作出准确界定。

教育管理信息化达到基本要求学校比例这一指标中，教育管理信息化基本要求是指各级各类学校通过自建或教育行政管理部门提供的系统，在学生学籍管理、教师管理和资产管理三大业务环节实现全部数据的电子化存储和业务流程信息化管理。计算公式为：教育管理信息化达到基本要求学校比例(%)＝学校实现学生学籍管理、教师管理和资产管理信息化的学校数/学校总数×100%。

教师信息技术应用能力达标比例这一指标中，教师信息技术应用能力达标人数指信息技术中培训合格的教师人数。计算公式为：教师信息技术应用能力达标比例(%)＝教师信

[1] Internet Access in U.S. Public Schools and Classrooms：1994—2005，U.S. Department of Education NCES 2007-020，2006-11.

息技术应用能力达标人数/学校教师总数×100%。

设计这四项指标旨在反映教育领域内信息技术的应用水平，体现教育信息化的普及水平及影响，预期通过这四项指标来评价全国、各省的信息技术应用水平，并在应用水平上与其他国家开展积极比较。

目前对于这四项指标缺乏清晰节点和现有统计数据支持，如果指标可行，只能通过大规模调查来获得横断面数据。

### 2. 国际比较情况

从国际中小学教育信息化评价指标来看，一些国家除了评价硬件设施外，还会评价信息技术应用、教师专业发展和学生学习成果等方面。

在欧盟的大型调查中，涉及以下有关应用的指标，包括：开展计算机教育应用的学校比例，在计算机教室开展计算机教育应用的学校比例，在课堂教学中应用计算机的学校比例，超过50%教师拥有学校电子邮件地址的学校比例，超过50%学生拥有学校电子邮件地址的学校比例，与服务提供商签有支持和维护协议的学校比例，上一学年在课堂上应用计算机的教师比例，学生在课堂上应用过计算机的教师比例，有过各种信息技术应用经历的教师比例，教师对各种应用的信心，不同信息能力水平的教师比例。

美国的国家统计调查中涉及开展了“把网络应用整合于课程教学的教师专业培训计划”的学校比例，用此指标考察教师专业发展；同时，对公立中小学利用网络开展教学和学习的各种情况作了调查，考察各种类型应用的学校比例。

英国重点考察教师信心和教学中使用信息技术的情况，包括教师信心度、学科教学中使用信息技术、学科教学中使用信息技术的作用。

韩国关于信息化应用的评估指标涉及以下三方面：一是教师，包括教学中使用多媒体的学科百分比、参加信息技术社团的教师百分比、使用计算机实验室的学科百分比、信息系统使用的百分比、是否使用电子决策系统；二是学生，包括每个学生使用计算机的时间、通过网页收集作业的学科百分比、每名学生搜索图书馆数据库的数量；三是互联网，包括互联网的使用率、每周访问学校网站的次数、学校网站的更新频率。

澳大利亚则直接考虑信息技术的应用效果，即将信息技术整合于教学后学生学习表现的变化，包括：学生参与性、热情和学习动力的增强，是否形成以学生为中心的学习，学生高级思考能力的提高，教学实践的变化，使用新技术能力的提高等。[1]

[1] 李志涛.中小学信息化评估指标的比较研究与探讨[J].中小学信息技术教育，2005(5)：65—66.

相对于我国设定的指标而言，国外在信息技术应用方面会更多考虑应用覆盖面、使用效率甚至是应用效果等问题，而不单纯是应用时间、达标比例等。

从信息技术应用水平来说，主要考察信息技术的应用广度、深度，涉及管理信息系统、教学环境、教学资源等，单纯从时间来考察，不足以反映应用情况。信息技术应用的形式多样、应用时间与应用深度之间关系不大。建议教育信息化管理部门可否从“三通两平台”的实现程度来全面考虑信息化配备和应用水平，即宽带网络校校通、优质资源班班通、网络学习空间人人通，建设教育资源公共服务平台、教育管理公共服务平台。

从信息技术应用水平的国际比较来言，各国由于信息化配备水平的差异，对信息化应用水平的指标反映也存在差异，建设综合国际有关应用水平的指标，筛选共性指标，参与统一国际调查来反映我国信息技术应用水平在各国中的位置。

**表 2-15 欧盟国家上一学年在课堂上应用计算机的教师比例(2006 年)[1](%)**

| 国 家 | 总数 | 小学 | 初中 | 高中 | 职业学校 |
|---|---|---|---|---|---|
| 比利时 | 69.0 | 66.9 | 73.7 | 74.8 | 78.3 |
| 捷 克 | 78.3 | 82.4 | 78.9 | 69.5 | 71.0 |
| 丹 麦 | 94.6 | 95.7 | 94.4 | 97.8 | 93.5 |
| 德 国 | 78.0 | 78.0 | 77.2 | 80.4 | 78.6 |
| 爱沙尼亚 | 59.7 | 60.9 | 61.5 | 53.3 | 46.8 |
| 希 腊 | 35.6 | 32.8 | 38.0 | 44.1 | 58.0 |
| 西班牙 | 68.2 | 68.9 | 66.6 | 65.5 | 67.5 |
| 法 国 | 65.5 | 65.7 | 56.1 | 72.1 | 78.9 |
| 爱尔兰 | 81.7 | 86.5 | 64.1 | 64.2 | 69.9 |
| 意大利 | 72.4 | 71.6 | 71.9 | 72.4 | 81.6 |
| 塞浦路斯 | 75.0 | 87.2 | 39.8 | 50.7 | 58.2 |
| 拉脱维亚 | 34.9 | 35.7 | 37.8 | 33.6 | 27.7 |
| 立陶宛 | 59.3 | 58.7 | 65.0 | 64.1 | 74.3 |
| 卢森堡 | 70.2 | 74.4 | 54.2 | 43.6 | 61.8 |
| 匈牙利 | 42.8 | 36.8 | 40.1 | 60.0 | 64.1 |
| 瓦莱塔马耳他 | 74.5 | 82.6 | 59.1 | 59.1 | 76.7 |
| 荷 兰 | 90.0 | 91.7 | 80.9 | 77.4 | 84.0 |

[1] Werner B. Korte, Tobias Hüsing. Benchmarking Access and Use of ICT in European Schools 2006[EB/OL], 2006-11.

续表

| 国　家 | 总数 | 小学 | 初中 | 高中 | 职业学校 |
|---|---|---|---|---|---|
| 奥地利 | 87.9 | 87.9 | 87.5 | 81.3 | 86.1 |
| 波　兰 | 61.4 | 60.2 | 60.3 | 67.1 | 70.9 |
| 葡萄牙 | 69.5 | 70.0 | 66.2 | 71.7 | 75.2 |
| 斯洛文尼亚 | 67.6 | 71.7 | 71.6 | 53.6 | 52.2 |
| 斯洛伐克 | 70.3 | 72.0 | 73.1 | 65.5 | 69.7 |
| 芬　兰 | 85.1 | 88.0 | 77.1 | 80.5 | 81.4 |
| 瑞　典 | 90.9 | 90.0 | 91.7 | 94.6 | 87.7 |
| 英　国 | 96.4 | 97.4 | 90.4 | 91.5 | 92.9 |
| 冰　岛 | 79.5 | 78.6 | 84.7 | 84.2 | 83.3 |
| 挪　威 | 89.4 | 90.4 | 89.4 | 79.4 | 82.4 |
| 欧盟 25 国平均值 | 74.3 | 75.2 | 70.9 | 73.0 | 76.7 |
| 欧盟 25 + 2 平均值 | 74.5 | 75.3 | 71.2 | 73.0 | 76.7 |
| 欧盟 15 国平均值 | 77.2 | 78.0 | 74.8 | 76.1 | 78.8 |
| NMS10 国平均值 | 61.3 | 60.6 | 59.5 | 64.1 | 68.1 |

## 六、国际化指标

### （一）指标含义、意义及通用性

在我国的教育统计中，“来华留学生数”指高校接收的各级各类外国留学生人数，是非学历教育留学生数和学历教育留学生数的总和。联合国教科文组织统计所对国际范围内的学生流动情况有较为系统的数据统计。其中，“国际学生流入数”这一指标是指“以教育为目的跨境流动并且目前已在本国之外注册入学的学生”，也就是接受学历教育的留学生数。中国的学历教育留学生数也被纳入这一指标的统计，因而能够进行国际比较，反映各国的留学规模以及在国际留学市场上所占的份额。

“国际学生流入数”具备广泛的国际可比性，能够反映各国高等教育的国际化程度、教育开放水平和国际吸引力、竞争力。

### （二）中国数据与国际数据的比较

#### 1. 国际学生流入数的比较

2010 年，我国高校共接收留学生 7.2 万人，居全球第七位。排名前六位的分别是美国

(68.5万人)、英国(39万人)、澳大利亚(27.1万人)、法国(26万人)、德国(20.1万人)和日本(14.2万人)。我国留学生的绝对规模与排名前六位的国家有较大差距,约占排名第一的美国的十分之一,占排名第六位的日本的二分之一。

在中国之后,其他位列前二十的留学目的地国依次是意大利(7万人)、奥地利(6.9万人)、南非(6.6万人)、马来西亚(6.5万人)、韩国(5.9万人)、西班牙(5.6万人)、埃及(4.9万人)、新加坡(4.9万人)、瑞士(3.8万人)、新西兰(3.8万人)、乌克兰(3.8万人)、比利时(3.6万人)和捷克(3.5万人)。可以看到,中国留学生规模与意大利、奥地利等国家较为接近。在亚洲,中国已经成为日本之后、韩国之前、排名第二的留学目的地国。

#### 2. 在国际留学市场上所占份额的比较

2010年,全球排名前二十的留学目的地国接收了全世界四分之三(75.21%)的留学生。其中,美国(19.17%)、英国(10.91%)、澳大利亚(7.59%)、法国(7.28%)和德国(5.62%)这五大传统留学目的地国的留学人数占全世界留学生总数的一半(50.57%);日本作为第六大留学目的地国,接收了全世界3.96%的留学生;中国作为第七大留学目的国,接收留学生人数占世界留学生总数的比例为2.01%。

#### 3. 十年发展比较

2001年到2010年的十年间,全球范围内留学生的主要目的地国并没有发生显著的变化。从接收留学生人数最多的前二十个国家来看,与2001年相比,2010年仍然位列前二十的留学目的地国有十四个国家,分别是美国、英国、澳大利亚、法国、德国、日本、西班牙、南非、比利时、奥地利、意大利、瑞士、马来西亚和乌克兰,并且美国、英国、澳大利亚、法国、德国作为前五大留学目的地国地位不变,说明国际留学市场的总体格局变化不大。但是,与2001年相比,2010年跻身留学目的地国前二十位的有六个新兴留学目的地国,分别是中国、韩国、埃及、新加坡、新西兰和捷克。

从有数据统计以来,中国的学生流入数由2006年的3.64万人增加到2010年的7.2万人,五年间翻了一番,年增长率接近20%。

### (三)分析讨论

可以看到,中国留学教育发展虽然起步较晚,但发展迅速,在国际留学市场上占据一定份额。从发展趋势来看,我国留学生规模的扩大速度极为显著,学生流入数以年均20%的速度增长,显示我国留学教育的发展前景良好,高等教育国际化程度和竞争力不断提高。

# 第三节

# 评价指标国际比较研究的启示

## 一、 建立适应本国教育发展水平的现代化指标框架

国际组织基于各自发展的理念与特点，构建了各具特色的教育指标体系。如，联合国教科文组织立足全纳教育理念，经合组织、联合国开发计划署从可持续发展角度，均构建了各自的教育发展指标体系。从整体上看，这些国际组织要么以学段为基础建立指标，要么以投入、过程、产出为基本维度建立指标。我国教育指标体系的建构需加强理论构架研究，密切教育指标与经济、社会、劳动力市场的联系，在教育内部效率、教育成就、教学质量、终身教育等方面增加相应的统计与分析指标等。

## 二、 以公平为核心的指标要确保消除教育贫困现象

教育发展的不同阶段需要通过相应的教育指标来体现。每一个阶段的指标建构都必须体现教育公平，保证绝大多数人受教育的机会。所有的经合组织国家已普及义务教育，并且大多数经合组织国家已普及高中教育，经合组织国家几乎每个人都接受了最低 13 年的正规教育。早期教育可以为学生终身学习奠定坚实的基础，且确保以后获得公平的学习方式，国际学生评估项目的数据也证实了学前教育对以后学校教育的重要性，经合组织国家几乎都普及了学前教育。为保障弱势群体受教育的机会。日本建立了从幼儿教育到高等教育完整的特殊教育学校体制，从数量和质量上充分保证了残障儿童身心的健康发展。我国需优先发展早期教育和基础教育，消除教育领域内的教育贫困现象，缩小因地域差异造成的教育不均衡差距。

## 三、 注重学业成就测评指标以持续提高教育质量

教育质量成为各国教育发展水平监测的重点。国际学生评估项目是经合组织在全球范围内一项大型的学生学习质量比较研究项目。即使各国之间和各国内部存在巨大的学习成绩差异，这种学生学业成绩的国际数据仍有助于发现国家之间学生学业成绩平均水平的差异，也便于甄别弱势学生的数量。教育现代化指标中应有体现学业成绩的指标，作为反映教

育质量的动态曲线。

## 四、 强化教育服务能力指标以营造教育发展环境

生师比和小班额指标受到关注。生师比也是国际通用的衡量教育发展水平的重要指标。小学阶段，经合组织国家生师比的平均值是每个教师负担 16 个学生。在中学，生师比差异幅度比较大，从每个全日制教师负担 30 个学生到负担 11 个学生不等。很多国家出于多种原因鼓励公立学校和私立学校的发展，并为其提供资源。特别是小学和初中阶段有大量私立学校的国家，如澳大利亚、比利时法语区、智利、法国、韩国（仅初中阶段）和卢森堡，私立学校和公立学校的平均班额差异很小。在高等教育阶段，生师比从印度尼西亚和斯洛文尼亚每个教师负担 20 个或更多学生，到冰岛、日本、挪威等国家每个教师负担不足 11 个学生。同样，小班额经常被认为使教师能够更加关注学生的个体需要，同时减少了需要处理各种干扰的时间。小学阶段，经合组织国家的平均班额为 21 个学生，各国之间的差距比较大。经合组织成员国初中阶段（普通教育）平均班额为 24 个学生，而韩国、日本则分别达到 35 个和 33 个学生，远高于平均水平。此外，从教育贡献情况看，经合组织成员国成年人接受高等教育的比例非常之高，日本和韩国 2009 年的这项指标分别为 79.7%和 76.1%。这三项主要指标，也是我国教育现代化指标体系中的核心观测指标，通过提高这些指标的比重，加速教育服务能力的提升，获取更多的教育资源，从而实现教育发展环境的优化。

## 五、 建立教育投入监测指标以保障教育平稳发展

教育经费支出是一项投资，它有助于促进经济增长，提高生产力，推动个人和社会的发展，减少社会不平等现象。教育经费支出占 GDP 的比例反映了一国赋予教育的优先地位。2008 年，经合组织国家用于教育的经费支出占其 GDP 总量的 6.1%，从初等教育到高等教育，经合组织国家总体在每个学生身上年投入 9 860 美元：其中，小学生生均为 7 065 美元，中学生生均为 8 852 美元，大学生生均为 18 288 美元。进一步分析，教育保障主要突出体现在教育经费的投入方面，包括教育总经费占 GDP 的比例、公共财政预算教育经费占公共财政支出比例、国家财政性教育经费占教育总经费的比例等指标，反映出一国政府对教育的重视程度。我国教育现代化指标体系中的教育保障，需以国际教育投入为参照点，结合我国经济社会发展承受能力和教育发展需求，抓住最重要的指标，进行常态监测。

## 六、 重视教育国际交流以提升教育影响力

国际交流是教育现代化的一个重点特征。以经合组织国家高等教育国际化为例，自2000年以来，世界范围内高等教育阶段的外国留学生总数增长了77%，到2009年已达370万人，年均增长率为6.6%，经合组织范围内总数增长了79%，年均增长率为6.7%。在经合组织成员国中，欧盟21国接收的外国留学生人数最多，占总数的38%。北美是外国留学生青睐的第二大留学目的地，吸引了23%的留学生。输出国际学生的经合组织国家主要是加拿大、法国、德国、日本、韩国和美国。美国接收的外国留学生最多，几乎占全世界所有外国留学生的18%，其次是英国(10%)、澳大利亚(7%)、德国(7%)和法国(7%)。在澳大利亚、奥地利、新西兰、瑞士和英国，国际学生占该国高等教育注册人数的比例达到或超过10%；在澳大利亚、奥地利、比利时、加拿大、冰岛、新西兰、瑞典、瑞士、英国和美国，注册研究生课程的国际学生也超过了20%。显然，反映教育国际化的指标，重要的是关注教育的吸引力，即来华留学学生数。

## 七、 借助信息化服务深化教学与学习方式变革

教育信息化是现代信息技术引发教育改革的一种新形式。这种新形式通过强大的网络资源和云服务平台，提供全新的教育管理方式、课堂教学方式、学生自主学习方式，以及学校与外界沟通的方式。这一系列方式的产生导致教育发展出现一系列的变化，其中最为引人注目的就是教学与学习方式的革命。通过信息化服务提供的教学与学习的资源整合，成为国际教育组织和发达国家关注的焦点。教育现代化指标体系需反映这种社会变革和教育发展新趋势，需要设立相应的学生、教师、教育管理者对信息技术的学习及掌握程度等指标，监测教育信息技术的支撑能力和运用情况。

## 八、 扩大劳动力人口受教育培训覆盖面以提高人力资源容量

随着社会经济和生产力的发展、经济结构和生产方式的转变，知识以及人力资本的作用越来越显著，教育正通过对劳动力素质的影响深刻地影响着社会进步和经济增长的整个过程。从一般意义上讲，教育水平越高意味着凝结在劳动者身上的教育资本越高，整体上越有助于国民经济的增长。从经合组织国家的平均水平看，受过高等教育者的就业率为83.6%。从总体上看，受过高等教育的人比没有完成高等教育人的就业率高出27个百分比。此外，人均受教育年限、劳动力受教育水平和成年人参与非正规教育比例成为衡量一国人力资源水平的重要指标，特别是成年人参与非正规教育比例指标能反映出一个国家成年人学习的

投资水平。非正规教育与正规的学校教育相对应,可以发生在教育机构内部和外部,并为所有年龄阶段的对象服务。经合组织认为,初始教育之后的教育和培训投资对提高劳动力技能十分重要;作为终身学习的一部分,成人学习在所有国家对于应对经济竞争和人口变化挑战,以及解决失业、贫困和社会排斥等问题都具有积极作用。

## 九、 更好地发挥教育现代化指标体系的功能

建立教育现代化指标体系,通过一系列可考察的量化指标来测算一国的教育发展水平,对于了解一国的教育发展状况具有至关重要的作用。实际上,指标观测点是一种获取教育发展数据的手段,是对教育进行判断预测的参考资料。要更好地发挥教育现代化指标体系的功能,需要建立与之相适应和配套的教育制度体系,依托制度体系做好推进教育现代化的监测、预测、调整等工作。

# 第三章

# 教育现代化动态监测方法与方法论

# 第一节

# 方法与方法论：系统的视角

## 一、 教育现代化监测评价的哲学思考

研究设计国家教育现代化监测评价指标体系，尤其是从制度层面应用指标体系出发，并发挥其推动我国及各地区教育现代化发展行动，方法的研究尤为重要。

在教育现代化进程中引入监测评价，核心意义在于通过这一战略抓手，使实施过程处于不断优化和及时改进的状态，推进教育现代化进程。

教育现代化监测评价指标体系反映我国教育发展向现代化迈进的主要内涵，用系统比较思维、普遍联系观点、分类指导思路来认识和推进教育现代化监测评价，从方法论和方法上提供支撑。

在核心指标选择上，把握教育现代化进程中的主要矛盾和问题，正确处理指标所反映的教育现象的主要方面，力图为科学、适切、有效的教育现代化监测评价奠定扎实的基础。

在指标体系构造上，认识到教育现代化的系统性和复杂性，考虑教育投入、教育过程和教育产出，建立多类多个评价指标构成的指标体系，并合理确定权重，以充分体现指标体系的反映面和解释力，能够对全国和各地区教育现代化作出评价。

在监测评价结果分析上，基于我国国情和地区之间教育现代化进展的不平衡状况，在全国综合评价的基础上，按照整体描述与局部描述相结合的原则，通过对比、分析，进一步掌握各个地区教育现代化发展状况之间的差异，以局部要素分析来寻求对整体问题加以改进的方法，关注并分析重点地区，发挥监测评估的正面导向功能，体现分类指导和分地区推进的思想等。

## 二、 监测评价方法与技术的系统考虑

教育现代化监测评价作为国家制度层面的一项监测评价，要深入分析与指标相关联的经济社会发展、人口变动迁移、教育体制机制改革因素，会涉及历史时序统计数据及其预测推算、抽样调查数据的采集获取、坐标系和权重确定、数据挖掘分析等，因而有必要从系统角度全面把握监测评价方法和技术，以一种系统的思路将众多的监测评价方法组织起来。

### （一）国际的视角

从国际监测评价方法与技术发展来看，随着 20 世纪 80 年代中后期以来国际组织发布教育监测评价报告的兴起及其影响的不断扩大，监测评价方法与技术的改进逐渐受到关注，主要体现在以下三个方面。

监测评价方法技术在注重时间维度连续性、年度比较的基础上，越来越意识到空间尺度不容忽视，空间统计与空间计量成为监测评价研究的关注内容，国家或地区之间的差异及其空间相关性成为监测评价过程中需要考虑的重要方面。比如，联合国开发计划署的人类发展指数由于计算评价方法易于理解、操作，获得了社会各界的高度认同，但与此同时，人类发展指数的等权重假设受到质疑。人们开始尝试探讨各种改进方法，尤其集中在采用主成分分析法获得动态权重结构，以揭示国家之间、地区之间人类发展差距模式。

监测评价方法技术受到政府职能改革与治理模式转变、第四代评价理论影响，强调以用户为中心，聚焦结果与产出，回应社会对公共服务绩效的关切，监测评价从鉴定控制走向合作协商。社会用人单位和专家评价逐渐受到关注，行业企业介入人才培养结构与质量评价在国际组织报告中得到应用，比如瑞士洛桑国际管理学院（IMD）《世界竞争力报告》中的 2/3 指标采用了专家打分法进行评价。

监测评价方法技术逐渐超越单纯数量意义的分析，与制度、改革的关联分析以及对发展政策的影响成为改进方向。随着教育改革的深化和改革过程中教育内外部多重因素的影响，指标的局限性显现，而提高监测评价效用的出路开始转向指标与因素的关联，让监测评价分析结果成为决策者关注的议题和决策参考的依据，促进教育改革和发展。比如经合组织的国际学生评估项目测试除了学生素养测量评价方法不断取得进展之外，基于证据的教育决策思想更是其取得国际广泛认同的原因，表现为学生素养与学生家庭经济社会背景的关联分析、教育机会公平与教育质量的关联分析、基于大样本数据的教育政策改进分析等。

### （二）注重方法的科学性

充分借鉴国际教育发展与监测的成功经验，我国教育现代化监测评价方法与技术需要从多个视角予以系统考虑，为教育现代化指标体系及其运用的科学性奠定方法论基础。

从指标体系信息收集分析角度看，坚持定量为主的监测评价方法，每一个指标的含义以定量方式为主来进行描述，并明确计算公式、指标功能、适用范围、数据来源和测算说明。同时考虑到定量描述存在的局限性，通过指标内容深度分析方法，全面收集信息和深入分析信息，更好地反映某些指标在教育现代化发展中的丰富内涵。

从监测评价参与主体角度看，采取共商、联动的监测评价方法，针对各地实际收集、分析的信息，指导和推动各地合理制订教育现代化发展时间表、路线图和任务书，支持地方开展内部相关的监测评价，通过互动过程提高评价的效用，并引入社会用人单位、专家参与监测评价，让全社会了解、参与和监督全国及各地区教育现代化推进工作。

从监测评价结果应用功能角度看，不仅关注发展水平，而且关注各地区的进步程度与努力程度，采用既对全国和各地区与发展目标存在显著差距的指标提出预警、未达标指标红线监测，又能激励发达地区继续向高水平现代化发展，同时能激励发展水平较低的地区加快现代化发展进程的多样化评价办法，结合指标预警和指标进步程度、努力程度，与人才培养、教育体制改革关联分析，建立一套行政反应及时、学校改进务实、社会有效参与的新机制，提高教育政策执行力。

## 三、 监测评价：方法论层面理论与实践的统一

鉴于国内监测评价与国际组织机构监测评价所存在的差异、我国教育管理体制特点，在建立我国教育现代化监测评价时，从方法论层面实现理论与实践的统一，是指标体系具有可持续发展潜力、监测评价在各级政府和全社会发挥效力的内在要求。为此，需要关注以下两方面。

一是准确把握中国特色社会主义在教育现代化监测评价指标体系中的体现。改革开放四十多年来，我国教育事业发展态势良好，成就有目共睹。由于我国的国情与发展阶段特征，人民群众接受优质教育的愿望尤为迫切，教育实现科学发展面临多方面的挑战，基本实现教育现代化的任务依然艰巨，尚存在诸多薄弱领域和环节，区域之间教育发展不平衡，与更好地适应经济社会发展新要求，更好地满足广大人民群众的期盼还有相当大的差距。制订适合我国国情、与经济社会发展相适应的教育现代化监测评价指标体系，必须处理好普及与提高的关系，把人民群众关心的教育公平、教育质量放在突出位置，关注国际化、信息化，提升教育国际化水平和教育信息化应用水平。

二是正确处理监测评价方法的相对稳定性和与时俱进的统一，有效解决我国教育现代化推进过程中不同时期需要着力加强的关键领域、薄弱环节，发现、关注特定地区教育改革和发展迫切需要解决的问题，并按实际需要、监测评价方法认识水平以及具体经验，对核心指标与监测评价方法进行必要的调整和完善。

# 第二节

# 指标体系的构建：框架的设计

## 一、 核心指标选取的方法

### （一） 选用国际机构广泛使用的高频指标

基于联合国教科文组织、联合国开发计划署、世界银行、经合组织等国际机构和部分发达国家有关教育发展规划、统计、监测、评价及指标体系建设方面的研究和经验，根据国际权威机构教育指标选择的高频原则，借鉴和吸纳国际机构常用的重要指标，如世界银行、联合国教科文组织、经合组织等国际机构和一些发达国家广泛使用的各级教育普及率、教育经费、教师能力水平、办学条件与经费保障、人力资源开发水平等方面的指标。

### （二） 基于我国国情和教育特点选择核心指标

针对我国区域广、地区发展不平衡以及教育整体发展呈现的阶段性特点，在核心指标选择上，把握教育现代化进程中的主要矛盾和问题，正确处理指标所反映的教育现象的主要方面，回应社会关注的重点难点问题，立足破解重大问题、难点问题和热点问题，选择监测评价区域义务教育均衡发展、流动人口子女等特殊群体公平接受教育、家庭经济困难学生资助、学生德智体美综合素质评价等方面的核心指标。同时，为引导调整教育结构，发挥应有的外部功能和提高保障水平，设计了班额达标率、高水平学科比例、学历教育开放程度、高校社会服务能力、紧缺人才可获得程度、毕业生就业适应性等方面的指标。

### （三） 吸取各地经验和学术研究成果

从监测评价指标对教育改革和发展实践的引领性、可操作性的基本要求出发，对全国各地尤其是东部发达地区在率先探索教育现代化、先行发展中进行的实践成果进行系统分析，吸收江苏、上海、浙江、广东等地在推进教育现代化监测评价中使用的部分指标或指标设计的思路与方法。同时，为保证指标体系在理论支撑和框架结构上的合理性，通过学术文献收集整理相关监测评价指标,并广泛听取多方面专家学者的意见,筛选能够全面反映教育现代化内涵的代表性指标。

### (四)综合考虑指标体系设计的科学性、合理性和可操作性

为体现国际可比、国内有用、聚焦国家和各地教育改革创新关键环节的特点,指标设计考虑五个基本要求:一是注重引领性、指导性。核心指标与政府确定的2020年教育改革发展目标和任务紧密结合,通过监测评价、诊断问题、信息反馈,形成有效推进机制。二是聚焦重点,力图精简。从教育改革发展重点、难点问题出发,精选综合性、关键性的核心指标。三是坚持定量为主,体现客观性。根据数据可获得性、指标可操作性,选择可测量、可量化的指标。四是着眼国际先进水平,强调国际可比。五是注重指标的区分度、敏感性和独立性。

## 二、指标数据覆盖范围的梳理

### (一)确定指标数据与目标范围

在指标数据的时间范围上,对2000年以来全国和各地区教育发展进行了指标历史数据的系统梳理,把2010年作为教育现代化监测评价的基期,2020年作为我国基本实现教育现代化的报告期,其余年份可按照每年的实际情况分别进行发展水平、进步程度和努力程度的监测评价。通过对全国和各地区每年监测评价并与基期和过去年份相比,形成时序和空间上的动态变化,科学判断分析教育现代化的发展状况。

指标历史数据,是指标分析预测或推算的重要基础数据。从指标类型看,普及与公平、结构与质量、条件与保障、服务与贡献、国际化与信息化指标的历史数据是2000年至2010年的逐年数据,而服务与贡献类指标即人力资源指标是2000年、2010年两个年份的数据,分别对应第五次全国人口普查和第六次全国人口普查的数据。

### (二)地区及相关因素覆盖面:强化针对性

教育现代化监测评价不仅涉及时间维度,空间尺度更不容忽视。全国教育现代化目标的实现取决于各个地区教育现代化发展水平、进步程度与努力程度。

在空间维度上,教育现代化监测评价指标不仅进行全国综合评价、国际比较分析,而且对我国各地区进行分析,覆盖31个省(自治区、直辖市),并对某些指标按照东部、中部、西部

区域进行分析。同时,根据国家经济社会发展重大战略,在学前教育毛入学率、高中教育毛入学率等指标的分析上,拓展到国家确定的1个集中连片特殊困难地区和已明确实施特殊扶持政策的西藏、四省藏区、新疆南疆三地州,共14个片区、680个县。

对于某些指标,比如平均班额,采用指标与指标的关联分析方法,引入大班额和超大班额统计指标,增强指标的说明力与解释力,为政策改进提供更为丰富的信息内涵。在衡量教育适应性方面,尤其关注职业教育和高等教育的学科专业设置与经济社会的关系,通过建立专业与产业行业的关联,引导学校深化教育改革,主动建立符合社会需要的专业调整和内涵发展机制。

## 三、目标的确定:系统研究方法

基期值和目标值的确定是教育现代化监测评价的关键。按照确定的教育现代化监测评价指标体系,按照系统研究方法,充分运用历史数据呈现的特点和趋势,按照数据情况分别确定核心指标的2020年目标值。

### (一)目标研究方法

教育现代化监测评价目标的确定,在方法上不仅基于法定数据、各级教育发展实际和各种系数预测全国目标,而且根据不同类别指标的特点,采用三重参照的方法,对各类别指标的全国目标进行地区分解。全国目标预测和地区目标推算为科学规划教育现代化发展及监测评价提供了扎实的基础。

### (二)人口总量、人口年龄结构、人口区域分布及省际迁移

基于第六次全国人口普查的数据,在分龄人口数调整的基础上进行全国分龄人口预测,以及计算人口区域分布及省际净迁移率。具体预测方法要点如下。

#### 1. 第六次全国人口普查数据调整

2010年人口总量调整。对2010年人口普查数据质量进行研究,大致掌握相应年龄段人口数据的漏报和重报情况,以此调整总人口规模。

2010年分龄人口调整。根据漏报和重报人口主要分布情况,参考10%长表的人口结构,对2010年分龄人口进行修正,按照各年龄人口的调整权重分摊到各分龄人口,并结合教育部发布的历年各级教育入学率,对2010年人口普查基础数据进行相应的验证和调整,得到分龄人口最终调整数。

### 2. 人口预测

采用莱斯利(Leslie)人口预测模型对全国2010—2060年人口进行分年龄、分性别的系统预测。

系统预测中根据2000年以来我国人口出生率的实际变化情况以及权威专家对未来我国妇女总和生育率方面的研究和判断,人口预测备选方案的妇女总和生育率设为1.5;根据国家卫生和计划生育委员会的规划,将2010—2015年的全国出生人口性别比设置为由118(以女性为100)逐步降至107,2016年以后继续保持107的水平;根据我国历次人口普查的人口预期寿命的变化情况,并参考联合国平均预期寿命增长模型,合理设定我国不同性别人口的预期寿命,预计2050年我国人口预期寿命在85岁左右,2060年在86.5岁左右。

### 3. 人口区域分布及省际净迁移率计算

根据2000年、2010年各省人口数占全国的比重,可以计算各省人口占全国人口比例的增减变化情况。根据2010年各省人口数计算东部、中部、西部地区人口占全国的比重,从而获知全国人口的区域分布现状。不同年龄组的人口地域分布现状可以同样依照该方法获知。

根据2010年各省总人口中外省迁入人口数和迁出本省的人口数,可以计算各省的净迁入率(净迁入率=迁入率-迁出率)。省际净迁入率反映各省人口流动现状,有正值和负值。正值表示净迁入区,负值表示净迁出区。

根据2010年各省人口占全国的构成比重、2010年与2000年相比构成比例的增减、2010年各省人口的净迁入率,可以预测未来10年东部、中部、西部地区各省人口的分布。

## （三）各级教育学龄人口、劳动力、人力资源总量

学龄人口、劳动力、人力资源总量总体测算的思路是上年存量-上年退出+当年新增。具体测算过程中需要把握好参数的获取。

利用历次人口普查的人口数据,模拟人力资源指标测算过程中有关年龄段人口在受教育程度方面的参数,如2000年、2010年我国15岁及以上死亡人口的平均受教育年限分别为4.7年和5.7年。

利用历年教育事业数据,获取各级各类教育学生的年龄结构参数,如2010年我国普通高中在校生中16岁及以上学生所占比例为84.02%,中职学校在校生中这一比例为87.40%。

基于人口预测数据、各级教育学生预测数据及上述相关参数,采用相应的人力资源指标

算法进行系统测算。

### （四）全国各级教育规划目标

在已知全国学龄人口预测数的基础上，确定全国各级教育规划目标的关键是预测各级教育的学生规模。全国各级教育规划目标即各级教育在校生数占适龄人口的比例。

通过各级教育的学生流模型并参照相应的发展因素和要求，测算 2011—2020 年全国各级教育学生规模，是联合国教科文组织长期推荐使用的模型，能够反映学生在教育系统中的流动和变化。

学生流模型是利用历史数据和全国学龄人口预测数据，以及对学生变动的参数的估计。我国在实际应用这一模型中遇到的几个复杂情况需要予以把握。

#### 1. 入学年龄和学制

小学生在各地区的入学年龄和学制有所不同，需要分别考虑 6 岁入学人数和 7 岁入学人数并合计新生入学人数，并考虑五年学制和六年学制，估计五年学制比例。

初中生在各地区的学制也有所不同，需要考虑三年学制和四年学制，估计三年学制比例。

#### 2. 辍学率和升学率

我国各级教育学生升迁变化情况不同，需要根据历史数据计算学生辍学率和升学率的变化情况，根据趋势和政策进行辍学率调整和升学率调整，并修正学龄人口数。

#### 3. 招生比例及增速

一是高中阶段普职比。我国高中阶段在校生包括普通高中、中等职业教育和成人高中在校生三个部分。普通高中与中等职业教育招生比例即普职比，可以从历史数据计算趋势，同时受政策因素影响。另外，需要注意普通高中与中等职业教育招生比例，同普通高中与中等职业教育实际在校生比例并不一致。

二是高校招生增长率。高校招生增长率是影响高校在校生数的重要因素。高校在校生包括研究生、本科生和专科生，而研究生、本科生和专科生的招生系数不同并且生源来源是多样的，所以在确定规划目标时需要予以注意。

三是学前教育毛入学率。在各级各类教育中，学前教育难以通过学生流对其规模进行预测，只能根据学前教育的历史发展趋势进行外推。趋势外推既需要考虑增长趋势，又要考虑增长速度，对近几年来毛入学率提高幅度进行调整。

### （五）全国人力资源发展规划目标

全国人力资源发展规划目标包括主要劳动年龄人口 20—59 岁人均教育年限、主要劳动年龄人口 20—59 岁受过高等教育的比例、15 岁及以上人口文盲率。与全国各级教育规划目标不同，确定人力资源发展规划目标采用趋势外推的方法。

采用外推办法需要结合使用 2000—2010 年增长率、外推缩放系数和二次修正系数。人力资源发展规划目标预测中使用 2000—2010 年全国平均年增长率，并根据外推缩放系数模拟各地区 2020 年结果，再通过二次修正系数取得二次修正结果。2020 年人力资源规划预测目标是基于 2010 年各地区 20—59 岁人口权重和各地区二次修正结果计算的全国合计值。

### （六）各地区各级教育规划目标（地区分解）

教育现代化监测评价在全国各级教育规划目标预测的基础上进行地区分解。地区分解采取系统解决的方法，把多方面的参数有机地结合在一起，起到从结构上修正的效用，以提高地区分解结果的科学性和可操作性。地区分解的主要步骤和技术要点如下。

#### 1. 整理学生数和学龄人口数的历史数据

各级教育规划目标的地区分解，在已知全国各级教育规划目标的基础上，需要整理全国各地区各级教育学生数和学龄人口数历史数据。各级教育学生数是 2000—2012 年连续 13 年全国和各地区各级教育在校生数。而学龄人口数是 2000 年、2010 年第五次全国人口普查和第六次全国人口普查对应的各级教育学龄人口数。

#### 2. 采用移动平均法计算构成比例

根据我国和各地区教育改革发展规划及实施特点，采用五年为周期的移动平均，对 2001—2012 年的教育事业统计数据进行移动平均，消除周期变动，测定长期变化的趋势，获得 2020 年各地区各级教育学生数在全国的构成比例，以及与 2010 年相比的变化。

#### 3. 采用存量—增量分析并设定调整系数

在移动平均法获得构成比例基础上，进行 2020 年各地区学生数和学龄人口数预测及其与 2010 年相比的增量计算，这种方法能够消除影响目标值推算的一些因素，但也存在局限性，很难符合各地区的实际情况，因而需要根据增量变化情况予以修改。

由于我国教育事业发展指标存在明显的东部、中部、西部地区差异和区域空间自相关性，因而可以采用东中西部调整系数的方法，对各地区 2010—2020 年增量进行调整，更合理地分配、调整全国增量中各地区的结构比例，并根据调整的增量和构成比例重新运算各地区各级教育学生数和学龄人口数。

#### 4. 参照经济、人口及教育因素确定地区分解结果

由于各地区教育发展与经济、人口因素密切关联，因而考虑结构和增量变化预测的各地区学生数和学龄人口数，在计算获得各地区教育规划目标结果时，有必要参照各地区经济、人口及教育等因素。

经济因素，主要是通过对人均公共财政支出、城镇居民人均可支配收入、农村居民家庭人均纯收入 3 个参照值，进行加权计算，并按照全国为 100 的标准来计算各地区的经济支撑能力指数。

人口因素，主要是考虑省际间人口流动和迁移状况，根据第六次全国人口普查的数据计算净迁入率。

教育因素，主要是对照各地区中长期教育改革和发展规划及相关政策确定的教育规划目标。

### （七）各地区人力资源发展目标（地区分解）

人力资源发展目标地区分解与教育规划目的地区分解，在方法上基本一致，需要整理历史数据、计算构成比例、运用系数调整增量、参考经济人口等因素确定地区分解结果。

与教育规划目标地区分解相比，人力资源发展目标地区分解的不同之处在于：人力资源发展全国预测数据和各地区历史数据不是连续年份的数据，只有第五次全国人口普查和第六次全国人口普查对应的 2000 年、2010 年数据。根据这一历史数据情况，无法采用移动平均法获得构成比例，可以采用趋势外推的方法获得 2020 年构成比例及与 2010 年相比的变化。

### （八）核心指标的全国目标和地区分解

参照前面讲述的全国教育和人力资源目标值预测及地区分解的基本方法，并根据各核心指标的内涵和发展特点，确定教育现代化监测评价各核心指标的目标值。

#### 1. 按指标历史数据情况采用相应的趋势分析方法

以定量为主的目标预测和地区分解，尽管都需要分子数据和分母数据，但不同指标所涉及的分子和分母数据的多少不同，已有的历史数据也各不相同，因而测算难度和方法因指标而异。

从指标预测中变数之间的数量变化关系来看，包括线性关系和非线性关系两类。其中，前面涉及比例数据的指标属于线性关系，而指标体系中的来华留学生数指标不涉及相对比

例而是绝对值,目标的地区分解中因变量与自变量相关趋势不是线性分布而是曲线关系,因而不适宜采取前面的方法,需要运用曲线回归分析法预测,运用 GROWTH 函数拟合指数曲线,计算指数回归曲线的预测值。

### 2. 根据指标侧重参照因素调整系数

基于指标与经济、人口因素的关联强度情况,参照因素的选择要有所侧重,并根据指标侧重参照因素来调整系数,通过系数调整还原教育发展实际,反映地区经济支撑能力和学龄人口负担。

以随迁子女平等接受义务教育比例目标的地区分解为例,需要把人口迁移因素作为侧重点。首先,获得各地区人口净迁入率和外省迁入人口占全国的比例数据,把数据先后转换成 Z 分数、T 分数,并采用离差标准化方法实现 T 分数的归一化。然后,计算各地区净迁入率和外省迁入人口占全国比例的乘积,并作为系数来调整随迁子女平等接受义务教育比例,反映地区迁入流动人口的负担和解决这一问题对国家的贡献。

# 第三节

# 数据收集与评价方式:与监测评价制度相配套

教育现代化监测评价指标体系中的每一个指标都有其特定的含义,正是各个不同含义的指标从总体上构成教育现代化的内涵。为了使指标体系更好地反映我国教育现代化发展的深刻内涵,教育现代化指标数据收集与评价从总体上要有比较完整、多元的方式方法,与整个教育现代化监测评价制度相配套,全面、深入、多元地收集数据与信息,真实反映我国和各地区教育现代化发展状况,保证监测评价的科学性和人性化。

## 一、 数据收集方式

教育现代化监测评价作为一项国家制度,高质量地收集数据并管理数据是科学评价的基础。根据国际经验和中国国情,数据收集要发挥相关部门、地区、专业机构及专家的作用,并应用现代信息技术手段,多渠道、连续性收集数据和信息。

### （一）统计数据

运用法定统计数据，是教育现代化监测评价指标数据收集的主要方法。教育现代化监测评价指标体系中，每一个指标的含义以定量方式为主来描述，并明确计算公式、指标功能、适用范围、数据来源和测算说明。法定统计数据是指标测算的主要数据依靠。

统计数据的来源上，以教育部发展规划司的统计报表数据为主，同时包括收集其他相关司局的专项统计数据，国家统计局以及其他部委的人口、经济社会方面的普查或专项统计数据，以及国际比较的统计数据。

统计报表数据是按照国家统一规定的表式，统一的指标项目，统一的报送时间，自下而上逐级定期提供的基本统计资料，具有统一性、全面性、周期性、可靠性等特点。

专项统计数据是对统计报表数据的重要补充或深化，有利于教育现代化监测评价的相关因素分析。

国际比较数据的重要来源则是世界银行、联合国教科文组织、经合组织等国际机构公开的统计数据，可以用来描述中国教育在世界上的相对位置。

统计数据收集的基本要求是准确、及时，同时要完整、连续，覆盖各地区、相关年份，以便对各地区教育现代化进行监测评价及其进步程度的分析。

在数据收集基础上建立专门的教育现代化统计数据库，是监测评价的重要保证。教育现代化统计数据库担负着提供基础资料的功能，可以根据指标从不同维度生成数据表，也可以根据监测评价和政策研究的需要进行数据预测、数据挖掘。

### （二）调查数据

教育现代化监测评价指标涉及多项领域，有些指标无法通过统计数据获得，而是需要借助抽样调查的方法。按照指标要求进行专门的抽样调查，是教育现代化监测评价数据收集的重要方法。

采用问卷或实地调查的方式收集信息，包括依托现有的专项教育调查数据库，也包括新建的专项教育信息调查库，既有专项调查的统计数据收集，也有定性的调查信息收集。教育现代化监测评价中的信息调查需要重点把握下面三个环节。

环节一，调查的目的。围绕教育现代化指标需要，确定调查目的是第一步。这直接关系到收集什么信息的问题，是调查的核心问题。与常规统计相比，问卷调查的优势在于可以收集态度（如认可度、参与度、满意度）、行为（如地区采取的政策和改革的举措、学校办学的行为）方面的信息。指向促进教育改革和发展的现代化监测评价，既要收集教育发展结果性的信息（如教育满意度、紧缺人才可获得程度），又要收集影响教育发展的政策、实践过程和环境（如教育均衡发展的举措、家长参与学校管理的程度等）；既要广泛收集面上的信息，又要有重点地收集当前社会各方特别关心的点的信息；既要收集定量数据，又要收集政策法规、制度、政策、文件、教育改革与创新的典型案例及实物等。

环节二，调查的抽样。作为国家层面的教育现代化监测评价，通过问卷调查收集信息，到底从哪里收集信息，需要对抽样方法、样本总量和样本分布进行科学设计。按照影响指标的因素特征、人口统计学特点以及抽样学的基本要求进行分层、随机抽样，使每个样本在所在的层或群体中具有充分和广泛的代表性。涉及地区、行业的问卷调查，需要尽可能细分，同时又要考虑经济性、可操作性，并基于地区之间教育规模存在较大差异的状况，采用概率比例规模抽样即 PPS 抽样方法，选择的抽样区域在社会、经济发展等方面要具有典型性。

环节三，调查的对象。教育现代化监测评价要体现先进理念，必须根据调查目的合理选择调查对象，这是一个关键。与常规统计数据基本上都是由学校、地区教育主管部门逐层上报信息不同，问卷调查可以是学生、教师、校长、教育行政部门人员对调查内容的自我情况报告，或是对所在地区教育改革和发展情况的知觉感受，同时在调查对象上还可以拓展到社会层面，有用人单位、专家、学生家长。比如人才培养相关指标的问卷调查对象就包括社会用人单位、专家、学生及家长等多方面的主体。

## 二、 评价方式

按照指标全面、准确而深入地收集数据是评价的基础。从总体上讲，国家教育现代化监测评价采用多指标综合评价方法，具体应用于我国和各地区教育现代化综合指数与分项指数的计算、分析方面。而从与我国教育现代化监测评价制度建设相配套的角度看，评价方式需要在以下两个方面实现创新与突破。

### （一） 指向过程改进的地区评价模式

从评价方式上讲，各地区教育及相关部门是教育现代化监测评价的重要主体之一。为此，教育现代化监测评价需要转变传统的鉴定、分等的评价观，创新评价过程与结果分析方式。

#### 1. 运用过程性评价和增值性评价方法

教育现代化监测评价，除了对各地区之间的发展水平进行比较之外，强调把一个地区的过去与现在进行比较,衡量其进步程度,鼓励各地区根据实际发挥优势、攻克劣势。

**2. 采取综合评价与地区评价相结合的方式**

综合评价旨在从全国层面判断教育现代化的发展水平、发展特征及区域格局表现。而地区评价主要是针对地区教育现代化历史基础和实际问题,选择部分单项指标,结合地区提供、报告的相关信息,进行内容的深度分析,以便为地区教育现代化状况的改进提供对策和建议。

### (二)社会共同参与的评价方式

实现教育现代化需要社会的共同参与,其中参与评价监督是一个重要方面。社会共同参与评价,是教育现代化监测评价先进理念的体现,有助于提高政府决策的科学性。社会参与评价的方式主要表现为用人单位评价、专家评价等具体形式。

**1. 引入用人单位评价方式**

教育现代化监测评价中引入用人单位评价方式,应用重点是人才培养,可以对高校和职业院校的人才培养情况进行评价,听取用人单位对高校和职业院校人才培养的意见,深入了解经济社会发展对人才培养的需求变化,构建与经济社会发展互动的学科专业结构及动态调整机制,主动服务经济发展方式转变和产业转型升级需要,为高校和职业院校教育教学、人才培养模式改革指明方向,提出建设性思路与办法。此外,用人单位评价方式也可以应用于对教师教育机构在师资培养的评价。

**2. 借鉴国际经验,采用专家评价方式**

专家评价是国际上应用较广的一种评价方法。专家评价能够发挥专家的知识和经验,在缺乏足够统计数据和原始资料的情况下做出定量估计,同时体现评价的利益回避原则,消除政府自我认知与公众认知偏差。专家评价主要是在定量和定性分析的基础上,采用打分的方式做出定量评价,其结果具有数理统计特性。在国际上,专家评价以及第三方中立机构评价已经被广泛应用于跨国或跨地区的公共管理绩效评价。这其中的关键是专家的选择。

我国逐步建立了国家或地区的由行业专家、教育决策咨询专家构成的专家委员会,比如国家或地方的教育决策咨询委员会、全国行业职业教育教学指导委员会等。根据我国国情,发挥各类专家委员会的作用,并由其承担选聘专家、组织实施信息调查的工作,是教育现代化监测评价方式的创新,也有助于提高评价的科学性和社会认可度。

# 第四节

# 指数分析：多种方法的综合运用

立足教育现代化监测评价的复杂性，在指标体系框架设计的基础上构建教育现代化指数，并综合运用多种方法，从多个维度、多个视角分析指数，立体判断教育现代化发展的面貌，发现、挖掘教育现代化发展中的重要命题，提高指标监测评价结果的解释力。

## 一、 综合指数与分项指数：计算方法与位次分析

构建教育现代化指数，旨在把不能直接相加和对比的各个教育现代化指标数据予以计算，说明国家和各地区教育现代化水平总体变动的相对情况，以及内部结构的变动情况。

### （一） 指数计算方法

教育现代化指数包括综合指数和分项指数。分项指数对应普及与公平、结构与质量、条件与保障、服务与贡献、国际化与信息化五个类别的指标，或者根据需要突出特定主题的指标群。

分项指数是根据各个指标分值，采用逐层加权求和法计算得到的。综合指数则是根据各分项指数值和各分项指数权重求和计算得到的。采用逐层加权求和法计算分项指数和综合指数，需要注意把握以下环节。

#### 1. 指标赋权：突出重点导向，简明且符合国情

通过对各指标重要性的分析把握和专家咨询，形成重点突出和具有明确导向的权重体系。从教育现代化发展的全局性、整体性出发，按照各个核心指标的特点，采用指标历史数据基础上的客观分析方法和广泛听取意见基础上的“德尔菲法”赋权，作为计算指数的基础。确定的指标权重，显示某类或某个指标在教育现代化发展中的相对地位。

教育现代化指标赋权需要考虑四个因素：一是指标的重要性，对教育现代化综合评价结果影响较大的指标属于主要因素、关键因素，而对评价结果影响较小的指标属于相对次要因素；二是指标值差异程度，指标数据差距大且指标数据有序程度比较大的指标，对评价结果贡献比较大，赋予相对较高的权重；三是指标值和目标值差距大小，差距大的指标属于需要

通过重点攻关和努力实现的指标，赋予相对较高的权重；四是指标独立性大小，独立性大即与其他指标重复信息少的指标，赋予相对较大的权重。

由于教育现代化指标涉及六类指标及其所包含的若干指标，因而指标权重既需要确定某个核心指标在所属组类指标中的权重，同时需要确定每个组类指标在教育现代化综合评价体系中的权重。

应当说明的是，指标赋权可以按照实际需要，经过专家咨询，采用相应办法进行调整，以满足政策重点或社会关注的需要。教育现代化指标体系有一个不断完善的过程，指标赋权也可在不同时期进行符合实际需要的调整，从而使教育现代化的监测评价保持动态适应性。

**2. 采取加权方式的指标合成**

对于包含多个级别教育维度的指标，如生师比指标包括学前教育、小学、初中、普通高中、中职生、高校六个维度的生师比，则需要在确定指标权重前采取加权方式，对各级教育维度客观地分配比率，进行指标数据的合成。通过加权方式进行指标合成与确定指标权重不同，前者属于客观的，是依据各级各类教育学生数或教师数确定的，而指标权重则是根据对指标主次关系的判断而确定的。

**3. 指标的同趋势化处理**

在教育现代化监测评价指标归一化过程中，需要区分正向指标、逆向指标和适度指标，三种指标数值代表的含义不同。指标值越大评价越好的指标，称为正向指标。指标值越小评价越好的指标，称为逆向指标。指标值越接近某个值越好的指标，称为适度指标。

进行教育现代化综合评价时，首先必须将指标同趋势化，一般是将逆向指标和适度指标转化为正向指标，也称为指标的正向化。转换成正向指标的常用方法是取倒数。教育现代化监测评价指标中的生师比、平均班额、文盲率等指标属于逆向指标，需要采取倒数的方式转换成正向指标。

**4. 采用离差标准化的方法**

(1) 归一化的目的

教育现代化的复杂性决定了监测评价是一种综合评价，不同评价指标具有不同的量纲和量纲单位，数值代表的含义也不同，因而需要做指标的归一化（无量纲化）处理，实现不同指标的同度性。

归一化是把需要处理的数据经过处理后（通过某种算法），限制在需要的一定范围内。在统计学中，归一化的具体作用是归纳统一样本的统计分布性。归一化在 0—1 之间是统计的概率分布，归一化在 - 1— + 1 之间是统计的坐标分布。归一化有同一、统一和合一的意思。归一化，形式上是变化表达，本质上则是为了使各指标数据可以比较。

（2）离差标准化方法的特点

作为指标分析比较的基础，在众多的归一化方法中选择既简便又符合我国国情特点的方法，且在国际和学术界具有普遍公认度和广泛应用的方法，为指数计算奠定基础。

教育现代化指数计算采用离差标准化的方法。离差标准化是将某变量中的观察值减去该变量的最小值，然后除以该变量的极差。其表达式为：

$$y = (x - MinValue)/(MaxValue - MinValue)$$

经过离差标准化后，各种变量的观察值的数值范围都将在[0，1]之间，并且经标准化的数据都是没有单位的纯数量。经过离差标准化处理的指标数据可以直接用于计算综合指数和分项指数。

离差标准化是消除量纲(单位)影响和变异大小因素影响的简便有效的方法，计算较容易，比较方法简单。在构建及各变量最大值、最小值的选择上，可以不断完善和变化。

采用离差标准化的方法，对同一系统的数据分析结果是直接可比的。计算的综合指数和分项指数，代表各地区在教育现代化方面的发展水平、进步程度。离差标准化的方法不仅能够消除各指标在量纲和量级上的差异，而且在保留原始数据相对差异性的同时，赋予各指标更为丰富的含义。

而对于教育现代化指数而言，不同时期分析的数据结果不具有直接可比性，但不同时期各地区指数在全国或东部、中部、西部省份中的位次则具有一定的可比性。

### （二）基于综合指数和分项指数的位次分析法

采用综合指数和分项指数，可以对各地区教育现代化发展状况进行总体定位，表示不同地区在全国中的位次。采取指数的位次分析，有以下两种基本方法。

#### 1. 直接按指数分析

在各地区教育现代化发展水平的排序上，可直接按综合指数或分项指数进行全国排序，表示各地区教育现代化发展水平在全国的位次。

对于同一地区而言，不同分项指数在全国的位次可能会表现出不一致性，亦即各个地区的每个分项指数在全国的位次与综合指数在全国的位次之间存在差异。分项指数与综合指数的位次差异为：综合指数位次—分项指数位次。位次差异可能是正数，也可能是负数。根据正数或负数的大小，判断分析各地区教育现代化发展的优势和薄弱之处，寻找重点提高的环节。

2. 按东部、中部、西部分析

在各地区教育现代化进步程度与努力程度的排序上，可通过对各地区报告期综合指数或分项指数的位次与基期或上一个报告期的位次进行比较，分析位次的上升或下降及其变化幅度。按照东部、中部、西部地区分别分析地区的位次变化，激励地区尽可能照顾到各区域，更能产生激励效应。

在各地区教育现代化分项指数与综合指数的位次差异上，按照东部、中部、西部区域分析，可以判断分析东部、中部、西部地区分项指数上的优劣势表现，寻找努力方向。

## 二、 分类分析与聚类分析：探索多向激励机制

按照现代化的先进理念，监测评价的核心在于支持发展，激励改革和发展，激发各级政府和各级各类学校的办学活力，从我国国情出发，借鉴国内外监测评价的经验，构建分类和聚类基础之上的多向激励机制，丰富分类指导的内涵、手段与机制，营造充满生机活力的发展和改革氛围。

### （一） 分类分析

1. 国际比较分类分析

在国际比较上，按经济发展水平、人口规模、世界区域经济体等，分类分析我国教育现代化的水平及相对位置。

按照经济发展水平的分类分析。根据世界银行的分类，目前我国已属于中上收入国家，将向高收入国家发展，因而将我国的教育发展水平与高收入国家、中上收入国家的教育进行比较分析，具有一定的意义。

按照人口规模的分类分析。从人口规模分类，我国属于发展中人口大国，将我国的教育发展和人力资源开发水平与其他发展中人口大国、非发展中人口大国的教育进行比较分析，能够看出我国教育发展取得的成就。

按照世界区域经济体的分类分析。目前世界区域经济体包括经合组织、二十国集团、金砖五国等，分析我国在这些区域经济体中的相对位置，能够从多个维度来判断我国教育现代化的发展状况。

2. 国内地区分类分析

在国内各地区分析方面，采用现行常用的东部、中部、西部区域分类，分析各地区教育现

代化发展水平及相对位置。东部、中部、西部区域分类是一种常规分类,符合我国经济社会发展不平衡的现状。

在我国教育现代化监测评价中,按照东部、中部、西部省份分类方法,既有利于发展水平较高的地区进一步发展,更有利于发展水平较低的地区发掘自身优势,通过进步程度与努力程度方面的表现,加快发展。

按照东部、中部、西部省份分类进行地区教育现代化发展状况分析,需要把握以下三个要点。

要点一,围绕指数及指标分析。东部、中部、西部区域分类分析,其意义在于从区域内分析各地区在指数及指标上的表现,而不仅仅是比较区域内各地区的排序。分析的重点在于东部、中部、西部区域在综合指数、分项指数和核心指标上的水平特点、进步程度表现和努力方向。

要点二,指数与指标结合起来分析。东部、中部、西部区域分类分析,无论是综合指数还是分项指数的区域内地区比较,都不能充分反映地区之间的内容特征,因而把指数与指标有机结合起来,才能凸显东部、中部、西部地区指标表现上的差异特点,有助于判断地区的优劣势。

要点三,综合提出对策建议。东部、中部、西部区域分类分析,尽管立足区域内地区比较分析,但对策建议的提出需要综合,站在全国教育现代化推进一盘棋的高度,围绕指标改进,在全国大局中提出东部、中部、西部地区加快发展教育现代化的建议。

### (二) 聚类分析

聚类分析是按各地区核心指标的实际情况确定在全国的相对位置,而不是采用东部、中部、西部的常规分类方法。与分类分析不同,聚类分析是一种探索性的分析,不必事先给出一个分类的标准,而是从样本数据出发自动分类,能够消除分类分析不可避免带有人为分类的主观性缺陷。

我国教育现代化监测评价在进行传统的东部、中部、西部地区分类的同时,使用聚类的方法,对各地区的评价能更符合实际,更为客观地反映各地区教育现代化发展的全貌。

聚类分析可以运用单一指标的分析,也适用于多个指标的分析。其基本步骤如下:首先,定义问题与选择指标;其次,确定聚类方法,如层次法或谱聚法;其三,明确聚类的主体;最后,分析评估聚类结果,对结果进行描述和解释。

#### 1. 单一指标的聚类分析

单一指标聚类分析,即针对某一个指标的表现对各地区进行排序,形成不同的地区类别。单一指标的聚类分析有助于针对性地判断教育现代化某个方面在全国的发展情况,并且在指标发展不均衡的现实情况下更能对地区产生激励效应。

按照综合指数或分项指数从高到低进行位次排序，可分成三个方阵：第一方阵（1—10 位），第二方阵（11—21 位），第三方阵（22—31 位）。借助三个方阵的比较方法，能够比较清晰地看出各地区教育现代化发展的层次性。

聚类分析也可以分成四类乃至五类，也就是说按照数据排列接近的层次性分类，而不是事先预设好三个方阵，这样既突破了东部、中部、西部地区的常规分类，又突破了三个方阵的分类，因而这与常规分类分析显然不同。

#### 2. 多个指标的聚类分析

由于教育现代化指标之间具有关联性，多个关联指标可以形成群组指标，这些群组多指标的聚类分析对于研究分析教育现代化问题具有一定的挖掘意义。

多个指标的聚类分析，需要注意下面三个环节。

环节一，根据问题选择指标数量。指标数量选择越多，聚类分析的难度越大。指标数量选择要从关注的教育现代化发展中的问题出发，确保群组指标内部的相似性或关联性尽可能大。分项指数的聚类属于多个指标聚类分析的一个特例。但群组内多个指标不一定是同一个分项指数内的指标。

环节二，聚类地区的选择。聚类分析中的地区选择可以是全国各地区，也可以是根据某个指标聚类出来的某个类别的地区，即在聚类基础上的再聚类，即层层聚类选择。

环节三，聚类分析结果的解释。多个指标的聚类分析，其意义不仅仅在于寻找在多个指标表现上均比较相似的同类地区，而且可以验证指标关联性大小的假设、发现和分析预期之外的指标特征。

## 三、 发展水平分析与进步程度分析：目标导向与激励发展

在充分考虑国情的基础上，同时充分借鉴国内研究机构和国际组织监测评价方面的经验，在选择监测评价分析方法上，确定以标准参照为主线，结合常模参照的办法，关注发展水平、进步程度和努力程度，体现目标导向和激励发展的思路。

### （一） 标准参照

以标准参照为主线，就是关注全国教育现代化发展目标，以及与全国目标密切相关的各地区教育发展水平、进步程度和努力程度，监测目标明确，多角度衡量各地区进展，牢牢把握国家基本教育现代化的指标内涵，为确保 2020 年的目标实现提供监测手段。

鉴于各地区教育发展目标是国家教育现代化目标的重要基础，在推进全国和各地区教

育现代化发展方面客观上还存在着制约发展的困难、问题和矛盾，因而对于各地区教育现代化核心指标达到目标与否及其程度的监测不仅必要，而且需要特别体现改革的精神和务实的举措。

为了有效实现发展目标，基于标准参照方法，需要分析全国和各地区教育现代化发展水平、进步程度和努力程度。

发展水平分析是结合核心指标数据变化及相关因素，对各省（自治区、直辖市）的综合指数、分项指数在全国范围内进行排序、分类和聚类。排序、分类和聚类要把指数与指标结合起来，提高对地区教育现代化发展水平的解释力。其中，聚类方法应用于发展水平分析，具有重要的意义。

进步程度分析主要是把报告期（首次监测评价报告期为 2012 年）各地区的综合指数和分项指数值与 2010 年基期值进行比较，按照东部、中部、西部排序，关注东部、中部、西部进步程度相对较大的省（自治区、直辖市），并结合核心指标数据变化及相关因素分析原因。

努力程度分析则是反映各地区与自身未来发展目标的实现程度，同样可以按东部、中部、西部排序，关注努力程度相对较大的省（自治区、直辖市）及其影响因素。同时，可以采用位次差异分析法判断各地区教育现代化发展进程中需要努力的方向和空间。

### （二）常模参照

在标准参照为主线的同时，教育现代化监测评价需要特别关注常模参照的激励效能。教育现代化监测评价中运用常模参照，重点是放在各地区所处的相对地位上。常模评估的结果与常模团体的水平有关，会随着常模团体的变化而变化。随着教育现代化的推进，与 2010 年基期时各地区的相对地位相比，2010 年后不同年份报告期各个地区相对地位变化的大小，反映各地区加快教育现代化的步伐和提升自身发展能力的幅度。

按照常模参照办法，采用全国各地区的相对地位评价，能够激发各地区发展进取的主动性。比如，根据各地区教育发展的实际情况，将发展水平、进步程度和努力程度分别按前 10 位（第一方阵）、中 11 位（第二方阵）和后 10 位（第三方阵）的相对地位评价，改变了目前常用的按东部、中部、西部划分各地区的惯例，为各地区提升自身的发展能力提供了新的平台。

## 四、 指标—因素关联分析方法：突出政策和改革取向

用核心指标进行教育现代化监测评价，其目的并非给出一个基于指标体系的综合指数评价结果和分析各地区在全国的位次情况及其变化，而是通过综合指数、分项指数以及各核

心指标，既衡量进展与成就，又判断问题与困难，尤其是发现全国和各地区教育现代化薄弱的工作环节、区域，更注重问题的解决和政策的改进。

从指标体系有利于成为指导各地推进教育现代化发展的角度考虑，有必要认识到指标体系所具有的局限性，无论是来自认识上的原因，还是指标本身所具有的特点，考虑在指标体系定量评价为主的同时，采用指标—因素关联分析方法，将影响某一指标评价值的大小与相关影响因素结合起来分析，使指标表现的改进与问题的解决、改进内在地结合起来，而不是就指标论指标，最终目的是增强监测评价结果的解释力，提高指数的评价效率，为各地推进相关领域改革和强化制度建设提供指导。

### （一）指标—因素关联分析的三种方法

根据还原教育发展实际的变量特点，指标—因素关联分析包括指标—指标关联分析、指标—经济社会因素关联分析、指标—教育综合改革因素关联分析三种类型。

#### 1. 指标—指标关联分析

指标—指标关联分析能还原教育现代化核心指标与教育事业发展的因素关系。比如平均班额与大班额比例、超大班额比例结合分析。我国一些地区各级教育平均班额高于其他地区的重要原因就在于大班额比例、超大班额比例比较高，因而结合教育事业常规统计指标分析教育现代化核心指标，能够提高对教育事业发展平均指标的解释力。

为系统推进教育现代化并为重点突破提供方向和对策，可在全国或各地区教育现代化指标中进行指标之间的比对，寻找发展相对弱或强的指标，分析关键指标对指数提高的贡献率，发现指标之间的关联。比如各地区教育现代化发展状况分析，除了从综合指数和分项指数判断位次之外，还可以就教师队伍建设或人才培养、办学条件、教育经费进行横向的深度分析。以教师队伍建设横向深度分析为例，可以把生师比、教师高一层次学历、接受培训教师比例等指标进行比较、筛选和挖掘。

#### 2. 指标—经济社会因素关联分析

指标—经济社会因素关联分析能还原教育现代化核心指标与经济社会发展因素或其他因素的关系。比如理工类学生比例与三次产业结构（三次产业构成，三次产业人力资源构成）结合起来分析，还可以把医学类学生比例与医疗卫生事业发展水平结合起来分析。由于教育现代化的进程与经济社会的总体发展紧密相关，存在着相互促进、相互影响的关系，因而教育现代化指标与经济社会因素关联起来，深度分析高校和职业教育的学科专业结构、紧缺人才可获得率、留学生数等指标，能够从深层次揭示教育现代化指标的内涵，促进教育与经济社会发展适应性水平的提升。

基于区域之间经济社会发展水平存在差距、区域教育现代化进展不均衡的现状，指标—经济社会因素关联分析中可以围绕一个指标进行钻取，发现某些点或片上的地区在某个指标上的表现非常强或弱，以解决某个指标平均值的缺陷，发现迫切需要关注的地区。比如高中阶段教育毛入学率或学前教育毛入学率指标的深度分析，可以纵向分析，不仅分析到各省（自治区、直辖市），而且分析到地级市、县。纵向分析方法能够更为立体化地判断高中阶段教育或学前教育普及情况。

#### 3. 指标—教育综合改革因素关联分析

指标—教育综合改革因素关联分析能还原教育现代化核心指标与政府转变职能、深化教育综合改革因素的关系。比如学前教育毛入学率与国家发展普惠性学前教育、实施三年学前教育行动计划结合起来分析。将教育现代化指标与教育改革因素关联，深度分析学前教育毛入学率、高中阶段教育毛入学率、接受培训教师比例等指标，能够更为深入地剖析教育现代化进程背后的影响因素，为进一步深化教育综合改革指明方向。

由于教育综合改革不仅涉及指标，而且涉及区域发展、部门之间的协调等，因而指标—教育综合改革因素关联分析，往往属于横向与纵向相结合的深度分析，既涉及多个指标，又逐渐集中到区域，比如可以应用这种方法对我国集中连片特困地区进行深度分析，横向比较连片特困地区包括学前教育毛入学率、高中阶段教育毛入学率、生师比、班额、办学条件、教育信息化等多个（类）指标的情况，纵向比较连片特困地区与西部省份平均水平、全国平均水平的差距。

### （二）指标—因素关联分析的注意要点

从本质上讲，指标—因素关联分析不是结论的关联，而是影响因素的关联，需要注意如下要点。

要点一，把握改革和发展中的关系特征。我国现代化发展属于后发型，具有后发优势，表现为教育条件、教育信息化水平等方面的快速追赶，而这对教育现代化发展尤其是普及与公平的提高具有重要影响，因而指标—因素关联需要注意到这一后发优势的具体表现。因而，教育质量指标与人才培养改革的结合分析，需要立足我国实际和各级各类教育特点，把握好教育质量标准、教育质量测评结果的应用。

要点二，通过挖掘数据寻找关键因素。教育现代化发展过程中的复杂的相关关系与因果关系，经验判断有其价值但具有局限性，更需要借助定量数据尤其是面板数据的灰色关联度分析，否则因果分析就成了无源之水、无本之木。运用灰色关联分析方法，通过两个或多个比较序列数据的相对差值的计算，要找出影响的关键因素，并对关键因素的主次有判断。

要点三，关联分析的时序和空间差异。受经济社会发展速度、教育改革政策推出时间的影响，指标—因素的关联程度在不同时期、不同地区存在差异，即从时序变化曲线和空间分布中，分析出比较序列数据的相对差值在哪个特定的时间段或区域范围内差异较大或较小。

# 第五节

# 监测评价结果：立体呈现与科学使用

作为跨越指标数据、指向促进改革和发展的教育现代化监测评价制度，结果的呈现与使用至关重要。总结国内外社会发展监测评价的经验，根据全国和各地区教育现代化发展状况，形成监测评价报告，并结合信息技术系统立体呈现结果，把完善教育政策、实施监测预警和接受社会监督作为科学使用监测评价结果的重点。

## 一、 结果呈现

对教育现代化监测评价内容和核心指标及关联因素进行分析，获得评价结果，形成综合评价报告、国际比较报告和省级评价报告，并结合国家教育统计决策支持系统开发，建立和完善教育现代化监测评价信息平台，充分利用现代信息技术呈现结果。

### （一）综合评价报告

综合评价报告重点呈现总体定位、优势和不足，判断分析国家教育现代化的发展水平、进展及未来方向。

#### 1. 总体定位

根据全国及各地区教育现代化发展的现状、国际比较以及对未来发展目标的分析把握，对国家整体教育现代化发展水平、进展及目标达成度作出总体分析、评价和判断。

整体分析和评价我国教育现代化在国际上的定位。从国际总体水平、包括高收入国家等的世界各国不同发展水平的国家分类、金砖五国、人口大国等多个维度，定位我国的教育现代化发展水平。

### 2. 分析优势与不足

通过核心指标细化判断我国教育现代化发展的优势。从历史数据的进展变化、指标或分项指数的水平两个角度，结合国家发展的相关重大政策举措判断优势，包括指标表现优势以及促动教育现代化的制度优势。

与包括发达国家在内的多角度比较，对照我国教育现代化目标，判断我国在教育现代化整体和区域发展等方面所存在的不足。对于差距和不足，结合主要原因剖析，使指标数据与所反映的事实联系起来，以便更清楚地发现问题及原因。

## （二）国际比较报告

国际比较报告的重点是在国际坐标中，多维度、多视角地呈现我国教育现代化发展所处的位置及变化。国际比较报告采用层层递进、逐步聚焦的思路，在全面分析国际和世界各国教育现代化的基础上，对我国的国际定位进行深入分析。

### 1. 世界各国教育现代化聚类分析

一是按经济发展水平并结合人口的国家分类。将教育现代化核心指标按世界各国经济发展水平分类，进而分析不同发展水平国家群体的特点与差距。

二是按核心指标的聚类分析。按核心指标对世界各国教育现代化发展水平进行聚类分析，考察各类国家群体在教育普及与公平、结构与质量、条件与保障、服务与贡献等方面的各自特征。

### 2. 多视角看中国

立体展现我国教育现代化的国际定位。按不同的国家组别，结合核心指标的分项指数，对我国教育现代化发展水平进行多维度多视角的分析，并通过文字和图表的形式加以直观呈现，包括：与世界平均水平的比较；与高收入国家、中等收入国家的比较；与金砖五国的比较；与人口大国的比较。

### 3. 中国教育现代化发展对世界的贡献

选择核心指标的部分综合性指标说明中国教育对世界教育发展的贡献，并通过指标的人口加权，考察中国加入分析前后的指标大小，展现中国教育发展的贡献度。

## （三）省级评价报告

省级评价报告重点运用海量数据，客观呈现各地区（省、自治区、直辖市）教育现代化发展水平、进步程度与努力程度。

#### 1. 我国教育现代化的区域发展格局

采用常用的东部、中部、西部的分类看区域总体格局，丰富展现经济社会发展的多种区域分类，并对国家特别关注的集中连片困难地区的教育现代化状况予以展现。

同时，打破省市的区域分类格局，按指标（包括综合指数）实际的大小进行聚类分析，呈现单个（项）指标表现比较强与薄弱的地区。

#### 2. 区域教育现代化优劣势分析

按 31 个省（直辖市、自治区），分别对各地区教育现代化发展水平进行分析，形成分省（直辖市、自治区）教育现代化监测评价报告，展现各地区教育现代化发展水平、进步程度与努力程度。

## 二、 结果使用

根据我国国情、教育管理体制和社会转型背景，各级政府在教育现代化过程中发挥着重要的引领、推动作用，并需要社会积极参与和监督。教育现代化监测评价结果的使用主要体现在三个方面：完善教育统计与教育政策，实施监测预警，社会发布和舆论监督。

### （一） 完善教育统计与教育政策

#### 1. 统计数据服务：多维度查询和个性化定制

形成教育现代化数据库并纳入国家教育决策统计系统，搭建国家教育现代化信息支撑平台，力求以多视角、直观、便利的方式，为宏观决策及教育现代化研究提供科学依据，为公众提供教育现代化信息，并创新统计服务方式，以用户需求为导向，深度挖掘全国和各地区教育现代化数据资源，提供多维度查询和个性化定制服务。

#### 2. 完善教育政策：为宏观管理提供参考

运用法定数据，通过指标指数分析，在掌握全国和各地区教育现代化发展状况，尤其是发现国家及各地区教育发展中的问题、困难与短板的基础上，从全国和地方两个层面，明确未来加强的重点领域和需改进的薄弱环节，为设计解决问题方案，包括实现目标的路线图、时间表和任务书提供科学依据。

各级政府要把教育现代化监测评价结果作为完善教育政策措施、加强教育宏观管理的重要参考，作为评价考核地区教育现代化发展状况的主要依据。指导地方正确运用评价结果，改进教育政策，发挥以评促建的作用。对于在教育现代化推进进程中存在困难的地方，国家给予帮助和扶持。

运用监测评价数据和结果开展专题研究。专题研究围绕教育现代化推进中的重点、难点问题，围绕指标进行深度分析，收集影响教育现代化相关因素的数据资料，为科学分析教育现代化发展状况提供参考。

### （二）实施监测预警

国家教育基本现代化的实现根基于全国和各地区各级各类教育的发展。鉴于各地区教育发展目标是国家教育现代化目标的重要基础，对于各地区教育现代化核心指标的监测不仅必要，而且需要特别体现改革的精神和务实的举措。监测预警的基本步骤如下。

#### 1. 定义问题

监测预警的目的在于发现、查找教育现代化推进过程中出现的问题，但并非所有的问题都属于预警范畴。问题定义，即根据问题的发生对教育现代化推进的影响程度、严重程度或紧迫程度，确定预警问题及其临界值(阈值)。按照预警问题，预警主要有以下三类。

(1) 目标差距预警：对全国和各地区与发展目标存在显著差距的指标，在实际情况出现较大差距时(比如低于相关目标值 10 个百分点以上或出现异常波动情况)提出预警。

(2) 未达标指标红线预警：对于国家最低标准的指标，未达标的地区作为红线预警，为办人民满意的教育和推进教育现代化提供一个最基本的保障。

(3) 重要问题监测预警：对于老百姓广泛关注的重要指标，根据国家要求、各地情况和实际需要，进行监测预警，避免问题扩大化，致使教育改革进程受阻或公众满意度下降。

#### 2. 选择预警指标

教育现代化指标包含许多方面，预警指标的选择需要基于我国国情和教育发展的实际，把握以下两个要点。

要点一，把民生指标作为预警指标。民生指标是指与学生接受教育基本权利、人民群众广泛关注的问题相关的指标。比如，超大班额比例、随迁子女平等接受义务教育比例、公共教育经费占财政支出比例、毕业生就业率等指标，既是保障学生接受教育基本权利、促进基本公共教育服务均等化的基本指标，又是人民群众广泛关注、影响公众对教育满意度的敏感指标，这些指标一旦低于临界值，不仅会对教育现代化指数产生影响，而且会对推进教育现代化产生负面的难以估计的效应。

要点二，不同地区的预警指标集可以有所不同。由于我国各地区教育现代化推进的基础、重点和环境不同，存在区域差异，因而在选择适用于全国各地区的预警指标的基础上，可以按照区域分类，确定不同地区的预警指标集，以便按照区域实施有针对性的重点监测。

### 3. 判别预警级别

预警方法开发的重点是保证应用的方便性和科学性。判别预警级别，是预警方法开发的重点。预警级别设为轻警、中警、重警三个级别。预警级别判别采用定量信息与定性信息相结合的方法，信息来源的主要渠道是指数分析及其相关联因素的分析。

### 4. 发布预警结果及改进

及时发布预警结果，引起相关部门的重视和动态调控，建立起一套行政反应及时、学校改进务实、社会有效参与的新机制，保障教育现代化进程有步骤、按规划、保质保量的发展。

一是明确责任主体。强化各级政府和学校针对监测预警问题的反应能力，明晰各级政府的责任、学校的责任，并以此为契机，转变各级政府职能，明确责任主体，使权力下放和责任制度建设得以同步推进。

二是落实政策改进机制。用核心指标进行教育现代化监测评价，其主要目的并不是给出一个基于指标体系的综合指数评价结果，而是通过综合指数、分项指数以及各核心指标，既衡量进展与成就，又判断问题与困难，更注重问题的解决和政策的改进。

## （三）社会发布和舆论监督

充分利用各种新闻媒介，通过多种形式，全面深入地宣传教育现代化的意义和主要内容，为监测评价营造良好的舆论氛围。定期向社会及时发布教育现代化监测评价结果的有关信息，主动通报国家和各地区教育现代化进展，大力宣传发展水平高、进步程度或努力程度高的地区及其改革经验，让全社会了解、参与和支持，并通过社会舆论监督，促进各级政府及教育行政部门履行职责，加快教育现代化步伐。

# 第四章

# 教育现代化动态监测：中国教育在世界的相对位置

# 第一节

# 世界教育发展中的中国教育现代化总体评价

在世界教育发展格局中，中国教育总体发展处于中上水平。与经济发展水平相比，中国教育发展的总体水平排名相对靠前，教育的快速发展以及保障水平的不断提高，为促进中国人力资源开发水平持续提升和经济社会不断发展做出了重要贡献，也为世界教育发展和人力资源水平提高做出了人口大国的积极贡献。

## 一、 世界教育及不同类型国家教育发展水平

### （一）进入21世纪，全球教育发展步入新阶段

进入21世纪以来，应对经济全球化加速推进和国际竞争日趋激烈的态势，发达国家包括新兴发展国家纷纷把目光聚焦到人才、教育的竞争上，制定了一系列推进教育创新的重大政策措施，把人力资源开发确立为国家发展的核心战略，制定了一系列促进教育发展的中长期战略规划和人才竞争规划。如2014年美国联邦教育部公布《2014—2018教育战略目标》，明确提出2014—2018年美国要通过完善高等教育和终身学习，提高高等教育的机会、可负担性、质量和完成率。俄罗斯在《2013—2020年俄罗斯教育发展规划》中提出，要保证俄罗斯经济对于优先发展领域高技能人才的需求，要为所有公民终身获得职业教育、提高职业技能以及再培训创造条件。日本第二期教育振兴基本计划（2013—2017）提出四大目标，其中之一是培养在全社会各个领域引领与创造新价值、新观念之领导能力的领军人才。

联合国教科文组织将"实现包容、公平的优质教育和全民终身学习"作为《教育2030行动框架》的主要目标，世界各国更加重视把基础教育乃至终身学习作为公民法定权利，更加重视有制度保障和质量保证的教育公平，更加重视教育的信息化和国际化水平的提升，更加重视教育对经济社会建设和科技创新体系的支撑，更加重视教育先行对人力资源深度开发的作用。这些理念在逐步成为各国普遍共识的同时，也正转化为各国家和地区的政策举措。基础教育阶段公立学校均衡发展成为共同取向，高等教育更加关注经济社会发展和劳动力市场需求变化，终身学习成为人人发展的必然选择。近年来，经合组织和欧盟都在关注成员

国公民终身学习参与率，欧盟、澳大利亚、英国等国家和地区先后构建了各自的教育资历框架，将基础教育、职业教育与培训、高等教育、工作经验等不同阶段和类型的教育资历整合在一个体系中。

各国在教育信息化、信息技术与教育的深度融合方面频繁出台重大政策。美国颁布旨在变革美国教育的教育技术规划；法国公布了“2012数字法国”计划，希望该计划能够推动国民经济增长；2009年，英国发布“2010—2012年战略”，重点关注如何增强英国在教育、研究及经济方面的竞争力；2010年，欧盟在“欧洲2020战略”中提出欧盟未来10年发展重点和具体目标，教育变革与信息技术进步的“联姻”促使各级各类教育走向更为深刻的变革。

21世纪以来，世界各国教育发展水平呈现新的发展格局。2014年世界平均教育发展指数为0.415 5，高收入国家平均教育发展水平最高，指数均值达到0.598 9，经合组织成员国平均教育发展指数与高收入国家接近。中高收入国家的教育发展水平较高，综合指数为0.487 6。中低收入国家以及低收入国家的教育发展水平较低，综合指数也较低。

2001—2014年，世界教育发展水平提升幅度超过20%，呈现良好的发展态势。从世界六大洲来看，欧美国家教育发展水平普遍较高，非洲明显偏低。我国在亚太地区尽管不在第一，但总体优势明显。以高收入国家、经合组织成员国为主要代表的发达国家，实现了在教育和人力资源较高水平上的持续稳步发展，多个核心指标继续保持在世界上的领先地位；中等收入国家呈现多样化特点，中高收入国家平均发展水平提升幅度最高，平均提升接近26%，中低收入国家提升幅度也达到21%，中等收入国家发展水平的较快提升成为推动世界教育和人力资源发展的重要动力。

**表4-1　2001—2014年世界各类国家和中国教育发展水平综合指数及进步程度**

| 分　组 | 2001年 | 2014年 | 2001—2014年<br>进步程度 |
|---|---|---|---|
| 世界平均 | 0.342 4 | 0.415 5 | 21.37 |
| 高收入国家 | 0.542 8 | 0.598 9 | 10.34 |
| 中高收入国家 | 0.387 4 | 0.487 6 | 25.87 |
| 中低收入国家 | 0.284 8 | 0.345 7 | 21.41 |
| 低收入国家 | 0.228 1 | 0.228 7 | 0.23 |
| 经合组织成员国 | 0.529 3 | 0.594 0 | 12.23 |
| 中国 | 0.362 2 | 0.540 6 | 49.25 |

低收入国家教育尽管总体上发展水平和增长均较低，但在核心指标的表现上呈现出明显的发展加快特征，特别是在普及水平方面，学前教育、高中阶段教育和高等教育毛入学率分别提升了63.35%、36.30%和56.02%。

### （二）世界教育发展水平得到新的提升，高收入国家教育发展水平相对较高

2014年的世界平均教育发展指数为0.415 5，不同经济发展水平国家之间的教育发展水平存在明显差距。高收入国家教育发展指数均值达到0.598 9，中高收入国家为0.467 6，中低收入国家为0.345 7，低收入国家为0.228 7。经合组织成员国平均的教育发展指数达到0.594 0，与高收入国家接近。

从数据可获得的149个国家和地区的整体分布来看，有97个国家和地区的教育发展指数高于世界平均水平；有32个国家的教育发展指数在0.6以上，除古巴、立陶宛、拉脱维亚、白俄罗斯、俄罗斯(2013年世界银行首次将俄罗斯纳入高收入国家行列)外，都属于高收入国家和经合组织成员国，其中美国、澳大利亚、丹麦、挪威和韩国位居前五；另有10个国家教育发展指数在0.2以下，都是非洲的低收入国家。

### （三）中等收入国家教育发展较快、增幅最高，低收入国家教育发展相对较慢

2001年至2010年的十年间，世界教育发展指数平均值提升了17.9%。中低收入国家提升最快，提升了21.5%；其次为中高收入国家，平均提升了18.5%；高收入国家提升相对较慢，提升了7.2%；低收入国家提升了9.6%，明显低于世界平均值的提升幅度。经合组织国家的教育发展指数提升了9.1%。

从各国教育发展的进步程度看，2001年至2010年的十年间，有46个国家教育发展指数的提升幅度超过了20%；另有19个国家教育发展指数的增幅低于5%。美国、日本、澳大利亚、加拿大和俄罗斯等发展水平高的国家，其教育发展指数的提升幅度相对较低。

## 二、中国教育综合发展水平

### （一）中国教育的综合发展水平在世界处于中等偏上的位置，高于经济发展水平，教育发展进步程度位居前列

2014年，中国的教育发展水平高于世界平均水平，也高于中高收入国家的平均水平。

在149个国家和地区中排名第46。如果把世界149个国家和地区按教育发展水平从高到低分成三个方阵，2014年，中国从2010年的第二方阵前列（2010年在149个国家和地区中排名第59）一举跨入第一方阵。

根据世界银行的分类标准，2014年中国经济发展水平处于中高收入国家行列，在149个国家和地区中排名第63。与经济发展水平相比，中国的教育发展在世界的位次明显居前。

2001年至2010年的十年间，中国教育发展指数提升35.6%，远远高于中高收入国家的平均提升幅度，进步程度在149个国家和地区中位列第10位。中国教育发展水平明显提高，进步指数位居前列，拉动教育发展指数的世界排名比2001年上升了27个位次。到2014年，中国教育发展综合指数较2010年排名又上升了13位，较2010年提升了6%，教育和人力资源的国际地位显著提升。

### （二）中国教育在不同类型国家中的发展状况

中国教育的总体发展水平在中等收入国家[1]中排名居前。2014年，中等收入国家的教育发展指数均值为0.403 6，有35个国家在0.45以上，低于0.35的国家也有15个。白俄罗斯、智利和拉脱维亚的教育发展指数最高，位居中等收入国家的前3位。中国的教育发展指数在79个国家中排名第11位，相比2001年（中等收入国家中排名第44位）和2010年（中等收入国家中排名第22位）分别上升了33个位次和11个位次。

2001年至2010年的十年间，中等收入国家的教育发展指数平均提升了16.9%，十年间都属于中等收入的57个国家中，有20个国家教育发展指数提升了20%以上，中国教育发展水平的增速大大高于中等收入国家的平均增速，进步程度在57个中等收入国家中仅低于厄瓜多尔和委内瑞拉，排名第3位。

与高收入国家比较，中国教育发展水平领先于经济发展水平。2010年，高收入国家平均的教育发展指数为0.581 8，中国相当于其平均水平的84%。到2014年，中国教育发展指数（0.540 6）已经提升到高收入国家平均水平（0.598 9）的90%，在44个高收入国家中，美国、澳大利亚、丹麦、挪威和德国排名前五，若与44个高收入国家进行比较，中国排名可列入第36位。2001年，中国教育发展指数与35个高收入国家比较，中国仅高于卡塔尔，中国教育发展水平进步明显。在2001年至2010年的十年间，高收入国家的教育发展指数平均提升了7.2%，而中国教育发展指数的进步程度高于所有高收入国家。

---

[1] 据世界银行的国别收入分组标准，2001年中国属于中低收入国家，2010年属于中高收入国家，为方便比较，此处选择2001年、2010年人均GNI均位于中等收入的国家，共57个，下同。

中国教育发展水平低于经合组织国家。2014 年,经合组织国家的平均教育发展指数为 0.594 0,中国相当于其平均水平的 91%,除个别国家外,经合组织其他国家的教育发展指数都高于中国。在 2001 年至 2010 年的十年间,经合组织平均的教育发展指数提升了 9.1%,而中国的进步程度则大大高于经合组织国家。

中国教育发展水平在二十国集团国家(不含欧盟,下同)中处于中等偏下的位置。2014 年,二十国集团国家中,美国、澳大利亚、德国、英国和法国的教育发展指数较高,位列前五,都超过 0.64;印度、印度尼西亚位居后 2 位。中国是二十国集团的成员国,教育发展指数在二十国集团国家中排名第 12 位。在 2001 年至 2010 年的十年间,二十国集团国家的教育发展指数平均提升了 11.9%,而中国教育发展指数在二十国集团国家中提升最快,其次为印度、印度尼西亚和南非,提升幅度也都超过 20%。2010 年中国的教育发展指数(位序 13)在二十国集团国家中的位次比 2001 年(位序 16)提升了 3 位,2014 年较 2010 年又提升了 1 位,但教育发展的总体水平与美国、澳大利亚、德国、英国和法国等国家相比,仍存在明显差距。

2014 年,在发展中人口大国和金砖五国中,中国教育发展水平都领先于经济发展水平。在九个发展中人口大国[1]中,中国的教育发展指数排名位居第一,巴基斯坦、印度、尼日利亚和孟加拉国的教育发展指数较低,低于 0.3,相对于中国人均 GNI 在九个国家排名第 3 的位置,教育发展水平排名领先于经济发展水平。2001 年至 2010 年的十年间,在九个发展中人口大国中,中国教育发展指数提升最快,因此在九个国家中的排名上升了 1 个位次,印度、印度尼西亚、尼日利亚和孟加拉国教育发展水平的提升幅度也较快,都超过 20%,埃及和巴基斯坦提升幅度较慢。

在金砖五国中,中国的教育发展指数排名第二,仅低于俄罗斯,超前于经济发展第 4 的排名。2001 年至 2010 年的十年间,中国的教育发展进步程度最高,远远高于俄罗斯(6.1%)的提升幅度,在五个国家中的排名也从第 4 位上升到第 2 位。

**表 4-2 中国教育和经济发展水平在世界的排名**

| | 2014 年<br>人均 GNI 排名 | 2014 年<br>教育发展水平排名 | 2001—2010 年<br>进步程度 |
|---|---|---|---|
| 世界 | 63/149 | 46/149 | 10 |
| 高收入国家 | 45/45 | 36/45 | 1[1] |
| 经合组织国家 | 35/35 | 33/35 | 1 |

[1] 九个发展中人口大国包括中国、印度、巴西、墨西哥、印度尼西亚、巴基斯坦、孟加拉国、埃及和尼日利亚。

续表

| | 2014 年<br>人均 GNI 排名 | 2014 年<br>教育发展水平排名 | 2001—2010 年<br>进步程度 |
|---|---|---|---|
| 中等收入国家 | 29/79 | 11/79 | 3[2] |
| 二十国集团国家 | 17/19 | 12/19 | 1 |
| 发展中人口大国 | 3/9 | 1/9 | 1 |
| 金砖五国 | 4/5 | 2/5 | 1 |

注：[1] 表示在 2001 年和 2010 年都属于高收入国家的 35 个国家中的排名。[2] 表示在 2001 年和 2010 年都属于中等收入国家的 57 个国家中的排名。

## 三、 分项指数和指标的综合分析

### （一）中国教育在普及与公平方面进步较快，条件与保障以及服务与贡献方面发展相对较慢

中国教育在普及与公平方面进步最为明显，在 2001—2010 年的十年间提升了 34.8%，进步程度排名第 24 位，使中国的教育普及与公平指数在世界各国中的位置从第 87 位上升到第 74 位，提高 13 个位次，领先于 2010 年人均 GNI 在世界排名第 79 的位次。2014 年，中国教育普及与公平指数在 2010 年的基础上提升了 13.5%，在世界各国中的位置上升到第 46 位，在 2010 年的基础上又提升了 28 位。

中国教育的条件与保障指数相对于教育的总体发展指数来说处于较低位置，2001 年处于世界的第 100 位，2010 年上升到第 91 位，十年间提升了 10.7%。2010 年至 2014 年间，条件与保障指数又提升了 2.6%，在世界各国中的排名由 2010 年的第 91 位上升到第 84 位，而过去 4 年间，条件与保障指数排名靠前的大部分国家进步不明显，甚至部分国家略有下降，使得中国在条件与保障方面的排名获得提升。

表 4-3 中国教育发展水平在世界的排名

| | 2001 年排名 | 2010 年排名 | 2014 年排名 | 2014 年指数 |
|---|---|---|---|---|
| 综合指数 | 86 | 59 | 46 | 0.540 6 |
| 普及与公平 | 87 | 74 | 59 | 0.638 8 |
| 结构与质量 | 5 | 2 | 2 | 0.383 6 |
| 条件与保障 | 100 | 91 | 83 | 0.543 1 |
| 服务与贡献 | 85 | 86 | 87 | 0.451 9 |

中国教育的服务与贡献指数不仅低于世界各国的平均水平，也低于中等收入国家的平均水平。2014 年，中国服务与贡献指数排名第 87 位，分别比 2010 年和 2001 年下降 2 个和 1 个位次，落后于 2014 年经济发展水平 24 个位次。

### （二）中国教育多半指标排名领先于经济发展排名

2014 年，在有数据可比的 12 个指标中，中国教育有 3 个指标在世界的排名领先于人均 GNI 的排名。进入 21 世纪以来，随着中国义务教育的全面普及以及免费政策的全面实施，适龄人口都能接受教育，辍学率不断下降，巩固率不断提升，文盲人口大幅减少，使中国小学五年教育巩固率和 15 岁及以上人口识字率在世界各国中都处于中等偏上的位置，分别领先于人均 GNI 排名 41 和 3 个位次。2014 年，中国高等教育国际学生数将近 11 万，从 2001 年的 12 位上升到 9 位，超过人均 GNI 的排名 54 个位次。

### （三）中国教育公共支出占 GDP 比例和 25 岁及以上人口中受过高中及以上教育人口的比例明显落后于经济发展排名

在 12 个可比的指标中，中国教育有 4 个指标在世界的排名落后于经济发展的排名，包括学前教育毛入学率、高等教育毛入学率、公共教育经费占 GDP 的比例、25 岁及以上人口中受过高中及以上教育的比例，尤其是公共教育经费占 GDP 的比例和 25 岁及以上人口中受过高中及以上教育的比例。2014 年，中国公共教育经费占 GDP 的比例为 4.10%，列第 95 位，落后于经济发展排名 32 个位次。而这一指标世界平均达到 4.7%，经合组织国家平均达到 5.3%，中国与世界平均水平相差 0.6 个百分点。2001 年至 2010 年间，中国公共教育经费占 GDP 的比例在世界的排名仅提升了 3 个位次，而近四年位序提升非常明显，提升了 17 个位次。

2014 年，25 岁及以上人口中受过高中阶段及以上教育的比例为 27.7%，比 2001 年和 2010 年分别提高了 14.1 和 5.4 个百分点，而同期世界平均水平则分别提高了 12.3 和 2.1 个百分点。受益于这几年的快速发展，中国 25 岁及以上人口中受过高中阶段及以上教育的比例在世界的排名从 2010 年的 121 位提升到 2014 年的 104 位，但仍旧远远落后于人均 GNI 的排名，相差 41 位。

2001 年至 2010 年间，中国 25 岁及以上人口中受过高中及以上教育的比例在世界上的排名几乎没有变化，这主要是由于 20 世纪 90 年代到 21 世纪初，中国高中阶段普及水平低，1990 年为 26.0%，1995 年为 33.6%，2000—2003 年受学龄人口高峰的影响，一直徘徊在 40%—43%。1990 年中国高等教育毛入学率仅为 3.4%，1995 年为 7.2%，1998 年高等教育规模大扩招后，2001 年中国高等教育毛入学率也仅为 13.3%，仍处于精英化阶段，低于世界平均水平(20.1%)约7个百分点。

人口的受教育程度是一个长期的累积过程，受20世纪90年代和21世纪初中国高中阶段和高等教育普及水平低的影响，当今中国人口的受教育水平还处在一个较低的水平。进入21世纪以来，随着中国高中阶段教育普及水平的明显提高以及高等教育的不断发展，教育的影响逐步显现，2014年，中国25岁及以上人口中受过高中阶段及以上教育的比例在世界上的排名较2010年有了大幅提升，预期在未来10年乃至更长时间内，中国这一指标的世界排名仍将继续大幅提升。

**表4-4　2001年、2010年和2014年中国教育发展各项指标的世界排名**

| | 2001年 | 2010年 | 2014年 |
|---|---|---|---|
| 人均GNI | 95 | 79 | 63 |
| 学前教育毛入学率 | 88 | 83 | 77 |
| 小学五年教育巩固率 | 17 | 51 | 12 |
| 高中阶段教育毛入学率 | 102 | 64 | 64 |
| 高等教育毛入学率 | 94 | 81 | 72 |
| 生师比 | 78 | 77 | 70 |
| 公共经费占GDP比例 | 113 | 110 | 95 |
| 公共教育支出占政府支出比例 | 81 | 62 | 73 |
| 15岁及以上人口识字率 | 69 | 61 | 61 |
| 25岁及以上人口受过高中及以上教育比例 | 122 | 121 | 104 |
| 25岁及以上人口平均受教育年限 | 77 | 69 | 73 |
| 来华留学生数 | 12 | 9 | 9 |

## 第二节

## 世界教育发展中的中国教育普及与公平

教育的普及与公平是世界教育权威机构关注的重点，也是我们党和国家着力推动的工作重点。中国教育普及与公平指数在世界的排名居于中等偏上位置，与中国经济发展水平相对匹配，其中小学五年教育巩固率处于世界前列。2001—2014 年间，中国教育普及水平进步明显，在不同分类国家中都位居前列，其中高中阶段教育毛入学率排名提升最快，在世界的排名上升了 38 个位次。

## 一、 中国教育的普及与公平

### （一）中国教育的普及与公平优于世界平均水平，位次提升速度居前

2014 年，中国教育普及与公平指数高于世界平均水平，在世界 149 个国家和地区中排名第 59 位。普及与公平位居首位的是澳大利亚，其次是西班牙、智利、比利时和丹麦。

与 2001 年相比，有 65 个国家和地区的普及与公平指数有所上升。位次不变的有 7 个国家，位次下降的有 62 个国家。2014 年，中国上升了 28 位，上升位次排第 5 位。

表 4-5　教育发展普及与公平指数上升位次居前列的国家

| 序号 | 国　家 | 2001 | 2014 | 位次提升 | 序号 | 国　家 | 2001 | 2014 | 位次提升 |
|---|---|---|---|---|---|---|---|---|---|
| 1 | 蒙古 | 81 | 43 | 38 | 6 | 喀麦隆 | 143 | 116 | 27 |
| 2 | 阿尔巴尼亚 | 79 | 41 | 38 | 7 | 委内瑞拉 | 73 | 48 | 25 |
| 3 | 智利 | 36 | 3 | 33 | 8 | 加纳 | 106 | 84 | 22 |
| 4 | 爱尔兰 | 38 | 6 | 32 | 9 | 尼泊尔 | 131 | 109 | 22 |
| 5 | 中国 | 87 | 59 | 28 | 10 | 阿尔及利亚 | 100 | 80 | 20 |

### （二）在不同国家分类中，中国教育普及与公平指数排名上升

2014 年，在 39 个高收入国家中，中国的教育普及与公平指数排名第 19 位，前 3 位依次是智利、白俄罗斯和拉脱维亚。

在二十国集团国家中，中国的教育普及与公平指数排名从 2001 年的第 17 位上升到 2014 年第 13 位，位居首位的是澳大利亚，其次是韩国、法国、德国和英国。

在九个发展中人口大国中，中国的教育普及与公平指数从 2001 年的第 4 位上升到第 2 位，排名第 1 位的是巴西。

在金砖五国中，中国的教育普及与公平指数从 2001 年的第 4 位上升到第 3 位，排名次于俄罗斯、巴西。

表 4-6　2001 年和 2014 年中国教育发展普及与公平分项指数的位次变化

| | 2001 年 | 2014 年 | 位次上升 |
|---|---|---|---|
| 世界 | 87 | 59 | 28 |
| 中高收入国家(39 国) | — | 19 | — |
| 中低收入国家(37 国) | 21 | — | — |
| 二十国集团国家 | 17 | 13 | 4 |
| 九个发展中人口大国 | 4 | 2 | 2 |
| 金砖五国 | 4 | 3 | 1 |

### （三）中国教育普及与公平的进步幅度高于世界平均水平，在不同类型国家中进步幅度位居前列

2001 年至 2010 年的十年间，世界平均的教育普及与公平指数提升了 20.8%，各类型国家中，进步最快的为中低收入国家，提升了 47.5%，高收入国家提升最慢，提升了 6.7%。在 149 个国家中，有 30 个国家的提升幅度超过 30%，卢旺达、喀麦隆、毛里塔尼亚和马达加斯加提升幅度最大，都超过 80%。

2001 年至 2010 年的十年间，中国教育普及与公平指数提升了 34.8%，高于世界平均水平的提升幅度，在 149 个国家排名中，位居第 24 位。在 57 个中等收入国家中，中国教育普及与公平指数升幅居第 10 位；在二十国集团国家(19 个)中，中国指数提升幅度排名第 2 位，仅次于印度；在九个发展中人口大国中，中国排名第 3 位，仅次于印度和孟加拉国；在金砖五国中，中国排名第 2 位，高于南非、巴西、俄罗斯。

2014 年，中国教育普及与公平指数在 2010 年的基础上又提升了 13.5%，提升幅度在 149 个国家中排第 28 位。

表 4-7　2001 年至 2014 年中国教育普及与公平指数的进步程度排名

| | 国家和地区数 | 提升幅度 | 进步程度位次 |
|---|---|---|---|
| 世界 | 149 | 21.4% | 24 |
| 中等收入国家 | 57 | 17.8% | 10 |
| 二十国集团国家 | 19 | 15.4% | 2 |
| 九个发展中人口大国 | 9 | — | 3 |
| 金砖五国 | 5 | — | 2 |

## 二、 教育普及与公平主要指标的综合分析

从世界各国不同分类角度，对中国人均收入水平、教育普及与公平分项指数、普及与公平方面指标值的位次等情况进行综合分析，结果表明，在世界149个国家和地区排名中，中国教育普及与公平指数居中，与中国经济发展水平相对匹配。2014年，中国教育普及与公平指数排名第59位，略领先于人均国民总收入的排名(第63位)。从各级教育普及水平看，小学五年巩固率、高中阶段毛入学率的排名较为领先，2014年的中国高中阶段毛入学率达到86.5%，比世界平均水平高出近10个百分点。中国高等教育毛入学率排名相对落后，比世界平均水平低2个百分点。

表4-8 2014年中国教育的普及与公平水平在不同国家分类中的位次

| | 人均GNI | 普及与公平 | 学前教育毛入学率 | 小学五年巩固率 | 高中阶段毛入学率 | 高等教育毛入学率 |
|---|---|---|---|---|---|---|
| 世界 | 63 | 59 | 77 | 12 | 64 | 72 |
| 中等收入国家 | 22 | 22 | 36 | 2 | 26 | 35 |
| 二十国集团国家 | 16 | 8 | 9 | 3 | 15 | 15 |
| 九个发展中人口大国 | 3 | 2 | 2 | 1 | 2 | 2 |
| 金砖五国 | 3 | 3 | 4 | 1 | 4 | 3 |

2014年，在57个中等收入国家中，中国教育普及与公平水平与人均国民总收入排名相当。从各级教育普及水平看，小学五年巩固率排名领先(第2位)，高中阶段教育毛入学率、高等教育毛入学率和学前教育毛入学率略落后于人均国民总收入排名。

2014年，在19个二十国集团国家中，中国教育普及与公平水平略微领先于经济发展水平，但与组内国家的差距还较大。普及与公平排名第8位，领先人均国民总收入排名(第16位)。从各级教育普及水平看，2014年的中国学前教育毛入学率为70.5%，比二十国集团国家平均水平低4个百分点；高等教育毛入学率为37.5%，而二十国集团国家平均水平达到59.1%，差距达21.6个百分点。

2014年，在九个发展中人口大国中，中国教育普及与公平水平与经济发展水平相当，都处于较高水平。普及与公平指数位居第2位，排名领先于人均国民总收入1位，仅落后于巴西。从各级教育普及水平看，中国小学五年巩固率位居第一；学前教育毛入学率、高中阶段教育毛入学率和高等教育毛入学率落后于巴西。

2014年，在金砖五国中，人均国民总收入排名、教育普及与公平排名均位居第2位，高等教育毛入学率与俄罗斯差距较大。从各级教育普及水平看，中国小学五年巩固率排

名第一；高等教育毛入学率排名第 3 位，落后于俄罗斯、巴西，与俄罗斯和巴西的差距分别达到 41 个百分点和 9 个百分点；学前教育毛入学率、高中阶段毛入学率排名靠后，仅高于印度。

通过以上对不同类型国家教育普及与公平指数及其各项指标数据及位次的分析，可以看出，伴随中国大力发展、优先发展教育各项政策举措的贯彻实施，中国教育普及与公平方面的发展水平提升速度领先于经济发展水平的增速，在世界各国排名的位次也有明显提高。但同时，中国各级教育的普及程度发展尚不均衡，与发达国家相比仍存在较大差距，特别是学前教育、高等教育的普及水平相对较低。显然，通过多种途径和方式，提高学前教育和高等教育适龄人口接受相应阶段教育的覆盖率，仍是中国促进教育现代化发展、缩小与先进国家之间差距的重要任务。

## 第三节

## 世界教育发展中的中国教育条件与保障

21 世纪以来，中国的教育条件与保障水平不断提高和改善。监测评价和分析结果表明，在世界教育发展格局中，中国教育条件与保障程度处于中等水平，与中国经济发展水平在世界的排名大致相当。

### 一、 世界教育条件与保障总体水平

#### （一）中国教育的条件与保障水平在世界上处于中等水平

中国教育条件与保障水平高于世界平均值。2014 年，中国教育条件与保障分项指数为 0.383 6，略高于世界平均水平，在 149 个国家和地区中位列第 84 位，与 2001 年（第 100 位）和 2010 年（第 91 位）相比，排名明显提升。教育条件与保障指数位列世界前 10 位的国家分别是古巴、莱索托、委内瑞拉、丹麦、挪威、哥斯达黎加、刚果共和国、摩尔多瓦、博茨瓦纳和冰岛。

表 4-9　2012 年中国教育条件与保障指数在世界的排名

| | 国家和地区数 | 2014 年人均 GNI 排名 | 条件与保障指数排名 | | |
|---|---|---|---|---|---|
| | | | 2001 年 | 2010 年 | 2014 年 |
| 世界总体水平 | 149 | 63 | 100 | 91 | 84 |
| 中高收入国家 | 39 | 22 | — | 22 | 22 |
| 中等收入国家[1] | 66/79 | 22 | 40 | 44 | 43 |
| 二十国集团国家 | 19 | 16 | 14 | 13 | 12 |
| 九个发展中人口大国 | 9 | 3 | 3 | 4 | 4 |
| 金砖五国 | 5 | 3 | 3 | 3 | 3 |

2014 年，在 39 个中高收入国家中，中国教育条件与保障水平属中等偏下。教育条件与保障指数位列第 22 位。中高收入国家中，教育条件与保障指数排前 5 位的分别是古巴、委内瑞拉、哥斯达黎加、博茨瓦纳和突尼斯。

在中等收入国家中，中国教育条件与保障处于中等水平。2014 年，在 79 个中等收入国家中，中国教育条件与保障指数位列第 43 位，较 2010 年(44 位)提升了 1 位。中等收入国家中，教育条件与保障指数排前 5 位的分别是古巴、莱索托、委内瑞拉、哥斯达黎加、刚果共和国。

在二十国集团国家中，中国教育条件与保障处于中等水平。2014 年，在 19 个二十国集团国家中(不包括欧盟)，中国教育条件与保障指数位列第 12 位，分别比 2001 年和 2010 年上升 2 位和 1 位；教育条件与保障指数位列二十国集团前 5 位的国家分别是沙特阿拉伯、墨西哥、澳大利亚、印度尼西亚和阿根廷。

在九个发展中人口大国中，中国教育条件与保障水平属中等偏上。2014 年，在九个发展中人口大国中，中国教育条件与保障指数位列第 4 位，比 2001 年下降 1 位；教育条件与保障指数排在中国前面的发展中人口大国为墨西哥、印度尼西亚和巴西。

在金砖五国中，中国教育条件与保障水平处于中游。2014 年，在金砖五国中，中国教育条件与保障指数位列第 3 位，与 2001 年和 2010 年位次相同；教育条件与保障指数排在中国前面的金砖国家有巴西和南非。

与经合组织国家比较，中国教育条件与保障水平还有差距。2014 年，中国教育条件与保障指数相当于经合组织国家平均水平的 91%，若与经合组织国家一起排名，位列第 25 位。

[1] 中等收入国家个数 2001 年为 66 个，2010 年和 2014 年为 79 个。

## （二）中国教育的条件与保障水平进步较快，在不同类型国家分组中位于前列

中国教育条件与保障指数进步较快。2001—2014 年间，随着教育投入力度的加大，中国教育条件与保障水平指数增长 13.6%，在 149 个国家和地区中，进步程度位居第 49 位。增长最快的前 10 个国家分别是刚果共和国、埃塞俄比亚、安哥拉、毛里求斯、老挝、挪威、牙买加、尼泊尔、委内瑞拉和马耳他。

中国教育条件与保障指数增幅高于各收入国家分组平均值。中国教育条件与保障指数增幅明显高于高收入国家 5.4%、中等收入国家 4.3%、中低收入国家 6.0%、低收入国家 0.3%的平均增长水平，进步程度处于领先地位。

表 4-10　2001 年至 2014 年中国教育的条件与保障指数提升情况

| | 国家和地区数 | 增长幅度(%) | 中国进步程度排名 |
|---|---|---|---|
| 中国 | | 13.6 | — |
| 世界 | 149 | 9.0 | 49 |
| 中等收入国家 | 57 | 4.3 | 20 |
| 经合组织国家 | | 5.0 | 11 |
| 二十国集团国家 | 19 | 2.5 | 6 |
| 九个发展中人口大国 | 9 | 4.6 | 3 |
| 金砖五国 | 5 | 7.5 | 2 |

中国条件与保障指数增幅超过中等收入国家平均增幅(4.29%)的 3 倍多，进步程度在 57 个中等收入国家中居第 20 位。在中等收入国家中，增幅高居前 5 位的国家分别是毛里求斯、牙买加、委内瑞拉、不丹和巴拉圭，增幅均在 35%以上。

中国教育条件与保障指数增幅在二十国集团国家中位居前列。在 19 个二十国集团国家中，中国教育条件与保障指数增幅超过平均增幅 10 个百分点，进步程度位居第 6 位，排在中国前面的 5 个二十国集团国家分别是印度尼西亚、巴西、韩国、德国和英国，增幅分别达到 34%、32%、19%、18%和 14%。

中国教育条件与保障指数增幅在九个发展中人口大国中位居前 1/3。在九个发展中人口大国中，中国教育条件与保障指数增幅位居第 3 位，排在前面的国家分别是印度尼西亚和巴西。

中国教育条件与保障指数增幅在金砖国家中位列前茅。在金砖五国中，中国教育条件与保障指数增幅位居第 2 位，仅次于巴西。

与经合组织国家相比，中国教育条件与保障进步程度相对较高，指数增幅超过经合组织国家平均增幅8个百分点，如果参与排列，可位于第11位。

## 二、 教育条件与保障指标综合分析[1]

在世界149个国家和地区中，中国教育条件与保障指数位次低于经济发展水平位次。2014年，在世界149个国家和地区中，中国人均GNI位列第63位，教育条件与保障指数排名第84位。从具体指标看，生师比（第70位）、公共教育支出占政府支出比例（第73位）和公共教育支出占GDP比例（第95位）分别落后人均GNI排名7、13和32个位次。

在中高收入国家中，中国教育条件与保障指数及三项具体指标排名与中国人均GNI相当，均位列第22位。从具体指标看，生师比、公共教育支出占GDP比例、公共教育支出占政府支出比例分别为第24位、第24位和第21位。

在中等收入国家中，中国教育条件与保障指数及指标排名均落后于经济发展水平。2014年，在79个中等收入国家中，中国人均GNI位列第22位，教育条件与保障指数排名第43位，相比落后21个位次。从具体指标看，生师比位列第29位，相比落后7个位次；公共教育支出占GDP比例位列第49位，相比落后27个位次；公共教育支出占政府支出比例位列第44位，相比落后20个位次。

在二十国集团国家中，中国教育条件与保障指数及三项具体指标排名均领先于人均GNI位次。2014年，在19个G20国家中，中国人均GNI位列第16位，教育条件与保障指数排名第12位，相比领先5个位次。从具体指标看，生师比、公共教育支出占GDP比例、公共教育支出占政府支出比例分别为第12位、第15位和第8位，分别领先4个、1个和8个位次。

在发展中人口大国中，中国教育条件与保障指数位次落后于人均GNI位次。2014年，在九个发展中人口大国中，中国人均GNI位列第3位，教育条件与保障指数排名第4位，相比落后1个位次。从具体指标看，生师比、公共教育支出占GDP比例分别为第2位和第3位。公共教育支出占政府支出比例位列第5位，相比落后2个位次。

在金砖国家中，中国教育条件与保障指数位次与人均GNI相当，均位居第三。从具体指标看，生师比位列第2位，相比领先1个位次；公共教育支出占GDP比例位列第4位，落后人均GNI位次；公共教育支出占政府支出比例位列第3位，与人均GNI位次相当。

---

[1] 教育条件与保障指数由生师比、公共教育支出占GDP比例和公共教育支出占政府支出比例三项指标组合而成。

表 4-11 2014 年中国教育条件与保障指数及相关指标在不同群组中的排名

| | 国家和地区数 | 人均 GNI | 条件与保障指数 | 生师比 | 公共教育支出占 GDP 比例 | 公共教育支出占政府支出比例 |
|---|---|---|---|---|---|---|
| 世界 | 149 | 63 | 84 | 70 | 73 | 95 |
| 中高收入国家 | 39 | 22 | 21 | 24 | 24 | 21 |
| 中等收入国家 | 79 | 22 | 43 | 29 | 49 | 44 |
| 二十国集团国家 | 19 | 16 | 12 | 12 | 15 | 8 |
| 九个发展中人口大国 | 9 | 3 | 4 | 2 | 3 | 5 |
| 金砖五国 | 5 | 3 | 3 | 2 | 4 | 3 |

综上所述，从教育条件与保障方面的具体指标来看，生师比、公共教育支出占 GDP 比例和公共教育支出占政府支出比例在不同国家分组中排名均相对靠前，大多领先于人均 GNI 的排名，说明中国在教育条件与保障方面、政府努力程度方面相对靠前，教师配置水平方面也提升较快，但从世界上的排名来看，条件与保障程度仍需继续提高。

# 第四节

# 世界教育发展中的中国教育服务与贡献

中国的教育服务与贡献水平总体落后于经济发展水平，进步程度也相对靠后。具体的影响指标中，15 岁及以上人口识字率和 25 岁及以上人口的平均受教育年限处于中等偏上位置，超过经济发展水平的排名，影响中国教育服务与贡献水平在世界排名的主要是 25 岁及以上人口中接受高中及以上教育这一指标偏低。

## 一、 中国教育的服务与贡献水平

### （一）中国教育的服务与贡献水平排名处于世界中等偏下位置

2014 年，世界教育服务与贡献指数的平均值为 0.574 7，在 149 个国家和地区中，有 77 个国家高于世界平均水平，其中美国最高，其次是瑞士、格鲁吉亚。中国的教育服务与贡献指数为

0.543 1，低于世界平均水平，在 149 个国家和地区中排第 87 位，同期中国人均 GNI 在 149 个国家中排第 63 位，相对于经济发展水平的位次，中国教育服务与贡献指数落后 24 个位次。

按收入水平看，高收入国家教育服务与贡献指数平均为 0.758 0，中高收入国家平均为 0.631 1，中低收入国家平均为 0.479 6，低收入国家平均为 0.304 7。根据世界银行的分类标准，2014 年中国属于中高收入国家，在 39 个中高收入国家中，中国教育服务与贡献水平排第 28 位，相对较为靠后。

2014 年，二十国集团国家的教育服务与贡献指数平均水平为 0.702 8，中国低于二十国集团国家平均水平，在 19 个二十国集团国家中居第 15 位，仅高于土耳其、墨西哥、印度尼西亚和印度。

在九个发展中人口大国中，中国教育服务与贡献指数排名第 2 位，低于巴西。在金砖五国中，中国教育服务与贡献指数排第 4 位，仅高于印度。

表 4-12　2014 年中国教育服务与贡献指数在世界的排名

| | 国家和地区数 | 人均 GNI 排名 | 服务与贡献排名 |
|---|---|---|---|
| 世界总体水平 | 149 | 63 | 87 |
| 中高收入国家 | 39 | 22 | 28 |
| 二十国集团国家 | 19 | 16 | 15 |
| 九个发展中人口大国 | 9 | 3 | 2 |
| 金砖五国 | 5 | 3 | 4 |

### （二）中国教育服务与贡献的进步程度在不同类型国家中的排名

与 2001 年相比，2014 年，在 149 个国家和地区中，教育服务与贡献进步最快的是哥斯达黎加和布隆迪。进步幅度在 30%以上的国家有 42 个，除阿曼、卡塔尔、安道尔和斯洛伐克为高收入国家，其余均为中等收入国家和低收入国家。

2014 年，中国教育服务与贡献指数比 2001 年提升了 25.3%，进步程度在 149 个国家和地区中位居第 63 位，但教育服务与贡献指数由第 85 位下降到第 87 位，下降了 2 个位次。

在 66 个中等收入国家中，中国教育服务与贡献指数的进步程度位居第 31 位，教育服务与贡献指数的位次由 2001 年的第 44 名下降到 2014 年的第 45 名，下降了 1 个位次。

在二十国集团国家中，中国教育服务与贡献指数的进步程度在 19 个国家中居第 9 位，但 2014 年的教育服务与贡献指数排名与 2001 年相同，位列第 15 位。

在九个发展中人口大国和金砖五国中，中国教育服务与贡献指数的进步程度分别居第7位和第4位，其2001年和2014年的教育服务与贡献指数的排名相同，为第2位。

表4-13　2001年和2014年中国教育服务与贡献指数的进步程度排名

| | 国家和地区数 | 2001年 | 2014年 | 进步程度位次 |
|---|---|---|---|---|
| 世界位次 | 149 | 85 | 87 | 63 |
| 中等收入国家 | 57 | 44 | 45 | 31 |
| 二十国集团国家 | 19 | 15 | 15 | 9 |
| 九个发展中人口大国 | 9 | 2 | 2 | 7 |
| 金砖五国 | 5 | 2 | 2 | 4 |

## 二、服务与贡献指数和相关指标的综合分析

2014年，在149个国家和地区中，中国教育服务与贡献指数位居第87位，相较2014年中国人均GNI第63位的排名来看，落后24个位次。从构成服务与贡献的主要指标来看，15岁及以上人口识字率是中国教育服务与贡献方面的优势指标，在149个国家和地区中处于第61位，超出中国2014年人均GNI所处位置2个位次。25岁及以上人口平均受教育年限排名为第73位，落后于人均GNI排名10个位次。25岁及以上人口中受过高中及以上教育的比例第104位的排名影响了中国教育服务与贡献相关指标在世界的位置。

表4-14　2014年中国教育服务与贡献相关指标在世界的排名

| | 国家和地区数 | GNI | 服务与贡献 | 15岁及以上人口识字率 | 25岁及以上人口受过高中及以上教育人口比例 | 25岁及以上人口平均受教育年限 |
|---|---|---|---|---|---|---|
| 世界 | 149 | 63 | 87 | 61 | 104 | 73 |
| 中高收入国家 | 39 | 22 | 28 | 19 | 36 | 20 |
| 二十国集团国家 | 19 | 16 | 15 | 12 | 18 | 14 |
| 九个发展中人口大国 | 9 | 3 | 2 | 1 | 6 | 1 |
| 金砖五国 | 5 | 3 | 4 | 2 | 4 | 3 |

在39个中高收入国家中，中国教育服务与贡献指数位于第28位。15岁及以上人口识字率和25岁及以上人口平均受教育年限分别处于第19位和第20位，均领先于2014年中国人均GNI在39个国家中排名第22位的位次。25岁及以上人口中受过高中及以上教育的比例在39个中高收入国家中排名为第36位，影响了中国教育服务与贡献指数在中高收入国家中总的排名位次。

在19个二十国集团国家中，中国教育服务与贡献指数排名第15位，15岁及以上人口识字率和25岁及以上人均受教育年限分列第12位和第14位，分别领先于2014年中国人均GNI的排名（第16位）4个位次和2个位次；25岁及以上人口受过高中及以上教育的比例排名为第18位，影响了中国教育服务与贡献水平方面在二十国集团国家中的排名。

在九个发展中人口大国中，中国教育服务与贡献指数排名第2位，仅次于巴西。15岁及以上人口识字率和25岁及以上人口平均受教育年限均位居第1位，领先于2014年中国人均GNI排名（第3位）两个位次。25岁及以上人口接受高中及以上教育的比例排名为第6位，影响了中国教育服务与贡献指数的总位次。

在金砖五国中，中国教育服务与贡献指数排名第4位。15岁及以上人口识字率仅低于俄罗斯，位列第2位，与2014年中国人均GNI第3位的排名相比，领先1个位次。25岁及以上人口平均受教育年限位列第3位，与人均GNI排名相当。25岁及以上人口受高中及以上教育的比例排名为第4位，落后于人均GNI排名。

综上所述，在世界范围内，中国教育服务与贡献指数排名整体上低于人均GNI排名。中国教育服务与贡献指数尽管实现了较大幅度的提升，但在149个国家和地区中服务与贡献指数的排名则由2001年的第85位下降到第87位。同样，在57个中等收入国家中，中国教育服务与贡献指数也由第36名下降到第45位。在影响中国教育服务与贡献指数的指标中，25岁及以上人口中受过高中及以上教育的比例这一指标在不同的分组比较中，其排名基本上均低于人均GNI的对应排名，反映出中国劳动力人口中接受教育的结构性问题，警示中国在推进教育现代化发展中，一方面要保障基础教育，尤其是义务教育巩固水平和教育质量，另一方面要创新教育制度、体系和多样化途径，提高高中及高等教育阶段教育的覆盖面，提高流动人口中高层次学历人员的比例，从而努力提高中国教育的贡献、人力资源开发水平及影响力。

## 第五节

## 世界教育发展中的中国教育结构与质量

在结构与质量可获取的指标数据方面，主要是留学生数这一指标。监测评价和分析表明，中国留学生规模具有一定的比较优势。随着中国居民收入的不断提高，中国出国留学生规模明显扩大。中国综合国力的不断增强，也使得来华接受高等教育的国际学生明显增长，但中国高等教育中的国际学生的相对比例明显偏低，大大低于美国、英国、法国、日本等国家的比例。

## 一、 中国教育结构与质量中的留学生规模

2014 年，在世界 149 个国家和地区中，中国教育结构与质量指数位列第 2 位，比 2001 年上升 3 个位次。教育结构与质量指数位居首位的是美国，位居第 3 位的是英国，其次是法国、德国和澳大利亚。

在中高收入国家中，中国的教育结构与质量指数位居首位，其次是俄罗斯、土耳其、马来西亚和哈萨克斯坦等。

在二十国集团国家中，中国的教育结构与质量指数从 2001 年的第 5 位上升到 2014 年的第 2 位，位居首位的是美国，英国位居第三。

在九个发展中人口大国中，中国教育结构与质量指数位居首位，其次是印度、埃及、尼日利亚和巴西等。

在金砖五国中，教育结构与质量指数位居首位的是中国，其次是俄罗斯、印度、南非和巴西。

与经合组织国家相比较，中国的教育结构与质量指数位于第 2 位；与高收入国家相比较，中国的教育结构与质量指数也仅次于美国。

**表 4-15　2001—2014 年中国教育的结构与质量指数在不同类型国家中的排名变化**

| | 国家和地区数 | 2001 年 | 2010 年 | 2014 年 |
|---|---|---|---|---|
| 世界 | 149 | 5 | 2 | 2 |
| 经合组织国家[1] | 30/34 | 5 | 2 | 2 |
| 高收入国家[2] | 35/44 | 5 | 2 | 2 |
| 中高收入国家[3] | 29/39 | — | 1 | 1 |
| 中低收入国家 | 37/40 | 1 | — | — |
| 二十国集团国家 | 19 | 5 | 2 | 2 |
| 九个发展中人口大国 | 9 | 1 | 1 | 1 |
| 金砖五国 | 5 | 1 | 1 | 1 |

[1] 2001 年，经合组织有 30 个国家；2010 年，经合组织有 34 个国家。此处将经合组织作为一个参照组，描述中国在经合组织国家中的教育情况。

[2] 2001 年，高收入国家有 35 个；2010 年，高收入国家有 44 个。此处也是将高收入国家作为一个参照组，描述中国在这个组别中教育情况。

[3] 2001 年，按照世界银行的分类标准，中国属于中低收入国家；2010 年，中国上升到中高收入国家的行列。

## 二、教育结构与质量主要指标的综合分析

通过2014年中国在不同群组中教育结构与质量分项指数及指标的位次，可以看到中国教育结构与质量指数较高的主要原因在于去国外接受高等教育的学生数位于首位，而来中国接受高等教育的学生数也居于靠前的位置。

近年来，中国经济发展水平迅速提高，从中低收入国家进入中高收入国家行列，人民收入水平提高，中高收入群体逐步扩大，去国外接受优质高等教育成为可能。同时，中国属于人口大国，位居世界首位。2014年中国到国外接受高等教育的学生数达到71.2万人，是2001年的4.3倍。另外，中国近年来一直保持经济高速发展，提升了其在世界各国中的影响力，吸引了越来越多的世界各国学生来华学习，2014年来中国接受高等教育的学生数达到10.8万人，是2001年的3倍。

尽管来华学习的国际学生的绝对数量在世界各国中居于靠前位置，但是其相对比例仍然较低。2014年，中国高等教育国际学生数所占比例仅为0.4%。根据联合国教科文组织的统计，2010年，澳大利亚高等教育国际学生数所占比例为21.2%，英国为16.1%，法国为12.0%，日本为3.7%，美国为3.4%，这些国家不仅国际学生数高于中国，同时其比例也远高于中国。在九个发展中人口大国中，埃及和墨西哥该比例分别为1.9%和0.6%，高于中国，巴西和巴基斯坦该比例分别为0.2%和0.3%，与中国基本相当。在金砖五国中，中国国际学生比例也低于俄罗斯和南非。

中国高等教育中国际学生所占比例依然很低，与中国经济地位和国际影响力极不相适应，从"一带一路"倡议及推动构建人类命运共同体的目标出发，需要在留学管理制度、教育教学体系以及留学生综合服务体系建设等方面进行系统设计，扩大来华留学生规模，提高比例，努力把中国建成亚洲乃至世界众多青年学生海外留学的首选地。

# 第六节

# 中国教育发展的世界贡献

作为占世界人口五分之一的发展中人口大国，中国教育的快速发展与普及为世界做出了重要贡献，全面普及九年义务教育和基本普及高中阶段教育，为减少世界文盲、提升世界

人口素质做出了积极努力。目前中国教育在条件与保障方面的发展水平还较低，在实现教育现代化的征程中，还需要不断加大教育投入，改善教育条件与保障水平，提高中国教育质量，为世界教育发展继续作出重要贡献。

## 一、 中国全面普及义务教育，为减少世界文盲人口作出重要贡献

自20世纪90年代以来，中国政府和广大人民群众为普及九年义务教育进行了不懈努力，2000年中国实现了基本普及九年义务教育的目标。此后，政府又不断出台政策和措施，促进义务教育的全面普及和免费教育。随着义务教育的全面普及，中国文盲人口规模大幅下降，全国15岁及以上文盲从2000年的8 699万人减少到2010年的5 419万人，减少3 280万人。由此，15岁及以上人口的识字率不断提升，从2000年的90.9%提升到2014年的95.8%，提高近5个百分点，而同期世界15岁及以上人口的识字率从81.8%提高到84.1%，提高2.3个百分点，中国的提升速度明显快于世界平均水平。中国作为世界人口最多的国家，文盲人口的大幅减少，成人识字率的明显提升，为实现联合国教科文组织提出的“千年发展目标”作出了重要贡献。

有学者认为80%的成人识字率是经济起飞的条件，而95%的成人识字率是经济持续起飞和走向高消费社会的必要前提。[1]中国15岁及以上人口的识字率已高于95%，这将为中国经济的持续高速发展提供必要的支撑。

## 二、 中国高中阶段教育的基本普及推动了世界高中教育的发展

进入21世纪之后，由于高等教育扩招、国家有关“扩大高中阶段教育规模”的政策推动，以及近年来学龄人口的逐年减少，高中阶段教育毛入学率迅速提高。2014年，全国高中阶段教育毛入学率达到86.5%，比2000年提高了1倍左右。随着普及水平的不断提高，中国高中阶段教育在校生人数明显增加。2014年，高中阶段教育在校生人数达到3 816万人。2014年，世界高中阶段教育毛入学率65.3%，比2001年提高18.6个百分点，中国高中阶段教育毛入学率的提升速度比世界平均水平高出20个百分点以上。中国高中阶段教育的基本普及，推动了世界高中阶段教育的发展。

## 三、 人均受教育年限的大幅提高提升了世界人口整体素质

2014年，中国25岁及以上人口的平均受教育年限为9.0年，高出世界平均水平0.7年，

---

[1] 杨明.世界教育统计资料：20世纪末国际教育现代化水平[J].教育发展研究，2000(8).

高出中等收入国家平均水平0.9年。与2001年相比，中国25岁及以上人口的平均受教育年限提升了1.6年，提升幅度高于世界平均增幅0.3年，比中等收入国家平均增幅高0.8年。

**表4-16　2001年至2014年中国和世界平均人均受教育年限情况**

单位：年

| | 2001年 | 2010年 | 2014年 |
|---|---|---|---|
| 世界平均 | 7.0 | 7.9 | 8.3 |
| 中等收入国家 | 7.3 | 7.7 | 8.1 |
| 中国 | 7.4 | 8.6 | 9.0 |

人均受教育年限每提升一年需要很长的时间，而不同国家、不同的教育发展阶段中，每提升一年所需的时间大相径庭。国际经验表明，人均受教育年限[1]由8年提高到9年是一个重要关口。也就是说，人均受教育年限由8年提升到9年，相对于其他阶段是一个极其漫长和复杂的过程，这对一国的经济社会发展提出了严峻的挑战，如果能顺利越过这个关键时期，人均受教育年限就会有较快的提高。如20世纪上半叶，美国25岁及以上人口人均受教育年限由8年提高到9年，用了大约40年的时间。中国用了10年时间将人均受教育年限由7.4年提高到8.6年，提升了1.2年。由于中国人口基数大，人均受教育年限的大幅提高，为推动世界人口整体素质的提升做出不可取代的贡献。

[1] 这里指以25—64岁人口计算的人均受教育年限。

# 第五章

# 教育现代化动态监测：总体进展与态势

# 第一节

# 我国教育发展水平持续提升

## 一、 全国教育现代化发展达到历史新高度

国家教育现代化稳步推进，发展水平持续得到新的提升。2015 年，进程指数达到 0.85，在 2010 年 0.71 的基础上大幅提升了 14 个百分点，并以年均近 3 个百分点的增长速度向 2020 年发展目标稳步迈进。

从普及与公平、结构与质量、条件与保障和服务与贡献四个方面看，2015 年，除条件与保障进程指数(0.78)外，其他三个分项进程指数均超过 0.8，其中普及与公平和服务与贡献进展最为明显，进程指数接近 0.9；而在结构与质量和条件与保障方面，进展则相对较慢，进程指数在 0.8 左右。

表 5-1　全国教育现代化进程指数

| 进程指数 | 2015 年 | 2010 年 | 2010—2015 年<br>增长百分点(%) |
|---|---|---|---|
| 国家进程指数 | 0.846 2 | 0.708 1 | 13.81 |
| 普及与公平 | 0.881 8 | 0.731 4 | 15.04 |
| 结构与质量 | 0.822 2 | 0.724 2 | 9.80 |
| 条件与保障 | 0.777 7 | 0.605 3 | 17.24 |
| 服务与贡献 | 0.875 8 | 0.772 5 | 10.33 |

2010 年至 2015 年间，分项进程指数提升幅度在十个百分点以上，其中条件与保障和普及与公平进程指数推进速度尤为明显，提升了 15 个百分点以上，加快了教育现代化发展进程；服务与贡献和结构与质量则相对较慢，提升幅度在十个百分点左右。

## 二、 各地区发展态势良好，中西部进步较大

全国各地区积极贯彻落实中央要求，实施本地区教育规划纲要，在现有基础上进一步加快教育改革与发展。各地区在承担国家教育体制改革试点任务的同时，结合本地实际，设立并实施了一批重大项目和工程，有力推动了各级各类教育改革和发展，对提升教育现代化发

展水平发挥了重要支撑和保障作用。

区域发展态势良好。从各地区进程看，2015 年，东部地区进程指数为 0.86，除海南外，东部各省均高于全国的平均水平。中部地区和西部地区进程指数尽管略低于全国平均水平，但也都达到了 0.82，多数地区进程指数都接近或高于 0.8 以上。由此可见，从全国各地区发展的分区域情况看，东部、中部、西部地区的进展基本符合国情和各地发展特征，符合国家总体目标的总体要求。

中部、西部地区增幅较高。东部地区进展明显高于中部、西部地区，但从推进速度看，近十多年来尤其是《国家中长期教育改革和发展规划纲要（2010—2020 年）》发布以来，在中央和地方各级政府的支持下，中部、西部地区教育发展加速，2010 年和 2015 年中西部地区推进速度高于东部地区，其中西部地区提升幅度近 15 个百分点，中西部地区的安徽、贵州、甘肃、青海等地五年间提升幅度均在 16 个百分点以上。

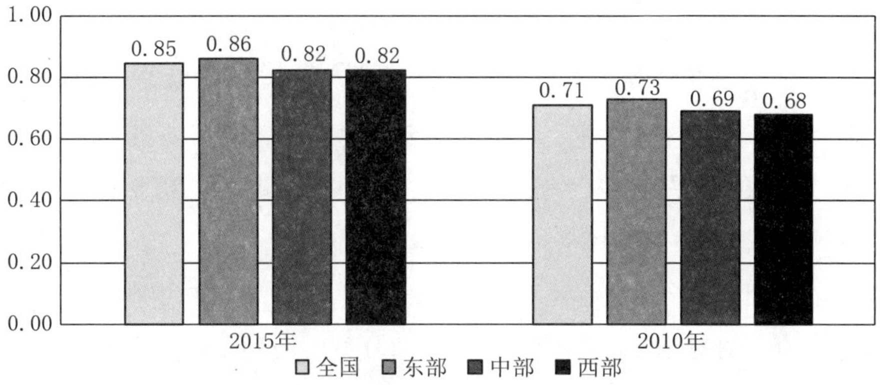


**图 5-1　全国和分区域教育现代化进程指数**

**表 5-2　全国和各地区教育现代化分项进程指数**

| 地　　区 | | 全国 | 东部 | 中部 | 西部 |
|---|---|---|---|---|---|
| 2015 年 | 普及与公平 | 0.881 8 | 0.898 5 | 0.867 5 | 0.861 9 |
| | 条件与保障 | 0.777 7 | 0.789 3 | 0.754 1 | 0.753 1 |
| 2010 年 | 普及与公平 | 0.731 4 | 0.777 0 | 0.712 8 | 0.681 3 |
| | 条件与保障 | 0.605 3 | 0.625 4 | 0.578 7 | 0.600 6 |
| 2010—2015 年增长百分点 | 普及与公平 | 15.04 | 12.15 | 15.48 | 18.06 |
| | 条件与保障 | 17.24 | 16.39 | 17.54 | 15.25 |

从分项进程指数看，在推进速度最快的条件与保障和普及与公平方面，中西部地区总体

推进速度远快于东部地区，特别是在普及与公平方面，中西部地区提升幅度分别提升了15和18个百分点，在很大程度上体现了国家重点支持政策力度。中西部地区进程指数的快速提升，符合党和国家扶贫开发的战略需要，不仅有助于更好地满足当地经济社会和广大人民群众的要求，而且有效提升了全国教育现代化发展水平。

## 第二节

## 教育发展和人力资源开发取得新成就

### 一、重大民生政策推进我国各级教育普及水平快速提升

免费义务教育政策的实施夯实了入学机会的制度保障。我国基本实现“两基”后，国家对中西部农村地区义务教育家庭经济困难学生实行“两免一补”政策，并逐步推向全国。2015年11月，国务院发布《关于进一步完善城乡义务教育经费保障机制的通知》，明确从2016年春季学期开始，统一城乡义务教育学校生均公用经费基准定额。从2017年春季学期开始，统一城乡义务教育学生“两免一补”政策，以后年度根据实际情况，适时完善相关政策措施。国家从农村到城市全面实行免费义务教育政策，为提高我国各地义务教育普及和巩固水平提供了强有力的基础与制度保障。2001—2015年，我国小学净入学率由99.1％提升到99.9％；初中毛入学率由88.7％提升到104.0％；九年义务教育巩固率达到93％左右，加快义务教育普及转向努力实现更高水平的普及教育，切实保障人民群众受教育的权利。

关注民生，破解“入园难”，明确发展普惠型的办园政策导向，学前教育得到空前重视与发展。《国家中长期教育改革和发展规划纲要（2010—2020年）》明确提出到2020年基本普及学前教育的战略目标。2010年，国务院颁布《关于当前发展学前教育的若干意见》，把学前教育摆在国计民生的重要位置，其中强调发展学前教育要坚持公益性和普惠性原则，构建学前教育公共服务体系。教育部、国家发改委和财政部推动连续实施两期“学前教育三年行动计划”，各地按照国务院的部署，结合本地区人口和经济社会发展状况，着重解决当地学前教育存在的问题，着力扩大普惠性资源，缓解入园难，为学前教育发展提供有力保障。2015年，全国学前教育总规模达到4 264.8万人，比2010年增加1 288万人，规模增长了43％；学前教育毛入学率达到75.0％，比2010年提高了18个百分点。

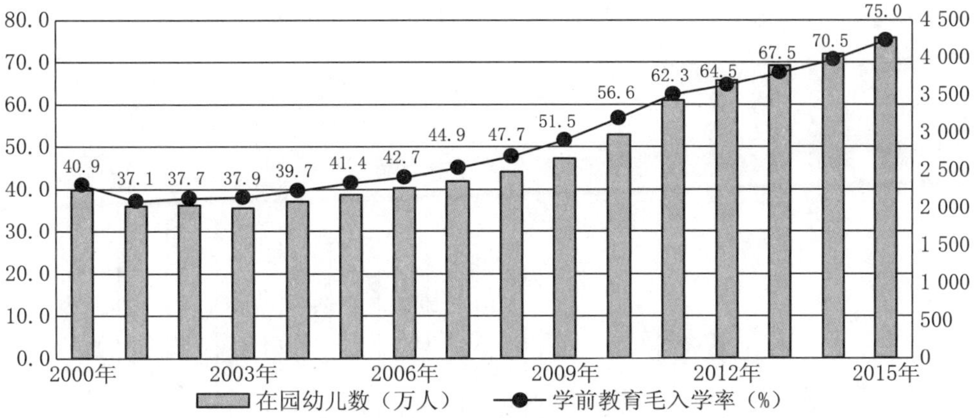


**图 5-2　2000—2015 年我国学前教育总规模及毛入学率变化**

职业教育大发展加快了高中阶段教育的普及。从 2002 年到 2005 年的三年间，国务院连续召开了三次全国职业教育工作会议，先后出台了《国务院关于大力推进职业教育改革与发展的决定》等重要文件，明确提出“发展职业教育是推动经济发展、促进就业、改善民生、解决‘三农’问题的重要途径，是缓解劳动力供求结构矛盾的关键环节，必须摆在更加突出的位置”。中等职业教育的大发展加快了高中阶段教育的普及，2015 年我国高中阶段教育总规模[1]达到 4 038 万人，毛入学率达到 87.0%，在 2005 年 52.7%的基础上增加了 34.3 个百分点。

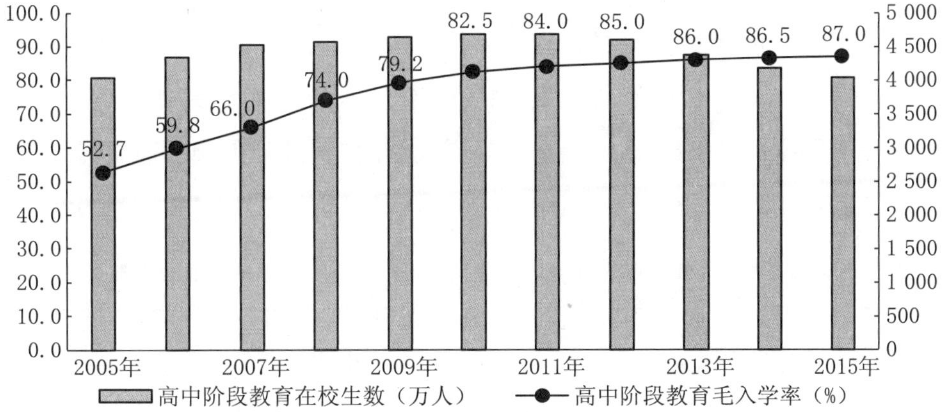


**图 5-3　2005—2015 年我国高中阶段教育总规模及毛入学率变化**

服务国家和区域经济社会发展，高等教育实现了历史性跨越。改革开放以来，特别是自 1999 年以来，我国高等教育实现了跨越式发展，取得了举世瞩目的成绩。2002 年，高等教育毛入学率达到 15%，进入大众化阶段。2015 年，全国各种形式高等教育在学总规模达到

［1］高中阶段教育在校生规模包括：普通高中＋中职＋技校＋成人高中注册学生数。

3 647 万人，规模居世界第一，每十万人口高等教育在校生数达到 2 524 人，高等教育毛入学率由 2000 年的 12.5％提高到 40.0％。

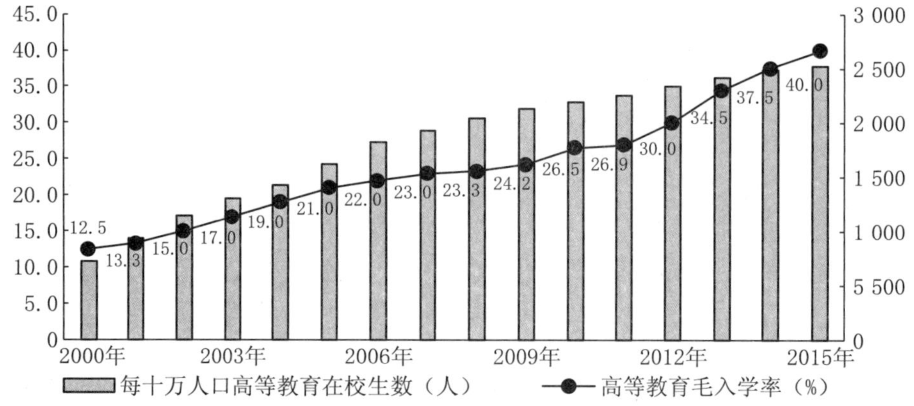


**图 5-4　2000—2015 年我国高等教育毛入学率及每十万人口高等教育在校生数**

## 二、 区域教育发展新格局提升全国教育综合水平

东部发达地区教育发展再上新台阶，若干教育指标赶超发达国家。东部发达地区教育发展在若干指标上，已达到甚至超过发达国家平均水平。如北京、上海、天津、江苏、浙江等地的学前教育和高中阶段教育发展水平较高，普及水平与经合组织成员国为代表的发达国家平均水平相当甚至超出；在办学条件和内部效率方面，也赶上发达国家，如北京、上海等地的学前教育生师比和小学生师比，甚至优于经合组织国家的平均水平，初中生师比东部地区均超过经合组织国家平均水平；人力资源水平表现相对较弱，但在 25 岁及以上人均受教育年限指标的表现上，北京已超过经合组织国家平均水平。

**表 5-3　2015 年我国东部地区部分指标与经合组织国家平均值的比较**

| 指　　标 | 经合组织国家均值 | 我国东部地区均值 | 省　　份 |
|---|---|---|---|
| 高中阶段教育毛入学率(％) | 98.6 | 94.7 | 北京(97.7)、天津(98.6)、河北(93.5)、辽宁(97.5)、上海(96.4)、江苏(94.0)、浙江(97.0)、福建(87.7)、山东(97.5)、广东(94.6)、海南(83.4) |
| 学前生师比 | 15.4 | 16.5 | 北京(11.5)、天津(16.2)、河北(18.5)、辽宁(14.7)、上海(14.6)、江苏(18.8)、浙江(16.3)、福建(18.0)、山东(16.7)、广东(15.3)、海南(18.9) |
| 小学生师比 | 15.9 | 17.4 | 北京(14.3)、天津(15.0)、河北(17.6)、辽宁(14.3)、上海(15.3)、江苏(18.0)、浙江(18.3)、福建(17.7)、山东(17.0)、广东(18.5)、海南(15.5) |

续表

| 指　标 | 经合组织国家均值 | 我国东部地区均值 | 省　份 |
|---|---|---|---|
| 初中生师比 | 14.4 | 11.9 | 北京(8.6)、天津(9.9)、河北(13.6)、辽宁(10.2)、上海(11.0)、江苏(10.8)、浙江(12.3)、福建(11.6)、山东(11.7)、广东(12.9)、海南(12.8) |
| 高中阶段生师比 | 13.5 | 14.0 | 北京(9.4)、天津(11.6)、河北(13.7)、辽宁(13.6)、上海(10.8)、江苏(12.0)、浙江(13.0)、福建(15.1)、山东(14.6)、广东(16.5)、海南(16.8) |
| 公共教育支出占政府支出比例(%) | 12.9 | 17.5 | 北京(16.8)、天津(17.9)、河北(17.2)、辽宁(11.9)、上海(13.7)、江苏(17.5)、浙江(19.7)、福建(19.0)、山东(20.3)、广东(19.4)、海南(15.5) |
| 15岁及以上人口识字率(%) | 98.3 | 96.3 | 北京(98.2)、天津(97.7)、河北(97.0)、辽宁(97.9)、上海(97.1)、江苏(95.8)、浙江(93.9)、福建(97.2)、山东(94.4)、广东(97.6)、海南(95.2) |
| 25岁及以上人均受教育年限 | 11.6 | 9.5 | 北京(12.0)、天津(10.5)、河北(9.2)、辽宁(9.9)、上海(10.9)、江苏(9.3)、浙江(8.7)、福建(9.0)、山东(9.0)、广东(9.7)、海南(9.4) |

注：经合组织国家平均值为2014年数据。

中部、西部地区教育的进步程度及总体水平得到显著提升。随着国家各项政策的推进实施，特别是对中部、西部教育发展的投资和政策扶持，中部、西部地区教育改革发展迅速，教育发展指数及有关指标的进步程度明显。仅2010—2015年，全国提升了19.49%，各地区进步程度排名，东部小于中部，中部小于西部，中部、西部地区教育现代化发展水平综合指数进步程度分别达到19.04%和21.04%。

随着《国家中长期教育改革和发展规划纲要(2010—2020年)》的颁布和实施，中部、西部地区高中阶段教育、高等教育普及水平取得了进一步发展。2015年，中西部地区高中阶段教育普及水平分别达到88.7%和83.4%，较2010年提升了8个百分点左右；高等教育普及水平则分别达到34.5%和34.2%，2010年至2015年的提升幅度接近前十年的提升水平。

**表5-4　2010—2015年我国中西部地区高中阶段教育和高等教育普及水平**

| 地　区 | 高中阶段教育毛入学率(%) | | 高等教育毛入学率(%) | |
|---|---|---|---|---|
| | 2010年 | 2015年 | 2010年 | 2015年 |
| 中部地区 | 80.9 | 88.7 | 23.0 | 34.5 |
| 西部地区 | 71.5 | 83.4 | 21.1 | 34.2 |

注：中西部地区高等教育毛入学率所涉在校生规模统计口径均按学校所在地(含部属高校)归属，并且地区在校生规模不含自考生、军事院校学生、网络本专科学生和电视大学学生。

随着高中及以上教育普及程度的提高，带动人力资源水平的提高，21 世纪以来，中部、西部地区 25 岁及以上人口中受高中及以上教育的比例、25 岁及以上人口平均受教育年限等指标进展明显，进步幅度明显高于世界平均水平。

表 5-5　2000 年和 2014 年我国中西部地区人力资源指标水平进步程度

| 地　区 | 25 岁及以上人口中受高中及以上教育的比例(%) | | | 25 岁及以上人口平均受教育年限(年) | | |
|---|---|---|---|---|---|---|
| | 2000 年 | 2014 年 | 进步程度 | 2000 年 | 2014 年 | 进步程度 |
| 中　部 | 13.5 | 23.5 | 74.0% | 7.6 | 8.9 | 17.9% |
| 西　部 | 10.8 | 20.9 | 93.8% | 6.8 | 8.4 | 22.5% |
| 世界平均[1] | 33.7 | 45.8 | 36.0% | 7.0 | 8.3 | 18.0% |

## 三、区域间教育差距呈缩小态势，协调发展迈出坚实步伐

核心指标省际差异整体上呈现显著缩小态势。教育作为民生之首，率先实现教育现代化是推进公共服务均等化的重要基础。近年来，国家和各级政府加大了基本公共服务均等化在教育领域推进的力度，通过多项举措，有效缩小了地区之间的差异，取得了重要进展。通过对教育现代化核心指标综合指数和分项指数省际差异的实证分析，结果显示，2010 年至 2015 年，我国教育与人力资源发展省际间的差异呈现明显的缩小态势，五年的降幅达到 14.1%，差异系数均控制在 0.3 以内。

表 5-6　2010 年和 2015 年我国教育现代化核心指标省际差异系数缩小情况

| 指数名称 | 2010 年 | 2015 年 | 增减幅度 |
|---|---|---|---|
| 综合指数 | 0.216 1 | 0.185 7 | -14.07% |
| 分项指数 1:普及与公平 | 0.257 1 | 0.201 0 | -21.82% |
| 分项指数 2:结构与质量 | 0.242 2 | 0.279 6 | 15.43% |
| 分项指数 3:条件与保障 | 0.170 4 | 0.128 4 | -24.62% |
| 分项指数 4:服务与贡献 | 0.245 6 | 0.211 7 | -13.82% |

我国教育的地区差异明显小于经济差异，同比均趋缩小。2001 年，我国人均财政支出差异系数为 0.704 9，至 2014 年下降至 0.526 7，降幅达到 25%。与此对应的是，我国教育的地区差异也同步缩小，且差异程度远远小于省际间的经济差异，普及、条件与贡献等多个方面省际差异系数仅为人均财政支出差异系数的一半左右。可以预期，随着教育优先发展、均

[1] 2000 年世界平均指标数据为 2001 年的统计数据。

衡协调发展的政策效应显现，我国教育发展水平的地区差异必将进一步缩小。

**表 5-7　2001—2014 年全国义务教育部分指标差异系数变化情况比较**

| 指　标 | 2001 年 | 2010 年 | 2014 年 | 2001—2014 年增减幅度 |
|---|---|---|---|---|
| 小学生师比 | 0.200 1 | 0.165 1 | 0.151 5 | －24.3% |
| 初中生师比 | 0.122 9 | 0.163 1 | 0.163 9 | 33.4% |
| 小学平均班额 | 0.146 4 | 0.112 6 | 0.098 2 | －32.9% |
| 初中平均班额 | 0.108 7 | 0.130 4 | 0.127 7 | 17.5% |
| 小学专任教师学历水平 | 0.399 1 | 0.081 1 | 0.044 1 | －89.0% |
| 初中专任教师学历水平 | 0.527 7 | 0.169 4 | 0.106 0 | －79.9% |
| 对比：人均财政支出 | 0.704 3 | 0.507 0 | 0.526 7 | －25.2% |

义务教育的地区差异降到较低水平。实证分析显示，2000 年以来，我国各地区之间小学和初中教师学历水平等指标差异系数缩小的幅度高达 50%以上，超过了人均财政支出省际差异系数缩小幅度的 3 倍，成效显著。

同时，应引起关注的是，小学和初中信息化设施配置水平存在较大的地区差异。每百名学生拥有计算机台数的省际差异系数，尽管近年来已初显差异缩小的态势，但缩小的幅度并不明显，目前仍在 0.5 左右。

非义务教育的地区差异有升有降，值得关注。在非义务教育阶段，部分核心指标的地区差异出现了增减幅度均较大的情况。从常用的教育和人力资源规划目标省际差异情况来看，2000 年至 2015 年间，高中阶段教育和高等教育毛入学率和两个人力资源主要指标间的省际差异均呈现大幅缩小的态势，差异系数值达到 0.1—0.3 左右，高中阶段和高等教育毛入学率降幅更是高达 50%以上。这一情况的出现反映了十年间我国教育和人力资源开发在中西部地区所取得的重大成效，为全国的经济社会发展提供了强有力的支撑。

**表 5-8　2000 年、2010 年和 2015 年全国非义务教育部分核心指标地区差异系数**

| 核心指标 | 2000 年 | 2010 年 | 2015 年 | 差异缩小比例 |
|---|---|---|---|---|
| 高中阶段教育毛入学率 | 0.447 8 | 0.155 5 | 0.092 6 | －79.3% |
| 高等教育毛入学率 | 0.686 5 | 0.355 5 | 0.297 9 | －56.6% |
| 主要劳动年龄人口平均受教育年限 | 0.154 2 | 0.116 5 | 0.114 9 | －25.5% |
| 主要劳动年龄人口中受过高等教育的比例 | 0.604 2 | 0.426 3 | 0.326 7 | －45.9% |

2001 年以来，全国普通高中教师学历水平、普通高校生师比、幼儿园平均班额以及各地区财政教育经费占各地区公共财政支出比例等核心指标的省际差异降幅也非常明显，有的指标达到 40%和 70%以上。同时也要看到，普通高中生师比和普通高中平均班额的差异却有扩大的倾向，扩大的幅度也达到 50%、60%左右，值得关注；但差异的水平是较低的。在反映我国教育信息化设施配置的每百名学生拥有计算机台数这一指标上，不仅表现出信息化设施配置水平不高，而且地区差异明显，2003 年以来，中职每百名学生教学用计算机台数差异扩大幅度达到 80%左右。

**表 5-9　2001—2015 年全国非义务教育部分核心指标差异系数变化情况**

| 指　　标 | 2001 年 | 2005 年 | 2010 年 | 2015 年 | 2001—2015 年增减幅度 |
|---|---|---|---|---|---|
| 公共财政预算教育经费占公共财政支出比例 | 0.165 2 | 0.131 8 | 0.141 5 | 0.151 1 | −8.5% |
| 幼儿园生师比 | 0.174 9 | 0.147 7 | 0.170 8 | 0.160 6 | −8.2% |
| 普通高中生师比 | 0.100 8 | 0.112 3 | 0.149 7 | 0.165 1 | 63.8% |
| 中等职业学校生师比 | — | 0.265 0 | 0.259 5 | 0.331 1 | 25.0% |
| 普通高校生师比 | 0.143 6 | 0.078 7 | 0.078 4 | 0.083 2 | −42.0% |
| 幼儿园平均班额 | 0.442 8 | 0.302 4 | 0.163 5 | 0.122 5 | −72.3% |
| 普通高中平均班额 | 0.091 4 | 0.100 8 | 0.122 7 | 0.138 4 | 51.4% |
| 普通高中专任教师学历水平 | 0.993 3 | 0.714 0 | 0.609 3 | 0.576 6 | −42.0% |
| 中职专任教师学历水平 | — | 0.504 8 | 0.501 9 | 0.498 2 | −1.3% |

分析表明，近十多年来，在我国地区经济差异较大甚至有所扩大的宏观环境下，我国在推进教育均衡协调发展上取得重大进展，为国家进一步推进基本公共服务均等化率先尝试做出了探索和实践。另外，在核心指标所反映的部分地区和领域，地区差距依然较大，需要进一步关注。

## 第三节

## 教育发展和人力资源开发面临的问题与困难

作为最大的发展中人口大国，与发达国家教育发展水平相比，我国教育现代化发展总体水平依然不高，人力资源开发水平仍存在明显差距，不能完全适应国家教育现代化发展及人力资源强国建设目标与战略的需要，难以支撑制造强国及创新强国建设目标的实现。在教育的普及与公平、条件与保障、服务与贡献等方面，依然存在诸多发展的薄弱环节。我国边远山区农村、连片特困地区等条件不利地区，仍面临着“保基本”的繁重任务，亟待通过宏观制度和科学管理机制创新，实现加快发展。

## 一、 我国教育整体水平仍不高，与发达国家尚存明显差距

我国教育整体发展水平仍落后于发达国家。国际比较结果表明，我国教育整体发展水平总体上明显低于高收入国家和经合组织国家平均水平(见图 5-5)。

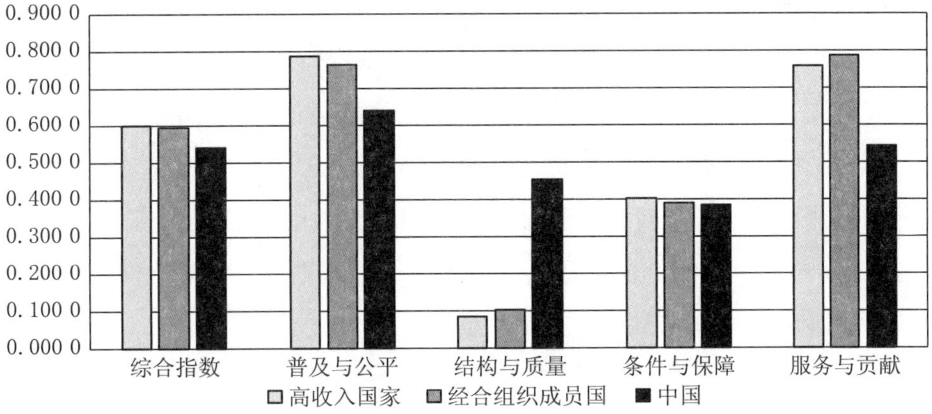


**图 5-5　2014 年我国教育发展水平与发达国家的差距**

从综合指数看，2001 年我国教育和人力资源发展水平仅相当于高收入国家的 67%、经合组织国家平均水平的 68%，低于中高收入国家的平均水平；到 2014 年，尽管仍低于发达国家平均水平，但差距缩小了 20 个百分点以上，并已超过中高收入国家平均水平 11 个百分点。但从总体情况来看，在体现教育现代化水平的几个主要方面，如教育普及与公平、条件与保障、服务与贡献等，我国多数核心指标的表现都低于发达国家水平。

从教育大国迈向教育强国、从人口大国迈向人力资源强国任重道远。2001 年，在学前教育、高中阶段教育、高等教育的普及方面，我国与发达国家的差距尤为明显，学前教育和高中阶段教育普及水平不到发达国家平均水平的一半，高等教育普及水平仅为发达国家平均水平的四分之一。经过十多年的快速发展，我国快速缩小了与发达国家的差距，但在高等教育方面的差距仍较为明显。

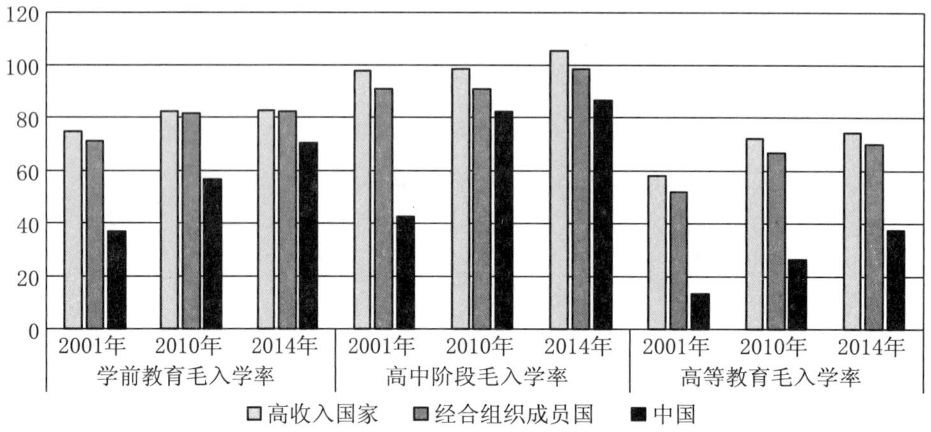


**图 5-6　2001—2014 年我国与发达国家教育普及水平的差异**

2014 年，我国高等教育毛入学率、25 岁及以上人口中受高中及以上教育的比例与发达国家的差距达 35 个百分点以上，25 岁及以上人口平均受教育年限相差 2 年左右。而在过去的十多年间，发达国家高等教育毛入学率在 2001—2014 年间提高了约 16 个百分点，25 岁及以上人口中受高中及以上教育的比例提升了约 12 个百分点，25 岁及以上人口平均受教育年限提升了约 1.1 年，照此推算，我国从教育大国迈向教育强国、从人力资源大国迈向人力资源强国需要 20—30 年的时间。也就是说，我国教育发展水平以及对人力资源开发水平的贡献与目前发达国家水平之间依然存在很大差距。

## 二、 普及与公平、条件与保障、人力资源贡献等方面仍存在薄弱环节

困难地区和特殊人群的教育普及仍面临较大困难。2015 年，我国学前教育毛入学率为 75%，距离“有园上”“上得起”的基本受教育需求有一定距离。部分经济不发达的中西部地区，高中阶段普及水平也较低，高中阶段教育毛入学率仅有 70%左右。2015 年，全国义务教育阶段进城务工人员随迁子女在校生数达 1 367 万人，比 2007 年增长了 79%，增加了 601 万人。其中，6 成左右分布在东部地区，特别是东部地区的广东省，进城务工人员随迁子女在校生达到 302 万人，超过整个中部地区其他 10 个省、市之和；上海进城务工随迁子女规模也较大，占在校生比例也已高达 29%。持续增长的进城务工人员随迁子女在校生规模，给这些省、市的义务教育发展、城区校舍建设、资源均衡配置等都带来巨大压力。

在条件保障和教育资源配置水平方面与发达国家差距明显。目前，我国各级教育教师配备水平与发达国家存在较大差距，特别是学前教育和高中阶段教育的教师配置水平，教师

配置差距较为明显。2014 年，我国学前教育生师比为 18.7∶1，远高于高收入国家学前教育生师比的平均水平（13.4∶1）；而我国高中阶段教育生师比目前在 16.4∶1 左右，也大大高于高收入国家的平均水平（12.5∶1）。

**表 5-10　2014 年我国各级教育生师比与高收入国家的差距**

| 指　　标 | 中国 | 高收入国家 | 中国差距 |
|---|---|---|---|
| 学前教育生师比 | 18.7 | 13.4 | 5.3 |
| 小学生师比 | 16.8 | 14.8 | 2.0 |
| 初中生师比 | 12.6 | 12.4 | 0.2 |
| 高中阶段教育生师比 | 16.4 | 12.5 | 3.9 |

中小学班额问题突出。我国义务教育阶段平均班额世界最大，远远高于发达国家、发展中人口大国以及金砖国家，反映了我国义务教育资源配置的差距及不均衡状况。2014 年，我国小学、初中平均班额分别达到 37 人和 48 人，相对于欧美国家，我国的平均班额人数规模最大，资源配置保障水平存在差距。

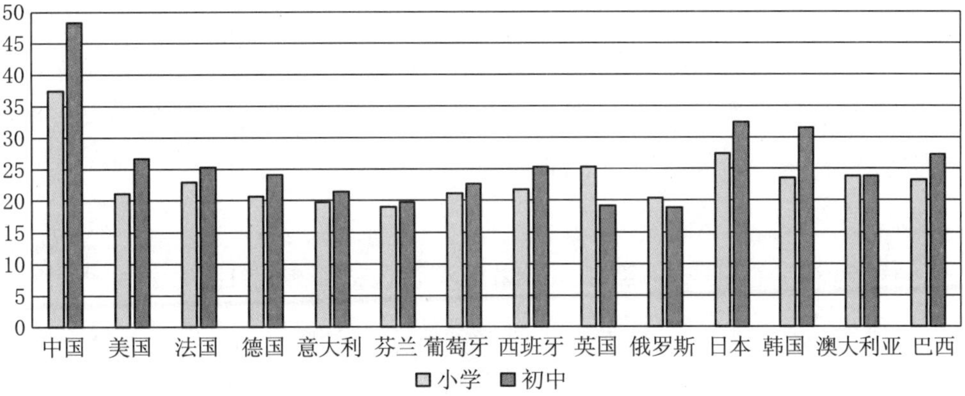


**图 5-7　2014 年我国与部分国家的小学、初中生师比**

人力资源开发水平总体差距明显，结构性问题突出。2014 年，我国 25 岁及以上人口中接受高中及以上教育的比例为 27.68%，比发达国家低 40 多个百分点；25 岁及以上人口平均受教育年限相差 2 年以上。据估算，我国人力资源要赶上发达国家平均水平，仍需要 10 年以上的时间[1]。我国各省份之间，人力资源发展水平也很不平衡。部分西部地区省份人力资源指标水平过低，极不利于这些地区实现创新驱动和转型发展。2014 年，我国 25 岁

［1］ 据第五次、第六次全国人口普查数据，我国 2000—2010 年主要劳动年龄人口的人均受教育年限提高了 1.3 年。

及以上人口中接受高中及以上教育的比例，最高的北京达到54.8%，而西部各省平均值仅为21.7%，最低的个别省份仅有15%左右；25岁及以上人口平均受教育年限，最高的北京为12.0年，超过发达国家平均水平，而最低的仅为4.9年，中西部地区多个省市仅有8年左右。

表5-11 2014年我国与发达国家人力资源水平差距

| 国家/地区 | 指标原值 | | | 中国的差距 | | |
|---|---|---|---|---|---|---|
| | 15岁及以上人口识字率(%) | 25岁及以上人口中受高中及以上教育的比例(%) | 25岁及以上人口平均受教育年限(年) | 15岁及以上人口识字率(%) | 25岁及以上人口中受高中及以上教育的比例(%) | 25岁及以上人口平均受教育年限(年) |
| 中国 | 95.84 | 27.68 | 9.03 | — | — | — |
| 高收入国家 | 98.67 | 65.39 | 11.22 | −2.83 | −37.71 | −2.19 |
| 经合组织成员国 | 98.27 | 70.14 | 11.57 | −2.43 | −42.46 | −2.54 |

高校就业问题和形势依然严峻。2010年以来，全国高校本科毕业生初次就业率达到85%以上，高职高专毕业生找到符合所学专业的工作的比例超过60%，对于2015年全国普通本专科毕业生总规模700万左右的就业形势，不能不说是一个严峻的挑战。尽管就业问题与整个经济社会发展的宏观形势有密切关系，但高校适应社会经济发展的动态调整机制尚有很大的改进空间，尤其是如何按照经济社会发展要求形成高校学科专业动态调整的长效机制，是高校面临的一个亟待解决的问题。

## 三、 我国农村尤其是困难地区“保基本”任务依然艰巨

受自然环境以及基础设施、要素流动、资源不足、教育保障等诸多因素的限制，我国农村尤其是农村边远山区、少数民族地区、集中连片特困地区的教育发展水平仍然较为落后，大部分困难地区办学条件亟待改进，这些困难地区在学前教育、义务教育等方面仍然存在“保基本”的严峻任务。

集中连片特困地区不仅学前教育普及水平较低，办园条件与全国相比也存在很大差距，2015年，连片特困地区生师比平均水平为22.9∶1，相对于全国18.1∶1的平均水平，师资配置明显偏紧；独立设置幼儿园中无卫生厕所的幼儿园数有12 841所，无水源的幼儿园数有410所，办园条件亟待改进。2015年，全国小学无厕所学校有2 700多所，其中93%集中在农村地区，无水源设施的学校也主要集中在农村地区，达到了1 479所；从反映资源配置的平均班额指标看，全国初中大班额(平均班额超过55人)学校有6 508所，81%集中在农村地

区，达到了 5 254 所。

### 四、 理念观念需要与时俱进，宏观科学管理机制亟待创新

我国教育经过了新中国成立以来尤其是改革开放 40 多年来的发展，取得了令世界瞩目的巨大成就。同时，我们在提供更多的教育机会、公共资源合理配置等诸多方面，还面临着诸多挑战、困难、矛盾和问题。改革进入“深水区”，需要更新教育理念与观念，纠正对教育现代化的认识偏差，深入思考这些挑战的深刻含义，切实将最广大人民群众的当前利益和长远利益放在首位，切实办好为了所有人民的教育，并将发展教育作为广大百姓生活、生存、发展的人力资本，为全面建成小康社会注入丰富内涵。

联合国制定的 2030 可持续发展目标中，教育的目标是“确保包容和公平的优质教育，让全民终身享有学习机会”。我国是发展中的人口大国，不仅省际差异大，省内地区之间、城乡之间乃至学校之间的差异也很大，要把更新观念与改革发展有机结合，让观念成为推进改革的实实在在的指南与准则。未来，我国需要重点完善国家教育现代化宏观科学管理的能力和机制建设，重点解决短板问题，力争全国基本解决各级各类教育问题，尤其要解决农村地区、集中连片特困地区和少数民族地区基本办学条件保障问题，为教育现代化打好基础。在高中阶段，启动和实施“攻坚”计划，解决重点关注地区发展问题。在学前教育领域，“普惠型”取得重大进展，基本解决“有园上、上好园”的问题。在教育公平、均衡发展、教育结构（包括学科设置与布局）适应的制度和机制建设、教育质量评价制度建设等方面，有实质性进展。

## 第四节

## 区域教育发展态势

### 一、 各地区教育发展的总体格局

各地区教育与经济社会之间保持总体协调发展态势。从总体上看，人均 GDP 高的地区，教育发展综合水平也较高。研究结果发现，各地区教育发展水平综合指数与经济发展水平显著相关，各地区教育与经济社会保持协调发展态势。

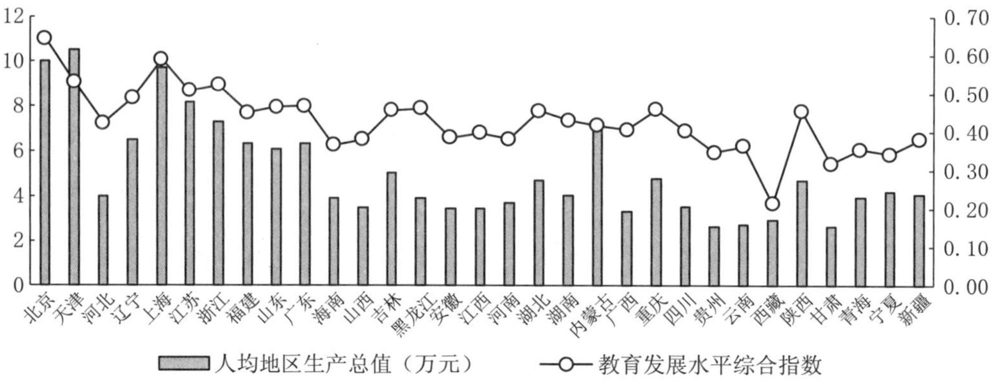


**图 5-8　2014 年我国教育发展水平综合指数与人均 GDP 的关系**

各地区之间教育发展呈现不平衡特点。从综合指数看各地区教育发展水平，各省之间存在极其显著的差异。东部、中部、西部省份平均水平呈依次下降态势，东部地区的北京、上海、天津、浙江、江苏居全国前五位。

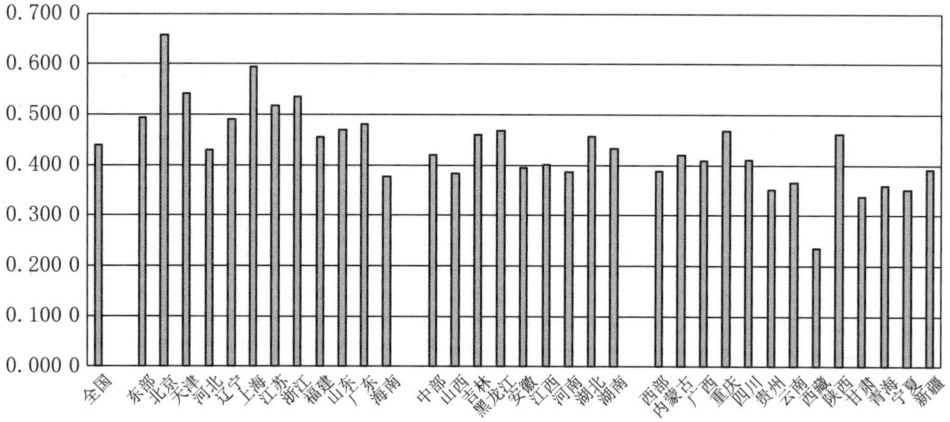


**图 5-9　2015 年全国和各地区教育发展水平综合指数**

按照在全国的位序，处于前十位的主要为东部省份，另有 1 个中部省份和 1 个西部省份，分别是黑龙江和重庆。处于中间 11 位的有 2 个东部省份、5 个中部省份、4 个西部省份。处于后十位的主要为西部省份，另有 1 个东部省份和 2 个中部省份，分别为海南、河南和山西。

**表 5-12　2015 年我国东部、中部、西部各省教育发展水平综合指数分布**

| | 东部省份 | 中部省份 | 西部省份 |
|---|---|---|---|
| 第一方阵（1—10） | 北京、上海、天津、浙江、江苏、辽宁、广东、山东 | 黑龙江 | 重庆 |
| 第二方阵（11—21） | 福建、河北 | 吉林、湖北、湖南、江西、安徽 | 陕西、内蒙古、四川、广西 |
| 第三方阵（22—31） | 海南 | 河南、山西 | 新疆、云南、青海、宁夏、贵州、甘肃、西藏 |

## 二、各地区教育发展的重点领域

普及与公平、服务与贡献方面取得积极进展。推进教育现代化是一项系统工程，涉及面广，复杂性强。各地区贯彻落实《国家中长期教育改革和发展规划纲要(2010—2020年)》精神，统筹推进普及与公平、结构与质量、条件与保障、服务与贡献四个方面。比较各地区四个方面的发展指数，普及与公平指数均处于相对比较高的水平，表明中央强调的促进公平战略在地方教育发展中取得重大进展。服务与贡献指数水平也较高，仅次于普及与公平。

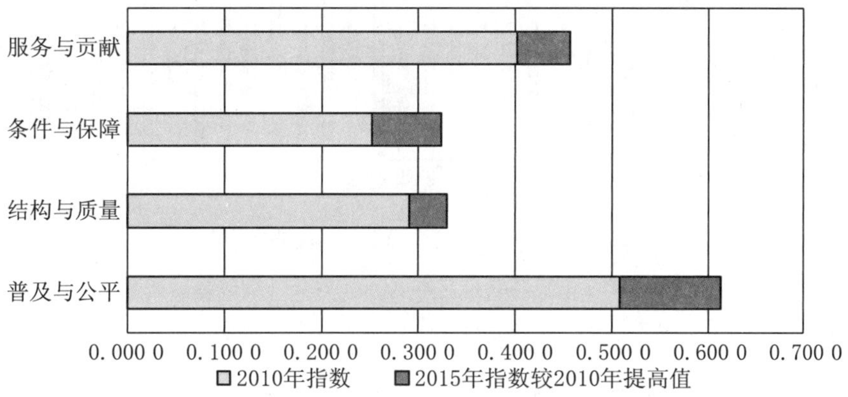


**图5-10　2015年我国教育发展水平分项指数**

各地区在条件与保障、结构与质量方面的任务较为艰巨。从发展水平来看，各地区条件与保障、结构与质量指数明显低于普及与公平、服务与贡献，优化资源配置、提高教育质量的战略任务非常艰巨。从地区差异情况来看，条件与保障的差异系数相对最小，结构与质量的差异系数相对最高，这表明地区之间资源配置不平衡情况已得到改变，但结构与质量的不平衡情况需要关注。

**表5-13　2015年我国教育发展水平分项指数和差异系数**

| 分　项 | 指数值 | 差异系数 |
|---|---|---|
| 普及与公平 | 0.612 5 | 0.201 0 |
| 结构与质量 | 0.330 6 | 0.279 6 |
| 条件与保障 | 0.324 2 | 0.128 4 |
| 服务与贡献 | 0.456 5 | 0.211 7 |

整体提高地区教育发展水平必要且可行。北京、上海、浙江等地的综合指数不仅较高，而且四个分项方面之间的差异系数较小，形成了教育可持续发展的良好局面。按照现代化的理念，促进各地区教育发展需要同时关注综合发展水平和各个方面的差异状况。部分地

区已经非常接近高水平小差异，有望通过加强省级统筹、深化教育综合改革，尽快予以实现教育现代化。

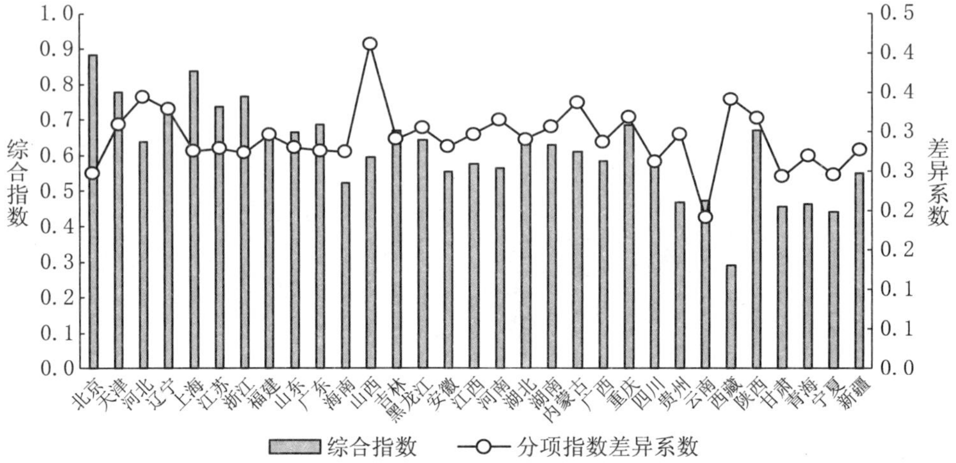


**图 5-11　2015 年我国各地区综合指数与分项指数差异系数**

## 三、 各地区教育发展的难点分析

教育公平相关指标的分析表明，学生平等接受教育机会受益面扩大，地区之间承担的资源配置压力各不相同。

为保障每个学生接受教育和实现发展的权利，中央和各省市不断推进基本教育公共服务均等化，加大教育投入，加强财政转移支付，缩小学校办学条件差距，并提高家庭经济困难学生资助水平。值得关注的是，受城镇化发展趋势、劳动力人口迁移及分布变化影响，东部地区省份在解决社会广泛关注的进城务工人员随迁子女接受平等教育问题上，面临着较大的资源配置压力。

2015 年，全国义务教育阶段进城务工人员随迁子女达 1 367 万人，6 成左右分布在东部地区，特别是广东省，义务教育阶段进城务工人员随迁子女在校生达到 302 万人，占全国的 22%，其规模超过整个中部地区其他 10 个省市之和。2015 年，浙江省进城务工人员随迁子女在校生数接近 100 万人，占全国的比例为 7%。

根据各地区进城务工人员随迁子女就读公办学校比例与人口净迁入率的关联分析，广东、浙江、上海随迁子女就读公办学校比例明显低于全国平均水平，这些地区也是人口净迁入率远高于全国平均水平的地区。这印证了前面所做的人口分布变化带来教育资源配置压力变化的判断。另外，监测显示在人口为净迁出的部分地区，进城务工人员随迁子女就读公办学校比例低于全国平均水平，也值得关注。

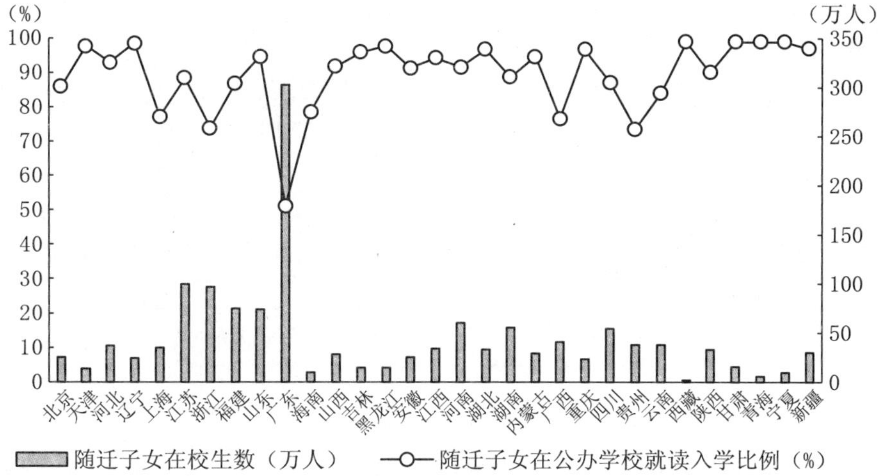


**图 5-12　2015 年我国各地区进城务工人员随迁子女在校生数与在公办学校就读比例**

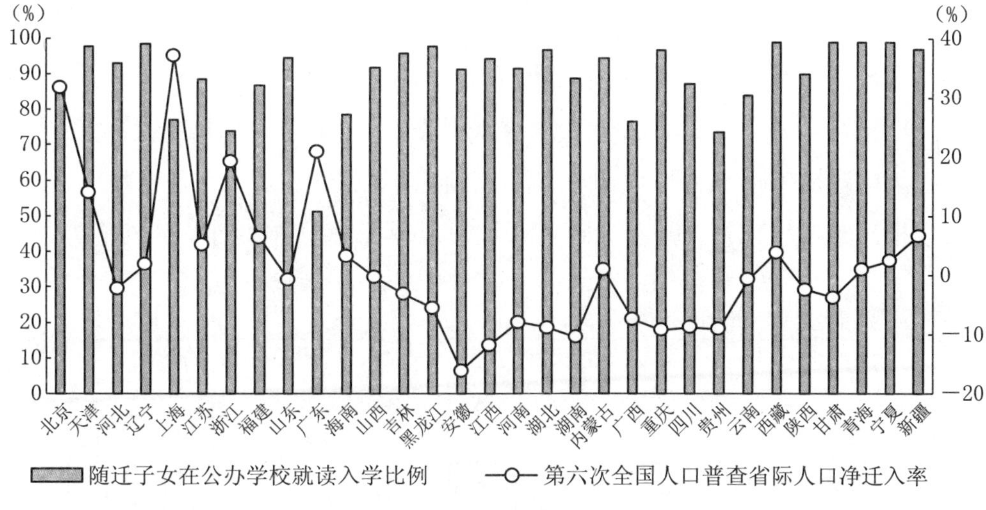


**图 5-13　2015 年我国各地区进城务工人员随迁子女就读公办学校比例与第六次全国人口普查人口净迁入率情况**

教育质量相关指标的分析表明，大部分地区学前教育、高中阶段教育发展在班额达标或师资队伍建设方面的任务还相当艰巨。

积极推进素质教育是各地区深化教育改革和促进教育现代化发展的重要任务。办学条件和内部效率方面的班额达标率、生师比和专任教师学历水平等指标，均是学校实施素质教育的重要保证。监测表明，学前教育、高中阶段教育在班额达标或师资队伍建设方面的任务还相当艰巨。

学前教育生师比和平均班额目标达成度偏低。2015 年，全国学前教育生师比目标达成度仅达到 69%左右，学前教育平均班额目标达成度也仅达到 75%，且各地区学前教育生师比目标达成度普遍低于平均班额目标达成度。这意味着学前教育在资源配置方面仍面临着巨大的挑战，尤其是学前教育师资队伍补充是各地区教育现代化发展中的一个难点。

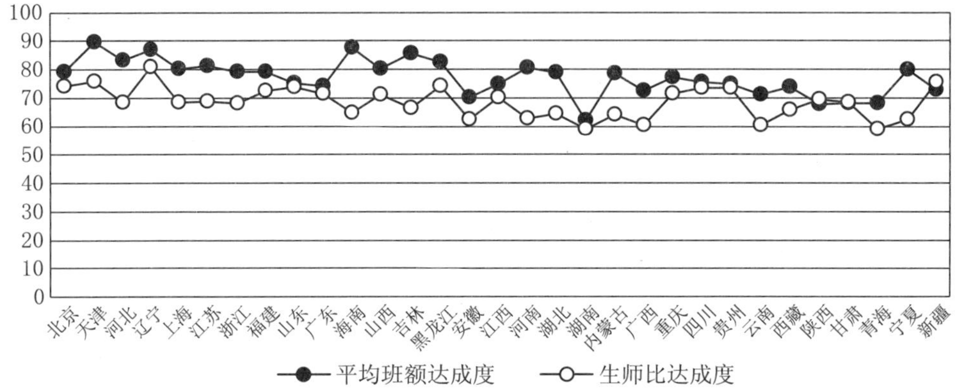


**图 5-14　2015 年我国各地区学前教育班额达成度和生师比达成度(%)**

普通高中班额过大。2015 年，全国普通高中平均班额规模高达 53 人，仅北京和上海平均班额在 40 人以下，三分之二以上的地区平均班额超过 50 人，极少数地区甚至超过 60 人。解决班额过大问题是普通高中教育发展中的一个难点，尤其需要关注中西部地区，普通高中平均班额规模已经超过 55 人，班额过大的问题势必影响普通高中教育质量的提高。

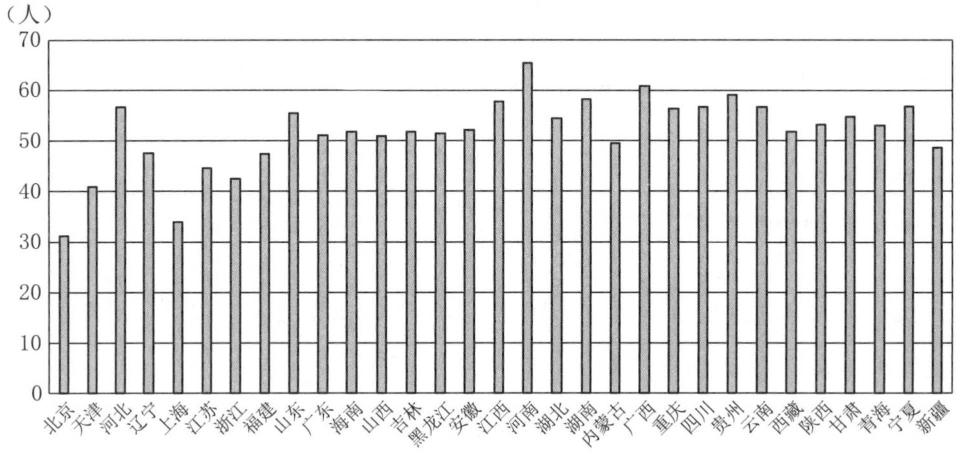


**图 5-15　2015 年我国各地区普通高中平均班额**

# 第六章

# 教育现代化动态监测：分析与讨论

# 第一节

# 基本理念探讨

教育现代化动态监测能力的提升，既是我国新时代加快推进教育现代化的重要任务，又是国家教育治理体系和治理能力现代化的内在要求，将经历一个长期努力的过程，有赖于持续深入的研究。伴随全球范围内追求包容、公平的优质教育和全民终身学习，国际组织及西方发达国家纷纷注重教育发展目标的监测，并把其视为一个国家或地区教育发展的基础能力，提出加强教育监测、问责与政策建议。本课题立足我国国情，提出了一套监测指标体系和监测方法，对监测机制建设进行了研究。研究结论为我国教育现代化监测评价提供了基础。

适应国际上从统计、描述转向价值导向、问题导向的监测趋势，明晰和把握我国教育现代化发展动态监测的基本理念，是提升教育现代化动态监测能力的前提和基础。

## 一、精准监测

精准监测，其核心要义是在教育现代化监测对象上降低层级，在监测内容上实现聚焦，让监测锁定具体的对象、内容，以便为调适政策提供清晰度高、可操作性强的信息支持。信息支持越精准，越有助于信息转化为政策改进中采信的证据。推进教育现代化，无论是促进教育公平，还是提高教育质量，都需通过精准的监测，获得可采信的证据支持。

将监测对象层级降维至学校，是精准监测的关键。学校是推进教育现代化的基本细胞单元。教育现代化越是向纵深推进，实现全面普及和更高质量发展，越是需要办好每一所学校。

同时，精准监测需要在监测内容上实现聚焦。无论是教育资源配置的要素监测，还是聚焦教育发展过程的环节监测、教育发展结果的质量监测，都存在整体描述与局部描述的结合关系，通过精准发现并分析短缺要素、薄弱环节、质量短板，寻求对整体问题有效改进的方法。教育财政投入增长和财政转移支付制度为教育资源配置提供高保障。高水平的教育资源配置需要精准监测城乡之间人口流动变化及其带来的多种资源要素需求，这既是推进教育均衡、优质发展的要求，也是提高教育经费使用效益的要求。

## 二、分类监测

分类监测，是分类指导和推进教育现代化的内在要求。

分类监测，在理念上注重体现差异发展的理念，注重推进多元的教育现代化模式，注重最大化地发挥监测的激励功能，注重科学把握中国在世界上的相对位置。基于这样的理念，对照《中国教育现代化 2035》确立的战略目标、任务与路径，分类监测主要包括如下向度。

一是区域分类监测。以往教育现代化发展的分类监测维度主要是行政区划意义上的"东部、中部、西部"分类，或者直辖市、副省级城市分类。而随着新时代国家区域发展战略的推进，京津冀协同发展、长江经济带发展、长三角区域一体化发展、粤港澳大湾区建设、海南自由贸易港建设、黄河流域生态保护和高质量发展等都成为国家战略。相伴而来的是这些区域成为教育现代化的重要支点，教育承担着更好地服务国家区域发展战略的使命。分类监测无论是对于国家推进教育现代化还是各地区推进教育现代化，都具有重要意义。区域分类监测，就是要根据全国总体实现教育现代化的目标内涵，结合各区域性支点的经济社会和教育发展状况，构建各有特色的重点监测指标体系，做强优势特色，发现并补齐短板。

二是学科专业分类监测。推动学科专业分类监测，旨在促使高等教育更好地服务和支撑经济和产业发展。只有高校对自身办学定位具有清晰的认识和理解，才能在学科专业建设过程中减少和避免盲目跟进，避免造成"平原多(学科专业布局面广点多)""高峰少(特色优势学科专业点少)"的问题。面向未来的学科专业分类监测应当基于学科专业绩效和问责，促进不同类型高校在不同层次上的合理定位，以更好地实现分类管理，形成内涵特色，打造竞争优势。这一方面有利于促进高校学科专业人才供给的多元化，降低同质化带来的低水平恶性就业竞争；另一方面有利于适应新时代经济产业转型升级的动态变化需求，为社会经济发展提供强大的人力资源支持。

三是国际比较分类监测。把握中国教育在世界上的相对位置，是教育现代化监测中不可或缺的内容向度。考量到国家之间的可比性以及比较的意义，分类的科学合理至关重要。基于我国是一个发展中的人口大国，因此按照经济发展水平、人口规模、世界区域经济体等多维度分类分析我国教育在世界上的相对位置，能够提供可比较的、更为立体的信息。按照经济发展水平的分类分析，即根据世界银行的分类，我国已属于中高收入国家，正向高收入国家发展，为此有必要将我国教育发展水平与高收入国家、中高收入国家比较分析。按照人口规模的分类分析，我国属于发展中人口大国，将我国教育发展和人力资源开发水平与其他发展中人口大国、非发展中人口大国比较分析，这种分类监测能够看出我国教育发展取得的成就。按照世界区域经济体的分类分析，世界区域经济体包括经合组织、二十国集团、金砖五国等,分析我国在这些区域经济体中的相对位置,能够更多维度地判断我国教育现代化发展状况。

## 三、 深度监测

人的现代化是教育现代化的核心。新时代推进的教育现代化是更加注重面向人人,更加注重终身学习的现代化,是更加注重共建共享,更加注重融合发展的现代化。这必然要求坚持以人民为中心,开展教育现代化的深度监测。概括而言,深度监测指向学习者的现代化以及深层次的影响因素。

深度监测不仅关注学习机会的公平,而且关注学习过程与结果的公平。新中国成立七十多年来,我国各级各类教育的普及与公平取得了举世瞩目的成就,“有学上”的问题已经得到解决。无论是城市中存在的社会教育焦虑,还是连片特困地区的教育扶贫,都有赖于教育过程质量监测并积极促进教育结果公平。在关注学习机会公平的基础上更加关注学习过程公平与结果公平,是深入推进教育公平的内在需要。与学习机会公平相比,学习过程公平与结果公平的影响因素更为内隐,因而,深度监测的难度相对更大。

深度监测既关注学习资源获得的丰富性、便捷性和效用程度,又关注人才培养的适应性。伴随信息技术的快速发展与应用、社会教育资源向学校的开放程度提高,学习资源的丰富性和获得的便捷性在提高,但深度监测更为关注信息技术应用的深度、社会教育资源教育意义的挖掘深度。实践表明,信息技术应用形式多样,应用时间与应用深度之间并非线性关系,教育信息化投入大幅增长的同时未必同步推动学与教的转型,学与教的转型关键在于推动信息技术与教学的深度融合,提升教师的信息化应用水平,引导教师开展个性化教学和指导。社会教育资源的利用同样面临着形式次数与教育效用的矛盾,从学生体验感知的角度监测社会教育资源利用变得重要。而在人才培养的适应性上,全球竞争对人才培养质量提出新目标,而深度监测的重点是加强人力资源需求的分析,获得行业企业对毕业生质量和紧缺人才可获得程度的信息,及时动态掌握人才培养数量、质量与结构满足经济社会发展需要的程度。

深度监测高度关注学习环境与教育生态的优化。教育发展不是孤立于社会存在的,而是受家庭经济社会背景、社会资本的影响。《中国教育现代化 2035》提出更加注重融合发展,其实质内涵是推动教育向社会开放、向产业开放,推进产教融合、科教融合、军民融合,推动学校教育、社会教育、家庭教育有机结合,促进人才培养链与产业链、创新链有效衔接。因此,深度监测尽管指向学生发展,但家庭与社会是学生成长的重要环境。在教育现代化进程中,无论是城市学生还是农村学生,无论是大学生还是中小学生和幼儿,都需要良好学习环境与教育生态的支持。经合组织国家推动幼小衔接质量提升，其重要路径便是创造良好的家庭与社会支持环境，并对儿童发展与表现开展监测。由于不同学习群体所处的学习环境现状、面临的学习环境与教育生态优化需求不同，并且新型城镇化和家庭结构处于动态变化之中，公共政策环境也在发生变化，因而深度监测具有一定的复杂性。

## 第二节

## 方法技术转向分析

创新监测评价方法与技术，是提升教育现代化动态监测能力的有效路径。伴随国家和地区教育监测方法研究的深入，以及先进信息技术助力教育监测，教育现代化动态监测在方法技术上正在经历三个转向：从教育统计数据为主的监测转向整合多源数据的监测；注重信息化赋能，从基于传统数据库的监测转向基于决策支持系统的监测；注重关联分析，从强调数据分析转向突出政策调适。

### 一、整合多源数据

整合多源数据旨在形成证据链，进而提高教育现代化监测数据的解释力。为了使监测指标体系更好地反映我国教育现代化发展的深刻内涵，数据收集从总体上要有比较完整、多元的方式方法，全面、深入、多元地收集数据与信息，以真实反映我国和各地区教育现代化发展状况，保证监测评价的科学性和人性化。教育现代化监测评价作为一项国家制度，高质量的数据收集和数据管理是科学监测的基础。根据国际经验和中国国情，数据收集要发挥相关部门、地区、专业机构及专家的作用，多渠道、连续性收集数据和信息。

运用法定统计数据是教育现代化动态监测指标数据收集的主要方法。其前提是：教育现代化监测指标体系中每一个指标的含义以定量方式为主来描述，并明确计算公式、指标功能、适用范围、数据来源和测算说明。法定统计数据是指标测算的主要数据依靠。统计数据在来源上以教育部统计报表数据为主，同时包括收集教育部相关专项统计数据、国家统计局和其他部委的人口及经济社会方面的普查或专项统计数据，以及国际比较的统计数据。统计报表数据是按照国家统一规定的表式、统一的指标项目、统一的报送时间，自下而上，逐级定期提供的基本统计资料，具有统一性、全面性、周期性、可靠性等特点。专项统计数据是对统计报表数据的重要补充或深化，有利于教育现代化监测的相关因素分析。国际比较数据的重要来源则是世界银行、联合国教科文组织、经合组织等国际机构公开的统计数据，可以用来描述中国教育在世界上的相对位置。

由于教育现代化动态监测指标涉及多项领域，有些指标无法通过统计数据获得，需要借助抽样调查的方法。问卷调查在国际组织的各类监测中得到越来越多的应用（见表 9-1）。与常规统计相比，问卷调查的优势在于可以收集态度（如认可度、参与度、满意度）、行为（如地区采取的政策和改革的举措、学校办学的行为）方面的信息。指向促进教育改革和发展的现代化监测，既要收集教育发展结果性的信息（如教育满意度、紧缺人才可获得程度），又要收集影响教育发展的政策、实践过程和环境信息（如教育均衡发展的举措、家长参与学校管理的程度等）；既要广泛收集面上的信息，又要有重点地收集当前社会各方特别关心的点的信息，以及体现政策法规、制度、政策、文件、教育改革与创新的典型案例及实物等。作为国家层面的教育现代化监测，通过问卷调查收集信息，需要对抽样方法、样本总量和样本分布进行科学设计。

**表 6-1　国际组织进行教育监测的情况**

| 项　　目 | 监测指标 | 监测方法 | 结果应用 |
|---|---|---|---|
| 世界经济论坛：《全球竞争力报告(2019)》 | 全球竞争力指数包含 12 项支柱。其中“技能”支柱围绕现有劳动力教育、技能与未来劳动力教育、技能，下设 9 项教育指标。 | 每项指标采取 0—100 分的计分制度，可以展示一个经济体距离理想状态或者“满分”竞争力之间的差距。 | 世界经济论坛发布年度报告。 |
| 联合国教科文组织：《全民教育全球教育监测报告(2019)》 | 2018 年起纳入可持续发展 4 项新指标，指标数达到 33 项。包括：初等教育和中等教育，幼儿教育，职业教育、高等教育和成人教育，工作技能，公平，识字和算术，可持续发展和全球公民意识，教育设施和学习环境等。 | 将移民和难民纳入标准通用调查。信息收集与结果分析由全球教育监测报告小组全权负责。 | 以出版物形式，向社会公开呼吁各国政府关注弱势群体子女教育。 |
| 瑞士洛桑国际管理学院：《2019 年世界竞争力年报》 | 包括“经济表现”“基础建设”“政府效率”“营商效率”。“基础建设”包含教育支出占 GDP 百分比、女性劳动者比率、境外高技术人才、个人所得税率、国际学生和 PISA 测试等。 | 2019 年全球受评估的经济体共 63 个，采用量化与质性考核结合的方法，利用“高管意见调查”测量不可量化的部分指标。 | 发布《世界竞争力年报》，评估世界经济体发展，引导实践商业模式和整个社会的转型。 |

续表

| 项　目 | 监测指标 | 监测方法 | 结果应用 |
|---|---|---|---|
| 经合组织：教师教学国际调查（TALIS，2018） | 结合政策问题确定15个指标领域。2018年调查在扩展学校领导、专业发展主题的基础上，纳入创新学校、课堂实践、保证课堂公平和多样性主题。 | 采用问卷调查法。按规模大小成比例概率抽样。2018年收集48个国家近1.5万所学校超过26万名教师和学校领导的数据。 | 便于国家（地区）间进行教师发展方面的数据比较及教育政策的重心转移。 |

资料来源：根据相关国际组织官方网站资料整理。

同时，随着深度监测需求的提出，将统计数据、调查数据以及学业质量数据进行整合变得日益重要。整合的过程，是多源基础性数据转化成为支持教育决策证据的过程。整合的方法有两种，一种是化为指数的方法，即根据各个指标分值采用逐层加权求和法计算得到教育现代化分项指数，以及根据各分项指数值和各分项指数权重求和计算得到教育现代化综合指数。这种方法的优点在于给教育决策者提供直观清晰的反映现代化进程的证据。另一种是混合解释的方法，即以一种类型的基础性数据为主来分析现代化进程，并借助其他类型的数据予以补充或进一步解释，丰富和深化监测数据。这种方法的优点在于更为透彻深入地分析教育现代化发展状况，适用于教育现代化专题监测分析。

## 二、注重信息化赋能

信息化赋能教育监测，正在成为全球教育监测发展的重要趋势。在加快信息化时代教育教学变革的背景下，我国教育现代化监测评价开辟了一条基于教育决策支持系统开展教育现代化监测的道路。教育决策支持系统既是大数据时代的产物，又是政府探索教育决策、规划与监测方式的产物，是充分运用现代信息技术手段，打破数据壁垒，集成多源基础性数据的综合服务平台，为教育动态监测提供了数据挖掘与分析的基础，在监测报告形成、实时多维度查询数据方面大幅提高便捷度和效率。

信息化赋能教育现代化动态监测的路径，主要在于时间维度和空间维度证据的整合与可视化。在时间维度的证据整合上，基于教育决策支持系统开展教育现代化动态监测的优势在于实现历史数据与预测数据的联结，并把教育现代化发展进展指数数据与影响因素信息整合起来。经过研究开发，我国已经初步建成了基于教育决策支持系统的教育现代化专题监测平台，并在形成教育现代化监测国家报告、地区报告、国际比较报告和专题监测报告中发挥了重要作用。面向2020年、2022年和2035年，教育现代化是一个不断发展的过程，教育现代化专题监测信息化平台的意义将日益凸显，表现为时间维度证据整合的累积效应的增加，有助于实现动态跟踪式监测和教育现代化发展连续性。而在空间维度的证据整合上，其优势是实现教育数据与区域经济社会发展数据的联结，形成各区域教育现代化发展进程综合指数与分项指数及核心指标水平表现，并通过地理信息系统(GIS)技术立体生动地呈现出来，这将为中央和地方共同推进教育现代化发展，为不同区域找准教育现代化发展的短板、优势、特色和着力点提供证据支持。

运用好教育决策支持系统来开展教育现代化动态监测，既需要增强大数据意识，同时更需要具有正确科学的数据观、技术观、大教育观、动态监测观，深入把握教育现代化精准监测、分类监测、深度监测的需求，坚持问题导向和目标导向相结合，增强教育现代化与经济社会发展紧密关联的意识。没有正确科学的观念意识和对教育现代化发展规律的把握，信息化赋能就缺少了最重要的条件，甚至偏离教育现代化发展的目标与方向。

## 三、 强化关联分析

强化关联分析，是普遍联系观点在教育现代化监测中的应用。这是由教育现代化发展的规律和使命决定的。教育现代化发展水平越高，教育与经济社会发展的联系就越紧密，全社会共同参与教育治理的程度越深。《中国教育现代化 2035》明确指出，加快推进教育现代化，将紧紧围绕统筹推进“五位一体”总体布局和协调推进“四个全面”战略布局，以服务中华民族伟大复兴作为重要使命，实现教育理念、体系、制度、内容、方法与治理的转变。这决定了教育现代化动态监测的视野是国民经济与社会发展大局，在方法上强化关联分析方法。

强化关联分析，实质是突出政策和改革取向。用核心指标进行教育现代化动态监测，其根本目的并不是给出一个基于指标体系的指数量化结果，对各地区在全国的位次及其变化作出量化定位，而是动态把握教育现代化进展与成就、存在的问题与短板，尤其是薄弱环节、区域的阻碍因素，为政策调适和问题解决提供支持。为此，站在为政策调适提供有用证据的高度，有必要通过应用指标—因素的关联分析方法，克服单一指标分析存在的局限性，厘清影响指标表现的影响因素，从而增强监测结果的解释力，提高指数的评价功用。

指标—因素关联分析方法主要有三种类型。一是指标—指标关联分析。这种关联分析旨在还原教育现代化核心指标与教育事业发展的因素关系，在教育现代化指标体系中进行指标之间的比对，寻找发展相对弱或强的指标，分析关键指标对指数提高的贡献率，发现指标之间的关联，提高监测的深度。如果把生师比、教师高一层次学历、接受培训教师比例等指标进行比较、筛选和挖掘，则有助于教师队伍建设横向的深度监测分析。二是指标—经济社会因素关联分析。这是应用关联分析方法的关键，旨在还原教育现代化核心指标与经济社会发展因素的关系，通过监测促进教育与经济社会发展更为紧密关联。在国家现代化进程中，无论是把高等教育理工类学生比例与三次产业结构关联起来分析，还是把医学类学生比例与医疗卫生事业发展水平结合起来分析，都有着重要意义。这种关联分析有助于深度分析高等教育和职业教育的学科专业结构、紧缺人才可获得率、留学生数等指标，能够从深层次上揭示教育现代化指标的内涵，促进人才培养适应性水平的提升。三是指标—教育改革因素关联分析。这种关联分析旨在还原教育现代化核心指标与政府转变职能、深化教育综合改革因素的关系，主要应用于各级各类教育现代化专题监测。应用上述三种关联分析方法的关键是，以系统方法论为指导，扎根教育现代化丰富生动的实践，并基于数据挖掘和专家判断来寻找主次因素。

## 第三节

## 监测结果的运用

提高监测结果应用水平，是提升教育现代化动态监测能力的重要落脚点。重监测、轻应用，重数据分析、轻政策调适，都不利于持续推进教育现代化发展。没有监测结果应用这个“临门一脚”，监测数据转化为决策证据的过程就没有完成。提高监测结果应用水平，本质上就是要提高监测证据的采信程度。

教育现代化监测结果应用机制，核心是依据监测结果建立推进教育现代化发展的制度。这需要中央和地方政府分担不同职责，形成合力，把促进国家和各地教育现代化协调发展作为落脚点。

构建教育现代化监测结果应用机制，问题预警与政策调适是关键。问题预警，即对照教育现代化发展目标，选择预警指标，判别预警结果，发布预警信息，准确发现并分析教育现代化推进中的问题，及时主动回应人民群众的需求，明晰各级政府的责任、学校的责任，强化各级政府和学校针对监测预警问题的反应能力。政策调适，即从全国和地方两个层面，基于监测结果明确未来加强的重点领域和改进的薄弱环节，为形成、设计解决问题方案，包括实现目标的路线图、时间表和任务书提供科学依据。各级政府要把教育现代化监测评价结果作为完善教育政策措施、加强教育宏观管理的重要参考，作为评价考核地区教育现代化发展状况的主要依据。中央指导地方正确运用评价结果，改进教育政策，发挥以评促建的作用。对于在教育现代化推进进程中存在困难的地方，国家给予帮助和扶持。智库和专业机构运用监测数据和结果开展专题研究，针对教育现代化发展的重点、难点问题进行深度监测分析，为教育决策提供支持。

# 附录

## 附录1 技 术 报 告

### 一、 主要监测指标说明

指标体系有一个逐步完善的过程。鉴于认识和实际情况等方面的限制，研究专题组在专门的课题研究中设立重要专题，为逐步完善指标体系创造条件。比如，在反映教育质量、教育结构、终身教育体系建设等重要方面，试图通过边研究、边完善的办法，不断增强指标体系的完整性和系统性。

本研究在教育现代化进程监测评价指标体系中选择可操作、国际国内都有的部分核心指标进行监测分析评价。在40个核心指标中选了12个进行国际比较，涉及有可比性的系统数据的国家和地区共有149个，国内监测选了32个核心指标，另有一批环境支持指标数据结合分析，以增强指标的可说明性、合理性和解释力。

#### （一）关于主要监测指标的总体说明

监测评价报告主要指标以统计数据为基础，得到了教育部各司局、国家统计局的大力支持，同时在31个地方教育行政部门的支持下，掌握了各地各级教育规模、入学率水平数据；国际比较数据来源于联合国教科文组织和世界银行公布的年度统计数据；经过系统梳理，形成了年度监测评价的数据框架。

**1. 确定指标数据时间范围**

为了更为全面地反映我国教育发展的历史轨迹，也为预测及规划未来发展提供基础，专题组对2000年以来的各级各类教育发展进行了相关指标历史数据的全面系统梳理，确定2010年为教育现代化监测评价的基期时间，2014年作为本次监测评价分析的报告期。从四个方面的指标来看，大部分指标的历史数据是2000年至2014年的年度数据，而教育和人力资源规划目标则是选择2000年第五次全国人口普查和2010年第六次全国人口普查两个年份的数据，为分析我国教育发展趋势提供依据。

**2. 统一指标数据标准**

考虑到指标数据来自教育部不同业务司局以及指标自身的统计口径在全国和地区维度

上的差异，基于数据框架的系统性、一致性以及指标用于监测的目的性，专题组统一了指标数据的标准。

关于地区合计值和全国值的说明。用于国内监测评价的全国和东部、中部、西部指标数据以省（直辖市、自治区）为单位汇总而成，在全国和各地区监测报告中全国和东部、中部、西部的值为地区合计值，受限于指标本身统计数据的局限性，部分指标的地区合计值不等于全国值。

统一东部、中部、西部分类标准。教育事业发展统计数据与部分司局（如财务司）数据使用的东部、中部、西部区域分类存在着细微的差异，在 2015 年度监测报告中均使用教育事业发展统计数据的分类，并由该分类中的地区合成东部、中部、西部指标值。东部地区包括：北京、天津、河北、辽宁、上海、江苏、浙江、福建、山东、广东、海南；中部地区包括：山西、吉林、黑龙江、安徽、江西、河南、湖北、湖南；西部地区包括：内蒙古、广西、重庆、四川、贵州、云南、西藏、陕西、甘肃、青海、宁夏、新疆。

### 3. 世界各国分析数据整理与测算

世界各国分析数据来源于联合国教科文组织和世界银行公布的年度统计数据，鉴于世界各国指标数据在年度之间相对离散，难以构成系统性的数据分析框架。为了对我国教育发展水平在国际上的位置有个较为明晰的判断，专题组通过对 2000 年以来的世界各国数据的梳理，根据研究需要进行了数据处理，尽可能保证世界各国数据的完整性，形成了包含各大洲主要国家、共计 149 个国家的国际比较数据分析框架，同时按照国际标准分类对指标数据划分维度，包括高收入国家、中等收入国家、低收入国家、经合组织成员国、二十国集团国家、八国集团国家、九个发展中人口大国、金砖国家等多个维度，为研究、确定我国教育发展水平在国际坐标中的位置奠定数据基础。

## （二）国内主要监测指标说明

用于国内监测评价的核心指标共计 32 个，其中普及与公平方面使用了 9 个，结构与质量方面使用了 9 个，条件与保障方面使用了 8 个，服务与贡献方面使用了 6 个。

普及与公平：学前教育毛入学率、九年义务教育巩固率、高中阶段教育毛入学率、高等教育毛入学率、继续教育参与率、进城务工人员随迁子女公办学校就读比例、残疾青少年受教育水平、家庭经济困难学生资助比例、家庭经济困难学生资助水平。

结构与质量：学生体质健康水平、班额达标率、高水平学科数、民办教育发展水平、学历教育开放水平、来华留学生数、高校学生出国留学人数、高校聘请外籍教师和研究人员数、高校具有海外工作学习经历教师比例。

条件与保障：生师比、专任教师学历水平、接受培训教师比例、职业教育双师型教师比例、教育总经费占 GDP 比例、公共财政预算教育经费占公共财政支出比例、基本办学条件达标学校比例、信息化配备水平。

服务与贡献：高校毕业生初次就业率、职业教育对口就业率、高校社会服务能力、劳动力受教育水平、人均受教育年限、文盲率。

**表 1　2015 年全国和各地区监测评价指标**

| 方　面 | 序号 | 核　心　指　标 |
|---|---|---|
| 普及与公平 | 1 | 学前教育毛入学率 |
| | 2 | 九年义务教育巩固率 |
| | 3 | 高中阶段教育毛入学率 |
| | 4 | 高等教育毛入学率 |
| | 5 | 继续教育参与率 |
| | 6 | 随迁子女公办学校就读比例 |
| | 7 | 残疾青少年受教育水平 |
| | 8 | 家庭经济困难学生资助比例 |
| | 9 | 家庭经济困难学生资助水平 |
| 结构与质量 | 10 | 学生体质健康水平 |
| | 11 | 班额达标率 |
| | 12 | 高水平学科数 |
| | 13 | 民办教育发展水平 |
| | 14 | 学历教育开放水平 |
| | 15 | 来华留学生数 |
| | 16 | 高校学生出国留学人数 |
| | 17 | 高校聘请外籍教师和研究人员数 |
| | 18 | 高校具有海外工作或学习经历教师比例 |
| 条件与保障 | 19 | 生师比 |
| | 20 | 专任教师学历水平 |
| | 21 | 接受培训教师比例 |
| | 22 | 职业教育双师型教师比例 |
| | 23 | 教育总经费占 GDP 比例 |
| | 24 | 公共财政预算教育经费占公共财政支出比例 |
| | 25 | 基本办学条件达标学校比例 |
| | 26 | 信息化配备水平 |

续表

| 方　面 | 序号 | 核　心　指　标 |
| --- | --- | --- |
| 服务与贡献 | 27 | 高校毕业生初次就业率 |
| | 28 | 职业教育对口就业率 |
| | 29 | 高校社会服务能力 |
| | 30 | 劳动力受教育水平 |
| | 31 | 人均受教育年限 |
| | 32 | 文盲率 |

### 1. 学前教育毛入学率

学前教育毛入学率，是指学前教育在园(班)幼儿数(不考虑年龄)占 3—5 岁年龄组人口数的百分比。该指标反映国家及各地为适龄儿童提供学前教育入学机会的总体水平。

指标公式:学前教育毛入学率(%) = 学前教育在园(班)幼儿数/3—5 岁年龄组人口数×100。

测算说明:在用于全国和各地区监测评价时，全国为地区合计值，并不等于全国值。

### 2. 九年义务教育巩固率

九年义务教育巩固率，是指初中毕业班学生数占该年级入小学一年级时学生数的百分比。该指标提供义务教育阶段学生变动情况的综合信息，能够监测义务教育的内部效益。

指标公式:九年义务教育巩固率(%) = 初中毕业班学生数/该年级入小学一年级时学生数×100。

测算说明:九年义务教育巩固率数据来源于教育事业发展统计数据。

### 3. 高中阶段教育毛入学率

高中阶段教育毛入学率，是指普通高中、中等职业教育在校生数占 15—17 岁年龄组的人口数的比例。该指标是我国教育事业统计常用指标，也是联合国教科文组织《全球教育摘要》、经合组织《教育概览》等常用指标，反映高中阶段教育的普及程度，体现高中阶段教育发展水平。

指标公式:高中阶段教育毛入学率(%) = 高中阶段在校生总数(普通高中 + 成人高中 + 中等职业学校)/15—17 岁年龄组人口数×100。

测算说明:

(1) 高中阶段教育在校生为普通高中、中职、成人高中在校生数，来源于教育事业发展统计数据。

(2) 15—17 岁年龄组人口数来源于国家统计局人口普查数据。

(3) 在用于全国和各地区监测评价时,全国为地区合计值,并不等于全国值。

### 4. 高等教育毛入学率

高等教育毛入学率,是指高等教育在学人数占 18—22 岁年龄组人口数的比例。该指标是我国教育事业统计常用指标,也是联合国教科文组织《全球教育摘要》、经合组织《教育概览》等的常用指标,反映高等教育总体入学机会,体现高等教育普及水平。

指标公式:高等教育毛入学率(%)= 高等教育在学人数/18—22 岁年龄组人口数×100%。

测算说明:

(1) 高等教育在学人数包含普通高等教育本专科在校生、全日制和在职人员攻读的研究生、成人本专科生、网络本专科生、自学考试毕业人数和军事院校本专科在校生数,按一定的权重折合而成。

(2) 18—22 岁年龄组人口数来源于国家统计局人口普查数据。

(3) 测算各地高等教育毛入学率时,2000 年以来的高等教育在学人数包含了部属高校学生数,不包含自考生、军事院校学生、网络本专科学生和电视大学学生。

(4) 在用于全国和各地区监测评价时,全国为地区合计值,并不等于全国值。

### 5. 继续教育参与率

继续教育参与率,是指从业人员参与继续教育人数占从业人员总数的比例。该指标是《国家中长期教育改革和发展规划纲要(2010—2020 年)》和教育"十二五"规划提出的教育事业发展主要指标,也是经合组织《教育概览》抽样调查指标,反映继续教育水平和学习型社会建设水平,一定程度上体现教育普及程度。

指标公式:继续教育参与率(%)= 参与继续教育的从业人员数/从业人员总数×100。

测算说明:

(1) 继续教育包含职业导向的非学历继续教育、学历继续教育、生产技能、生活知识等方面的教育与培训内容,数据来源于全国教育事业统计及人保等其他有关统计及调查数据,主要用于全国监测评价。

(2) 参与继续教育的从业人员数是依据每年接受规定教育培训时间的人数(按每人每年累计不少于 12 天或 72 学时,计算参与各种形式继续教育的从业人员数)。

### 6. 随迁子女公办学校就读比例

随迁子女公办学校就读比例,是指义务教育阶段就读的进城务工人员随迁子女中在公办学校就读学生所占的比例。该指标可以评价进城务工人员随迁子女就读“以流入地政府为主，以公办学校为主”的“两为主”政策贯彻落实情况，衡量各地公共教育服务水平、教育公平和普及程度。

指标公式：进城务工人员随迁子女在公办学校就读比例（%）= 进城务工人员随迁子女在公办学校就读学生人数/随迁子女在校生总数×100。

指标分解：随迁子女在公办学校就读比例反映义务教育阶段进城务工人员随迁子入学情况，可分解为小学进城务工人员随迁子女在全日制公办学校就读入学比例和初中进城务工人员随迁子女在全日制公办学校就读入学比例。

测算说明：测算数据来源于全国教育事业统计。

### 7. 残疾青少年受教育水平

残疾青少年受教育水平，是指接受教育的残疾青少年在校生占应接受教育残疾青少年总数的比例。该指标可以评价《国家中长期教育改革和发展规划纲要（2010—2020 年）》所提出的全面提高残疾儿童少年义务教育普及水平的实现程度，衡量残疾青少年接受教育的情况，反映教育公平和基本公共教育服务的保障水平。

指标公式：残疾青少年义务教育入学率（%）= 接受义务教育残疾青少年在校生数/应接受义务教育残疾青少年总数×100。

测算说明：

（1）数据来源于全国教育事业统计；残联、民政部门统计。

（2）接受某级教育残疾青少年在校生数，包括在特殊教育学校就读的学生和随班就读的残疾学生。

（3）残疾学生包括听力残疾、视力残疾、智力残疾和其他残疾的学生。

（4）残疾青少年受教育水平主要用于全国监测评价。

### 8. 家庭经济困难学生资助比例

家庭经济困难学生资助比例，是指家庭经济困难学生中接受资助学生所占的比例。该指标反映家庭困难学生接受资助的覆盖程度，体现教育公平、普及以及保障程度；也有助于推动地方各级政府提高家庭经济困难学生资助水平，促进教育公平。

指标公式：家庭经济困难学生资助比例（%）= 受资助的家庭经济困难学生人数/在校家庭经济困难学生总数×100。

指标分解：将家庭经济困难学生资助比例按各级各类教育分解，用以反映指标数据代表的各级各类教育的水平。本测算使用的指标为小学家庭经济困难学生资助比例、初中家庭经济困难学生资助比例、普通高中家庭经济困难学生资助比例、中职学校家庭经济困难学生资助比例、普通本专科家庭经济困难学生资助比例。

测算说明：

（1）数据来源于全国学生资助管理中心。

（2）各地区学前教育家庭经济困难学生资助比例本课题研究进行时尚无数据，不计入家庭经济困难学生资助比例指标合成。

（3）东部、中部、西部地区合计值按照教育事业统计分类重新测算。

（4）在用于全国和各地区监测评价时，全国为地区合计值，并不等于全国值。

### 9. 家庭经济困难学生资助水平

家庭经济困难学生资助水平，是指受资助的家庭经济困难学生的资助额占完成年度学业基本成本的比例。该指标反映困难学生的资助强度，体现教育公平、普及以及保障程度。

指标公式：家庭经济困难学生资助水平（%）= 家庭经济困难学生年度平均资助金额/家庭经济困难学生完成年度学业所需基本成本×100。

指标分解：家庭经济困难学生资助水平按各级各类教育分解，可分解为学前教育家庭经济困难学生资助水平、小学家庭经济困难学生资助水平、初中家庭经济困难学生资助水平、普通高中家庭经济困难学生资助水平、中职学校家庭经济困难学生资助水平、普通本专科家庭经济困难学生资助水平。

测算说明：

（1）数据来源于全国学生资助管理中心。

（2）全国评价时，家庭经济困难学生完成年度学业所需基本成本按全国平均数计算；省级评价时，按当地平均数计算。

（3）测算时对部分地区资助水平超过100%的数据按100%处理。

（4）在用于全国和各地区监测评价时，全国为地区合计值，并不等于全国值。

### 10. 学生体质健康水平

学生体质健康水平，是指参加国家学生体质健康测试达到优良等级学生人数占参加测试学生总数的比例。衡量学生身体素质，反映教育质量。

指标公式：学生体质健康优良比例（%）= 参加国家学生体质健康测试达到优良等级的人数/参加测试的总人数×100。

指标分解：学生体质健康水平按各级各类教育分解，可分解为小学学生体质健康水平、初中学生体质健康水平、普通高中学生体质健康水平、中等职业学校学生体质健康水平、普通高校学生体质健康水平。

测算说明：数据来源于全国教育事业统计。

### 11. 班额达标率

班额达标率是指达到规定班额标准的班级数占总班级数的比例。进行国际比较时，用国际常用的“平均班额”指标进行分析。

指标公式：班额达标率（%）= 达到规定班额标准的班级数/班级总数×100。平均班额（人/班）= 在校生总数/总班级数。

测算说明：

（1）数据来源于全国教育事业统计。

（2）2014 年暂无班额达标率数据，国内监测评价时使用了平均班额作为替代指标进行监测评价。

指标分解：平均班额按各级各类教育划分可分解为学前教育平均班额、小学平均班额、初中平均班额、普通高中平均班额。

### 12. 高水平学科数

高水平学科数，是指高校进入基本科学指标数据库（ESI）前 1%的学科总数、高校通过认证的工程类学科专业点数、高影响力科学引文索引（SCI）论文比例的合成指标。该指标是引导高校提高学科发展水平的重要导向性指标，体现高校学科发展水平，反映高等教育质量。

指标公式：

高校进入 ESI 前 1%学科总数 = 高校各学科进入世界 1%学科数量的总和。

高校通过认证的工程类学科（专业）点数 = 高校工程类学科（专业）点数中通过认证的学科（专业）点总数。

高影响力 SCI 论文比例（%）= 高校年度发表在 1 区和 2 区 SCI 的论文（篇）/高校所有 SCI 论文（篇）总数×100。

测算说明：

（1）数据来源于教育部高教司、科技司、科技发展中心的统计数据。

（2）在试测高影响力论文比例的同时，可考察论文的 H 指数，并确定是否、以何种权重参与计算和评价。

（3）根据对高水平学科的重要性程度，给予三个方面一定权重，综合进行加权计算。

(4) 高水平学科数主要用于全国监测评价。

### 13. 民办教育发展水平

民办教育发展水平是指民办学校在校生数占在校生总数的比例、民办学校生均经费总支出、民办学校财政支持程度的合成指标。体现民办教育发展规模、办学条件、保障水平和政府支持力度。

指标公式:

民办学校在校生占在校生总数的比例(%)=民办学校在校生数/公办学校与民办学校在校生总数×100。

民办学校生均经费总支出(元)=民办学校教育经费总支出/民办学校在校生数。

民办学校财政支持程度=民办学校公共财政预算教育拨款占公共财政预算教育拨款的比例/民办学校在校生占在校生总数比例。

测算说明:数据来源于全国教育事业统计和中国教育经费统计。

指标分解:

民办学校在校生比例按各级各类教育划分可分解为民办幼儿园在园幼儿比例、民办小学在校生所占比例、民办初中在校生所占比例、民办普通高中在校生所占比例、民办中等职业学校在校生所占比例、民办高校在校生所占比例。

### 14. 学历教育开放水平

学历教育开放水平,是指中等职业教育和高等教育体系中,可通过学分互认、弹性学制、灵活多样的非全日制形式接受学历教育的毕业生比例。该指标反映教育体系开放程度,体现教育普及水平,体现终身学习社会建立的实现程度。

指标公式:以非全日制形式接受学历教育毕业生比例(%)=以非全日制形式接受学历教育的毕业生数/学历教育毕业生总数×100。

测算说明:数据来源于全国教育事业统计。非全日制形式接受学历教育的学生是指通过网络、函授、业余大学、自学考试等形式接受学历教育的学生。

指标分解:学历教育开放水平指标可分解为非全日制形式学历教育中职学校毕业生比例、非全日制形式学历教育高校毕业生比例。

### 15. 来华留学生数

来华留学生数,是指普通高校接收的各级各类外国留学生人数。该指标反映教育国际化程度、教育开放水平和国际吸引力,是提高教育国际化水平的重要导向性指标。

指标公式:来华留学生数(人)=非学历教育留学生数+学历教育留学生数。

测算说明：2015 年度监测评价使用了教育事业发展统计数据，与教育部国际司统计数据相比，大约占 1/2 弱。测算来华留学生数时，可结合全国普通高校在校生规模进行分析。

### 16. 高校学生出国留学人数

高校学生出国留学人数，是指普通高校学生在学期间出国攻读学历教育和进行交流学习的学生数。该指标反映教育国际化程度、教育开放水平和多种途径的人才培养方式，是提高教育国际化水平的重要导向性指标。

指标公式：高校学生出国留学生人数（人）= 学历教育留学生人数 + 交流学习留学生人数。

测算说明：数据来源于教育部国际司统计数据及其他相关部门统计数据，出国留学生数包括全国普通高校在校学生，含长短期公派和自费等各种方式派出的留学人员。

### 17. 高校聘请外籍教师和研究人员数

高校聘请外籍教师和研究人员数，是普通高校聘请外籍教师比例以及接受外籍合作研究访问学者、外籍博士后研究人员和聘用外籍专家人次的合成指标。该指标衡量教育国际化程度和开放水平，反映高校的人才吸引力、科学研究水平和国际竞争力。

指标公式：

高校聘请外籍教师的比例（%）= 普通高校聘请外籍教师数/专任教师数 × 100。

高校接受外籍人员合作研究人次（人次）= 普通高校接受外籍合作研究访问学者数 + 外籍博士后研究人员数 + 聘用外籍专家数。

测算说明：

（1）数据来源于全国教育事业统计和教育部科技司等相关数据。

（2）在测算地区普通高校聘请外籍教师人数比例时，将部属高校按所在地统计口径纳入地区统计。

### 18. 高校具有海外工作或学习经历教师比例

高校具有海外工作或学习经历教师比例，是指普通高校具有海外学习、研究或工作经历的专任教师占专任教师总数的比例。该指标反映教育国际化程度、教育开放水平和国际交流程度，是提高教育国际化水平的重要导向性指标。

指标公式：高校具有海外工作或学习经历教师比例（%）= 在海外工作或学习一年及以上专任教师人数/专任教师总数 × 100。

测算说明：数据来源于全国教育事业统计，在海外工作或学习一年及以上的专任教师，包括通过国家公派、单位公派等形式出国学习、工作、访学的普通高校专任教师人数。

### 19. 生师比

生师比，是指某学年内某级教育中每位专任教师平均所教的学生数。该指标可用于反映教师数量充足程度，该指标值越高，表明每位教师平均所教的学生越多；相反，生师比越小，表明平均每位教师所教的学生越少。

指标公式：生师比＝某一级教育在校生总数/该级教育专任教师总数。

指标分解：将生师比按各级各类教育分解，用以反映指标数据代表的各级各类教育的水平，可分解为幼儿园生师比、小学生师比、初中生师比、普通高中生师比、中等职业学校生师比、普通高校生师比。

测算说明：

（1）各级各类教育生师比数据均来源于教育事业统计报表。

（2）普通高校生师比的在校生数和专任教师总数为折合数。

### 20. 专任教师学历水平

专任教师学历水平，是指高于国家规定学历要求的专任教师数占专任教师总数的比例。该指标反映教师素质水平，体现教育条件保障及质量水平，是国家、地区常用统计指标。

指标公式：专任教师学历水平（%）＝高于规定学历专任教师数/专任教师总数×100。

指标分解：将专任教师学历水平按各级各类教育分解，可分解为小学高于规定学历专任教师比例、初中高于规定学历专任教师比例、普通高中高于规定学历专任教师比例、中职学校高于规定学历专任教师比例。

测算说明：数据来源于全国教育事业统计，高于规定学历是指小学为专科及以上，初中为本科及以上，普通高中和中职学校为研究生及以上；鉴于中职学校研究生学历教师比例较低，测算时也分析中职学校本科及以上学历教师所占比例。

### 21. 接受培训教师比例

接受培训教师比例，是指按规定每年接受一定学时以上培训的专任教师占专任教师总数的比例。该指标体现教育条件与保障，反映教师教育教学能力及质量水平，也是世界银行教育数据库统计指标。

指标公式：接受培训教师比例（%）＝每年接受一定学时培训的专任教师数/专任教师总数×100。

指标分解：将教师人均接受培训次数按各级各类教育可分解为幼儿园教师人均接受培训次数、小学教师人均接受培训次数、初中教师人均接受培训次数、普通高中教师人均接受培训次数。

测算说明：

（1）数据来源于全国教育事业统计。

（2）根据《国务院关于加强教师队伍建设的意见》，按照每年接受 72 学时以上培训，或每年接受一个月以上培训，统计接受一定学时培训的专任教师数。教师继续教育包括接受各级各类教师培训、参与国内外研修活动。

### 22. 职业教育双师型教师比例

职业教育双师型教师比例，是指职业教育专业课教师中双师型教师所占比例。该指标反映教育条件与保障水平，体现职业院校人才培养质量及保障。

指标公式：职业教育双师型教师比例（%）= 职业教育专业课教师中双师型教师数/职业教育专业课教师总数×100。

测算说明：

（1）数据来源于全国教育事业统计。

（2）中等职业教育专业课教师含生产实习指导教师。

（3）双师型教师为通过省级教育行政部门认定、持有专业技术资格证书和职业资格证书的职业院校教师。双师型教师能同时进行理论教学和实践教学。

### 23. 教育总经费占 GDP 比例

教育总经费占 GDP 比例，是指国家教育总经费占 GDP 的比例。该指标体现教育条件与保障水平，反映教育投入保障能力，也是联合国教科文组织《全球教育摘要》、经合组织《教育概览》等的常用指标。

指标公式：教育经费总投入占 GDP 比例（%）= 本年度国家教育经费总投入/本年度 GDP×100。

测算说明：数据来源于中国教育经费统计及中国统计年鉴，按教育部财务司等有关部门确定的口径进行统计。该指标主要用于全国评价。

### 24. 公共财政预算教育经费占公共财政支出比例

公共财政预算教育经费占公共财政支出比例，是国家或地方公共财政预算教育经费占公共财政支出的比例。该指标反映政府财政支出中教育支出情况和公共财政对教育事业的投入水平与力度，反映教育条件与保障，体现政府教育投入的保障能力和重视程度，也是联合国教科文组织《全球教育摘要》、经合组织《教育概览》等的常用指标。

指标公式：公共财政预算教育经费占公共财政支出的比例（%）= 本年度公共财政预算

教育经费/本年度公共财政总支出×100。

测算说明：

(1) 数据来源于中国教育经费统计及中国统计年鉴。

(2) 经费数据较教育事业发展统计数据滞后一年。

### 25. 基本办学条件达标学校比例

基本办学条件达标学校比例，是指学校基本办学条件达到国家规定标准的学校数占学校总数的比例。该指标用于全国评价、省级评价，重点监测贫困地区、少数民族地区、边远地区的教育条件和保障水平。

指标公式：基本办学条件达标学校比例(%)=基础设施条件、生活条件、教学条件达到国家规定标准的学校数/学校总数×100。

测算说明：

(1) 基本办学条件达标是指基础设施条件(校舍安全、生均校舍建筑面积)、生活条件(绿化、饮用水、卫生、食堂、厕所、节能)、教学条件(数学自然实验仪器、体育场馆、体育器械、音乐器材、美术器材、采光照明与课桌椅等)达到国家规定的标准，全部办学条件达标计为一所达标学校。达标学校由省级政府初步确定，国家通过抽查等方式对各地认定的达标学校进行验证认定。

(2) 2014年基本办学条件达标学校比例指标数据不可获取，监测评价时使用了教育事业发展统计数据中基础教育五项达标学校比例替代。

### 26. 信息化配备水平

信息化配备水平，是指学校接入互联网平均带宽、每百名学生拥有教学用终端数、网络多媒体教室占教室总数比例的合成指标。该指标反映教育信息化实现程度、教育条件与保障水平，也是联合国教科文组织教育统计研究所教育信息技术专项调查统计指标。

指标公式：

校均接入互联网带宽(bps)=学校网络接入带宽总量(bps)/学校总数。

百名学生教学用终端数=用于教学的学生用终端数×100/在校生总数。

网络多媒体教室占教室总数比例(%)=建有符合要求的网络多媒体教室数/教室总数×100。

指标分解：将每百名学生教学用计算机台数按各级各类教育分为小学百名学生教学用计算机台数、初中百名学生教学用计算机台数、普通高中百名学生教学用计算机台数、中等职业学校百名学生教学用计算机台数、普通高校百名学生教学用计算机台数。

测算说明：

(1) 接入互联网带宽是指学校连接外部网络的设备对外连接端口使用的带宽，网络出口包括电信、网通和教育科研网出口等。

(2) 教学用终端是某一级教育计入学校固定资产且使用年限未满 5 年的专门用于教学的终端，包括为服务学生学习活动而配备的个人计算机、平板电脑、掌上电脑等数字化学习终端设备。

(3) 网络多媒体教室指配备计算机、数字显示设备，且具备宽带互联网接入能力的教室；

### 27. 高校毕业生初次就业率

高校毕业生初次就业率，是指普通高校本科毕业生初次就业人数占毕业生总数的比例。该指标反映高等教育与社会需求的契合度，体现教育产出和教育质量以及教育对经济社会的贡献，引导地方政府不断优化高等教育结构、提升人才培养质量。

指标公式：普通高校本科毕业生初次就业率(%)＝初次就业的普通高校本科毕业生数/普通高校本科毕业生总数×100。

测算说明：数据来源于教育部学生司、就业中心数据。本科毕业生数(含协议就业、合同就业、灵活就业、项目就业、升学、出国等人数)统计截止日期为每年 9 月 1 日。

### 28. 职业教育对口就业率

职业教育对口就业率，是指中职和高职学校实现对口就业的毕业生数占毕业生总数比例。该指标反映职业教育与社会需求的契合度，体现教育产出和教育质量以及教育对经济社会的贡献，引导地方政府不断优化职业教育专业结构，提升人才培养质量。

指标公式：职业教育对口就业率(%)＝专业对口就业毕业生数/毕业生数×100。

测算说明：数据来源于教育部职成司。

### 29. 高校社会服务能力

高校社会服务能力，是高校接受企事业单位委托经费收入比例、高校有效发明专利所占比例的合成指标。该指标体现高校科技成果、服务贡献以及与经济社会发展的适应性，是引导高校提升社会服务能力的重要导向性指标。

指标公式：

高校接受企事业单位委托经费收入比例(%)＝企事业单位委托经费收入/高校科技经费总收入×100。

高校有效发明专利比例(%)＝高校有效发明专利件数/全社会有效发明专利件数×100。

测算说明:数据来源于高校科技统计数据。

### 30. 劳动力受教育水平

劳动力受教育水平,包括20—59岁人口中受过高等教育的比例和25岁及以上人口中受过高中及以上教育的比例。该指标反映劳动力受教育结构,体现教育对人力资源和经济社会的贡献,是联合国教科文组织《全球教育摘要》和经合组织《教育概览》的常用指标。

指标公式:

20—59岁人口中受过高等教育的比例(%)=20—59岁人口中受过高等教育的人口数/20—59岁人口总数×100。

25岁及以上人口中受过高中及以上教育的比例(%)=25岁及以上人口中受过高中及以上教育的人口数/25岁及以上人口总数×100。

测算说明:

(1) 数据来源于国家统计局第六次全国人口普查数据以及根据人口变化推算出的数据。

(2) 20—59岁人口中受过高等教育的比例用于国内监测评价。

(3) 25岁及以上人口中受过高中及以上教育的比例适用于国际比较分析。

### 31. 人均受教育年限

人均受教育年限,包括20—59岁人口平均受教育年限、25岁及以上人口平均受教育年限、15岁及以上人口平均受教育年限。指标体现人口受教育的总体水平和国民整体素质,综合反映教育对人力资源和经济社会的贡献。

指标公式:

20—59岁人口平均受教育年限(年/人)=20—59岁人口受教育总年限/该年龄群体的总人数。

25岁及以上人口人均受教育年限(年/人)=25岁及以上人口受教育总年限/该年龄群体的总人数。

15岁及以上人口人均受教育年限(年/人)=15岁及以上人口中受教育总年限/该年龄群体的总人数。

测算说明:数据来源于国家统计局第六次全国人口普查数据。其中25岁及以上人口人均受教育年限适用于国际比较分析。

### 32. 文盲率

文盲率是指15岁及以上文盲人口占15岁及以上人口总数的比例。该指标能衡量国民文化素质和教育对人力资源的贡献,也是联合国教科文组织《全民教育全球监测报告》、世界银行《世界发展指标》的常用指标。

指标公式：文盲率(%)=15岁及以上文盲人口数/15岁及以上人口总人数×100。

测算说明：数据来源于国家统计局第六次全国人口普查，该指标反映人力资源水平的逆向指标，文盲率越低，则人力资源水平越高。

### （三）国际比较主要监测指标说明

2015年度用于国际比较的核心指标共计12个，其中普及与公平方面使用了4个，结构与质量使用了2个，条件与保障使用了3个，服务与贡献使用了3个。

普及与公平：学前教育毛入学率、小学五年教育巩固率（小学五年续读率）、高中阶段教育毛入学率、高等教育毛入学率。

结构与质量：出国留学生数、来华留学生数。

条件与保障：生师比、公共教育支出占GDP比例、公共教育支出占政府支出比例。

服务与贡献：15岁及以上人口识字率、25岁及以上人口中受过高中及以上教育的比例、25岁及以上人口平均受教育年限。

#### 1. 学前教育毛入学率

学前教育毛入学率，是指学前教育在园（班）幼儿数（不考虑年龄）占3—5岁年龄组人口数的百分比。该指标的主要功能是反映适龄儿童学前教育入学机会，衡量各国学前教育普及程度，体现教育发展水平。

指标公式：学前教育毛入学率(%)=学前教育在园（班）幼儿数/3—5岁年龄组人口数×100。

#### 2. 小学五年教育巩固率

小学五年巩固率（续读率），是指某一年入学的一年级学生中能读到五年级的学生所占的百分比。该指标反映小学五年级学生的保留状况，同时也可以间接反映出该年级的辍学率，用于评价教育系统的保持率和内部效益。

指标公式：小学五年巩固率(%)=小学五年级在校生数/该年级入小学一年级时学生数×100。

#### 3. 高中阶段教育毛入学率

高中阶段教育毛入学率是指高中阶段教育在校生数占官方规定的高中阶段教育适龄人口总数百分比。该指标的主要功能是反映高中阶段教育的普及程度，体现教育发展水平。

指标公式：高中阶段教育毛入学率(%)=高中阶段教育在校生数/适龄人口数×100。

### 4. 高等教育毛入学率

高等教育毛入学率，是指高等教育在学人数占18—22岁年龄组人口数的比例。该指标是我国教育事业统计常用指标，也是联合国教科文组织《全球教育摘要》、经合组织《教育概览》等的常用指标，反映高等教育总体入学机会，体现高等教育普及水平。

指标公式：高等教育毛入学率(%)=高等教育在学人数/18—22岁年龄组人口数×100。

### 5. 出国留学生数

高等教育中国际学生数，即出国留学生数，是指一个国家或地区学生在其他国家求学，并在该国教育机构注册的人数。在国际权威组织教育统计指标体系中，留学生是监测教育国际化水平的重要指标，也能从侧面反映国家教育发展水平。

指标公式：高校学生出国留学生人数(人)=学历教育留学生人数+交流学习留学生人数。

测算说明：数据来源于教育部国际司统计数据及其他相关部门统计数据；出国留学生人数包括全国普通高校在校学生，含长期、短期公派和自费等各种方式派出的留学人员。

### 6. 来华留学生数

来华留学生数，是指普通高校接收的各级各类外国留学生人数。该指标反映教育国际化程度、教育开放水平和国际吸引力，是提高教育国际化水平的重要导向性指标。

指标公式：来华留学生数(人)=非学历教育留学生数+学历教育留学生数。

### 7. 生师比

生师比，指“每位专任教师平均对应的学生数”，用在校生总数除以专任教师总数所得的数值。该指标是用以衡量学校办学水平和质量高低的重要指标，是影响教育质量的关键因素之一。它在一定程度上体现国家教师数量的充足程度，从而反映教育资源的投入、教育规模的大小、学校教师资源的配置情况。

指标公式：生师比=某一级教育在校生总数/该级教育专任教师总数。

### 8. 公共教育支出占GDP比例

公共教育支出占GDP比例是联合国教科文组织、世界银行和经合组织等国际组织教育统计指标体系中经费类的一个指标，它也被纳入联合国开发计划署的《人类发展报告》指标体系里。

指标公式：公共教育支出占GDP比例(%)=公共教育支出/GDP×100。

### 9. 公共教育支出占政府支出比例

公共教育支出占政府支出比例，是联合国教科文组织、世界银行和经合组织等国际组织教育统计指标体系中有关教育经费的一个重要指标。

公共教育支出：是指包括自治市在内的地方、地区和国家等各级政府用于教育方面的经常支出和基本建设支出的总额，包括教育机构和管理部门两个部分。

政府支出：是指在一定时期内（一般为一年），政府购买产品和服务的支出。

指标公式：公共教育支出占政府支出比例（%）= 公共教育支出/政府支出×100。

### 10. 15 岁及以上人口识字率

15 岁及以上人口识字率，是联合国教科文组织的通用指标，即 15 岁及以上识字者人数占该年龄组总人口的百分比。

指标公式：15 岁及以上人口识字率（%）= 15 岁及以上识字者人数/15 岁及以上人口总数×100。

测算说明：15 岁及以上人口识字率对应文盲率指标，常应用于国际比较，文盲率常用于国内监测评价。

### 11. 25 岁及以上人口中受过高中及以上教育的比例

25 岁及以上人口中受过高中及以上教育的比例，是指 25 岁及以上人口中至少完成高中教育人口的百分比。该指标反映劳动力受教育结构，体现教育对人力资源和经济社会的贡献，是联合国教科文组织《全球教育摘要》和经合组织《教育概览》的常用指标。

指标公式：25 岁及以上人口中受过高中及以上教育的比例（%）= 25 岁及以上人口中完成高中及以上教育的人口数/25 岁及以上人口总数×100。

测算说明：25 岁及以上人口中受过高中及以上教育的比例常用于国际比较，而 20—59 岁人口中受过高等教育的比例则常用于国内监测评价，这两个是常用的人力资源规划指标。

### 12. 25 岁及以上人口平均受教育年限

25 岁及以上人口平均受教育年限，是指 25 岁及以上年龄人口获得的平均受教育年限，体现人口受教育的总体水平和国民整体素质，综合反映教育对人力资源和经济社会的贡献，是经合组织《教育概览》的常用指标。

指标公式：25 岁及以上人口平均受教育年限（年）= 25 岁及以上人口受教育总年限/25 岁及以上人口数。

测算说明：25 岁及以上人口平均受教育年限常用于国际比较，而 20—59 岁人口平均受教育年限则常用于国内监测评价，这两个是常用的人力资源规划指标。

## 二、 监测指标测算说明

### （一）关于目标测算的总体说明

专题组首先测算并制定了指标的全国目标，然后在全国目标测算的基础上，进行了各地区目标的测算。

#### 1. 确定全国目标

通过对指标体系的梳理，从指标目标确定的角度出发，大致可以分为两类。一类指标是通过预测确定全国发展目标，这类指标包括各级教育入学率、劳动力受教育水平等教育和人力资源规划目标；另一类指标是除教育和人力资源规划目标外的监测指标，这类指标目标的确定，主要是综合考虑我国教育发展现状及变化趋势，同时参考该指标的国际比较水平或我国相关政策的要求，确定全国发展目标。

#### 2. 全国和各地区目标测算

全国教育和人力资源规划目标预测。预测全国规划指标的目标值，首先是在对全国人口普查分年龄人口数据调整的基础上，进行全国分年龄人口数预测，以获取全国各级教育学龄人口和人力资源相应人口数；然后以此为基础，按照学生流模型，测算全国各级教育学生规模；最终形成各级教育普及水平和人力资源的发展目标。

各地区教育和人力资源规划目标测算。在全国目标预测基础上，对各地区规划目标进行分解。采用总体与局部、动态与静态、存量与增量、结构模拟与增长趋势的拟合等系统化的研究分析方法，在对各地区分年龄人口普查数据分析基础上，经地区结构分析、趋势外推、增量分配、存量调节，分解推算各地区规划目标。在确定最终目标时，应用多因素参照的研究规划和分析方法，包括国际比较、历史趋势、全国和各地区已发布的相关目标情况，并参照各地区经济社会发展的财政能力（含公共财政和居民收入要素）、地区间人口流动和迁移状况等因素，形成全国和各地区教育和人力资源规划目标。

其他监测指标各地区发展目标测算。教育现代化监测评价指标中除教育和人力资源规划目标外，其他监测指标各地区发展目标也需确定。应用规划目标的地区分解推算办法，专题组对其他各指标的目标值进行了分解推算。在各指标目标分解推算中，根据教育改革和发展的特点，采用五年为周期的移动平均法，消除周期变动，测定长期变化的趋势，同时根据一些指标存在区域空间自相关性，通过设定东部、中部、西部地区增量调整系数，分解推算各地区指标值。

## （二）全国教育和人力资源规划目标测算方法

教育现代化进程监测评价指标体系中教育规划指标分布在普及与公平方面，分别是学前教育毛入学率、九年义务教育巩固率、高中阶段教育毛入学率和高等教育毛入学率；人力资源指标分布在服务与贡献方面，分别是劳动力受教育水平和人均受教育年限。

全国教育和人力资源规划目标的测算基础是人口预测和基于学生流模型的各级教育学生规模预测。一是通过人口预测模型计算出目标年份的学龄人口数，通过学生流模型计算出各级教育在校生规模，从而计算全国教育规划目标的各级教育毛入学率；全国人力资源规划目标是综合运用人口预测模型和学生流模型的预测结果、学制体制和辍学率等相关指标，测算各种受教育程度人口比例。

### 1. 总人口和分龄人口预测

在教育与人力资源规划目标测算过程中，主要是以全国人口预测模型为基础，通过计算 0 岁—100 岁的分龄人口预测，测算出各级教育学龄人口和人力资源规划目标相应人口，同时也为教育和人力资源规划目标测算提供数据基础。人口预测主要包括选定预测基础、设定人口预测核心参数、人口基数调整和预测方法选择等步骤。

（1）选定预测基础

预测基础数据包括人口普查数据、10%抽样人口数据和在校生数据。具体包括“全国分年龄、性别的人口”中 0 岁—100 岁及以上总人口、男性人口和女性人口，以及相应比例和男女之比等数据；“全国分年龄、性别的死亡人口状况”中 0 岁—100 岁及以上分年龄的总人口，男性、女性死亡人口及死亡率等数据；10%长表中“全国分年龄、性别的人口”“全国分年龄、性别、学业完成情况的 6 岁及以上各种受教育程度人口”“在校生”的全国分年龄、性别、学业完成情况的 6 岁及以上各种受教育程度人口等数据；“分龄人口死亡率”中的数据；育龄妇女生育率(15 岁—49 岁)中的数据等。

（2）设定人口预测核心参数

核心参数主要包括男性尚存率和女性尚存率、15 岁—49 岁育龄妇女的生育率、男女婴比等，在预测过程中，每逢十年对男性和女性尚存率进行微调并进行逻辑的转换。育龄妇女总和生育率作为人口预测模型的核心参数之一，其确定的科学性与合理性是准确预测未来人口和各级教育学龄人口数量的重要基础，测算方案将总和生育率水平“1.8”作为分年龄人口预测基年的总和生育率。

（3）预测方法的选择

人口数量的变化取决于出生、死亡和迁移三个因素，所以对人口数量的预测，实质上就转化为对出生、死亡和迁移人口的预测，为此人口预测采用了“人口年龄移算方法”，即 n 岁人口扣除一年的死亡和净迁出后，成长为下一年的 n+1 岁人口，由于考虑了人口年龄和性别构成，因此出生人口、死亡人口和迁移人口预测结果更符合实际的人口发展情况。预测方法的确定进一步证明了核心参数选择的重要性，即出生人口取决于育龄妇女的生育率，死亡人口取决于死亡率，性别比取决于男女婴比。

## 2. 学生规模测算

学生规模的测算基于学生流模型，以各级各类教育学生规模为预测基础，将学龄人口变动、教育政策因素、经济社会发展对教育的需求等因素作为学生流参数调整的基础，测算未来各级教育招生数、毕业生数和在校生数。

（1）学生流模型测算因素

学生流模型测算主要考虑学生流向，按各级教育分别测算，各级教育之间有相关性，涉及各级教育内部的学生统计口径较为复杂，相关因素如下表。

**表 2　学生流模型测算因素表**

| 学段 | 类型 | 指标 |
|---|---|---|
| 学前教育 | 学前教育 | 在园幼儿数、托班在园儿童数、小班在园儿童数、中班在园儿童数、大班在园儿童数、离园幼儿数 |
| 小学 | 小学 | 招生数、招生数中分年龄人口数、在校生数、分年级学生数、毕业生数 |
| 初中 | 初中 | 招生数、在校生数、分年级学生数、毕业生数 |
| 高中阶段教育 | 普通高中 | 招生数、在校生数、分年级学生数、毕业生数 |
| | 中等职业学校 | 招生数、招收应届初中毕业生数、在校生数、分年级学生数、毕业生数 |
| | 成人高中 | 在校生数、毕业生数 |
| | 技校 | 招生数、在校生数、毕业生数 |
| 高等教育 | 普通本科、普通专科、硕士研究生、博士研究生 | 招生数、在校生数、分年级学生数、毕业生数 |
| | 成人本科脱产、成人本科函授、成人本科脱产业余、成人专科脱产、成人专科函授、成人专科脱产业余 | 招生数、在校生数、分年级学生数、毕业生数 |
| | 网络本科、网络专科 | 招生数、在校生数、毕业生数 |
| | 在职人员攻读硕士学位 | 招生数、在校生数、分年级学生数、授予学位数 |
| | 研究生课程进修班 | 结业生数、注册学生数 |
| | 自考助学班 | 结业生数、注册学生数 |

（2）学生规模测算主要结果

根据学生流模型测算结果，得到规划目标测算所需的各级教育在校生规模。

表 3　2010—2020 年各级教育在校生规模

单位：万人

| 年　份 | 学前教育 | 小学 | 初中 | 高中阶段 | 高等教育 |
|---|---|---|---|---|---|
| 2010 年 | 2 976.67 | 9 940.70 | 5 279.33 | 4 677.33 | 2 920.03 |
| 2011 年 | 3 424.45 | 9 926.37 | 5 066.80 | 4 686.61 | 3 067.22 |
| 2012 年 | 3 685.76 | 9 695.90 | 4 763.06 | 4 595.28 | 3 207.27 |
| 2013 年 | 3 894.69 | 9 360.55 | 4 440.12 | 4 369.92 | 3 341.51 |
| 2014 年 | 4 050.71 | 9 451.07 | 4 384.63 | 4 170.65 | 3 443.07 |
| 2015 年 | 4 132.67 | 9 697.59 | 4 332.03 | 4 162.35 | 3 484.27 |
| 2016 年 | 4 199.46 | 9 855.84 | 4 358.58 | 4 097.96 | 3 525.70 |
| 2017 年 | 4 290.55 | 9 944.04 | 4 472.64 | 4 064.41 | 3 551.52 |
| 2018 年 | 4 360.35 | 10 019.25 | 4 638.05 | 4 012.25 | 3 584.14 |
| 2019 年 | 4 434.82 | 10 091.08 | 4 755.19 | 4 036.73 | 3 623.97 |
| 2020 年 | 4 410.93 | 10 225.68 | 4 792.34 | 4 125.52 | 3 666.75 |

注：高等教育在学人数＝普通高等教育本专科在校生数＋研究生在校生数＋成人本专科折合在校生数（成人脱产班在校数＋成人夜大在校生数×0.5＋成人函授在校生数×0.5）＋网络本专科在校生数×0.5＋自学考试毕业人数×2.5＋在职攻读学位研究生在学人数＋研究生课程进修班在学人数×0.5＋军事院校本专科在校生数。

## 3. 全国教育规划目标测算

各级教育规划目标测算基于全国分龄人口预测和学生流预测结果，测算各级教育毛入学率。各级教育毛入学率(%)＝各级教育在校生规模/各阶段“学龄人口”×100。其中各阶段“学龄人口”来自全国分龄人口预测结果，各级教育在校生规模来自学生流预测结果。学龄人口按以下标准进行划分：3—5 岁为学前教育，6—11 岁为小学，12—14 岁为初中，15—17 岁为高中阶段教育，18—22 岁为高等教育。

表 4　2010—2020 年各级教育毛入学率预测结果

单位：%

| 年　份 | 学前教育 | 小学 | 初中 | 高中阶段 | 高等教育 |
|---|---|---|---|---|---|
| 2010 年 | 63.10 | 110.69 | 106.59 | 81.25 | 24.85 |
| 2011 年 | 71.27 | 109.99 | 106.94 | 86.48 | 26.97 |

续表

| 年　份 | 学前教育 | 小学 | 初中 | 高中阶段 | 高等教育 |
|---|---|---|---|---|---|
| 2012 年 | 76.36 | 107.09 | 101.93 | 88.99 | 30.08 |
| 2013 年 | 80.98 | 102.16 | 98.17 | 88.32 | 33.81 |
| 2014 年 | 84.59 | 101.25 | 97.81 | 88.11 | 36.36 |
| 2015 年 | 86.05 | 102.77 | 97.74 | 89.15 | 38.48 |
| 2016 年 | 86.57 | 103.60 | 98.03 | 90.69 | 40.71 |
| 2017 年 | 86.96 | 103.80 | 98.72 | 90.75 | 42.97 |
| 2018 年 | 87.42 | 104.19 | 100.61 | 90.60 | 44.98 |
| 2019 年 | 87.94 | 104.60 | 101.06 | 90.87 | 46.69 |
| 2020 年 | 88.59 | 105.32 | 100.01 | 91.14 | 48.37 |

### 4. 全国人力资源规划目标测算

人力资源规划目标包括各种受教育程度人口比例和人均受教育年限。人均受教育年限，即某一人口群体平均接受学历教育（包括成人学历教育）的年数，反映人口受教育的总体水平，具体指标包括 20—59 岁人口平均受教育年限、25 岁及以上人口平均受教育年限、15 岁及以上人口平均受教育年限等指标；各种受教育程度人口比例，反映特定人群中拥有较高层次人才的比重状况，具体指标包括 20—59 岁人口受过高等教育的比例、25 岁及以上人口中受过高中以上教育的比例等指标。

（1）人均受教育年限的测算

未来各个年份的人均受教育年限是在普查数据、人口预测模型结果和教育的学生流模型结果基础上，测算各个年份的特定人群的受教育年限的增量。人均受教育年限的计算公式为：某一人口群体人均受教育年限 = 某一人口群体中每个人的受教育年限之和/该人口群体的总人数 = 某一人口群体中各种文化程度的人口 × 相应受教育年数之和/该人口群体的总人数，在此主要测算 20—59 岁、25 岁及以上、15 岁及以上的人口群体。显然，测算人均受教育年限之前需对特定的人口群体、受教育程度分类和受教育年限等要素进行界定。

不同种类受教育程度的人群界定为文盲、小学、初中、高中、中专、大学专科、大学本科和研究生；受教育年数是根据我国的教育学制规定，即将学制年数视为受教育年数，即：文盲为 0 年，小学文化程度为 6 年，初中文化程度为 9 年，高中文化程度为 12 年，大专及以上文化程度为 16 年等。

（2）受教育程度人口比例测算

受教育程度人口比例，测算公式为：受教育程度人口比例（%）= 某一人口群体中具有某种文化程度人口数/该人口群体的总人数×100，主要指标包括 20—59 岁人口中受过高等教育的比例、25 岁及以上人口中受过高中及以上教育的比例。

基于人口预测模型和学生流模型的预测数据，并考虑分龄人口的存活率，应用人口年龄移算方法，分别测算出具有某种文化程度人口数的存量和增量，再用测算公示测算出未来受教育程度人口比例。

（3）人力资源指标测算结果

基于第六次全国人口普查数据的人口预测模型和学生流预测模型，人力资源相关指标的系统测算结果如下。

**表 5　2010—2020 年我国人力资源主要指标预测结果**

| 年　份 | 20—59 岁人口平均受教育年限(年/人) | 25 岁及以上人口平均受教育年限(年/人) | 15 岁及以上人口平均受教育年限(年/人) | 20—59 岁人口中受过高等教育的比例(%) | 25 岁及以上人口中受过高中及以上教育的比例(%) |
|---|---|---|---|---|---|
| 2010 年 | 9.55 | 8.59 | 9.05 | 12.52 | 22.32 |
| 2011 年 | 9.70 | 8.68 | 9.18 | 13.28 | 22.89 |
| 2012 年 | 9.79 | 8.76 | 9.24 | 13.71 | 23.53 |
| 2013 年 | 9.91 | 8.86 | 9.30 | 14.76 | 24.23 |
| 2014 年 | 10.01 | 8.97 | 9.39 | 15.83 | 25.07 |
| 2015 年 | 10.12 | 9.09 | 9.48 | 16.86 | 25.98 |
| 2016 年 | 10.22 | 9.17 | 9.56 | 17.92 | 26.70 |
| 2017 年 | 10.32 | 9.24 | 9.64 | 19.04 | 27.41 |
| 2018 年 | 10.39 | 9.33 | 9.71 | 20.14 | 28.12 |
| 2019 年 | 10.49 | 9.41 | 9.79 | 21.21 | 28.79 |
| 2020 年 | 10.59 | 9.49 | 9.88 | 22.28 | 29.70 |

## （三）各地区教育和人力资源规划目标测算方法

### 1. 各地区规划目标测算的总体思路

参照全国教育和人力资源规划目标的预测方法，重点是分别测算规划目标的两个重要因子，以教育规划目标为例(下文均以规划目标为例说明目标测算的方法)，一个重要因子是学龄人口规模，另一个重要因子是学生规模。受限于地区之间人口流动和学生变动情况，特别是省际之间人口迁移,尽管有第五次全国人口普查和第六次全国人口普查人口迁移数据的支撑,但是对于省际人口流动的预测目前还是缺乏有效的预测方法,显然各地区规划目标测算无法套用人口预测的方法。

确定测算方法。从已知条件分析,各地区学生规模的数据为2000年开始的连续年份数据,各地区学龄人口数据仅有对应第五次和第六次全国人口普查的2000年和2010年的分年龄组人口数据,在2020年全国目标预测的基础上,确定了2020年全国学生规模和学龄人口规模。在这些已知条件的基础上,专题组认真总结了国内外宏观教育规划目标的研究和实践经验,重点把握总量控制、增量分配和存量调整,同时参照各地区经济社会发展的财政能力、地区间人口流动和迁移状况等因素,将全国目标分解到各地区。

建立测算模型。总体测算过程主要是对组成规划目标的测算因子包括学龄人口和学生规模分别进行地区分解,合成时参考经济和人口等环境因素确定地区目标。关于地区分解的测算模型,可概括为增量初次分配、存量调整、增量二次分配。增量的界定是以2020年的目标值减去基期年份2010年的值,测算时结合指标历史趋势的变化,将31个省(直辖市、自治区)按东部、中部和西部分类,确定测算因子增量与结构的关系,设置分配参数,同时控制总量,进行目标分解。

#### 2. 增量初次分配

(1) 测算东部、中部、西部的构成

在增量初次分配前,专题组对学生规模和人口规模的历史变化进行了比对分析,首先假设东部、中部、西部的构成,作为增量初次分配的基础。由于学生规模数据是2000年以来的连续年份的构成,而学龄人口数据只有2000年和2010年的构成,因此用了两种算法来确定东部、中部、西部的构成。

学生规模的构成。对2000年以来的学生数据采用五年为周期的移动平均算法,消除因政策或数据填报带来的周期波动,测算得到学生规模的构成。

学龄人口的构成。由于只有2000年和2010年的数据,根据这10年间的构成变化,进行趋势外推,而由于2000年至2010年的省级人口构成波动幅度较大,需要消除周期波动,通过设定平滑系数,测算得到学龄人口的构成。

(2) 增量分配

在得到初次测算的东部、中部、西部构成后,将2020年全国目标值按东部、中部、西部构成分配,得到东部、中部、西部的值,将2020年全国和东部、中部、西部值分别减去2010年的值,得到自2010年至2020年的全国和东部、中部、西部的增量。基于假设的东部、中部、西部的构成作为 2020 年东部、中部、西部的数值显然是不合理的，因此得到的增量需要进行二次调整。

### 3. 存量调整

存量调整的目的是得到 31 个省（直辖市、自治区）在东部、中部、西部各自所占的权重，以此为增量分配的依据，将测算得到的 2020 年东部、中部、西部的增量分配到各地区。

通过对已知历史数据的测算以及对比分析，可知各地区数据在所属东部、中部、西部地区所占的权重变化是相对较为稳定的，而且越是最新年份的权重，应该越接近目标年份。因此，基于存量调整得到的权重测算有了明确的方法。

测算各地区学龄人口各自所占东部、中部、西部地区的权重，由于只有 2000 年和 2010 年的数据，专题组可以假定以 2010 年各地区各自在东部、中部、西部地区的权重作为 2020 年学龄人口增量分配的依据。

测算各地区学生数各自所占东部、中部、西部地区的权重，由于是连续年份的历史数据，因此，专题组以已知年份的存量数据作为权重测算的基础，以权重变化作为趋势外推的基础，测算得到的权重作为 2020 年东部、中部、西部地区学生增量分配的基础。

### 4. 增量二次分配

对初次分配的增量进行二次调整，专题组通过分别设置东部、中部、西部的调整系数，由于总量不变，因此当测算过程中调节某两个系数时，另一个系数为自变量，以此保证总量控制。测算方案中专题组选择调整中西部的系数，东部系数为自变量。

关于调整系数的确定，则根据学生规模和学龄人口规模在区域空间的自相关性确定。

### 5. 确定各地区目标

在增量二次分配的基础上，测算得出 2020 年东部、中部、西部的学生规模和学龄人口规模，同时依据存量调整基础测算得出 31 个省（直辖市、自治区）在东部、中部、西部地区各自所占的权重，将 2020 年东部、中部、西部增量分配至各地区，得到的增量加上基期年的数值，即可测算出 2020 年各地区学生规模和学龄人口规模。

将测算得到的 2020 年全国和各地区的学生规模和学龄人口规模相除，可得到 2020 年全国和各地区的教育规划目标（人力资源规划目标的测算方法同教育规划目标），此处测算得到的 2020 年规划目标并未考虑各地区制定的纲要目标以及财政与人口迁移等环境因素，因此测算得出的各地区目标与各地区的省情需要衔接，最终制定符合省情的 2020 年规划目标。

专题组根据各地区人均财政支出、各地区城镇居民人均可支配收入、各地区农村居民家庭人均纯收入，测算了各地区经济支撑能力指数，结合第六次全国人口普查的省际人口迁移数据，同时参照各地区公布的纲要目标，对地区分解得出的规划目标进行微调，微调兼顾总量控制，最终确定2020年全国和各地区的规划目标。

### （四）监测指标权重说明

2015年度监测报告由于部分指标数据不可获得，根据实际测算需求，对监测使用的权重分值进行了重新测算。测算方案中关于权重的分值听取了64位咨询委员、25位部内司局长、31个省厅的意见，通过对这些意见进行量化分析，按权重值的分布和集中度，确定了核心指标在所属分项中的权重以及四个分项的权重。确定的指标权重，显示某类或某个指标在教育现代化发展中的相对地位。

应当说明的是，指标赋权可以按照实际需要，经过专家咨询和相应办法进行调整，以满足政策重点或社会关注的需要。教育现代化指标体系是一个逐渐完善的过程，指标赋权也可根据各时期实际需要进行调整，从而使教育现代化的监测评价更突出重点。

**表6　2015年我国教育现代化核心指标权重表**

| 分　　项 | 核　心　指　标 | 权重 |
|---|---|---|
| 普及与公平 | 学前教育毛入学率 | 0.15 |
| | 九年义务教育巩固率 | 0.20 |
| | 高中阶段教育毛入学率 | 0.15 |
| | 高等教育毛入学率 | 0.20 |
| | 随迁子女平等接受义务教育比例 | 0.10 |
| | 家庭经济困难学生资助比例 | 0.15 |
| | 家庭经济困难学生资助水平 | 0.05 |
| 结构与质量 | 学生体质健康水平 | 0.10 |
| | 班额达标率 | 0.20 |
| | 民办教育发展水平 | 0.05 |
| | 学历教育开放水平 | 0.05 |
| | 来华留学生数 | 0.30 |
| | 高校聘请外籍教师人数比例 | 0.20 |
| | 高校接受境外培训教师比例 | 0.10 |

续表

| 分　项 | 核　心　指　标 | 权重 |
|---|---|---|
| 条件与保障 | 生师比 | 0.15 |
| | 专任教师学历水平 | 0.15 |
| | 接受培训教师比例 | 0.05 |
| | 职业教育双师型教师比例 | 0.10 |
| | 公共财政预算教育经费占公共财政支出比例 | 0.35 |
| | 基本办学条件达标学校比例 | 0.10 |
| | 信息化配备水平 | 0.10 |
| 服务与贡献 | 高校毕业生初次就业率 | 0.20 |
| | 职业教育对口就业率 | 0.20 |
| | 高校社会服务能力 | 0.10 |
| | 劳动力受教育水平 | 0.20 |
| | 人均受教育年限 | 0.20 |
| | 文盲率 | 0.10 |

**表 7　2015 年我国教育现代化分项指数权重表**

| 综　合 | 分　项 | 权　重 |
|---|---|---|
| 综合水平 | 普及与公平 | 0.30 |
| | 结构与质量 | 0.20 |
| | 条件与保障 | 0.30 |
| | 服务与贡献 | 0.20 |

## （五）关于指标调整的说明

在指数合成过程中，专题组对随迁子女公办学校就读比例和公共财政预算教育经费占公共财政支出比例指标进行了调整，目的是能够更准确地反映指标对地区评价的意义。

### 1. 进城务工人员随迁子女公办学校就读比例指标

进城务工人员随迁子女公办学校就读比例体现输入地为进城务工人员随迁子女提供平等接受义务阶段教育的程度。进城务工人员随迁子女与城市化发展进程中人口流动因素密切相关，专题组通过对第六次全国人口普查人口省际迁移数据分析，净迁入率最高的北京、上海、浙江、广东等地，迁入人口比例合计达 60%以上，其中广东外省迁入人口比例达 26%。这意味着这四个省市承担了全国人口迁入的大部分任务，由此可推断这些地区承担了与人口迁移密切相关的进城务工人员随迁子女的主要教育任务。因此，仅从进城务工人员随迁子女公办学校就读比例指标数值大小对各地区进行评价，显然是不公平的。专题组在基于省际人口净迁入率和外省人口迁入比例的基础上，设置调整系数，对进城务工人员随迁子女公办学校就读比例指标进行了调整。

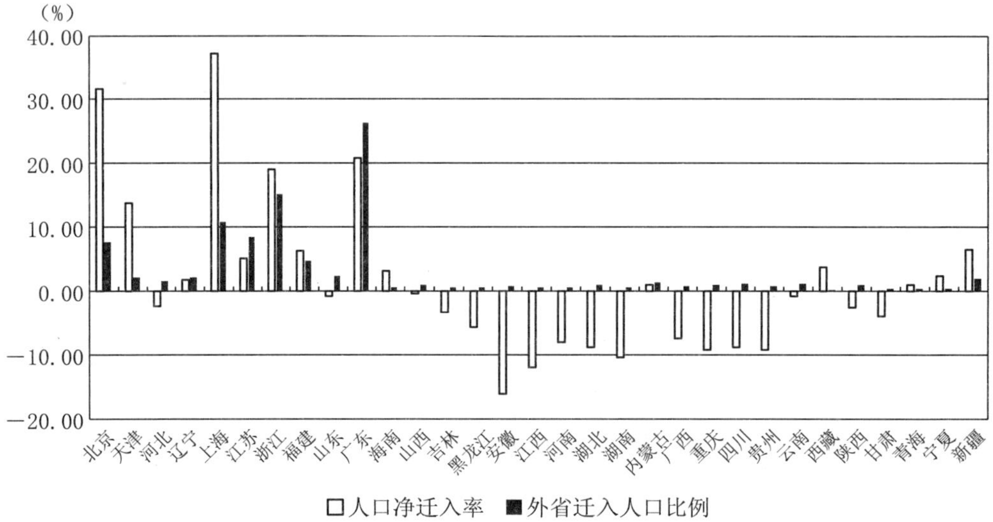


**图 1　第六次人口普查人口迁移情况**

### 2. 公共财政预算教育经费占公共财政支出比例

我国各地区经济发展不平衡，从 2010 年公共财政支出看，公共财政支出最低的西藏、宁夏、海南等地，仅为最高地区广东的百分之十左右，即使与处于中间位置的内蒙古相比，也仅为百分之二十左右，因此，即使公共财政预算教育经费占公共财政支出比例较高，也无法客观反映各地区政府对教育的支持力度。专题组结合各地区人均教育经费数据的分析，设置了调整系数，对该指标进行调整，以便对各地区财政支持教育的程度作出客观的判断。

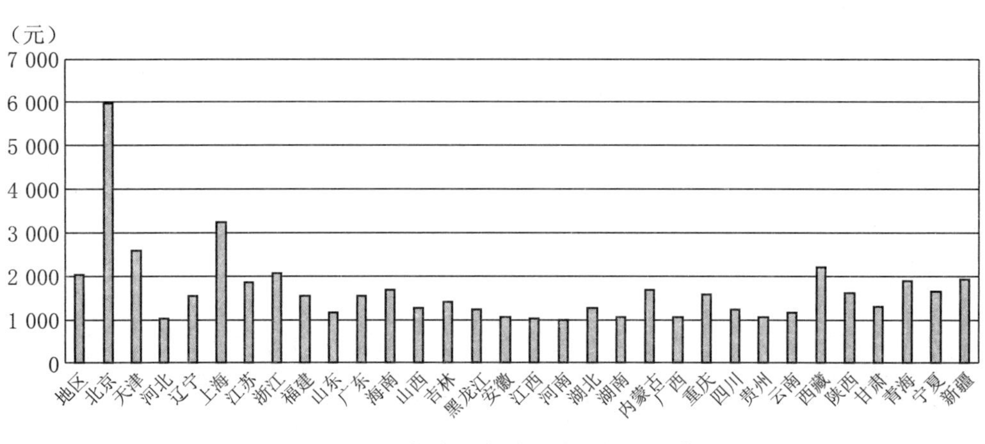


**图 2　2010 年我国各地区人均教育经费**

## 三、指标分析和监测评价方法

立足教育现代化监测评价的复杂性，在指标体系框架设计基础上，构建教育现代化进程指数、综合指数和分项指数、进步指数，并结合运用多种方法，从多个维度、多个视角分析指数，立体判断教育现代化发展的面貌，发现、挖掘教育现代化发展中的重要命题，提高指标监测评价结果的解释力。

### （一）进程指数、发展水平和进步程度

在选择监测评价分析方法上，以标准参照为主线，结合常模参照的办法，体现目标导向和激励发展的思路。以标准参照为主线，就是关注全国教育现代化发展目标的达成度，以及与全国目标密切相关的各地区教育发展目标达成度、发展水平和进步程度，多角度衡量各地区教育现代化进展，牢牢把握国家基本教育现代化的指标内涵，为确保 2020 年的目标实现提供监测手段。

#### 1. 进程指数分析

基于教育现代化目标结构与各地区基础、特点不同，进程指数的分析主要是反映各地区与自身未来发展目标的实现程度，也可以横向比较各省（自治区、直辖市）的目标实现程度，并在此基础上关注东部、中部、西部地区中目标达成度相对较大的省（自治区、直辖市）及其影响因素。

#### 2. 发展水平分析

进程指数尽管能够反映目标达成度，但不能反映发展水平。发展水平分析是结合核心指标数据变化及相关因素，对各省（自治区、直辖市）的综合指数、分项指数在全国范围内进行排序、分类和聚类。

分析发展水平，重点关注薄弱环节。综合指数和分项指数尽管能表示各地区在全国的位次情况，但指数本身并不能有效说明教育现代化的内涵。进一步判断全国和各地区教育现代化薄弱的工作环节，需要结合综合指数或分项指数，采用指标深度横向分析，侧重在全国或地区教育现代化指标中进行指标之间的比对，寻找发展相对弱或强的指标，分析关键指标对指数提高的贡献率，从而为系统推进教育现代化并有所重点突破提供方向和对策。

#### 3. 进步程度分析

由于我国各地区之间、城乡之间均存在较大差异，因而对某些核心指标的进步程度在分析到各省（自治区、直辖市）的基础上，通过地级市、县级层面分析，使进步程度判断更为立体化。

### （二）分类分析与聚类分析

#### 1. 分类分析

（1）国际比较分类分析

在国际比较上，按经济发展水平、人口规模、世界区域经济体等，分类分析我国教育现代化的水平及相对位置。

按照经济发展水平的分类分析。根据世界银行的分类，目前我国已属于中高收入国家，将向高收入国家发展，因而将我国教育发展水平与高收入国家、中高收入国家比较分析，具有一定的意义。

按照人口规模的分类分析。从人口规模分类，我国属于发展中人口大国，将我国教育发展和人力资源开发水平与其他发展中人口大国、非发展中人口大国比较分析，能够看出我国教育发展取得的成就。

按照世界区域经济体的分类分析。目前世界区域经济体包括经合组织、二十国集团、金砖五国等，分析我国在这些区域经济体中的相对位置，能够更多维度地判断我国教育现代化发展状况。

（2）国内地区分类分析

在国内各地区分析方面，采用现行常用的东部、中部、西部区域分类，分析各地区教育现代化发展水平及相对位置。东部、中部、西部区域分类是一种常规分类，符合我国经济社会发展不平衡的现状。

在我国教育现代化监测评价中，按照东部、中部、西部地区分类方法，有利于各地区发掘自身优势加快发展。

按照东部、中部、西部地区分类进行地区教育现代化发展状况分析，需要把握以下三个要点。

要点一，围绕指数及指标分析。东部、中部、西部区域分类分析，其意义在于区域内分析各地区在指数及指标上的表现，而不仅仅是比较区域内各地区的排序。重点分析东部、中部、西部区域在综合指数、分项指数和核心指标上的水平及特点、进步程度表现和努力方向。

要点二，指数与指标结合起来分析。东部、中部、西部区域分类分析，无论是综合指数还是分项指数的区域内地区比较，都无法充分反映地区之间的内容特征，因而把指数与指标有机结合起来，才能凸显东部、中部、西部地区指标表现上的差异特点，有助于判断地区的优劣势。

要点三，综合提出对策建议。东部、中部、西部区域分类分析，尽管立足区域内地区比较分析，但需要站在全国教育现代化一盘棋推进的高度，围绕指标改进，在全国大局中综合考量，提出加快教育现代化发展的建议。

2. **聚类分析**

聚类分析是按各地区核心指标的实际情况确定在全国的相对位置，而不是采用东部、中部、西部的常规分类方法。与分类分析不同，聚类分析是一种探索性的分析，不必事先给出一个分类的标准，而是从样本数据出发自动分类，能够消除分类分析不可避免带有人为分类的主观性缺陷。

我国教育现代化监测评价在应用传统的东部、中部、西部地区分类的同时，使用聚类分析方法，对各地区的评价更符合实际，更为客观地反映各地区教育现代化发展的全貌。

聚类分析可以应用于单一指标分析，也适用于多个指标分析。其基本步骤均大致分解为定义问题与选择指标、确定聚类方法（如层次法或谱聚法）、明确聚类的主体、分析评估和阐述聚类结果四个步骤。

（1）单一指标的聚类分析

单一指标聚类分析，即针对某一个指标的表现对各地区进行排序，形成不同的地区类别。单一指标的聚类分析有助于针对性地判断教育现代化某个方面在全国的发展情况，并且在指标发展不均衡的现实情况下更能对地区产生激励效应。

按照综合指数或分项指数从高到低进行位次排序，可分成三个方阵：第一方阵（1—10 位），第二方阵（11—21 位），第三方阵（22—31 位）。借助三个方阵的比较方法，能够比较清晰地看出各地区教育现代化发展的层次性。

聚类分析也可以分成四类乃至五类，也就是说按照数据排列接近的层次性分类，而不是事先预设好的三个方阵，既突破东部、中部、西部地区的常规分类，又突破三个方阵的分类，因而这与常规分类分析显然不同。

（2）多个指标的聚类分析

由于教育现代化指标之间具有关联性，多个关联指标可以形成群组指标，这些群组多指标的聚类分析对于研究分析教育现代化问题具有一定的挖掘意义。

多个指标的聚类分析，需要注意以下三个环节。

环节一，根据问题选择指标数量。指标数量选择越多，聚类分析的难度越大。指标数量选择要从教育现代化发展中的问题出发，确保群组指标内部的相似性或关联性尽可能大。分项指数的聚类属于多个指标聚类分析的一个特例，但群组多个指标不一定是同一个分项指数内的指标。

环节二，聚类地区的选择。聚类分析中的地区选择可以是全国各地区，也可以是根据某个指标聚类出来的某个类别的地区，即在聚类基础上的再聚类和层层聚类选择。

环节三，聚类分析结果的解释，多个指标的聚类分析，其意义不仅仅在于寻找在多个指标表现上均比较相似的同类地区，而且可以验证指标关联性的假设，发现和分析预期之外的指标特征。

### （三）指标—因素关联分析方法

用核心指标进行教育现代化监测评价，其目的并非给出一个基于指标体系的综合指数评价结果和分析各地区在全国的位次情况及其变化，而是通过综合指数、分项指数以及核心指标，既衡量进展与成就，又判断问题与困难。

有必要认识到指标体系所具有的局限性，无论是来自认识上的原因，还是指标本身所具有的特点，考虑在指标体系定量评价为主的同时，采用指标—因素关联分析方法，将影响某一指标评价价值的大小与相关影响因素结合起来分析，使指标表现的改进，问题的解决和改进，内在地结合起来，而不是就指标论指标，增强监测评价结果的解释力，提高指数的评价效率。

根据还原教育发展实际的变量特点，指标—因素关联分析包括指标—指标关联分析、指标—经济社会因素关联分析和指标—教育综合改革因素关联分析三种类型。

#### 1. 指标—指标关联分析

指标—指标关联分析能还原教育现代化核心指标与教育事业发展的因素关系，比如平均班额与大班额比例、超大班额比例结合分析。我国一些地区各级教育平均班额高于其他地区的重要原因就在于大班额比例、超大班额比例比较高。因而结合教育事业常规统计指标分析教育现代化核心指标，能够提高对教育事业发展平均指标的解释力。

为系统推进教育现代化并为有所重点突破提供方向和对策，可在全国或地区教育现代化指标中进行指标之间的比对，寻找发展相对弱或强的指标，分析关键指标对指数提高的贡献率，发现指标之间的关联。比如各地区教育现代化发展状况分析，除了从综合指数和分项指数判断位次之外，还可以就教师队伍建设或人才培养、办学条件、教育经费进行横向的深度分析。以教师队伍建设横向深度分析为例，可以把生师比、教师高一层次学历比例、接受培训教师比例等指标进行比较、筛选和挖掘。

#### 2. 指标—经济社会因素关联分析

指标—经济社会因素关联分析能还原教育现代化核心指标与经济社会发展因素或其他因素的关系，比如理工类学生比例与三次产业结构（三次产业构成，三次产业人力资源构成)结合起来分析,还可以把医学类学生比例与医疗卫生事业发展水平结合起来分析。由于教育现代化的进程与经济社会的总体发展紧密相关,存在着相互促进、相互影响的关系,因而教育现代化指标与经济社会因素关联起来,深度分析高校和职业教育的学科专业结构、紧缺人才可获得率和留学生数等指标,能够从深层次上揭示教育现代化指标的内涵,促进教育与经济社会发展适应性水平的提升。

基于区域之间经济社会发展水平差距、区域教育现代化进展不均衡的现状,指标—经济社会因素关联分析中可以围绕一个指标进行钻取,发现某些点或片上的地区在某个指标上的表现非常强或弱,以解决某个指标平均值的缺陷,发现迫切需要关注的地区。比如高中阶段教育毛入学率或学前教育毛入学率指标的深度分析,可以纵向分析,不仅分析到各省(自治区、直辖市),而且分析到地级市、县。纵向分析方法能够更为立体化的判断高中阶段教育或学前教育的普及情况。

**3. 指标—教育综合改革因素关联分析**

指标—教育综合改革因素关联分析能还原教育现代化核心指标与政府转变职能、深化教育综合改革因素的关系,比如学前教育毛入学率与国家发展普惠性学前教育、实施"三年学前教育行动计划"结合起来分析。将教育现代化指标与教育改革因素关联,深度分析学前教育毛入学率、高中阶段教育毛入学率、接受培训教师比例等指标,能够更为深入地剖析教育现代化进程背后的影响因素,为进一步深化教育综合改革指明方向。

指标—教育综合改革因素关联分析,往往属于横向与纵向相结合的深度分析,既涉及多个指标,又逐渐集中到区域。

# 附录 2　相关数据(表)

说明:以下表格列出的是经过整理的数据。这些数据对教育现代化的监测评估有特定的意义和价值。

**表 1　2014 年世界各类国家和中国教育发展综合指数**

| 国　　家 | 2001 年 | 2010 年 | 2014 年 |
|---|---|---|---|
| 世界 | 0.342 4 | 0.403 7 | 0.415 5 |
| 高收入国家 | 0.542 8 | 0.581 8 | 0.598 9 |
| 中高收入国家 | 0.387 4 | 0.459 2 | 0.487 6 |
| 中低收入国家 | 0.284 8 | 0.345 9 | 0.345 7 |
| 中等收入国家 | 0.342 5 | 0.400 5 | 0.403 6 |
| 低收入国家 | 0.228 1 | 0.250 0 | 0.228 7 |
| 经合组织成员国 | 0.529 3 | 0.577 3 | 0.594 0 |
| 中国 | 0.362 2 | 0.491 0 | 0.540 6 |

**表 2　2014 年世界各国教育发展综合指数**

| 国家(按汉语拼音排序) | 2001 年 | 2010 年 | 2014 年 |
|---|---|---|---|
| 阿尔巴尼亚 | 0.366 6 | 0.462 4 | 0.524 0 |
| 阿尔及利亚 | 0.303 4 | 0.408 4 | 0.418 2 |
| 阿根廷 | 0.488 0 | 0.540 5 | 0.559 0 |
| 阿联酋 | 0.465 4 | 0.489 1 | 0.495 0 |
| 阿　曼 | 0.375 2 | 0.463 5 | 0.454 1 |
| 阿塞拜疆 | 0.430 0 | 0.453 6 | 0.448 5 |
| 埃　及 | 0.354 7 | 0.363 9 | 0.383 8 |
| 埃塞俄比亚 | 0.142 2 | 0.166 7 | 0.190 7 |
| 爱尔兰 | 0.500 0 | 0.566 3 | 0.632 4 |
| 爱沙尼亚 | 0.603 4 | 0.626 2 | 0.629 2 |
| 安道尔 | 0.439 8 | 0.509 4 | 0.503 1 |

续表

| 国家(按汉语拼音排序) | 2001 年 | 2010 年 | 2014 年 |
|---|---|---|---|
| 安哥拉 | 0.229 2 | 0.285 4 | 0.253 6 |
| 奥地利 | 0.554 5 | 0.611 0 | 0.628 8 |
| 澳大利亚 | 0.622 7 | 0.656 1 | 0.702 1 |
| 巴巴多斯 | 0.500 8 | 0.558 3 | 0.539 9 |
| 巴基斯坦 | 0.224 4 | 0.217 2 | 0.299 3 |
| 巴拉圭 | 0.317 6 | 0.360 2 | 0.415 5 |
| 巴　林 | 0.451 4 | 0.476 2 | 0.458 7 |
| 巴拿马 | 0.383 8 | 0.455 9 | 0.445 9 |
| 巴　西 | 0.396 6 | 0.462 3 | 0.503 1 |
| 白俄罗斯 | 0.538 1 | 0.636 0 | 0.642 0 |
| 保加利亚 | 0.472 4 | 0.529 0 | 0.558 0 |
| 贝　宁 | 0.184 6 | 0.254 5 | 0.249 1 |
| 比利时 | 0.598 6 | 0.632 2 | 0.650 3 |
| 冰　岛 | 0.596 3 | 0.635 7 | 0.643 9 |
| 波　兰 | 0.542 5 | 0.5803 | 0.615 9 |
| 玻利维亚 | 0.403 7 | 0.435 2 | 0.478 4 |
| 伯利兹 | 0.356 9 | 0.408 2 | 0.446 6 |
| 博茨瓦纳 | 0.360 8 | 0.380 8 | 0.4274 |
| 不　丹 | 0.241 9 | 0.254 1 | 0.307 8 |
| 布基纳法索 | 0.149 5 | 0.188 7 | 0.191 6 |
| 布隆迪 | 0.154 4 | 0.216 8 | 0.212 9 |
| 丹　麦 | 0.597 5 | 0.665 2 | 0.689 0 |
| 德　国 | 0.602 5 | 0.653 8 | 0.669 8 |
| 东帝汶 | 0.215 8 | 0.299 3 | 0.302 2 |
| 多　哥 | 0.215 9 | 0.213 8 | 0.239 0 |
| 多米尼加 | 0.317 3 | 0.340 1 | 0.400 5 |
| 多米尼克 | 0.384 1 | 0.462 7 | 0.431 2 |
| 俄罗斯联邦 | 0.554 8 | 0.588 8 | 0.615 2 |
| 厄瓜多尔 | 0.341 8 | 0.503 1 | 0.447 7 |
| 厄立特里亚 | 0.222 1 | 0.221 2 | 0.215 5 |
| 法　国 | 0.578 7 | 0.630 5 | 0.642 2 |
| 菲律宾 | 0.352 1 | 0.392 6 | 0.420 9 |

续表

| 国家(按汉语拼音排序) | 2001年 | 2010年 | 2014年 |
|---|---|---|---|
| 斐　济 | 0.350 2 | 0.446 0 | 0.396 1 |
| 芬　兰 | 0.566 1 | 0.617 5 | 0.634 1 |
| 佛得角 | 0.336 6 | 0.380 6 | 0.395 5 |
| 冈比亚 | 0.176 9 | 0.255 5 | 0.247 0 |
| 刚果共和国(刚果(布)) | 0.186 8 | 0.236 4 | 0.320 7 |
| 哥伦比亚 | 0.335 9 | 0.426 2 | 0.445 7 |
| 哥斯达黎加 | 0.364 3 | 0.491 0 | 0.521 1 |
| 格林纳达 | 0.453 0 | 0.508 4 | 0.503 1 |
| 格鲁吉亚 | 0.449 0 | 0.506 1 | 0.534 3 |
| 古　巴 | 0.517 2 | 0.651 1 | 0.603 5 |
| 圭亚那 | 0.420 1 | 0.422 9 | 0.445 8 |
| 哈萨克斯坦 | 0.386 6 | 0.440 9 | 0.527 8 |
| 韩　国 | 0.604 7 | 0.665 9 | 0.638 9 |
| 荷　兰 | 0.578 9 | 0.607 9 | 0.638 9 |
| 吉布提 | 0.269 3 | 0.252 9 | 0.259 9 |
| 吉尔吉斯斯坦 | 0.380 3 | 0.430 9 | 0.453 0 |
| 几内亚 | 0.166 5 | 0.204 6 | 0.194 2 |
| 加拿大 | 0.582 3 | 0.592 9 | 0.618 5 |
| 加　纳 | 0.324 7 | 0.391 8 | 0.434 1 |
| 柬埔寨 | 0.182 3 | 0.229 2 | 0.207 3 |
| 捷　克 | 0.524 6 | 0.601 7 | 0.620 6 |
| 喀麦隆 | 0.167 3 | 0.269 1 | 0.295 8 |
| 卡塔尔 | 0.351 0 | 0.394 2 | 0.466 0 |
| 科摩罗 | 0.238 7 | 0.296 2 | 0.303 2 |
| 科特迪瓦 | 0.244 0 | 0.261 0 | 0.244 0 |
| 科威特 | 0.483 6 | 0.466 1 | 0.472 8 |
| 克罗地亚 | 0.439 8 | 0.513 5 | 0.541 6 |
| 肯尼亚 | 0.292 8 | 0.346 7 | 0.356 5 |
| 拉脱维亚 | 0.559 2 | 0.581 4 | 0.623 2 |
| 莱索托 | 0.278 1 | 0.330 8 | 0.345 7 |
| 老　挝 | 0.184 3 | 0.256 6 | 0.299 4 |

**续表**

| 国家(按汉语拼音排序) | 2001 年 | 2010 年 | 2014 年 |
|---|---|---|---|
| 黎巴嫩 | 0.424 0 | 0.456 8 | 0.452 7 |
| 立陶宛 | 0.537 2 | 0.597 1 | 0.621 2 |
| 卢森堡 | 0.482 8 | 0.519 4 | 0.548 7 |
| 卢旺达 | 0.167 6 | 0.186 6 | 0.200 6 |
| 罗马尼亚 | 0.421 5 | 0.523 8 | 0.518 9 |
| 马达加斯加 | 0.154 1 | 0.186 4 | 0.179 9 |
| 马尔代夫 | 0.309 0 | 0.393 4 | 0.367 2 |
| 马耳他 | 0.444 2 | 0.506 8 | 0.562 8 |
| 马来西亚 | 0.406 5 | 0.499 0 | 0.526 5 |
| 马　里 | 0.176 2 | 0.212 5 | 0.179 3 |
| 马其顿 | 0.363 7 | 0.415 3 | 0.419 6 |
| 毛里求斯 | 0.410 1 | 0.468 3 | 0.531 9 |
| 毛里塔尼亚 | 0.153 3 | 0.231 8 | 0.205 9 |
| 美　国 | 0.635 6 | 0.705 0 | 0.704 7 |
| 蒙　古 | 0.394 4 | 0.505 4 | 0.530 4 |
| 孟加拉国 | 0.192 3 | 0.232 8 | 0.259 8 |
| 秘　鲁 | 0.423 3 | 0.469 7 | 0.506 7 |
| 缅　甸 | 0.218 5 | 0.259 5 | 0.267 2 |
| 摩尔多瓦 | 0.426 2 | 0.523 0 | 0.535 5 |
| 摩洛哥 | 0.320 5 | 0.381 8 | 0.387 3 |
| 墨西哥 | 0.417 3 | 0.492 9 | 0.450 7 |
| 南　非 | 0.390 3 | 0.470 8 | 0.492 0 |
| 尼泊尔 | 0.188 9 | 0.230 2 | 0.331 4 |
| 尼加拉瓜 | 0.274 0 | 0.333 9 | 0.324 9 |
| 尼日尔 | 0.155 2 | 0.171 1 | 0.185 7 |
| 尼日利亚 | 0.233 1 | 0.283 6 | 0.282 8 |
| 挪　威 | 0.593 0 | 0.631 8 | 0.681 4 |
| 葡萄牙 | 0.490 6 | 0.534 2 | 0.555 9 |
| 日　本 | 0.554 9 | 0.584 8 | 0.597 3 |
| 瑞　典 | 0.601 5 | 0.632 8 | 0.651 2 |

续表

| 国家(按汉语拼音排序) | 2001年 | 2010年 | 2014年 |
|---|---|---|---|
| 瑞　士 | 0.548 6 | 0.592 5 | 0.634 6 |
| 萨尔瓦多 | 0.296 9 | 0.363 2 | 0.390 3 |
| 萨摩亚独立国 | 0.381 6 | 0.414 3 | 0.446 3 |
| 塞尔维亚 | 0.449 0 | 0.478 3 | 0.507 2 |
| 塞拉利昂 | 0.209 9 | 0.215 0 | 0.187 6 |
| 塞内加尔 | 0.189 4 | 0.249 8 | 0.231 1 |
| 塞浦路斯 | 0.466 9 | 0.557 9 | 0.566 7 |
| 塞舌尔 | 0.481 2 | 0.498 5 | 0.430 9 |
| 沙特阿拉伯 | 0.435 3 | 0.442 4 | 0.521 7 |
| 斯里兰卡 | 0.414 5 | 0.453 7 | 0.494 1 |
| 斯洛伐克 | 0.456 9 | 0.531 5 | 0.561 5 |
| 斯洛文尼亚 | 0.575 1 | 0.624 9 | 0.643 9 |
| 斯威士兰 | 0.290 7 | 0.349 6 | 0.365 7 |
| 塔吉克斯坦 | 0.364 8 | 0.378 2 | 0.391 5 |
| 泰　国 | 0.452 5 | 0.467 6 | 0.481 3 |
| 坦桑尼亚 | 0.245 7 | 0.272 5 | 0.246 9 |
| 突尼斯 | 0.348 3 | 0.421 1 | 0.438 4 |
| 土耳其 | 0.357 1 | 0.418 0 | 0.475 5 |
| 瓦努阿图 | 0.353 9 | 0.353 8 | 0.402 4 |
| 危地马拉 | 0.288 6 | 0.339 8 | 0.375 4 |
| 委内瑞拉 | 0.386 3 | 0.529 0 | 0.557 7 |
| 文　莱 | 0.421 3 | 0.479 0 | 0.486 8 |
| 乌干达 | 0.186 2 | 0.180 6 | 0.166 6 |
| 乌克兰 | 0.502 3 | 0.582 5 | 0.595 8 |
| 乌拉圭 | 0.430 5 | 0.487 2 | 0.489 7 |
| 西班牙 | 0.579 3 | 0.622 7 | 0.616 2 |
| 希　腊 | 0.511 9 | 0.586 5 | 0.607 8 |
| 新西兰 | 0.598 3 | 0.647 3 | 0.657 5 |
| 匈牙利 | 0.532 2 | 0.575 7 | 0.572 6 |
| 叙利亚 | 0.270 1 | 0.327 7 | 0.341 9 |

续表

| 国家(按汉语拼音排序) | 2001 年 | 2010 年 | 2014 年 |
|---|---|---|---|
| 牙买加 | 0.409 7 | 0.508 6 | 0.489 2 |
| 亚美尼亚 | 0.409 4 | 0.455 8 | 0.468 8 |
| 也　门 | 0.289 7 | 0.242 5 | 0.238 3 |
| 伊　朗 | 0.376 1 | 0.450 6 | 0.467 0 |
| 以色列 | 0.586 3 | 0.612 9 | 0.633 8 |
| 意大利 | 0.534 7 | 0.573 3 | 0.571 2 |
| 印　度 | 0.222 0 | 0.300 9 | 0.287 0 |
| 印度尼西亚 | 0.297 1 | 0.392 9 | 0.422 6 |
| 英　国 | 0.563 1 | 0.623 6 | 0.668 3 |
| 越　南 | 0.327 2 | 0.430 3 | 0.445 4 |
| 乍　得 | 0.129 9 | 0.136 7 | 0.145 1 |
| 智　利 | 0.486 1 | 0.557 2 | 0.625 7 |
| 中　非 | 0.135 8 | 0.145 6 | 0.129 5 |
| 中　国 | 0.362 2 | 0.491 0 | 0.540 6 |

表 3　2014 年世界和中国教育发展普及与公平指数

| 国　　家 | 2001 年 | 2010 年 | 2014 年 |
|---|---|---|---|
| 世界 | 0.387 4 | 0.468 1 | 0.487 4 |
| 高收入国家 | 0.717 2 | 0.765 5 | 0.787 3 |
| 中高收入国家 | 0.450 3 | 0.555 4 | 0.616 9 |
| 中低收入国家 | 0.268 8 | 0.396 5 | 0.382 9 |
| 中等收入国家 | 0.379 2 | 0.466 7 | 0.471 7 |
| 低收入国家 | 0.203 9 | 0.236 0 | 0.221 1 |
| 经合组织成员国 | 0.679 0 | 0.739 1 | 0.763 9 |
| 中国 | 0.417 6 | 0.563 0 | 0.638 8 |

表 4　2014 年世界和中国教育发展结构与质量指数

| 国　　家 | 2001 年 | 2010 年 | 2014 年 |
|---|---|---|---|
| 世界 | 0.020 4 | 0.035 9 | 0.040 9 |
| 高收入国家 | 0.057 0 | 0.077 7 | 0.083 0 |
| 中高收入国家 | 0.010 9 | 0.036 1 | 0.040 6 |

续表

| 国　　家 | 2001 年 | 2010 年 | 2014 年 |
|---|---|---|---|
| 中低收入国家 | 0.014 2 | 0.015 9 | 0.017 6 |
| 中等收入国家 | 0.012 9 | 0.025 6 | 0.028 9 |
| 低收入国家 | 0.005 3 | 0.007 2 | 0.006 1 |
| 经合组织成员国 | 0.064 8 | 0.091 1 | 0.101 7 |
| 中国 | 0.133 7 | 0.407 9 | 0.451 9 |

表 5　2014 年世界和中国教育发展条件与保障指数

| 国　　家 | 2001 年 | 2010 年 | 2014 年 |
|---|---|---|---|
| 世界 | 0.344 5 | 0.385 8 | 0.375 7 |
| 高收入国家 | 0.382 0 | 0.394 3 | 0.402 7 |
| 中高收入国家 | 0.388 5 | 0.415 4 | 0.388 2 |
| 中低收入国家 | 0.353 4 | 0.365 3 | 0.374 4 |
| 中等收入国家 | 0.364 6 | 0.401 0 | 0.380 2 |
| 低收入国家 | 0.335 5 | 0.349 3 | 0.336 6 |
| 经合组织成员国 | 0.371 1 | 0.399 6 | 0.389 6 |
| 中国 | 0.337 6 | 0.373 9 | 0.383 6 |

表 6　2014 年世界和中国教育发展服务与贡献指数

| 国　　家 | 2001 年 | 2010 年 | 2014 年 |
|---|---|---|---|
| 世界 | 0.480 5 | 0.552 9 | 0.574 7 |
| 高收入国家 | 0.675 4 | 0.733 9 | 0.758 0 |
| 中高收入国家 | 0.526 9 | 0.603 7 | 0.631 1 |
| 中低收入国家 | 0.455 1 | 0.460 3 | 0.479 6 |
| 中等收入国家 | 0.485 0 | 0.532 0 | 0.554 6 |
| 低收入国家 | 0.342 3 | 0.363 9 | 0.304 7 |
| 经合组织成员国 | 0.699 2 | 0.755 5 | 0.785 6 |
| 中国 | 0.433 5 | 0.508 4 | 0.543 1 |

**表 7　2014 年世界各类国家和中国学前教育毛入学率**

单位:%

| 国　　家 | 2001 年 | 2010 年 | 2014 年 |
|---|---|---|---|
| 世界 | 34.62 | 48.25 | 44.05 |
| 高收入国家 | 74.67 | 82.20 | 82.53 |
| 中高收入国家 | 45.96 | 61.75 | 72.91 |
| 中低收入国家 | 25.30 | 45.23 | 26.12 |
| 中等收入国家 | 34.39 | 51.91 | 42.48 |
| 低收入国家 | 10.52 | 14.86 | 17.19 |
| 经合组织成员国 | 71.17 | 81.64 | 82.48 |
| 中国 | 36.80 | 56.60 | 70.50 |

**表 8　2014 年世界各类国家和中国小学五年教育巩固率**

单位:%

| 国　　家 | 2001 年 | 2010 年 | 2014 年 |
|---|---|---|---|
| 世界 | 84.31 | 85.68 | 86.23 |
| 高收入国家 | 97.86 | 96.90 | 97.32 |
| 中高收入国家 | 92.04 | 90.32 | 90.84 |
| 中低收入国家 | 69.02 | 81.15 | 83.25 |
| 中等收入国家 | 87.49 | 85.55 | 87.00 |
| 低收入国家 | 70.95 | 72.03 | 65.14 |
| 经合组织成员国 | 97.23 | 97.99 | 97.66 |
| 中国 | 98.44 | 95.67 | 99.00 |

**表 9　2014 年世界各类国家和中国高中阶段教育毛入学率**

单位:%

| 国　　家 | 2001 年 | 2010 年 | 2014 年 |
|---|---|---|---|
| 世界 | 46.71 | 59.00 | 65.34 |
| 高收入国家 | 97.87 | 98.72 | 105.33 |
| 中高收入国家 | 52.55 | 73.25 | 83.29 |
| 中低收入国家 | 34.67 | 48.16 | 52.45 |
| 中等收入国家 | 42.51 | 58.48 | 63.13 |
| 低收入国家 | 23.10 | 29.19 | 31.49 |
| 经合组织成员国 | 90.88 | 91.01 | 98.58 |
| 中国 | 42.80 | 82.50 | 86.50 |

**表 10　2014 年世界各类国家和中国高等教育毛入学率**

单位：%

| 国　家 | 2001 年 | 2010 年 | 2014 年 |
|---|---|---|---|
| 世界 | 20.09 | 29.17 | 34.45 |
| 高收入国家 | 58.03 | 72.09 | 74.49 |
| 中高收入国家 | 20.03 | 34.66 | 41.12 |
| 中低收入国家 | 12.00 | 18.25 | 22.15 |
| 中等收入国家 | 15.84 | 26.16 | 30.11 |
| 低收入国家 | 4.94 | 7.67 | 7.70 |
| 经合组织成员国 | 52.20 | 66.68 | 70.20 |
| 中国 | 13.30 | 26.50 | 37.50 |

**表 11　2014 年世界各类国家和中国到国外接受高等教育的学生数**

单位：人

| 国　家 | 2001 年 | 2010 年 | 2014 年 |
|---|---|---|---|
| 世界 | 11 577 | 19 777 | 22 033 |
| 高收入国家 | 20 390 | 23 033 | 23 863 |
| 中高收入国家 | 9 305 | 31 749 | 35 316 |
| 中低收入国家 | 12 549 | 17 043 | 17 357 |
| 中等收入国家 | 11 201 | 24 102 | 26 223 |
| 低收入国家 | 6 071 | 5 904 | 6 206 |
| 经合组织成员国 | 24 057 | 25 860 | 27 558 |
| 中国 | 165 035 | 564 167 | 712 157 |

**表 12　2014 年世界各类国家和中国高等教育中国际学生数**

单位：人

| 国　家 | 2001 年 | 2010 年 | 2014 年 |
|---|---|---|---|
| 世界 | 14 433 | 25 600 | 29 503 |
| 高收入国家 | 47 618 | 67 898 | 72 980 |
| 中高收入国家 | 5 830 | 18 181 | 20 638 |
| 中低收入国家 | 7 277 | 6 190 | 7 765 |
| 中等收入国家 | 6 677 | 11 946 | 14 120 |
| 低收入国家 | 1 950 | 4 080 | 2 668 |
| 经合组织成员国 | 53 567 | 80 297 | 90 492 |
| 中国 | 36 386 | 71 673 | 108 217 |

### 表 13　2014 年世界各类国家和中国学前生师比

单位:X∶1

| 国　　家 | 2001 年 | 2010 年 | 2014 年 |
|---|---|---|---|
| 世界 | 20.72 | 20.98 | 16.57 |
| 高收入国家 | 17.50 | 15.47 | 13.39 |
| 中高收入国家 | 18.87 | 18.87 | 20.29 |
| 中低收入国家 | 27.20 | — | 14.51 |
| 中等收入国家 | 21.59 | 22.67 | 17.50 |
| 低收入国家 | 27.10 | 24.35 | 27.70 |
| 经合组织成员国 | 18.06 | 16.51 | 15.35 |
| 中国 | 20.20 | 20.58 | 18.70 |

### 表 14　2014 年世界各类国家和中国小学生师比

单位:X∶1

| 国　　家 | 2001 年 | 2010 年 | 2014 年 |
|---|---|---|---|
| 世界 | 26.06 | 24.23 | 23.75 |
| 高收入国家 | 15.74 | 13.99 | 14.81 |
| 中高收入国家 | 22.74 | 18.81 | 18.47 |
| 中低收入国家 | 32.73 | 30.50 | 29.32 |
| 中等收入国家 | 26.91 | 24.21 | 24.09 |
| 低收入国家 | 45.17 | 43.25 | 42.84 |
| 经合组织成员国 | 17.65 | 16.18 | 15.95 |
| 中国 | 21.64 | 17.70 | 16.80 |

### 表 15　2014 年世界各类国家和中国初中生师比

单位:X∶1

| 国　　家 | 2001 年 | 2010 年 | 2014 年 |
|---|---|---|---|
| 世界 | 19.22 | 17.90 | 17.65 |
| 高收入国家 | 14.15 | 11.89 | 12.42 |
| 中高收入国家 | 17.39 | 15.51 | 14.90 |
| 中低收入国家 | 25.62 | 23.65 | 23.38 |
| 中等收入国家 | 20.05 | 18.75 | 18.83 |
| 低收入国家 | 30.61 | 28.54 | 27.63 |
| 经合组织成员国 | 15.04 | 13.14 | 14.40 |
| 中国 | 19.21 | 14.98 | 12.60 |

表 16　2014 年世界各类国家和中国高中阶段教育生师比

单位:X∶1

| 国　　家 | 2001 年 | 2010 年 | 2014 年 |
|---|---|---|---|
| 世界 | 17.21 | 15.87 | 17.74 |
| 高收入国家 | 12.86 | 12.06 | 12.46 |
| 中高收入国家 | 17.31 | 15.55 | 15.91 |
| 中低收入国家 | 21.76 | 18.31 | 25.61 |
| 中等收入国家 | 19.10 | 16.78 | 20.03 |
| 低收入国家 | 23.04 | 21.86 | 18.46 |
| 经合组织成员国 | 13.52 | 13.07 | 13.47 |
| 中国 | 18.57 | 19.30 | 16.41 |

表 17　2014 年世界各类国家和中国公共教育支出占 GDP 比例

单位:%

| 国　　家 | 2001 年 | 2010 年 | 2014 年 |
|---|---|---|---|
| 世界 | 4.29 | 5.05 | 4.69 |
| 高收入国家 | 5.16 | 5.52 | 5.09 |
| 中高收入国家 | 4.38 | 5.04 | 4.72 |
| 中低收入国家 | 3.89 | 4.39 | 4.86 |
| 中等收入国家 | 4.35 | 5.09 | 4.79 |
| 低收入国家 | 3.50 | 4.23 | 3.73 |
| 经合组织成员国 | 5.00 | 5.80 | 5.32 |
| 中国 | 3.19 | 3.66 | 4.10 |

表 18　2014 年世界各类国家和中国公共教育支出占政府支出比例

单位:%

| 国　　家 | 2001 年 | 2010 年 | 2014 年 |
|---|---|---|---|
| 世界 | 13.76 | 15.58 | 14.92 |
| 高收入国家 | 12.69 | 11.87 | 13.00 |
| 中高收入国家 | 16.39 | 16.71 | 15.13 |
| 中低收入国家 | 16.64 | 16.28 | 16.12 |
| 中等收入国家 | 15.62 | 17.04 | 15.63 |
| 低收入国家 | 16.61 | 16.41 | 16.01 |
| 经合组织成员国 | 12.70 | 13.00 | 12.89 |
| 中国 | 14.31 | 15.76 | 14.87 |

**表 19　2014 年世界各类国家和中国 15 岁及以上人口识字率**

单位：%

| 国　　家 | 2001 年 | 2010 年 | 2014 年 |
|---|---|---|---|
| 世界 | 79.49 | 84.07 | 85.20 |
| 高收入国家 | 95.88 | 98.28 | 98.67 |
| 中高收入国家 | 85.15 | 93.59 | 93.75 |
| 中低收入国家 | 84.90 | 70.95 | 73.26 |
| 中等收入国家 | 85.00 | 83.25 | 83.44 |
| 低收入国家 | 61.18 | 62.87 | 57.50 |
| 经合组织成员国 | 95.60 | 97.83 | 98.27 |
| 中国 | 90.92 | 95.12 | 95.84 |

**表 20　2014 年世界各类国家和中国 25 岁及以上人口中受过高中及以上教育的比例**

单位：%

| 国　　家 | 2001 年 | 2010 年 | 2014 年 |
|---|---|---|---|
| 世界 | 33.65 | 43.81 | 45.83 |
| 高收入国家 | 53.22 | 64.14 | 65.39 |
| 中高收入国家 | 35.30 | 45.32 | 49.63 |
| 中低收入国家 | 26.60 | 35.23 | 36.60 |
| 中等收入国家 | 30.23 | 40.07 | 43.04 |
| 低收入国家 | 24.78 | 27.06 | 21.20 |
| 经合组织成员国 | 57.18 | 66.99 | 70.14 |
| 中国 | 13.55 | 22.32 | 27.68 |

**表 21　2014 年世界各类国家和中国 25 岁及以上人口平均受教育年限**

单位：年

| 国　　家 | 2001 年 | 2010 年 | 2014 年 |
|---|---|---|---|
| 世界 | 7.04 | 7.88 | 8.31 |
| 高收入国家 | 10.16 | 10.53 | 11.22 |
| 中高收入国家 | 8.10 | 8.83 | 9.20 |
| 中低收入国家 | 6.73 | 6.70 | 7.04 |
| 中等收入国家 | 7.30 | 7.72 | 8.11 |
| 低收入国家 | 4.59 | 4.93 | 4.00 |
| 经合组织成员国 | 10.48 | 10.95 | 11.57 |
| 中国 | 7.42 | 8.59 | 9.03 |

**表 22　2014 年分区域世界各类国家和中国人均国民收入**

单位:美元

| 国　　家 | 2001 年 | 2010 年 | 2014 年 |
|---|---|---|---|
| 世界 | 5 418 | 9 382 | 10 799 |
| 高收入国家 | 21 955 | 34 985 | 42 705 |
| 中高收入国家 | 1 764 | 5 457 | 8 429 |
| 中低收入国家 | 565 | 1 527 | 2 042 |
| 中等收入国家 | 1 136 | 3 335 | 5 054 |
| 低收入国家 | 225 | 498 | 629 |
| 经合组织成员国 | 23 421 | 36 235 | 38 904 |
| 中国 | 460 | 1 260 | 7 400 |

**表 23　2014 年世界各国人均国民收入**

单位:美元

| 国家(按汉语拼音排序) | 2001 年 | 2010 年 | 2014 年 |
|---|---|---|---|
| 阿尔巴尼亚 | 5 418 | 9 382 | 4 450 |
| 阿尔及利亚 | 21 955 | 34 985 | 5 490 |
| 阿根廷 | 1 764 | 5 457 | 12 330 |
| 阿联酋 | 565 | 1 527 | 44 640 |
| 阿　曼 | 1 136 | 3 335 | 18 340 |
| 阿塞拜疆 | 225 | 498 | 7 600 |
| 埃　及 | 23 421 | 36 235 | 3 210 |
| 埃塞俄比亚 | 1 340 | 3 980 | 550 |
| 爱尔兰 | 1 680 | 4 390 | 46 450 |
| 爱沙尼亚 | 6 990 | 8 620 | 18 980 |
| 安道尔 | 33 530 | 39 640 | — |
| 安哥拉 | 8 250 | 19 260 | 4 800 |
| 奥地利 | 660 | 5 380 | 49 570 |
| 澳大利亚 | 1 460 | 2 420 | 64 620 |
| 巴巴多斯 | 120 | 360 | 14 860 |
| 巴基斯坦 | 23 000 | 42 370 | 1 400 |
| 巴拉圭 | 4 730 | 14 150 | 4 390 |

续表

| 国家(按汉语拼音排序) | 2001 年 | 2010 年 | 2014 年 |
|---|---|---|---|
| 巴　林 | 19 620 | 41 750 | 20 860 |
| 巴拿马 | 140 | 3 660 | 11 430 |
| 巴　西 | 24 420 | 47 070 | 11 790 |
| 白俄罗斯 | 20 160 | 45 850 | 7 340 |
| 保加利亚 | 8 790 | 12 660 | 7 610 |
| 贝　宁 | 480 | 1 050 | 890 |
| 比利时 | 1 270 | 2 720 | 46 990 |
| 冰　岛 | 11 640 | 15 920 | 47 720 |
| 波　兰 | 3 690 | 7 000 | 13 690 |
| 玻利维亚 | 3 290 | 9 540 | 2 870 |
| 伯利兹 | 1 300 | 5 990 | 4 430 |
| 博茨瓦纳 | 1 730 | 6 320 | 7 030 |
| 不　丹 | 360 | 780 | 2 370 |
| 布基纳法索 | 23 940 | 45 990 | 690 |
| 布隆迪 | 29 660 | 33 920 | 270 |
| 丹　麦 | 4 670 | 12 450 | 61 950 |
| 德　国 | 960 | 1 810 | 47 500 |
| 东帝汶 | 3 080 | 3 640 | 2 670 |
| 多　哥 | 3 320 | 6 750 | 550 |
| 多米尼加 | 810 | 2 000 | 6 020 |
| 多米尼克 | 230 | 550 | 6 960 |
| 俄罗斯联邦 | 130 | 230 | 14 330 |
| 厄瓜多尔 | 30 620 | 59 590 | 6 090 |
| 厄立特里亚 | 23 870 | 43 280 | — |
| 法　国 | — | 2 730 | 42 820 |
| 菲律宾 | 270 | 550 | 3 500 |
| 斐　济 | 2 640 | 5 030 | 4 870 |
| 芬　兰 | 4 020 | 7 080 | 48 830 |
| 佛得角 | 1 780 | 9 930 | 3 450 |
| 冈比亚 | 1 380 | 3 850 | 460 |

续表

| 国家(按汉语拼音排序) | 2001 年 | 2010 年 | 2014 年 |
|---|---|---|---|
| 刚果共和国(刚果(布)) | 190 | 340 | 2 720 |
| 哥伦比亚 | 23 080 | 42 190 | 7 970 |
| 哥斯达黎加 | 1 040 | 2 060 | 10 120 |
| 格林纳达 | 2 140 | 3 610 | 8 080 |
| 格鲁吉亚 | 24 810 | 47 130 | 4 490 |
| 古　巴 | 1 330 | 3 280 | — |
| 圭亚那 | 570 | 570 | 4 030 |
| 哈萨克斯坦 | 630 | 2 240 | 12 490 |
| 韩　国 | 2 320 | 5 480 | 26 970 |
| 荷　兰 | 3 870 | 6 860 | 51 250 |
| 吉布提 | 4 170 | 7 130 | — |
| 吉尔吉斯斯坦 | 720 | 2 680 | 1 260 |
| 几内亚 | 2 760 | 5 460 | 470 |
| 加拿大 | 880 | 2 900 | 51 770 |
| 加　纳 | 1 350 | 7 500 | 1 590 |
| 柬埔寨 | 10 890 | 19 720 | 1 020 |
| 捷　克 | 25 560 | 48 580 | 18 690 |
| 喀麦隆 | 760 | 1 270 | 1 350 |
| 卡塔尔 | 280 | 840 | 92 320 |
| 科摩罗 | 360 | 390 | 790 |
| 科特迪瓦 | 22 420 | 43 250 | 1 450 |
| 科威特 | 300 | 1 250 | 49 300 |
| 克罗地亚 | 310 | 760 | 13 000 |
| 肯尼亚 | 6 340 | 18 390 | 1 300 |
| 拉脱维亚 | 590 | 1 190 | 15 350 |
| 莱索托 | — | 73 060 | 1 330 |
| 老　挝 | 380 | 750 | 1 640 |
| 黎巴嫩 | 610 | 1 170 | 8 120 |
| 立陶宛 | 19 600 | 48 900 | 15 930 |
| 卢森堡 | 5 140 | 13 570 | 80 560 |

续表

| 国家(按汉语拼音排序) | 2001 年 | 2010 年 | 2014 年 |
|---|---|---|---|
| 卢旺达 | 410 | 810 | 690 |
| 罗马尼亚 | 3 560 | 11 850 | 9 590 |
| 马达加斯加 | 480 | 1 100 | 450 |
| 马尔代夫 | 310 | 1 010 | 6 470 |
| 马耳他 | 4 680 | 8 580 | — |
| 马来西亚 | 3 420 | 11 620 | 11 120 |
| 马　里 | 42 890 | 71 860 | 820 |
| 马其顿 | 220 | 520 | 5 190 |
| 毛里求斯 | 1 750 | 7 850 | 9 720 |
| 毛里塔尼亚 | 260 | 430 | 1 370 |
| 美　国 | 2 310 | 5 440 | 54 400 |
| 蒙　古 | 10 160 | 18 620 | 4 260 |
| 孟加拉国 | 3 510 | 8 090 | 1 080 |
| 秘　鲁 | 220 | 600 | 6 370 |
| 缅　甸 | 1 720 | 4 600 | 1 280 |
| 摩尔多瓦 | 3 890 | 7 780 | 2 560 |
| 摩洛哥 | 480 | 1 000 | 3 080 |
| 墨西哥 | 35 490 | 47 360 | 10 080 |
| 南　非 | 480 | 1 870 | 6 790 |
| 尼泊尔 | 380 | 700 | 730 |
| 尼加拉瓜 | 1 980 | 4 630 | 1 870 |
| 尼日尔 | — | — | 420 |
| 尼日利亚 | 400 | 1 820 | 2 970 |
| 挪　威 | 1 320 | 2 850 | 105 810 |
| 葡萄牙 | 5 450 | 8 910 | 21 290 |
| 日　本 | 2 830 | 6 090 | 41 900 |
| 瑞　典 | 230 | 490 | 60 590 |
| 瑞　士 | 970 | 1 410 | 86 000 |
| 萨尔瓦多 | 170 | 360 | 3 890 |
| 萨摩亚独立国 | 320 | 1 250 | 4 050 |

续表

| 国家（按汉语拼音排序） | 2001 年 | 2010 年 | 2014 年 |
|---|---|---|---|
| 塞尔维亚 | 37 530 | 86 390 | 5 840 |
| 塞拉利昂 | 11 720 | 21 810 | 770 |
| 塞内加尔 | 35 600 | 42 050 | 1 040 |
| 塞浦路斯 | 27 670 | 50 780 | 26 510 |
| 塞舌尔 | 38 690 | 73 340 | 14 090 |
| 沙特阿拉伯 | 2 190 | 3 370 | 25 500 |
| 斯里兰卡 | 1 450 | 3 030 | 3 650 |
| 斯洛伐克 | 1 340 | 5 630 | 17 950 |
| 斯洛文尼亚 | 180 | 340 | 23 560 |
| 斯威士兰 | 510 | 1 080 | 3 550 |
| 塔吉克斯坦 | 13 410 | 29 450 | 1 350 |
| 泰　国 | 7 380 | 10 460 | 5 780 |
| 坦桑尼亚 | 8 660 | 16 610 | 920 |
| 突尼斯 | 830 | 2 260 | 4 160 |
| 土耳其 | 5 640 | 16 030 | 10 630 |
| 瓦努阿图 | 10 800 | 23 910 | 3 160 |
| 危地马拉 | 1 570 | 2 930 | 3 440 |
| 委内瑞拉 | 170 | 810 | — |
| 文　莱 | 1 880 | 4 150 | — |
| 乌干达 | 310 | 530 | 670 |
| 乌克兰 | 2 280 | 4 140 | 3 530 |
| 乌拉圭 | 3 450 | 9 890 | 16 210 |
| 西班牙 | 1 370 | 2 590 | 29 380 |
| 希　腊 | 1 660 | 2 740 | 22 040 |
| 新西兰 | 4 580 | 11 630 | 41 370 |
| 匈牙利 | 16 350 | 31 800 | 13 340 |
| 叙利亚 | 250 | 500 | — |
| 牙买加 | 730 | 2 990 | 5 200 |
| 亚美尼亚 | 6 540 | 10 290 | 4 020 |
| 也　门 | 15 060 | 31 450 | — |

续表

| 国家(按汉语拼音排序) | 2001 年 | 2010 年 | 2014 年 |
|---|---|---|---|
| 伊　朗 | 12 320 | 26 390 | 6 550 |
| 以色列 | 13 530 | 29 140 | 35 340 |
| 意大利 | 4 720 | 12 860 | 34 540 |
| 印　度 | 1 130 | 2 750 | 1 560 |
| 印度尼西亚 | 3 300 | — | 3 630 |
| 英　国 | 710 | 3 200 | 43 350 |
| 越　南 | 470 | 1 160 | 1 900 |
| 乍　得 | 1 670 | 4 520 | 980 |
| 智　利 | 18 030 | 27 270 | 14 980 |
| 中　非 | 20 310 | 35 550 | 310 |
| 中　国 | 460 | 1 260 | 7 400 |

表 24　2014 年世界各类国家教育发展综合指数和分项指数

| 国　　家 | 综合指数 | 普及与公平 | 条件与保障 | 服务与贡献 | 结构与质量 |
|---|---|---|---|---|---|
| 世界 | 0.415 5 | 0.487 4 | 0.375 7 | 0.574 7 | 0.040 9 |
| 高收入国家 | 0.598 9 | 0.787 3 | 0.402 7 | 0.758 0 | 0.083 0 |
| 中高收入国家 | 0.487 6 | 0.616 9 | 0.388 2 | 0.631 1 | 0.040 6 |
| 中低收入国家 | 0.345 7 | 0.382 9 | 0.374 4 | 0.479 6 | 0.017 6 |
| 中等收入国家 | 0.403 6 | 0.471 7 | 0.380 2 | 0.554 6 | 0.028 9 |
| 低收入国家 | 0.228 7 | 0.221 1 | 0.336 6 | 0.304 7 | 0.006 1 |
| 经合组织成员国 | 0.594 0 | 0.763 9 | 0.389 6 | 0.785 6 | 0.101 7 |

表 25　2014 年世界各国教育发展综合指数和分项指数

| 国家(按汉语拼音排序) | 综合指数 | 普及与公平 | 条件与保障 | 服务与贡献 | 结构与质量 |
|---|---|---|---|---|---|
| 阿尔巴尼亚 | 0.524 0 | 0.728 6 | 0.334 0 | 0.633 5 | 0.017 8 |
| 阿尔及利亚 | 0.418 2 | 0.580 6 | 0.305 9 | 0.463 9 | 0.019 8 |
| 阿根廷 | 0.559 0 | 0.729 1 | 0.412 0 | 0.725 4 | 0.022 6 |
| 阿联酋 | 0.495 0 | 0.594 3 | 0.470 4 | 0.618 5 | 0.065 4 |
| 阿　曼 | 0.454 1 | 0.614 5 | 0.322 2 | 0.559 1 | 0.009 0 |
| 阿塞拜疆 | 0.448 5 | 0.488 5 | 0.292 6 | 0.837 6 | 0.017 2 |
| 埃　及 | 0.383 8 | 0.506 4 | 0.297 3 | 0.439 8 | 0.056 8 |

续表

| 国家(按汉语拼音排序) | 综合指数 | 普及与公平 | 条件与保障 | 服务与贡献 | 结构与质量 |
|---|---|---|---|---|---|
| 埃塞俄比亚 | 0.190 7 | 0.125 3 | 0.471 2 | 0.195 8 | 0.005 8 |
| 爱尔兰 | 0.632 4 | 0.880 2 | 0.398 6 | 0.766 7 | 0.021 8 |
| 爱沙尼亚 | 0.629 2 | 0.799 7 | 0.465 2 | 0.878 4 | 0.004 1 |
| 安道尔 | 0.503 1 | 0.630 0 | 0.443 1 | 0.654 6 | 0.000 7 |
| 安哥拉 | 0.253 6 | 0.260 6 | 0.231 5 | 0.442 4 | 0.010 1 |
| 奥地利 | 0.628 8 | 0.831 8 | 0.422 9 | 0.796 4 | 0.070 6 |
| 澳大利亚 | 0.702 1 | 0.916 9 | 0.422 2 | 0.832 2 | 0.257 5 |
| 巴巴多斯 | 0.539 9 | 0.773 9 | 0.406 3 | 0.550 2 | 0.002 1 |
| 巴基斯坦 | 0.299 3 | 0.387 9 | 0.249 3 | 0.355 7 | 0.025 1 |
| 巴拉圭 | 0.415 5 | 0.485 0 | 0.428 9 | 0.552 2 | 0.007 0 |
| 巴　林 | 0.458 7 | 0.598 9 | 0.330 3 | 0.610 3 | 0.007 2 |
| 巴拿马 | 0.445 9 | 0.565 6 | 0.329 4 | 0.612 6 | 0.019 8 |
| 巴　西 | 0.503 1 | 0.683 2 | 0.409 1 | 0.543 9 | 0.033 5 |
| 白俄罗斯 | 0.642 0 | 0.837 9 | 0.440 6 | 0.857 3 | 0.035 5 |
| 保加利亚 | 0.558 0 | 0.737 8 | 0.336 4 | 0.774 6 | 0.025 3 |
| 贝　宁 | 0.249 1 | 0.245 0 | 0.446 4 | 0.239 7 | 0.010 8 |
| 比利时 | 0.650 3 | 0.892 4 | 0.443 8 | 0.753 4 | 0.062 0 |
| 冰　岛 | 0.643 9 | 0.873 1 | 0.534 6 | 0.718 3 | 0.002 6 |
| 波　兰 | 0.615 9 | 0.796 4 | 0.406 6 | 0.850 9 | 0.039 9 |
| 玻利维亚 | 0.478 4 | 0.602 7 | 0.418 9 | 0.609 0 | 0.010 8 |
| 伯利兹 | 0.446 6 | 0.497 4 | 0.508 1 | 0.591 7 | 0.018 7 |
| 博茨瓦纳 | 0.427 4 | 0.468 2 | 0.541 8 | 0.539 1 | 0.003 4 |
| 不　丹 | 0.307 8 | 0.385 9 | 0.450 6 | 0.214 4 | 0.007 3 |
| 布基纳法索 | 0.191 6 | 0.198 3 | 0.393 4 | 0.115 3 | 0.004 0 |
| 布隆迪 | 0.212 9 | 0.166 5 | 0.366 1 | 0.322 7 | 0.001 4 |
| 丹　麦 | 0.689 0 | 0.882 2 | 0.592 4 | 0.844 0 | 0.031 2 |
| 德　国 | 0.669 8 | 0.826 4 | 0.400 2 | 0.886 9 | 0.270 1 |
| 东帝汶 | 0.302 2 | 0.381 9 | 0.297 3 | 0.351 0 | 0.004 5 |
| 多　哥 | 0.239 0 | 0.215 9 | 0.395 6 | 0.310 1 | 0.004 4 |
| 多米尼加 | 0.400 5 | 0.524 4 | 0.288 6 | 0.524 7 | 0.012 5 |

续表

| 国家(按汉语拼音排序) | 综合指数 | 普及与公平 | 条件与保障 | 服务与贡献 | 结构与质量 |
|---|---|---|---|---|---|
| 多米尼克 | 0.431 2 | 0.593 3 | 0.338 1 | 0.468 8 | 0.018 7 |
| 俄罗斯联邦 | 0.615 2 | 0.752 3 | 0.351 8 | 0.858 1 | 0.231 4 |
| 厄瓜多尔 | 0.447 7 | 0.609 4 | 0.299 2 | 0.560 9 | 0.009 7 |
| 厄立特里亚 | 0.215 5 | 0.246 6 | 0.155 0 | 0.365 1 | 0.003 3 |
| 法　国 | 0.642 2 | 0.840 5 | 0.341 6 | 0.774 4 | 0.272 1 |
| 菲律宾 | 0.420 9 | 0.509 7 | 0.275 5 | 0.675 0 | 0.009 2 |
| 斐　济 | 0.396 1 | 0.454 2 | 0.337 2 | 0.615 5 | 0.007 6 |
| 芬　兰 | 0.634 1 | 0.865 4 | 0.439 8 | 0.763 9 | 0.026 2 |
| 佛得角 | 0.395 5 | 0.551 3 | 0.387 3 | 0.348 0 | 0.002 8 |
| 冈比亚 | 0.247 0 | 0.331 4 | 0.239 2 | 0.247 9 | 0.003 2 |
| 刚果(布) | 0.320 7 | 0.275 4 | 0.551 9 | 0.428 4 | 0.005 0 |
| 哥伦比亚 | 0.445 7 | 0.576 1 | 0.363 3 | 0.556 8 | 0.016 0 |
| 哥斯达黎加 | 0.521 1 | 0.647 0 | 0.559 4 | 0.588 5 | 0.002 6 |
| 格林纳达 | 0.503 1 | 0.681 0 | 0.359 1 | 0.620 8 | 0.004 1 |
| 格鲁吉亚 | 0.534 3 | 0.630 2 | 0.352 4 | 0.894 4 | 0.009 0 |
| 古　巴 | 0.603 5 | 0.720 9 | 0.652 4 | 0.726 0 | 0.022 3 |
| 圭亚那 | 0.445 8 | 0.604 5 | 0.285 0 | 0.583 2 | 0.000 7 |
| 哈萨克斯坦 | 0.527 8 | 0.608 9 | 0.371 3 | 0.862 1 | 0.047 5 |
| 韩　国 | 0.638 9 | 0.841 6 | 0.407 5 | 0.801 5 | 0.122 7 |
| 荷　兰 | 0.638 9 | 0.869 1 | 0.391 2 | 0.793 4 | 0.072 6 |
| 吉布提 | 0.259 9 | 0.273 3 | 0.315 1 | 0.364 8 | 0.006 4 |
| 吉尔吉斯斯坦 | 0.453 0 | 0.460 2 | 0.418 1 | 0.800 5 | 0.014 7 |
| 几内亚 | 0.194 2 | 0.228 2 | 0.296 7 | 0.157 9 | 0.004 1 |
| 加拿大 | 0.618 5 | 0.756 1 | 0.408 6 | 0.854 9 | 0.169 9 |
| 加　纳 | 0.434 1 | 0.565 2 | 0.463 0 | 0.421 1 | 0.019 9 |
| 柬埔寨 | 0.207 3 | 0.210 8 | 0.227 2 | 0.333 2 | 0.002 4 |
| 捷　克 | 0.620 6 | 0.823 0 | 0.339 6 | 0.877 2 | 0.046 1 |
| 喀麦隆 | 0.295 8 | 0.336 4 | 0.304 9 | 0.406 3 | 0.014 4 |
| 卡塔尔 | 0.466 0 | 0.582 6 | 0.378 3 | 0.631 6 | 0.012 3 |
| 科摩罗 | 0.303 2 | 0.335 6 | 0.455 7 | 0.301 3 | 0.004 9 |

续表

| 国家(按汉语拼音排序) | 综合指数 | 普及与公平 | 条件与保障 | 服务与贡献 | 结构与质量 |
|---|---|---|---|---|---|
| 科特迪瓦 | 0.244 0 | 0.230 1 | 0.406 6 | 0.290 6 | 0.006 8 |
| 科威特 | 0.472 8 | 0.619 1 | 0.474 3 | 0.483 5 | 0.017 5 |
| 克罗地亚 | 0.541 6 | 0.694 4 | 0.366 3 | 0.775 4 | 0.005 6 |
| 肯尼亚 | 0.356 5 | 0.427 4 | 0.402 7 | 0.411 1 | 0.009 7 |
| 拉脱维亚 | 0.623 2 | 0.797 6 | 0.459 1 | 0.856 4 | 0.007 8 |
| 莱索托 | 0.345 7 | 0.318 7 | 0.639 8 | 0.370 5 | 0.001 6 |
| 老　挝 | 0.299 4 | 0.332 2 | 0.365 5 | 0.381 6 | 0.003 3 |
| 黎巴嫩 | 0.452 7 | 0.611 0 | 0.340 8 | 0.530 0 | 0.023 5 |
| 立陶宛 | 0.621 2 | 0.781 8 | 0.467 3 | 0.871 7 | 0.010 7 |
| 卢森堡 | 0.548 7 | 0.649 4 | 0.452 2 | 0.824 2 | 0.007 9 |
| 卢旺达 | 0.200 6 | 0.165 8 | 0.352 5 | 0.274 7 | 0.003 6 |
| 罗马尼亚 | 0.518 9 | 0.683 1 | 0.294 0 | 0.733 1 | 0.040 8 |
| 马达加斯加 | 0.179 9 | 0.095 7 | 0.290 8 | 0.390 5 | 0.003 9 |
| 马尔代夫 | 0.367 2 | 0.438 1 | 0.470 1 | 0.374 2 | 0.007 7 |
| 马耳他 | 0.562 8 | 0.735 2 | 0.527 0 | 0.631 7 | 0.001 7 |
| 马来西亚 | 0.526 5 | 0.631 6 | 0.502 5 | 0.658 4 | 0.067 3 |
| 马　里 | 0.179 3 | 0.158 5 | 0.384 8 | 0.152 4 | 0.003 7 |
| 马其顿 | 0.419 6 | 0.488 0 | 0.447 2 | 0.550 2 | 0.003 6 |
| 毛里求斯 | 0.531 9 | 0.708 0 | 0.479 8 | 0.583 0 | 0.004 9 |
| 毛里塔尼亚 | 0.205 9 | 0.205 0 | 0.273 6 | 0.292 9 | 0.002 7 |
| 美　国 | 0.704 7 | 0.756 4 | 0.393 0 | 0.913 9 | 0.686 2 |
| 蒙　古 | 0.530 4 | 0.712 0 | 0.317 3 | 0.728 4 | 0.005 7 |
| 孟加拉国 | 0.259 8 | 0.296 4 | 0.270 4 | 0.349 5 | 0.015 9 |
| 秘　鲁 | 0.506 7 | 0.662 6 | 0.382 5 | 0.649 9 | 0.013 8 |
| 缅　甸 | 0.267 2 | 0.288 5 | 0.291 4 | 0.392 6 | 0.003 8 |
| 摩尔多瓦 | 0.535 5 | 0.581 6 | 0.544 1 | 0.815 3 | 0.012 5 |
| 摩洛哥 | 0.387 3 | 0.493 1 | 0.422 8 | 0.381 0 | 0.031 2 |
| 墨西哥 | 0.450 7 | 0.565 4 | 0.425 0 | 0.538 5 | 0.023 7 |
| 南　非 | 0.492 0 | 0.576 9 | 0.408 8 | 0.720 7 | 0.043 8 |
| 尼泊尔 | 0.331 4 | 0.403 2 | 0.438 8 | 0.297 2 | 0.018 1 |

续表

| 国家(按汉语拼音排序) | 综合指数 | 普及与公平 | 条件与保障 | 服务与贡献 | 结构与质量 |
|---|---|---|---|---|---|
| 尼加拉瓜 | 0.324 9 | 0.335 6 | 0.436 7 | 0.427 6 | 0.006 8 |
| 尼日尔 | 0.185 7 | 0.147 2 | 0.463 4 | 0.132 3 | 0.002 4 |
| 尼日利亚 | 0.282 8 | 0.314 2 | 0.321 6 | 0.360 2 | 0.033 8 |
| 挪　威 | 0.681 4 | 0.874 6 | 0.578 5 | 0.845 9 | 0.019 3 |
| 葡萄牙 | 0.555 9 | 0.810 6 | 0.376 3 | 0.564 9 | 0.019 6 |
| 日　本 | 0.597 3 | 0.776 1 | 0.303 0 | 0.827 1 | 0.147 3 |
| 瑞　典 | 0.651 2 | 0.833 5 | 0.531 6 | 0.823 1 | 0.034 4 |
| 瑞　士 | 0.634 6 | 0.775 4 | 0.486 3 | 0.901 7 | 0.053 6 |
| 萨尔瓦多 | 0.390 3 | 0.521 3 | 0.321 1 | 0.455 8 | 0.002 3 |
| 萨摩亚独立国 | 0.446 3 | 0.478 0 | 0.389 0 | 0.762 5 | 0.005 7 |
| 塞尔维亚 | 0.507 2 | 0.619 5 | 0.371 9 | 0.758 9 | 0.015 4 |
| 塞拉利昂 | 0.187 6 | 0.169 4 | 0.323 4 | 0.231 4 | 0.002 9 |
| 塞内加尔 | 0.231 1 | 0.213 0 | 0.433 3 | 0.236 2 | 0.009 2 |
| 塞浦路斯 | 0.566 7 | 0.691 1 | 0.475 6 | 0.788 0 | 0.020 2 |
| 塞舌尔 | 0.430 9 | 0.521 4 | 0.342 4 | 0.625 0 | 0.018 5 |
| 沙特阿拉伯 | 0.521 7 | 0.607 3 | 0.516 9 | 0.641 4 | 0.111 8 |
| 斯里兰卡 | 0.494 1 | 0.671 4 | 0.254 7 | 0.697 4 | 0.010 3 |
| 斯洛伐克 | 0.561 5 | 0.694 9 | 0.357 2 | 0.864 1 | 0.030 3 |
| 斯洛文尼亚 | 0.643 9 | 0.864 4 | 0.429 4 | 0.842 4 | 0.003 8 |
| 斯威士兰 | 0.365 7 | 0.354 4 | 0.530 0 | 0.499 8 | 0.001 5 |
| 塔吉克斯坦 | 0.391 5 | 0.346 8 | 0.388 8 | 0.783 5 | 0.006 8 |
| 泰　国 | 0.481 3 | 0.647 7 | 0.407 7 | 0.521 3 | 0.026 8 |
| 坦桑尼亚 | 0.246 9 | 0.262 4 | 0.322 8 | 0.319 1 | 0.003 1 |
| 突尼斯 | 0.438 4 | 0.541 2 | 0.514 4 | 0.448 1 | 0.015 9 |
| 土耳其 | 0.475 5 | 0.638 2 | 0.341 6 | 0.541 1 | 0.078 2 |
| 瓦努阿图 | 0.402 4 | 0.451 4 | 0.469 7 | 0.521 8 | 0.006 4 |
| 危地马拉 | 0.375 4 | 0.439 3 | 0.432 4 | 0.451 0 | 0.007 0 |
| 委内瑞拉 | 0.557 7 | 0.687 8 | 0.621 1 | 0.613 1 | 0.008 8 |
| 文　莱 | 0.486 8 | 0.648 7 | 0.363 8 | 0.608 7 | 0.002 2 |
| 乌干达 | 0.166 6 | 0.104 2 | 0.259 5 | 0.326 4 | 0.016 8 |

续表

| 国家(按汉语拼音排序) | 综合指数 | 普及与公平 | 条件与保障 | 服务与贡献 | 结构与质量 |
|---|---|---|---|---|---|
| 乌克兰 | 0.595 8 | 0.734 1 | 0.441 9 | 0.824 9 | 0.080 3 |
| 乌拉圭 | 0.489 7 | 0.669 0 | 0.389 4 | 0.539 2 | 0.019 7 |
| 西班牙 | 0.616 2 | 0.897 0 | 0.364 1 | 0.646 1 | 0.070 2 |
| 希　腊 | 0.607 8 | 0.845 2 | 0.400 8 | 0.701 4 | 0.046 3 |
| 新西兰 | 0.657 5 | 0.867 0 | 0.492 6 | 0.807 2 | 0.049 1 |
| 匈牙利 | 0.572 6 | 0.735 5 | 0.371 4 | 0.816 5 | 0.026 8 |
| 叙利亚 | 0.341 9 | 0.359 6 | 0.450 6 | 0.435 9 | 0.018 9 |
| 牙买加 | 0.489 2 | 0.603 0 | 0.472 7 | 0.600 9 | 0.020 6 |
| 亚美尼亚 | 0.468 8 | 0.524 1 | 0.297 1 | 0.861 6 | 0.007 9 |
| 也　门 | 0.238 3 | 0.253 5 | 0.335 9 | 0.269 6 | 0.020 7 |
| 伊　朗 | 0.467 0 | 0.597 4 | 0.393 8 | 0.566 4 | 0.040 7 |
| 以色列 | 0.633 8 | 0.821 7 | 0.455 6 | 0.855 0 | 0.012 9 |
| 意大利 | 0.571 2 | 0.788 0 | 0.346 4 | 0.656 7 | 0.106 5 |
| 印　度 | 0.287 0 | 0.298 8 | 0.323 6 | 0.332 5 | 0.142 0 |
| 印度尼西亚 | 0.422 6 | 0.518 1 | 0.412 6 | 0.512 2 | 0.030 2 |
| 英　国 | 0.668 3 | 0.799 7 | 0.377 8 | 0.849 0 | 0.420 2 |
| 越　南 | 0.445 4 | 0.566 9 | 0.487 6 | 0.438 2 | 0.034 5 |
| 乍　得 | 0.145 1 | 0.126 5 | 0.260 7 | 0.177 9 | 0.003 1 |
| 智　利 | 0.625 7 | 0.895 0 | 0.433 8 | 0.674 5 | 0.008 2 |
| 中　非 | 0.129 5 | 0.114 1 | 0.153 2 | 0.236 3 | 0.002 1 |
| 中　国 | 0.540 6 | 0.638 8 | 0.383 6 | 0.543 1 | 0.451 9 |

**表 26　2014 年世界各类国家教育发展普及水平指标**

单位：%

| 国　　家 | 学前教育毛入学率 | 小学五年巩固率 | 高中阶段教育毛入学率 | 高等教育毛入学率 |
|---|---|---|---|---|
| 世界 | 44.05 | 86.23 | 65.34 | 34.45 |
| 高收入国家 | 82.53 | 97.32 | 105.33 | 74.49 |
| 中高收入国家 | 72.91 | 90.84 | 83.29 | 41.12 |
| 中低收入国家 | 26.12 | 83.25 | 52.45 | 22.15 |
| 中等收入国家 | 42.48 | 87.00 | 63.13 | 30.11 |
| 低收入国家 | 17.19 | 65.14 | 31.49 | 7.70 |
| 经合组织成员国 | 82.48 | 97.66 | 98.58 | 70.20 |

## 表 27　2014 年世界各国教育发展综合指数和分项指数

单位:%

| 国家(按汉语拼音排序) | 学前教育毛入学率 | 小学五年巩固率 | 高中阶段教育毛入学率 | 高等教育毛入学率 |
|---|---|---|---|---|
| 阿尔巴尼亚 | 77.11 | 98.71 | 93.93 | 62.71 |
| 阿尔及利亚 | 79.21 | 93.41 | 62.72 | 34.59 |
| 阿根廷 | 71.66 | 95.97 | 83.85 | 79.99 |
| 阿联酋 | 84.84 | 91.96 | 81.11 | 22.04 |
| 阿　曼 | 54.41 | 98.77 | 101.80 | 28.58 |
| 阿塞拜疆 | 23.11 | 71.90 | 135.03 | 23.16 |
| 埃　及 | 30.32 | 97.24 | 72.53 | 31.68 |
| 埃塞俄比亚 | 25.09 | 44.12 | 13.08 | 8.13 |
| 爱尔兰 | 107.99 | 98.14 | 141.39 | 73.17 |
| 爱沙尼亚 | 88.37 | 97.27 | 107.45 | 72.92 |
| 安道尔 | 101.77 | 98.16 | 83.57 | 11.21 |
| 安哥拉 | 79.25 | 44.80 | 21.10 | 9.92 |
| 奥地利 | 101.72 | 98.50 | 99.13 | 80.00 |
| 澳大利亚 | 109.23 | 98.50 | 180.81 | 86.55 |
| 巴巴多斯 | 84.21 | 94.46 | 112.89 | 65.43 |
| 巴基斯坦 | 70.24 | 79.59 | 31.06 | 10.36 |
| 巴拉圭 | 37.71 | 86.74 | 68.88 | 35.08 |
| 巴　林 | 55.23 | 97.95 | 85.03 | 36.84 |
| 巴拿马 | 71.49 | 94.01 | 57.23 | 38.74 |
| 巴　西 | 86.04 | 92.40 | 93.23 | 46.45 |
| 白俄罗斯 | 105.04 | 84.10 | 113.16 | 88.86 |
| 保加利亚 | 83.01 | 84.10 | 108.15 | 70.79 |
| 贝　宁 | 20.60 | 62.70 | 34.80 | 15.36 |
| 比利时 | 117.90 | 95.72 | 157.23 | 73.32 |
| 冰　岛 | 97.48 | 98.44 | 120.82 | 82.23 |
| 波　兰 | 77.32 | 98.99 | 116.05 | 71.16 |
| 玻利维亚 | 63.35 | 98.00 | 76.81 | 38.39 |
| 伯利兹 | 50.24 | 96.42 | 58.57 | 24.18 |
| 博茨瓦纳 | 18.33 | 96.30 | 72.60 | 27.51 |

续表

| 国家(按汉语拼音排序) | 学前教育毛入学率 | 小学五年巩固率 | 高中阶段教育毛入学率 | 高等教育毛入学率 |
|---|---|---|---|---|
| 不　丹 | 17.05 | 87.37 | 69.17 | 10.93 |
| 布基纳法索 | 4.17 | 79.05 | 12.91 | 4.78 |
| 布隆迪 | 6.66 | 64.40 | 20.77 | 4.41 |
| 丹　麦 | 96.45 | 99.66 | 142.49 | 81.52 |
| 德　国 | 110.88 | 98.50 | 104.59 | 65.47 |
| 东帝汶 | 17.02 | 84.51 | 63.62 | 18.15 |
| 多　哥 | 15.04 | 60.79 | 35.79 | 10.12 |
| 多米尼加 | 43.60 | 82.84 | 74.06 | 47.52 |
| 多米尼克 | 84.88 | 89.67 | 81.05 | 25.00 |
| 俄罗斯联邦 | 83.81 | 84.10 | 105.06 | 78.65 |
| 厄瓜多尔 | 61.62 | 90.59 | 92.15 | 40.48 |
| 厄立特里亚 | 15.17 | 77.60 | 27.53 | 5.00 |
| 法　国 | 108.81 | 98.50 | 114.75 | 64.39 |
| 菲律宾 | 54.42 | 78.68 | 77.29 | 35.75 |
| 斐　济 | 17.87 | 98.38 | 76.18 | 16.14 |
| 芬　兰 | 79.79 | 99.68 | 186.11 | 88.67 |
| 佛得角 | 70.31 | 92.76 | 72.31 | 22.98 |
| 冈比亚 | 33.84 | 80.13 | 47.76 | 3.10 |
| 刚果(布) | 13.91 | 76.93 | 38.28 | 9.72 |
| 哥伦比亚 | 54.73 | 83.50 | 82.36 | 51.29 |
| 哥斯达黎加 | 52.97 | 91.81 | 101.95 | 53.04 |
| 格林纳达 | 91.18 | 83.04 | 95.70 | 52.78 |
| 格鲁吉亚 | 59.45 | 98.94 | 91.47 | 39.18 |
| 古　巴 | 98.07 | 96.67 | 98.54 | 41.00 |
| 圭亚那 | 94.34 | 94.62 | 83.28 | 12.48 |
| 哈萨克斯坦 | 57.22 | 84.10 | 98.02 | 48.48 |
| 韩　国 | 91.64 | 99.64 | 93.74 | 95.35 |
| 荷　兰 | 94.85 | 98.97 | 125.53 | 78.50 |
| 吉布提 | 4.12 | 84.40 | 39.75 | 4.99 |
| 吉尔吉斯斯坦 | 25.33 | 71.90 | 82.10 | 45.92 |

续表

| 国家(按汉语拼音排序) | 学前教育毛入学率 | 小学五年巩固率 | 高中阶段教育毛入学率 | 高等教育毛入学率 |
|---|---|---|---|---|
| 几内亚 | 15.16 | 66.60 | 30.72 | 10.85 |
| 加拿大 | 73.64 | 98.50 | 119.05 | 56.00 |
| 加　纳 | 115.10 | 89.76 | 48.26 | 15.57 |
| 柬埔寨 | 17.60 | 58.06 | 28.63 | 15.90 |
| 捷　克 | 104.82 | 99.29 | 107.00 | 66.02 |
| 喀麦隆 | 34.44 | 78.69 | 41.63 | 11.93 |
| 卡塔尔 | 58.49 | 98.70 | 97.54 | 15.83 |
| 科摩罗 | 23.06 | 82.05 | 50.37 | 8.93 |
| 科特迪瓦 | 6.55 | 76.27 | 26.07 | 8.68 |
| 科威特 | 80.99 | 95.70 | 84.58 | 27.03 |
| 克罗地亚 | 61.44 | 92.40 | 95.84 | 69.54 |
| 肯尼亚 | 73.80 | 80.61 | 52.33 | 4.05 |
| 拉脱维亚 | 90.93 | 94.65 | 115.39 | 67.04 |
| 莱索托 | 31.17 | 79.56 | 37.29 | 9.84 |
| 老　挝 | 30.41 | 77.61 | 39.12 | 17.29 |
| 黎巴嫩 | 84.49 | 96.04 | 57.92 | 42.77 |
| 立陶宛 | 88.25 | 92.40 | 112.52 | 68.53 |
| 卢森堡 | 93.49 | 96.71 | 94.03 | 19.41 |
| 卢旺达 | 14.31 | 51.17 | 31.96 | 7.53 |
| 罗马尼亚 | 90.46 | 84.10 | 95.07 | 53.22 |
| 马达加斯加 | 13.89 | 40.05 | 21.58 | 4.25 |
| 马尔代夫 | 83.59 | 92.65 | 16.61 | 12.75 |
| 马耳他 | 115.41 | 97.24 | 82.28 | 45.08 |
| 马来西亚 | 98.87 | 95.27 | 70.31 | 29.70 |
| 马　里 | 4.09 | 56.53 | 30.19 | 6.87 |
| 马其顿 | 28.66 | 84.10 | 78.89 | 39.35 |
| 毛里求斯 | 102.23 | 98.83 | 87.15 | 38.67 |
| 毛里塔尼亚 | 5.00 | 75.31 | 20.96 | 5.47 |
| 美　国 | 71.49 | 93.68 | 93.29 | 86.66 |
| 蒙　古 | 85.87 | 92.84 | 85.44 | 64.27 |

续表

| 国家(按汉语拼音排序) | 学前教育毛入学率 | 小学五年巩固率 | 高中阶段教育毛入学率 | 高等教育毛入学率 |
|---|---|---|---|---|
| 孟加拉国 | 31.81 | 66.20 | 44.69 | 13.44 |
| 秘　鲁 | 87.55 | 92.56 | 88.48 | 40.51 |
| 缅　甸 | 23.46 | 74.79 | 34.25 | 13.53 |
| 摩尔多瓦 | 83.76 | 71.90 | 87.92 | 41.28 |
| 摩洛哥 | 59.63 | 92.69 | 53.07 | 24.57 |
| 墨西哥 | 68.96 | 96.69 | 65.45 | 29.94 |
| 南　非 | 76.17 | 86.80 | 93.08 | 19.66 |
| 尼泊尔 | 85.76 | 60.36 | 49.68 | 15.83 |
| 尼加拉瓜 | 58.32 | 51.38 | 58.31 | 17.20 |
| 尼日尔 | 7.12 | 64.45 | 10.21 | 5.00 |
| 尼日利亚 | 13.41 | 86.00 | 41.10 | 10.41 |
| 挪　威 | 98.20 | 99.77 | 125.23 | 76.78 |
| 葡萄牙 | 91.82 | 98.50 | 115.83 | 65.61 |
| 日　本 | 89.93 | 99.85 | 102.48 | 62.41 |
| 瑞　典 | 95.67 | 99.61 | 148.58 | 62.35 |
| 瑞　士 | 105.11 | 98.50 | 95.47 | 57.23 |
| 萨尔瓦多 | 71.68 | 86.00 | 61.15 | 28.85 |
| 萨摩亚独立国 | 36.87 | 91.74 | 80.35 | 16.00 |
| 塞尔维亚 | 59.16 | 84.10 | 89.84 | 58.05 |
| 塞拉利昂 | 9.54 | 59.65 | 26.84 | 5.00 |
| 塞内加尔 | 14.72 | 73.28 | 16.33 | 7.39 |
| 塞浦路斯 | 77.11 | 92.20 | 98.43 | 53.10 |
| 塞舌尔 | 93.03 | 96.04 | 49.07 | 6.47 |
| 沙特阿拉伯 | 16.33 | 92.61 | 108.43 | 61.11 |
| 斯里兰卡 | 94.99 | 98.20 | 99.06 | 20.71 |
| 斯洛伐克 | 92.10 | 92.40 | 85.16 | 52.92 |
| 斯洛文尼亚 | 93.42 | 99.22 | 118.47 | 82.93 |
| 斯威士兰 | 25.37 | 89.34 | 48.83 | 5.33 |
| 塔吉克斯坦 | 9.92 | 71.90 | 68.02 | 24.47 |
| 泰　国 | 72.79 | 94.53 | 78.45 | 52.51 |

续表

| 国家(按汉语拼音排序) | 学前教育毛入学率 | 小学五年巩固率 | 高中阶段教育毛入学率 | 高等教育毛入学率 |
|---|---|---|---|---|
| 坦桑尼亚 | 32.34 | 83.74 | 9.00 | 3.65 |
| 突尼斯 | 42.80 | 94.45 | 78.25 | 34.58 |
| 土耳其 | 27.58 | 90.02 | 95.42 | 78.98 |
| 瓦努阿图 | 97.47 | 76.11 | 47.23 | 4.74 |
| 危地马拉 | 65.77 | 77.02 | 55.39 | 18.33 |
| 委内瑞拉 | 73.09 | 87.75 | 80.22 | 76.98 |
| 文　莱 | 73.54 | 98.63 | 95.73 | 31.73 |
| 乌干达 | 11.01 | 48.25 | 14.13 | 4.48 |
| 乌克兰 | 104.15 | 71.90 | 92.65 | 82.31 |
| 乌拉圭 | 69.95 | 94.84 | 78.42 | 63.13 |
| 西班牙 | 98.05 | 97.69 | 133.62 | 89.07 |
| 希　腊 | 76.20 | 92.10 | 112.55 | 110.16 |
| 新西兰 | 91.82 | 98.50 | 136.10 | 80.88 |
| 匈牙利 | 83.98 | 92.40 | 112.60 | 53.19 |
| 叙利亚 | 5.88 | 93.10 | 31.51 | 32.98 |
| 牙买加 | 104.84 | 95.39 | 52.52 | 27.83 |
| 亚美尼亚 | 52.13 | 71.90 | 88.15 | 44.25 |
| 也　门 | 5.00 | 75.40 | 38.94 | 9.97 |
| 伊　朗 | 42.40 | 86.18 | 82.95 | 65.96 |
| 以色列 | 110.68 | 99.26 | 100.35 | 66.18 |
| 意大利 | 99.93 | 98.94 | 98.60 | 63.46 |
| 印　度 | 9.61 | 65.79 | 56.36 | 23.89 |
| 印度尼西亚 | 58.16 | 84.01 | 73.90 | 31.10 |
| 英　国 | 88.22 | 98.50 | 138.24 | 56.48 |
| 越　南 | 81.35 | 89.60 | 65.42 | 30.48 |
| 乍　得 | 5.00 | 56.61 | 17.68 | 3.45 |
| 智　利 | 122.90 | 99.64 | 98.71 | 86.63 |
| 中　非 | 5.59 | 56.70 | 9.09 | 5.00 |
| 中　国 | 70.50 | 99.00 | 86.50 | 37.50 |

表 28　2014 年世界各类国家人力资源指标

| 国　　家 | 15 岁及以上人口识字率(%) | 25 岁及以上人口中受过高中及以上教育的比例(%) | 25 岁及以上人口平均受教育年限(年) |
|---|---|---|---|
| 世界 | 85.20 | 45.83 | 8.31 |
| 高收入国家 | 98.67 | 65.39 | 11.22 |
| 中高收入国家 | 93.75 | 49.63 | 9.20 |
| 中低收入国家 | 73.26 | 36.60 | 7.04 |
| 中等收入国家 | 83.44 | 43.04 | 8.11 |
| 低收入国家 | 57.50 | 21.20 | 4.00 |
| 经合组织成员国 | 98.27 | 70.14 | 11.57 |

表 29　2014 年世界各国人力资源指标

| 国家(按汉语拼音排序) | 15 岁及以上人口识字率(%) | 25 岁及以上人口中受过高中及以上教育的比例(%) | 25 岁及以上人口平均受教育年限(年) |
|---|---|---|---|
| 阿尔巴尼亚 | 97.62 | 45.28 | 9.65 |
| 阿尔及利亚 | 80.20 | 25.42 | 7.60 |
| 阿根廷 | 98.09 | 67.00 | 9.80 |
| 阿联酋 | 93.84 | 47.10 | 9.10 |
| 阿　曼 | 91.98 | 41.20 | 7.90 |
| 阿塞拜疆 | 99.79 | 88.71 | 10.62 |
| 埃　及 | 75.06 | 30.00 | 6.40 |
| 埃塞俄比亚 | 49.09 | 8.84 | 2.41 |
| 爱尔兰 | 96.00 | 66.37 | 11.60 |
| 爱沙尼亚 | 99.83 | 89.68 | 12.00 |
| 安道尔 | 95.00 | 47.84 | 10.26 |
| 安哥拉 | 71.14 | 44.00 | 4.70 |
| 奥地利 | 98.00 | 78.11 | 10.80 |
| 澳大利亚 | 98.00 | 71.23 | 13.18 |
| 巴巴多斯 | 88.00 | 31.00 | 9.40 |
| 巴基斯坦 | 58.68 | 26.07 | 5.09 |
| 巴拉圭 | 94.62 | 36.56 | 8.14 |
| 巴　林 | 95.70 | 42.11 | 9.40 |

续表

| 国家(按汉语拼音排序) | 15 岁及以上人口识字率(%) | 25 岁及以上人口中受过高中及以上教育的比例(%) | 25 岁及以上人口平均受教育年限(年) |
|---|---|---|---|
| 巴拿马 | 95.05 | 43.00 | 9.40 |
| 巴　西 | 91.48 | 41.85 | 7.27 |
| 白俄罗斯 | 99.73 | 84.85 | 11.94 |
| 保加利亚 | 98.39 | 73.81 | 10.60 |
| 贝　宁 | 38.45 | 20.00 | 3.20 |
| 比利时 | 97.00 | 64.02 | 11.38 |
| 冰　岛 | 99.00 | 60.74 | 10.40 |
| 波　兰 | 99.79 | 83.49 | 11.90 |
| 玻利维亚 | 95.65 | 43.14 | 9.20 |
| 伯利兹 | 82.69 | 36.83 | 10.49 |
| 博茨瓦纳 | 88.46 | 32.00 | 8.80 |
| 不　丹 | 64.89 | 5.51 | 2.40 |
| 布基纳法索 | 36.02 | 2.81 | 1.30 |
| 布隆迪 | 85.62 | 20.00 | 2.70 |
| 丹　麦 | 99.00 | 76.84 | 12.70 |
| 德　国 | 98.00 | 83.00 | 13.46 |
| 东帝汶 | 67.52 | 25.00 | 4.40 |
| 多　哥 | 66.55 | 9.26 | 5.30 |
| 多米尼加 | 91.79 | 34.17 | 7.68 |
| 多米尼克 | 88.00 | 22.00 | 7.70 |
| 俄罗斯联邦 | 99.72 | 84.53 | 12.02 |
| 厄瓜多尔 | 93.29 | 38.53 | 8.27 |
| 厄立特里亚 | 73.77 | 32.00 | 3.40 |
| 法　国 | 98.00 | 68.53 | 11.41 |
| 菲律宾 | 96.29 | 58.46 | 9.33 |
| 斐　济 | 88.00 | 44.00 | 9.90 |
| 芬　兰 | 99.00 | 72.81 | 10.30 |
| 佛得角 | 87.58 | 20.00 | 3.50 |
| 冈比亚 | 55.55 | 16.00 | 2.80 |

续表

| 国家(按汉语拼音排序) | 15岁及以上人口识字率(%) | 25岁及以上人口中受过高中及以上教育的比例(%) | 25岁及以上人口平均受教育年限(年) |
|---|---|---|---|
| 刚果(布) | 79.31 | 27.00 | 6.10 |
| 哥伦比亚 | 94.68 | 44.59 | 7.10 |
| 哥斯达黎加 | 97.76 | 40.22 | 8.71 |
| 格林纳达 | 88.00 | 54.00 | 8.60 |
| 格鲁吉亚 | 99.76 | 92.07 | 12.25 |
| 古　巴 | 99.71 | 57.41 | 11.14 |
| 圭亚那 | 88.50 | 45.00 | 8.50 |
| 哈萨克斯坦 | 99.79 | 96.31 | 10.40 |
| 韩　国 | 98.00 | 72.72 | 11.80 |
| 荷　兰 | 99.00 | 69.42 | 11.91 |
| 吉布提 | 86.00 | 23.00 | 3.80 |
| 吉尔吉斯斯坦 | 99.52 | 88.37 | 9.30 |
| 几内亚 | 30.41 | 14.00 | 1.65 |
| 加拿大 | 98.00 | 82.75 | 12.30 |
| 加　纳 | 76.57 | 20.56 | 7.00 |
| 柬埔寨 | 77.19 | 6.26 | 5.80 |
| 捷　克 | 95.00 | 89.63 | 12.33 |
| 喀麦隆 | 74.99 | 25.00 | 5.90 |
| 卡塔尔 | 97.75 | 43.96 | 9.76 |
| 科摩罗 | 77.76 | 18.00 | 2.80 |
| 科特迪瓦 | 43.11 | 23.00 | 4.30 |
| 科威特 | 95.59 | 28.34 | 6.72 |
| 克罗地亚 | 99.27 | 70.71 | 11.03 |
| 肯尼亚 | 77.97 | 22.03 | 6.30 |
| 拉脱维亚 | 99.89 | 87.50 | 11.50 |
| 莱索托 | 79.36 | 13.81 | 5.90 |
| 老　挝 | 79.86 | 25.00 | 4.60 |
| 黎巴嫩 | 93.94 | 32.93 | 7.90 |
| 立陶宛 | 99.82 | 83.33 | 12.70 |
| 卢森堡 | 97.00 | 79.48 | 11.71 |

续表

| 国家(按汉语拼音排序) | 15 岁及以上人口识字率(%) | 25 岁及以上人口中受过高中及以上教育的比例(%) | 25 岁及以上人口平均受教育年限(年) |
|---|---|---|---|
| 卢旺达 | 70.52 | 8.42 | 3.79 |
| 罗马尼亚 | 98.77 | 62.98 | 10.64 |
| 马达加斯加 | 64.66 | 31.00 | 5.20 |
| 马尔代夫 | 99.31 | 5.23 | 5.80 |
| 马耳他 | 94.14 | 35.77 | 11.27 |
| 马来西亚 | 94.64 | 50.90 | 9.96 |
| 马　里 | 38.70 | 6.04 | 2.00 |
| 马其顿 | 97.83 | 34.00 | 8.20 |
| 毛里求斯 | 90.62 | 43.58 | 8.54 |
| 毛里塔尼亚 | 52.10 | 23.00 | 3.70 |
| 美　国 | 99.00 | 88.31 | 13.60 |
| 蒙　古 | 98.38 | 67.57 | 9.80 |
| 孟加拉国 | 61.55 | 23.00 | 5.10 |
| 秘　鲁 | 94.48 | 55.50 | 8.97 |
| 缅　甸 | 93.09 | 25.00 | 4.00 |
| 摩尔多瓦 | 99.36 | 74.72 | 11.92 |
| 摩洛哥 | 72.38 | 30.00 | 4.40 |
| 墨西哥 | 93.96 | 31.80 | 8.38 |
| 南　非 | 94.27 | 64.22 | 10.33 |
| 尼泊尔 | 64.66 | 21.00 | 3.20 |
| 尼加拉瓜 | 82.82 | 27.00 | 5.80 |
| 尼日尔 | 19.13 | 15.00 | 1.40 |
| 尼日利亚 | 59.57 | 26.00 | 5.20 |
| 挪　威 | 99.00 | 77.01 | 12.75 |
| 葡萄牙 | 95.68 | 34.21 | 8.88 |
| 日　本 | 99.00 | 80.61 | 11.50 |
| 瑞　典 | 99.00 | 74.47 | 12.27 |
| 瑞　士 | 98.00 | 84.64 | 13.77 |
| 萨尔瓦多 | 86.77 | 26.99 | 6.56 |
| 萨摩亚独立国 | 99.02 | 72.47 | 10.30 |

续表

| 国家(按汉语拼音排序) | 15岁及以上人口识字率(%) | 25岁及以上人口中受过高中及以上教育的比例(%) | 25岁及以上人口平均受教育年限(年) |
|---|---|---|---|
| 塞尔维亚 | 98.11 | 68.57 | 10.82 |
| 塞拉利昂 | 48.09 | 15.00 | 2.90 |
| 塞内加尔 | 42.82 | 8.23 | 4.50 |
| 塞浦路斯 | 99.07 | 69.50 | 11.70 |
| 塞舌尔 | 95.21 | 46.04 | 9.40 |
| 沙特阿拉伯 | 94.65 | 48.89 | 9.63 |
| 斯里兰卡 | 92.63 | 56.10 | 10.80 |
| 斯洛伐克 | 99.62 | 85.32 | 12.13 |
| 斯洛文尼亚 | 99.72 | 79.94 | 12.12 |
| 斯威士兰 | 87.47 | 34.00 | 7.10 |
| 塔吉克斯坦 | 99.77 | 80.00 | 9.90 |
| 泰　国 | 96.67 | 29.29 | 7.91 |
| 坦桑尼亚 | 80.32 | 3.40 | 5.46 |
| 突尼斯 | 81.78 | 28.00 | 6.50 |
| 土耳其 | 95.01 | 35.24 | 7.89 |
| 瓦努阿图 | 85.23 | 28.00 | 9.00 |
| 危地马拉 | 79.31 | 26.60 | 7.01 |
| 委内瑞拉 | 95.36 | 42.99 | 9.40 |
| 文　莱 | 96.41 | 46.00 | 8.70 |
| 乌干达 | 73.86 | 9.87 | 5.26 |
| 乌克兰 | 99.76 | 81.00 | 11.30 |
| 乌拉圭 | 98.36 | 28.45 | 8.58 |
| 西班牙 | 98.08 | 47.24 | 9.79 |
| 希　腊 | 97.69 | 56.27 | 10.54 |
| 新西兰 | 98.00 | 69.49 | 12.50 |
| 匈牙利 | 99.05 | 74.12 | 12.07 |
| 叙利亚 | 86.43 | 21.90 | 6.60 |
| 牙买加 | 88.69 | 42.00 | 9.60 |
| 亚美尼亚 | 99.77 | 90.24 | 11.29 |
| 也　门 | 70.07 | 16.00 | 2.50 |

续表

| 国家(按汉语拼音排序) | 15 岁及以上人口识字率(%) | 25 岁及以上人口中受过高中及以上教育的比例(%) | 25 岁及以上人口平均受教育年限(年) |
|---|---|---|---|
| 伊　朗 | 86.85 | 46.31 | 7.80 |
| 以色列 | 95.00 | 81.23 | 12.76 |
| 意大利 | 99.15 | 47.28 | 10.10 |
| 印　度 | 72.13 | 18.00 | 4.40 |
| 印度尼西亚 | 93.88 | 31.09 | 7.51 |
| 英　国 | 98.00 | 74.71 | 13.28 |
| 越　南 | 94.51 | 25.68 | 5.50 |
| 乍　得 | 40.17 | 15.00 | 1.50 |
| 智　利 | 97.30 | 54.02 | 9.90 |
| 中　非 | 36.75 | 18.00 | 3.50 |
| 中　国 | 95.84 | 27.68 | 9.03 |

表 30　2015 年我国各地区教育现代化进程指数、综合指数和分项指数

| 地　区 | 进程指数 | 综合指数 | 普及与公平 | 结构与质量 | 条件与保障 | 服务与贡献 |
|---|---|---|---|---|---|---|
| 全　国 | 0.85 | 0.438 4 | 0.612 5 | 0.330 6 | 0.324 2 | 0.456 5 |
| 东　部 | 0.86 | 0.494 0 | 0.698 5 | 0.389 7 | 0.355 7 | 0.499 3 |
| 中　部 | 0.82 | 0.420 5 | 0.605 5 | 0.311 3 | 0.297 0 | 0.437 5 |
| 西　部 | 0.82 | 0.387 9 | 0.531 4 | 0.271 3 | 0.302 1 | 0.417 8 |
| 北　京 | 0.89 | 0.658 4 | 0.884 7 | 0.536 6 | 0.472 4 | 0.719 8 |
| 天　津 | 0.88 | 0.540 5 | 0.776 5 | 0.375 0 | 0.387 7 | 0.581 5 |
| 河　北 | 0.86 | 0.429 0 | 0.637 2 | 0.271 4 | 0.308 9 | 0.454 2 |
| 辽　宁 | 0.86 | 0.490 4 | 0.726 6 | 0.361 6 | 0.324 0 | 0.514 5 |
| 上　海 | 0.89 | 0.594 6 | 0.837 6 | 0.513 8 | 0.395 6 | 0.609 6 |
| 江　苏 | 0.88 | 0.517 6 | 0.736 9 | 0.398 8 | 0.383 2 | 0.509 0 |
| 浙　江 | 0.89 | 0.534 7 | 0.764 8 | 0.446 7 | 0.395 4 | 0.486 6 |
| 福　建 | 0.85 | 0.454 8 | 0.659 0 | 0.330 6 | 0.346 4 | 0.435 3 |
| 山　东 | 0.86 | 0.469 2 | 0.665 2 | 0.354 0 | 0.347 0 | 0.473 6 |
| 广　东 | 0.85 | 0.480 8 | 0.687 2 | 0.394 2 | 0.348 6 | 0.456 2 |
| 海　南 | 0.79 | 0.377 6 | 0.522 6 | 0.248 6 | 0.319 2 | 0.376 9 |
| 山　西 | 0.82 | 0.383 6 | 0.595 3 | 0.179 5 | 0.310 2 | 0.380 0 |

续表

| 地　区 | 进程指数 | 综合指数 | 普及与公平 | 结构与质量 | 条件与保障 | 服务与贡献 |
|---|---|---|---|---|---|---|
| 吉　林 | 0.80 | 0.460 4 | 0.669 3 | 0.390 2 | 0.320 0 | 0.428 0 |
| 黑龙江 | 0.84 | 0.468 2 | 0.643 9 | 0.340 6 | 0.312 9 | 0.565 2 |
| 安　徽 | 0.83 | 0.393 9 | 0.554 8 | 0.271 5 | 0.316 3 | 0.391 6 |
| 江　西 | 0.80 | 0.400 9 | 0.574 8 | 0.287 4 | 0.294 7 | 0.413 0 |
| 河　南 | 0.82 | 0.386 9 | 0.564 2 | 0.285 1 | 0.264 0 | 0.407 2 |
| 湖　北 | 0.85 | 0.457 1 | 0.651 5 | 0.373 1 | 0.303 6 | 0.479 8 |
| 湖　南 | 0.83 | 0.433 5 | 0.628 3 | 0.349 7 | 0.281 1 | 0.453 7 |
| 内蒙古 | 0.81 | 0.419 6 | 0.610 4 | 0.257 2 | 0.309 7 | 0.460 6 |
| 广　西 | 0.80 | 0.409 5 | 0.582 4 | 0.326 7 | 0.279 5 | 0.427 8 |
| 重　庆 | 0.85 | 0.468 2 | 0.682 8 | 0.327 1 | 0.331 5 | 0.492 2 |
| 四　川 | 0.83 | 0.410 0 | 0.567 8 | 0.318 1 | 0.304 1 | 0.424 3 |
| 贵　州 | 0.81 | 0.350 8 | 0.466 3 | 0.197 6 | 0.303 9 | 0.401 2 |
| 云　南 | 0.79 | 0.366 2 | 0.471 9 | 0.319 4 | 0.289 7 | 0.369 2 |
| 西　藏 | 0.69 | 0.234 9 | 0.290 6 | 0.127 5 | 0.297 4 | 0.164 9 |
| 陕　西 | 0.86 | 0.461 8 | 0.669 0 | 0.325 4 | 0.320 2 | 0.500 0 |
| 甘　肃 | 0.76 | 0.337 6 | 0.456 1 | 0.239 1 | 0.301 7 | 0.312 2 |
| 青　海 | 0.79 | 0.359 2 | 0.463 3 | 0.214 5 | 0.318 1 | 0.409 6 |
| 宁　夏 | 0.76 | 0.351 6 | 0.440 2 | 0.217 4 | 0.322 9 | 0.396 3 |
| 新　疆 | 0.81 | 0.391 7 | 0.550 0 | 0.278 4 | 0.306 0 | 0.396 2 |

**表 31　2015 年我国教育现代化发展方阵**

| 发展水平 | 第一方阵 | 第二方阵 | 第三方阵 |
|---|---|---|---|
| 综合指数 | 北京(1)，天津(3)，辽宁(6)，黑龙江(9)，上海(2)，江苏(5)，浙江(4)，山东(8)，广东(7)，重庆(10) | 河北(16)，内蒙古(17)，吉林(12)，安徽(21)，福建(14)，江西(20)，湖北(13)，湖南(15)，广西(19)，四川(18)，陕西(11) | 山西(24)，河南(23)，海南(25)，贵州(29)，云南(26)，西藏(31)，甘肃(30)，青海(27)，宁夏(28)，新疆(22) |
| 普及与公平 | 北京(1)，天津(3)，辽宁(6)，吉林(9)，上海(2)，江苏(5)，浙江(4)，广东(7)，重庆(8)，陕西(10) | 河北(15)，山西(18)，内蒙古(17)，黑龙江(14)，福建(12)，江西(20)，山东(11)，湖北(13)，湖南(16)，广西(19)，四川(21) | 安徽(23)，河南(22)，海南(25)，贵州(27)，云南(26)，西藏(31)，甘肃(29)，青海(28)，宁夏(30)，新疆(24) |

续表

| 发展水平 | 第一方阵 | 第二方阵 | 第三方阵 |
|---|---|---|---|
| 结构与质量 | 北京(1),天津(7),辽宁(9),吉林(6),上海(2),江苏(4),浙江(3),山东(10),湖北(8),广东(5) | 黑龙江(12),福建(13),江西(19),河南(20),湖南(11),广西(15),重庆(14),四川(18),云南(17),陕西(16),新疆(21) | 河北(23),山西(30),内蒙古(24),安徽(22),海南(25),贵州(29),西藏(31),甘肃(26),青海(28),宁夏(27) |
| 条件与保障 | 北京(1),天津(4),辽宁(10),上海(2),江苏(5),浙江(3),福建(8),山东(7),广东(6),重庆(9) | 河北(20),山西(18),内蒙古(19),吉林(13),黑龙江(17),安徽(16),海南(14),陕西(12),青海(15),宁夏(11),新疆(21) | 江西(27),河南(31),湖北(24),湖南(29),广西(30),四川(22),贵州(23),云南(28),西藏(26),甘肃(25) |
| 服务与贡献 | 北京(1),天津(3),辽宁(5),黑龙江(4),上海(2),江苏(6),浙江(9),湖北(10),重庆(8),陕西(7) | 河北(14),内蒙古(12),吉林(17),福建(16),江西(20),山东(11),湖南(15),广东(13),广西(18),四川(19),青海(21) | 山西(27),安徽(26),河南(22),海南(28),贵州(23),云南(29),西藏(31),甘肃(30),宁夏(24),新疆(25) |

**表 32 我国各地区高中阶段教育毛入学率**

单位:%

| 地　区 | 2015 年 | 2014 年 | 2013 年 | 2012 年 | 2011 年 | 2010 年 |
|---|---|---|---|---|---|---|
| 全　国 | 87.00 | 86.50 | 86.00 | 85.00 | 84.00 | 82.50 |
| 东　部 | 94.73 | 94.54 | 94.27 | 94.71 | 93.57 | 88.19 |
| 中　部 | 88.69 | 88.52 | 88.63 | 88.90 | 86.50 | 80.86 |
| 西　部 | 83.41 | 83.61 | 82.80 | 82.64 | 78.15 | 71.50 |
| 北　京 | 97.70 | 97.50 | 98.75 | 99.22 | 98.02 | 93.11 |
| 天　津 | 98.64 | 98.44 | 98.06 | 98.39 | 97.29 | 92.12 |
| 河　北 | 93.49 | 93.30 | 92.62 | 93.38 | 92.82 | 87.85 |
| 辽　宁 | 97.45 | 97.25 | 96.60 | 96.83 | 96.42 | 91.54 |
| 上　海 | 96.43 | 96.23 | 96.43 | 97.36 | 96.06 | 90.62 |
| 江　苏 | 94.05 | 93.86 | 94.62 | 94.88 | 93.60 | 88.04 |
| 浙　江 | 97.03 | 96.83 | 96.07 | 97.16 | 96.98 | 91.41 |
| 福　建 | 87.75 | 87.57 | 88.62 | 89.62 | 88.60 | 82.44 |
| 山　东 | 97.50 | 97.30 | 96.26 | 96.63 | 95.47 | 91.05 |
| 广　东 | 94.64 | 94.44 | 94.33 | 94.66 | 93.07 | 87.30 |
| 海　南 | 83.38 | 83.22 | 82.98 | 80.97 | 77.16 | 68.01 |

续表

| 地　区 | 2015 年 | 2014 年 | 2013 年 | 2012 年 | 2011 年 | 2010 年 |
|---|---|---|---|---|---|---|
| 山　西 | 82.12 | 81.97 | 81.22 | 80.57 | 77.29 | 71.15 |
| 吉　林 | 87.15 | 86.98 | 89.82 | 92.93 | 91.73 | 85.63 |
| 黑龙江 | 91.35 | 91.18 | 92.46 | 92.57 | 90.88 | 83.64 |
| 安　徽 | 87.23 | 87.06 | 86.83 | 86.52 | 83.56 | 77.91 |
| 江　西 | 86.69 | 86.53 | 86.47 | 85.81 | 82.68 | 77.46 |
| 河　南 | 92.79 | 92.61 | 92.15 | 93.42 | 92.42 | 88.03 |
| 湖　北 | 85.59 | 85.42 | 86.82 | 87.12 | 84.37 | 78.26 |
| 湖　南 | 91.95 | 91.78 | 91.71 | 91.32 | 88.08 | 82.59 |
| 内蒙古 | 88.61 | 88.81 | 89.94 | 90.02 | 87.37 | 82.86 |
| 广　西 | 87.69 | 87.90 | 87.16 | 87.46 | 83.84 | 77.61 |
| 重　庆 | 90.55 | 90.76 | 90.57 | 89.92 | 86.02 | 79.19 |
| 四　川 | 84.79 | 84.99 | 85.55 | 86.28 | 81.71 | 75.11 |
| 贵　州 | 76.90 | 77.09 | 72.25 | 69.78 | 61.65 | 55.02 |
| 云　南 | 71.69 | 71.86 | 69.17 | 68.14 | 62.29 | 56.79 |
| 西　藏 | 59.83 | 59.97 | 57.16 | 52.81 | 46.69 | 39.20 |
| 陕　西 | 92.13 | 92.35 | 93.59 | 93.74 | 92.39 | 85.74 |
| 甘　肃 | 80.44 | 80.63 | 80.42 | 80.96 | 76.33 | 69.27 |
| 青　海 | 86.37 | 86.58 | 83.21 | 81.05 | 78.14 | 69.18 |
| 宁　夏 | 84.18 | 84.38 | 84.92 | 85.52 | 82.88 | 74.87 |
| 新　疆 | 85.29 | 85.49 | 82.96 | 80.85 | 75.40 | 68.92 |

**表 33　我国各地区高等教育毛入学率**

单位：%

| 地　区 | 2015 年 | 2014 年 | 2013 年 | 2012 年 | 2011 年 | 2010 年 |
|---|---|---|---|---|---|---|
| 全　国 | 40.00 | 37.50 | 34.50 | 30.00 | 26.90 | 26.50 |
| 地区合计 | 35.83 | 34.58 | 30.55 | 27.26 | 24.58 | 22.98 |
| 东部合计 | 37.80 | 36.22 | 31.59 | 28.26 | 25.65 | 24.00 |
| 中部合计 | 34.49 | 33.44 | 30.10 | 27.03 | 24.50 | 23.01 |
| 西部合计 | 34.24 | 33.25 | 29.34 | 25.83 | 22.81 | 21.13 |
| 北　京 | 65.85 | 63.09 | 58.48 | 55.12 | 51.30 | 49.84 |
| 天　津 | 53.24 | 51.01 | 46.01 | 42.65 | 39.68 | 37.16 |

续表

| 地　区 | 2015 年 | 2014 年 | 2013 年 | 2012 年 | 2011 年 | 2010 年 |
|---|---|---|---|---|---|---|
| 河　北 | 28.75 | 27.55 | 24.29 | 21.41 | 19.33 | 18.12 |
| 辽　宁 | 50.99 | 48.85 | 44.25 | 40.97 | 37.69 | 35.28 |
| 上　海 | 54.07 | 51.80 | 46.85 | 42.92 | 39.79 | 37.38 |
| 江　苏 | 41.17 | 39.44 | 34.70 | 31.49 | 29.29 | 27.57 |
| 浙　江 | 39.03 | 37.40 | 33.13 | 29.47 | 26.60 | 24.98 |
| 福　建 | 33.55 | 32.14 | 28.44 | 24.74 | 21.99 | 20.27 |
| 山　东 | 36.92 | 35.37 | 30.85 | 27.47 | 25.05 | 23.83 |
| 广　东 | 26.41 | 25.31 | 21.75 | 18.80 | 16.50 | 14.98 |
| 海　南 | 33.85 | 32.43 | 28.91 | 25.81 | 22.29 | 20.74 |
| 山　西 | 34.41 | 33.37 | 30.08 | 26.35 | 23.08 | 20.92 |
| 吉　林 | 46.41 | 45.00 | 39.27 | 36.53 | 33.34 | 31.11 |
| 黑龙江 | 41.77 | 40.50 | 36.31 | 32.77 | 30.52 | 29.89 |
| 安　徽 | 33.23 | 32.22 | 29.20 | 26.04 | 23.50 | 21.53 |
| 江　西 | 34.95 | 33.88 | 30.06 | 27.02 | 24.46 | 23.07 |
| 河　南 | 26.44 | 25.63 | 23.32 | 20.71 | 18.53 | 17.46 |
| 湖　北 | 43.03 | 41.72 | 38.08 | 34.34 | 31.19 | 29.32 |
| 湖　南 | 31.84 | 30.87 | 27.54 | 25.13 | 23.17 | 21.89 |
| 内蒙古 | 33.90 | 32.93 | 30.28 | 26.99 | 24.20 | 22.75 |
| 广　西 | 31.73 | 30.82 | 27.00 | 23.65 | 20.66 | 19.30 |
| 重　庆 | 50.05 | 48.61 | 42.70 | 38.84 | 35.81 | 32.88 |
| 四　川 | 37.04 | 35.98 | 31.56 | 27.90 | 24.48 | 22.80 |
| 贵　州 | 29.19 | 28.35 | 24.09 | 20.36 | 17.17 | 16.01 |
| 云　南 | 24.71 | 24.00 | 21.35 | 18.45 | 16.61 | 14.65 |
| 西　藏 | 18.04 | 17.52 | 15.92 | 14.77 | 12.93 | 11.76 |
| 陕　西 | 48.15 | 46.76 | 41.53 | 36.55 | 32.45 | 30.37 |
| 甘　肃 | 30.28 | 29.41 | 26.46 | 23.81 | 21.09 | 19.42 |
| 青　海 | 17.56 | 17.06 | 15.01 | 13.33 | 11.76 | 11.42 |
| 宁　夏 | 30.97 | 30.08 | 26.71 | 23.14 | 19.65 | 18.02 |
| 新　疆 | 23.29 | 22.62 | 19.88 | 17.44 | 15.54 | 14.54 |

注:各地区高等教育毛入学率不含自考生、军事院校学生、网络本专科学生和电视大学学生;地区合计毛入学率略低于全国公布数。

**表 34　我国各地区小学学生体质健康水平**

单位：%

| 地　区 | 2015 年 | 2013 年 | 2012 年 | 2011 年 |
|---|---|---|---|---|
| 全　国 | 67.60 | 76.80 | 77.28 | 77.65 |
| 东　部 | 66.12 | 75.85 | 77.09 | 77.13 |
| 中　部 | 72.30 | 78.99 | 79.41 | 80.20 |
| 西　部 | 64.28 | 75.39 | 74.97 | 75.28 |
| 北　京 | 62.33 | 68.81 | 72.94 | 71.91 |
| 天　津 | 36.85 | 69.58 | 69.10 | 66.94 |
| 河　北 | 64.53 | 78.48 | 79.36 | 79.97 |
| 辽　宁 | 63.60 | 73.68 | 76.98 | 74.40 |
| 上　海 | 44.72 | 68.41 | 66.64 | 64.96 |
| 江　苏 | 60.93 | 71.68 | 74.76 | 77.01 |
| 浙　江 | 63.06 | 74.72 | 75.80 | 74.43 |
| 福　建 | 56.44 | 72.59 | 73.55 | 73.50 |
| 山　东 | 72.35 | 78.79 | 79.72 | 82.31 |
| 广　东 | 74.96 | 77.60 | 77.97 | 76.34 |
| 海　南 | 70.43 | 79.01 | 79.39 | 80.20 |
| 山　西 | 59.02 | 75.42 | 76.88 | 78.85 |
| 吉　林 | 60.29 | 74.62 | 77.22 | 79.43 |
| 黑龙江 | 71.24 | 81.70 | 85.03 | 85.31 |
| 安　徽 | 68.18 | 76.81 | 77.47 | 77.56 |
| 江　西 | 71.58 | 78.59 | 77.40 | 77.30 |
| 河　南 | 76.34 | 80.86 | 82.13 | 82.30 |
| 湖　北 | 72.25 | 76.71 | 76.39 | 78.79 |
| 湖　南 | 78.38 | 80.93 | 78.78 | 80.11 |
| 内蒙古 | 42.67 | 72.14 | 71.97 | 73.85 |
| 广　西 | 75.49 | 78.42 | 76.69 | 75.24 |
| 重　庆 | 68.11 | 78.11 | 77.43 | 75.64 |
| 四　川 | 66.76 | 79.19 | 79.32 | 80.60 |
| 贵　州 | 48.02 | 63.33 | 63.71 | 67.34 |
| 云　南 | 72.25 | 81.83 | 81.93 | 81.10 |

续表

| 地　区 | 2015 年 | 2013 年 | 2012 年 | 2011 年 |
|---|---|---|---|---|
| 西　藏 | 65.94 | 65.76 | 69.62 | 62.67 |
| 陕　西 | 67.07 | 78.41 | 76.51 | 76.10 |
| 甘　肃 | 59.13 | 70.44 | 69.85 | 72.14 |
| 青　海 | 60.18 | 68.27 | 67.79 | 66.32 |
| 宁　夏 | 42.43 | 69.13 | 71.41 | 72.56 |
| 新　疆 | 68.84 | 74.55 | 72.81 | 72.63 |

**表 35　我国各地区初中学生体质健康水平**

单位：%

| 地　区 | 2015 年 | 2013 年 | 2012 年 | 2011 年 |
|---|---|---|---|---|
| 全　国 | 66.25 | 74.25 | 75.26 | 75.22 |
| 东　部 | 65.18 | 72.67 | 74.39 | 73.69 |
| 中　部 | 71.04 | 77.36 | 78.43 | 78.98 |
| 西　部 | 62.45 | 72.76 | 72.93 | 73.09 |
| 北　京 | 57.18 | 59.62 | 64.25 | 61.10 |
| 天　津 | 53.06 | 73.22 | 73.79 | 72.00 |
| 河　北 | 64.15 | 75.78 | 78.23 | 78.51 |
| 辽　宁 | 65.59 | 74.79 | 77.84 | 75.89 |
| 上　海 | 43.71 | 63.77 | 64.52 | 61.05 |
| 江　苏 | 57.74 | 65.33 | 70.59 | 71.70 |
| 浙　江 | 56.78 | 67.64 | 68.57 | 68.18 |
| 福　建 | 53.07 | 67.61 | 69.78 | 68.77 |
| 山　东 | 68.65 | 76.31 | 77.31 | 77.73 |
| 广　东 | 75.27 | 75.42 | 75.70 | 74.08 |
| 海　南 | 70.43 | 76.83 | 74.53 | 76.35 |
| 山　西 | 59.92 | 73.19 | 74.80 | 76.25 |
| 吉　林 | 55.88 | 70.48 | 76.00 | 77.28 |
| 黑龙江 | 66.68 | 78.02 | 83.27 | 84.40 |
| 安　徽 | 68.46 | 75.26 | 75.14 | 75.80 |
| 江　西 | 67.82 | 76.20 | 75.93 | 76.19 |
| 河　南 | 74.40 | 78.62 | 80.79 | 80.54 |

续表

| 地　区 | 2015 年 | 2013 年 | 2012 年 | 2011 年 |
|---|---|---|---|---|
| 湖　北 | 73.06 | 77.87 | 77.35 | 79.58 |
| 湖　南 | 79.20 | 81.84 | 80.66 | 80.16 |
| 内蒙古 | 43.26 | 68.05 | 69.23 | 68.85 |
| 广　西 | 68.16 | 73.49 | 72.68 | 71.89 |
| 重　庆 | 66.58 | 73.40 | 73.31 | 71.65 |
| 四　川 | 63.69 | 75.93 | 75.78 | 76.97 |
| 贵　州 | 53.15 | 66.09 | 65.87 | 67.31 |
| 云　南 | 75.23 | 81.57 | 82.29 | 81.09 |
| 西　藏 | 68.49 | 61.82 | 75.27 | 69.91 |
| 陕　西 | 66.28 | 76.80 | 76.32 | 75.98 |
| 甘　肃 | 57.39 | 65.72 | 65.33 | 69.48 |
| 青　海 | 50.44 | 61.15 | 58.14 | 57.50 |
| 宁　夏 | 44.42 | 59.84 | 65.39 | 66.69 |
| 新　疆 | 66.04 | 73.28 | 73.35 | 71.93 |

**表 36　我国各地区普通高中学生体质健康水平**

单位:%

| 地　区 | 2015 年 | 2013 年 | 2012 年 | 2011 年 |
|---|---|---|---|---|
| 全　国 | 65.12 | 72.96 | 73.17 | 73.42 |
| 东　部 | 64.57 | 72.37 | 72.56 | 72.52 |
| 中　部 | 69.75 | 76.20 | 76.86 | 77.94 |
| 西　部 | 61.38 | 70.56 | 70.38 | 70.23 |
| 北　京 | 55.15 | 62.55 | 66.14 | 64.20 |
| 天　津 | 42.64 | 69.03 | 70.68 | 65.69 |
| 河　北 | 63.85 | 74.34 | 75.06 | 78.32 |
| 辽　宁 | 68.51 | 75.87 | 75.46 | 73.95 |
| 上　海 | 43.70 | 61.09 | 59.48 | 57.98 |
| 江　苏 | 57.37 | 67.81 | 68.73 | 71.30 |
| 浙　江 | 56.53 | 70.73 | 71.13 | 71.66 |
| 福　建 | 54.99 | 68.83 | 67.92 | 68.88 |
| 山　东 | 71.62 | 77.86 | 77.36 | 77.33 |

续表

| 地 区 | 2015 年 | 2013 年 | 2012 年 | 2011 年 |
|---|---|---|---|---|
| 广 东 | 73.43 | 73.88 | 74.69 | 73.43 |
| 海 南 | 58.54 | 71.62 | 67.84 | 66.86 |
| 山 西 | 61.90 | 70.67 | 71.93 | 73.79 |
| 吉 林 | 63.87 | 74.48 | 74.53 | 75.57 |
| 黑龙江 | 67.81 | 77.55 | 81.72 | 81.03 |
| 安 徽 | 66.31 | 72.50 | 73.24 | 73.66 |
| 江 西 | 65.17 | 75.33 | 77.68 | 75.23 |
| 河 南 | 72.84 | 79.31 | 80.40 | 83.22 |
| 湖 北 | 73.43 | 77.43 | 76.24 | 77.95 |
| 湖 南 | 78.30 | 80.64 | 78.95 | 79.04 |
| 内蒙古 | 54.57 | 70.60 | 73.80 | 75.86 |
| 广 西 | 65.49 | 72.84 | 69.30 | 70.77 |
| 重 庆 | 61.03 | 68.25 | 67.64 | 68.54 |
| 四 川 | 62.68 | 73.89 | 72.51 | 71.85 |
| 贵 州 | 52.21 | 62.64 | 61.01 | 61.36 |
| 云 南 | 72.65 | 77.43 | 79.03 | 76.00 |
| 西 藏 | 71.00 | 71.00 | 66.72 | 64.03 |
| 陕 西 | 62.23 | 72.13 | 75.31 | 72.73 |
| 甘 肃 | 54.98 | 61.63 | 62.24 | 62.97 |
| 青 海 | 46.04 | 58.45 | 54.48 | 51.18 |
| 宁 夏 | 51.76 | 65.00 | 66.25 | 66.84 |
| 新 疆 | 68.19 | 73.24 | 71.42 | 72.92 |

## 表 37 我国各地区中等职业学校学生体质健康水平

单位：%

| 地 区 | 2015 年 | 2013 年 | 2012 年 | 2011 年 |
|---|---|---|---|---|
| 全 国 | 64.99 | 73.49 | 67.44 | 74.33 |
| 东 部 | 61.08 | 70.39 | 64.83 | 71.40 |
| 中 部 | 70.58 | 76.69 | 67.76 | 77.96 |
| 西 部 | 64.18 | 74.14 | 70.43 | 74.92 |
| 北 京 | 40.83 | 47.78 | 52.82 | 54.95 |
| 天 津 | 56.79 | 59.90 | 60.71 | 71.60 |

续表

| 地　区 | 2015 年 | 2013 年 | 2012 年 | 2011 年 |
|---|---|---|---|---|
| 河　北 | 71.62 | 78.57 | 64.63 | 77.40 |
| 辽　宁 | 64.46 | 72.36 | 64.99 | 73.40 |
| 上　海 | 25.57 | 41.37 | 37.45 | 34.42 |
| 江　苏 | 57.57 | 70.32 | 69.88 | 70.94 |
| 浙　江 | 45.33 | 61.99 | 60.57 | 63.27 |
| 福　建 | 44.44 | 57.80 | 60.44 | 64.95 |
| 山　东 | 72.55 | 78.29 | 74.40 | 80.50 |
| 广　东 | 65.15 | 73.48 | 62.90 | 74.42 |
| 海　南 | 48.12 | 55.66 | 38.79 | 62.30 |
| 山　西 | 61.35 | 69.28 | 60.14 | 69.14 |
| 吉　林 | 65.37 | 75.62 | 65.00 | 81.04 |
| 黑龙江 | 68.13 | 76.44 | 69.11 | 79.81 |
| 安　徽 | 69.74 | 73.69 | 63.06 | 79.04 |
| 江　西 | 58.65 | 70.87 | 63.25 | 79.30 |
| 河　南 | 74.03 | 79.78 | 71.12 | 80.17 |
| 湖　北 | 72.20 | 81.28 | 72.97 | 80.07 |
| 湖　南 | 77.07 | 80.72 | 71.14 | 73.25 |
| 内蒙古 | 61.56 | 75.20 | 65.19 | 73.66 |
| 广　西 | 57.29 | 68.79 | 68.98 | 71.02 |
| 重　庆 | 61.08 | 70.74 | 68.43 | 67.00 |
| 四　川 | 68.72 | 79.82 | 75.93 | 79.63 |
| 贵　州 | 51.80 | 63.25 | 62.83 | 70.90 |
| 云　南 | 69.75 | 71.81 | 70.81 | 76.44 |
| 西　藏 | 46.14 | 49.82 | 90.12 | 92.22 |
| 陕　西 | 72.43 | 77.75 | 68.02 | 78.05 |
| 甘　肃 | 60.70 | 65.50 | 66.15 | 70.01 |
| 青　海 | 51.51 | 59.59 | 64.98 | 53.99 |
| 宁　夏 | 43.06 | 65.32 | 66.83 | 67.78 |
| 新　疆 | 81.25 | 75.15 | 59.24 | 73.60 |

## 表 38 我国各地区普通高校学生体质健康水平

单位:%

| 地 区 | 2015 年 | 2013 年 | 2012 年 | 2011 年 |
|---|---|---|---|---|
| 全 国 | 22.91 | 48.22 | 50.43 | 50.69 |
| 东 部 | 22.29 | 46.62 | 48.61 | 49.35 |
| 中 部 | 23.82 | 52.28 | 54.10 | 53.79 |
| 西 部 | 22.76 | 45.49 | 48.49 | 48.82 |
| 北 京 | 19.78 | 37.17 | 41.26 | 42.38 |
| 天 津 | 22.54 | 47.54 | 47.29 | 49.59 |
| 河 北 | 19.69 | 39.05 | 40.88 | 40.72 |
| 辽 宁 | 18.95 | 37.88 | 43.82 | 37.90 |
| 上 海 | 27.22 | 44.59 | 41.68 | 42.13 |
| 江 苏 | 19.75 | 45.68 | 49.17 | 49.29 |
| 浙 江 | 18.19 | 47.04 | 46.77 | 46.50 |
| 福 建 | 21.20 | 44.11 | 45.63 | 47.13 |
| 山 东 | 30.33 | 57.08 | 59.82 | 63.23 |
| 广 东 | 22.28 | 50.85 | 52.49 | 55.35 |
| 海 南 | 24.62 | 53.83 | 55.11 | 56.01 |
| 山 西 | 14.58 | 37.70 | 42.32 | 43.65 |
| 吉 林 | 16.00 | 44.31 | 46.91 | 45.51 |
| 黑龙江 | 17.33 | 42.68 | 46.21 | 44.53 |
| 安 徽 | 20.22 | 49.61 | 47.58 | 47.83 |
| 江 西 | 24.47 | 62.60 | 64.48 | 60.11 |
| 河 南 | 26.62 | 59.32 | 61.60 | 62.13 |
| 湖 北 | 21.46 | 52.61 | 54.00 | 57.66 |
| 湖 南 | 38.57 | 54.04 | 56.01 | 54.04 |
| 内蒙古 | 15.41 | 46.11 | 49.29 | 43.11 |
| 广 西 | 18.12 | 51.83 | 49.97 | 53.01 |
| 重 庆 | 26.30 | 45.55 | 48.19 | 46.23 |
| 四 川 | 31.68 | 53.98 | 57.20 | 60.35 |
| 贵 州 | 15.73 | 42.51 | 52.29 | 44.72 |
| 云 南 | 14.38 | 45.74 | 44.97 | 50.30 |

续表

| 地　区 | 2015 年 | 2013 年 | 2012 年 | 2011 年 |
|---|---|---|---|---|
| 西　藏 | 16.09 | 30.98 | 52.46 | 28.99 |
| 陕　西 | 18.12 | 35.94 | 36.99 | 39.88 |
| 甘　肃 | 15.30 | 40.92 | 49.34 | 45.38 |
| 青　海 | 9.08 | 20.02 | 41.98 | 37.63 |
| 宁　夏 | 19.88 | 28.34 | 38.20 | 25.31 |
| 新　疆 | 53.88 | 47.73 | 51.09 | 52.54 |

注:各地区普通高校含部属高校。

**表 39　我国各地区学前教育平均班额**

单位:人

| 地　区 | 2015 年 | 2014 年 | 2013 年 | 2012 年 | 2011 年 | 2010 年 |
|---|---|---|---|---|---|---|
| 全　国 | 29.20 | 29.31 | 29.00 | 29.10 | 27.27 | 30.50 |
| 东　部 | 29.12 | 28.87 | 28.25 | 29.19 | 27.53 | 30.15 |
| 中　部 | 28.22 | 28.56 | 28.36 | 27.81 | 25.84 | 30.61 |
| 西　部 | 30.48 | 30.87 | 31.01 | 30.56 | 28.59 | 31.03 |
| 北　京 | 27.96 | 27.55 | 27.72 | 27.92 | 27.77 | 28.03 |
| 天　津 | 25.88 | 26.18 | 27.07 | 28.59 | 29.22 | 29.41 |
| 河　北 | 27.77 | 28.23 | 28.80 | 28.36 | 23.74 | 28.17 |
| 辽　宁 | 21.78 | 21.73 | 22.32 | 23.19 | 23.78 | 23.43 |
| 上　海 | 29.83 | 29.77 | 30.42 | 30.44 | 30.05 | 29.83 |
| 江　苏 | 34.04 | 34.27 | 35.05 | 36.28 | 35.34 | 36.89 |
| 浙　江 | 28.67 | 28.97 | 29.17 | 28.94 | 29.31 | 30.08 |
| 福　建 | 29.76 | 29.67 | 30.43 | 30.68 | 29.06 | 31.06 |
| 山　东 | 28.41 | 27.52 | 27.84 | 27.89 | 25.69 | 28.81 |
| 广　东 | 30.57 | 29.42 | 25.36 | 28.37 | 26.51 | 31.09 |
| 海　南 | 26.60 | 29.49 | 28.06 | 30.53 | 27.93 | 30.16 |
| 山　西 | 23.85 | 24.00 | 24.64 | 25.74 | 21.77 | 24.99 |
| 吉　林 | 19.87 | 20.85 | 21.74 | 20.89 | 20.37 | 27.37 |
| 黑龙江 | 21.89 | 21.46 | 22.90 | 23.74 | 24.39 | 26.95 |
| 安　徽 | 31.14 | 30.75 | 29.82 | 29.02 | 26.83 | 32.47 |
| 江　西 | 26.87 | 27.34 | 26.11 | 26.71 | 24.94 | 29.66 |

续表

| 地　区 | 2015 年 | 2014 年 | 2013 年 | 2012 年 | 2011 年 | 2010 年 |
|---|---|---|---|---|---|---|
| 河　南 | 29.44 | 30.16 | 30.89 | 31.47 | 25.85 | 32.24 |
| 湖　北 | 31.80 | 32.45 | 33.00 | 32.22 | 34.07 | 34.51 |
| 湖　南 | 29.50 | 30.02 | 27.92 | 24.42 | 25.85 | 31.24 |
| 内蒙古 | 25.15 | 25.69 | 25.80 | 26.83 | 26.12 | 27.57 |
| 广　西 | 27.78 | 27.53 | 28.45 | 27.23 | 23.34 | 30.03 |
| 重　庆 | 30.34 | 30.51 | 31.23 | 30.23 | 29.25 | 34.53 |
| 四　川 | 31.91 | 33.26 | 33.81 | 33.87 | 35.31 | 31.51 |
| 贵　州 | 34.55 | 36.16 | 35.54 | 35.78 | 31.34 | 34.68 |
| 云　南 | 32.32 | 32.72 | 32.70 | 30.95 | 29.93 | 30.57 |
| 西　藏 | 27.08 | 28.66 | 26.31 | 27.29 | 26.70 | 29.75 |
| 陕　西 | 29.67 | 29.67 | 29.17 | 28.84 | 25.03 | 28.44 |
| 甘　肃 | 28.44 | 27.89 | 27.07 | 26.12 | 24.46 | 26.97 |
| 青　海 | 29.44 | 28.82 | 28.60 | 27.39 | 18.95 | 28.70 |
| 宁　夏 | 31.61 | 32.98 | 30.93 | 34.16 | 34.77 | 33.92 |
| 新　疆 | 34.34 | 34.05 | 33.77 | 33.95 | 32.81 | 33.63 |

表 40　我国各地区小学平均班额

单位：人

| 地　区 | 2015 年 | 2014 年 | 2013 年 | 2012 年 | 2011 年 | 2010 年 |
|---|---|---|---|---|---|---|
| 全　国 | 37.72 | 37.42 | 37.46 | 37.78 | 38.49 | 37.99 |
| 东　部 | 39.72 | 39.48 | 39.33 | 39.23 | 39.43 | 38.80 |
| 中　部 | 36.98 | 36.72 | 37.13 | 37.96 | 39.62 | 39.06 |
| 西　部 | 36.05 | 35.71 | 35.65 | 35.95 | 36.28 | 36.06 |
| 北　京 | 33.80 | 33.92 | 33.65 | 32.68 | 31.97 | 31.45 |
| 天　津 | 35.81 | 35.50 | 35.16 | 34.81 | 34.63 | 34.43 |
| 河　北 | 38.25 | 37.73 | 37.68 | 37.95 | 37.06 | 35.81 |
| 辽　宁 | 35.40 | 34.92 | 35.18 | 34.98 | 35.35 | 34.34 |
| 上　海 | 37.79 | 38.37 | 38.67 | 38.25 | 37.68 | 37.09 |
| 江　苏 | 42.93 | 43.35 | 42.98 | 43.28 | 43.67 | 43.12 |
| 浙　江 | 39.33 | 40.08 | 40.62 | 41.70 | 42.48 | 42.41 |
| 福　建 | 39.22 | 38.38 | 37.34 | 36.61 | 36.34 | 35.24 |

续表

| 地　区 | 2015 年 | 2014 年 | 2013 年 | 2012 年 | 2011 年 | 2010 年 |
|---|---|---|---|---|---|---|
| 山　东 | 43.42 | 42.81 | 42.10 | 41.50 | 42.03 | 40.98 |
| 广　东 | 39.41 | 39.18 | 39.51 | 39.50 | 40.10 | 40.22 |
| 海　南 | 36.22 | 35.36 | 34.63 | 33.24 | 34.31 | 33.61 |
| 山　西 | 31.33 | 31.28 | 31.71 | 33.44 | 33.74 | 33.48 |
| 吉　林 | 30.89 | 30.58 | 31.13 | 29.40 | 29.58 | 28.35 |
| 黑龙江 | 34.32 | 33.72 | 34.47 | 35.25 | 33.71 | 31.61 |
| 安　徽 | 34.72 | 34.37 | 34.28 | 33.52 | 37.13 | 37.50 |
| 江　西 | 37.77 | 37.53 | 37.71 | 37.49 | 38.31 | 38.35 |
| 河　南 | 37.73 | 37.89 | 38.84 | 42.16 | 43.31 | 42.65 |
| 湖　北 | 39.16 | 38.30 | 39.12 | 39.74 | 44.45 | 43.74 |
| 湖　南 | 42.03 | 41.59 | 41.28 | 40.37 | 43.17 | 43.14 |
| 内蒙古 | 37.95 | 37.99 | 38.04 | 37.76 | 37.80 | 37.21 |
| 广　西 | 35.79 | 35.46 | 35.07 | 34.59 | 33.70 | 33.29 |
| 重　庆 | 40.49 | 40.42 | 40.10 | 39.44 | 39.71 | 39.78 |
| 四　川 | 40.29 | 39.94 | 39.87 | 41.09 | 41.48 | 41.78 |
| 贵　州 | 36.47 | 35.75 | 35.91 | 36.85 | 37.84 | 38.45 |
| 云　南 | 35.05 | 35.05 | 35.27 | 35.53 | 35.70 | 34.70 |
| 西　藏 | 34.98 | 34.85 | 33.83 | 34.07 | 33.81 | 33.33 |
| 陕　西 | 35.93 | 35.18 | 35.00 | 34.37 | 35.69 | 34.38 |
| 甘　肃 | 25.54 | 25.40 | 25.98 | 27.12 | 28.31 | 29.00 |
| 青　海 | 36.73 | 37.17 | 36.32 | 37.05 | 37.12 | 35.97 |
| 宁　夏 | 38.04 | 38.14 | 38.39 | 38.56 | 38.79 | 38.35 |
| 新　疆 | 35.26 | 34.62 | 34.39 | 34.56 | 34.62 | 34.43 |

**表 41　我国各地区初中平均班额**

单位:人

| 地　区 | 2015 年 | 2014 年 | 2013 年 | 2012 年 | 2011 年 | 2010 年 |
|---|---|---|---|---|---|---|
| 全　国 | 47.72 | 48.30 | 48.82 | 50.27 | 51.83 | 52.92 |
| 东　部 | 45.04 | 45.62 | 46.17 | 47.33 | 48.77 | 49.89 |
| 中　部 | 49.84 | 50.13 | 50.28 | 52.05 | 54.19 | 55.32 |
| 西　部 | 49.01 | 49.88 | 50.67 | 52.05 | 53.08 | 54.13 |
| 北　京 | 30.44 | 32.07 | 32.62 | 32.66 | 32.94 | 33.37 |

**续表**

| 地　区 | 2015 年 | 2014 年 | 2013 年 | 2012 年 | 2011 年 | 2010 年 |
|---|---|---|---|---|---|---|
| 天　津 | 37.90 | 38.17 | 37.88 | 37.27 | 37.72 | 38.27 |
| 河　北 | 52.44 | 52.90 | 51.80 | 52.45 | 51.56 | 51.42 |
| 辽　宁 | 42.40 | 43.51 | 43.19 | 44.72 | 45.79 | 46.71 |
| 上　海 | 32.90 | 34.07 | 35.06 | 35.21 | 35.35 | 35.24 |
| 江　苏 | 43.04 | 43.16 | 42.95 | 43.74 | 45.15 | 47.14 |
| 浙　江 | 40.04 | 40.57 | 40.54 | 41.09 | 42.41 | 44.63 |
| 福　建 | 44.67 | 44.57 | 44.46 | 44.88 | 45.36 | 47.04 |
| 山　东 | 49.85 | 50.38 | 50.69 | 51.49 | 52.15 | 52.47 |
| 广　东 | 45.42 | 46.35 | 49.16 | 51.54 | 55.45 | 57.04 |
| 海　南 | 47.64 | 49.15 | 50.23 | 52.13 | 53.27 | 56.00 |
| 山　西 | 44.94 | 47.01 | 48.57 | 52.16 | 53.67 | 54.33 |
| 吉　林 | 41.32 | 41.97 | 42.14 | 43.50 | 44.86 | 47.00 |
| 黑龙江 | 41.96 | 42.01 | 41.94 | 45.52 | 45.49 | 46.30 |
| 安　徽 | 45.29 | 45.62 | 46.41 | 48.60 | 53.22 | 56.51 |
| 江　西 | 53.35 | 53.21 | 53.39 | 53.35 | 53.69 | 54.36 |
| 河　南 | 55.51 | 56.00 | 55.95 | 58.03 | 60.04 | 60.47 |
| 湖　北 | 46.85 | 46.65 | 47.41 | 49.00 | 55.43 | 57.13 |
| 湖　南 | 53.76 | 53.85 | 53.21 | 53.07 | 53.46 | 53.74 |
| 内蒙古 | 43.43 | 44.68 | 45.07 | 46.69 | 47.83 | 48.36 |
| 广　西 | 57.25 | 58.22 | 58.68 | 59.07 | 59.07 | 58.22 |
| 重　庆 | 47.11 | 47.50 | 48.11 | 49.29 | 51.33 | 52.98 |
| 四　川 | 47.14 | 48.28 | 49.42 | 51.92 | 53.34 | 55.19 |
| 贵　州 | 51.34 | 53.17 | 55.30 | 56.39 | 56.69 | 56.95 |
| 云　南 | 54.44 | 54.82 | 54.44 | 55.28 | 56.16 | 56.44 |
| 西　藏 | 47.31 | 47.81 | 48.98 | 49.76 | 50.23 | 51.84 |
| 陕　西 | 45.06 | 45.68 | 47.18 | 48.62 | 51.96 | 53.68 |
| 甘　肃 | 44.47 | 45.85 | 47.22 | 50.40 | 51.25 | 55.19 |
| 青　海 | 48.36 | 48.86 | 48.28 | 48.74 | 49.47 | 49.24 |
| 宁　夏 | 51.02 | 52.24 | 53.43 | 54.65 | 55.36 | 56.12 |
| 新　疆 | 41.62 | 41.67 | 41.69 | 42.23 | 42.26 | 42.72 |

**表 42　我国各地区普通高中平均班额**

单位：人

| 地　区 | 2015 年 | 2014 年 | 2013 年 | 2012 年 | 2011 年 | 2010 年 |
|---|---|---|---|---|---|---|
| 全　国 | 53.27 | 53.87 | 54.96 | 55.79 | 56.37 | 56.59 |
| 东　部 | 48.97 | 49.54 | 50.85 | 52.05 | 52.70 | 53.11 |
| 中　部 | 56.52 | 56.95 | 58.06 | 58.52 | 59.25 | 59.56 |
| 西　部 | 55.57 | 56.47 | 57.31 | 58.08 | 58.49 | 58.29 |
| 北　京 | 31.23 | 31.49 | 31.81 | 33.57 | 34.80 | 35.78 |
| 天　津 | 40.99 | 41.98 | 42.95 | 44.56 | 45.73 | 45.89 |
| 河　北 | 56.62 | 56.03 | 56.88 | 58.20 | 57.68 | 59.36 |
| 辽　宁 | 47.59 | 48.77 | 50.75 | 51.78 | 52.83 | 52.98 |
| 上　海 | 33.98 | 34.12 | 34.35 | 34.59 | 35.04 | 35.48 |
| 江　苏 | 44.61 | 45.76 | 47.06 | 49.16 | 50.28 | 51.84 |
| 浙　江 | 42.56 | 43.66 | 46.10 | 47.80 | 49.05 | 48.93 |
| 福　建 | 47.45 | 47.81 | 48.46 | 49.23 | 49.70 | 49.65 |
| 山　东 | 55.44 | 55.52 | 56.70 | 56.36 | 55.75 | 55.29 |
| 广　东 | 51.12 | 52.05 | 53.87 | 55.52 | 57.05 | 57.47 |
| 海　南 | 51.73 | 53.69 | 55.35 | 57.80 | 59.28 | 59.19 |
| 山　西 | 50.86 | 52.58 | 54.23 | 54.73 | 55.47 | 55.06 |
| 吉　林 | 51.81 | 53.36 | 53.91 | 56.08 | 56.83 | 56.29 |
| 黑龙江 | 51.36 | 51.91 | 53.71 | 53.47 | 55.14 | 55.06 |
| 安　徽 | 52.12 | 53.25 | 54.57 | 55.87 | 57.51 | 58.54 |
| 江　西 | 57.67 | 57.75 | 57.59 | 56.21 | 56.27 | 55.03 |
| 河　南 | 65.36 | 65.41 | 66.54 | 67.42 | 66.73 | 67.06 |
| 湖　北 | 54.40 | 54.95 | 56.83 | 58.18 | 60.73 | 62.62 |
| 湖　南 | 58.15 | 57.56 | 58.60 | 57.69 | 57.20 | 56.92 |
| 内蒙古 | 49.48 | 51.75 | 53.42 | 54.98 | 54.62 | 55.06 |
| 广　西 | 60.76 | 60.80 | 61.11 | 61.48 | 61.49 | 61.26 |
| 重　庆 | 56.21 | 57.50 | 58.49 | 58.57 | 59.72 | 59.76 |
| 四　川 | 56.62 | 57.72 | 58.79 | 59.94 | 60.90 | 60.75 |
| 贵　州 | 59.07 | 59.73 | 59.96 | 60.04 | 60.18 | 59.71 |
| 云　南 | 56.66 | 56.89 | 56.46 | 56.69 | 55.77 | 55.43 |
| 西　藏 | 51.84 | 52.47 | 54.45 | 54.85 | 53.76 | 52.35 |

续表

| 地 区 | 2015 年 | 2014 年 | 2013 年 | 2012 年 | 2011 年 | 2010 年 |
|---|---|---|---|---|---|---|
| 陕 西 | 53.11 | 54.95 | 57.19 | 58.87 | 60.47 | 59.91 |
| 甘 肃 | 54.77 | 56.02 | 57.20 | 58.45 | 59.30 | 59.77 |
| 青 海 | 52.92 | 52.39 | 52.19 | 51.76 | 51.18 | 50.98 |
| 宁 夏 | 56.86 | 58.23 | 58.78 | 58.45 | 56.59 | 56.28 |
| 新 疆 | 48.64 | 48.19 | 48.57 | 49.29 | 49.43 | 48.90 |

## 表 43 我国各地区来华留学生数

单位:人

| 地 区 | 2015 年 | 2014 年 | 2013 年 | 2012 年 | 2011 年 | 2010 年 |
|---|---|---|---|---|---|---|
| 全 国 | 213 850 | 192 358 | 174 806 | 155 276 | 144 629 | 130 287 |
| 东 部 | 147 912 | 133 922 | 121 978 | 110 791 | 101 779 | 91 999 |
| 中 部 | 33 778 | 27 526 | 24 565 | 21 399 | 21 493 | 19 245 |
| 西 部 | 32 160 | 30 910 | 28 263 | 23 086 | 21 357 | 19 043 |
| 北 京 | 39 017 | 39 382 | 43 183 | 38 070 | 36 337 | 33 322 |
| 天 津 | 7 231 | 7 430 | 6 566 | 6 558 | 5 417 | 5 541 |
| 河 北 | 3 205 | 2 799 | 2 204 | 1 640 | 1 716 | 1 725 |
| 辽 宁 | 13 646 | 11 623 | 9 873 | 8 793 | 6 520 | 5 615 |
| 上 海 | 29 218 | 23 702 | 18 970 | 19 359 | 18 528 | 17 340 |
| 江 苏 | 17 560 | 15 512 | 13 115 | 12 100 | 11 252 | 10 170 |
| 浙 江 | 13 471 | 12 680 | 10 588 | 8 458 | 7 930 | 5 543 |
| 福 建 | 3 601 | 3 180 | 2 719 | 2 500 | 2 258 | 2 078 |
| 山 东 | 9 995 | 8 211 | 6 428 | 5 876 | 5 366 | 4 797 |
| 广 东 | 9 704 | 8 466 | 7 545 | 6 960 | 5 957 | 5 477 |
| 海 南 | 1 264 | 937 | 787 | 477 | 498 | 391 |
| 山 西 | 292 | 135 | 119 | 130 | 130 | 147 |
| 吉 林 | 4 760 | 3 833 | 4 688 | 3 987 | 4 331 | 4 526 |
| 黑龙江 | 6 032 | 5 401 | 4 540 | 4 071 | 3 765 | 3 950 |
| 安 徽 | 1 901 | 1 465 | 1 138 | 896 | 841 | 700 |
| 江 西 | 3 222 | 2 486 | 2 163 | 1 823 | 1 552 | 1 341 |
| 河 南 | 2 380 | 1 533 | 1 354 | 1 328 | 1 676 | 1 329 |
| 湖 北 | 12 126 | 10 015 | 8 177 | 6 968 | 7 126 | 5 537 |

续表

| 地　区 | 2015 年 | 2014 年 | 2013 年 | 2012 年 | 2011 年 | 2010 年 |
|---|---|---|---|---|---|---|
| 湖　南 | 3 065 | 2 658 | 2 386 | 2 196 | 2 072 | 1 715 |
| 内蒙古 | 1 979 | 2 114 | 1 758 | 1 592 | 1 585 | 1 332 |
| 广　西 | 4 417 | 4 671 | 4 645 | 4 340 | 3 660 | 3 183 |
| 重　庆 | 3 199 | 3 346 | 3 225 | 2 428 | 2 364 | 2 079 |
| 四　川 | 4 831 | 5 255 | 4 072 | 2 987 | 2 449 | 1 846 |
| 贵　州 | 1 390 | 858 | 718 | 392 | 342 | 154 |
| 云　南 | 5 579 | 5 180 | 4 554 | 3 412 | 3 515 | 3 553 |
| 西　藏 | 0 | 27 | 29 | 27 | 31 | 20 |
| 陕　西 | 5 767 | 4 859 | 4 422 | 3 934 | 3 643 | 3 432 |
| 甘　肃 | 1 154 | 1 007 | 991 | 870 | 808 | 729 |
| 青　海 | 259 | 230 | 257 | 274 | 247 | 257 |
| 宁　夏 | 487 | 328 | 517 | 420 | 418 | 298 |
| 新　疆 | 3 098 | 3 035 | 3 075 | 2 410 | 2 295 | 2 160 |

**表 44　我国各地区幼儿园生师比**

单位:X∶1

| 地　区 | 2015 年 | 2014 年 | 2013 年 | 2012 年 | 2011 年 | 2010 年 |
|---|---|---|---|---|---|---|
| 全　国 | 18.13 | 18.68 | 19.44 | 20.21 | 20.96 | 20.58 |
| 东　部 | 16.50 | 17.00 | 17.88 | 18.64 | 19.32 | 19.40 |
| 中　部 | 19.65 | 20.27 | 20.83 | 21.36 | 22.18 | 21.28 |
| 西　部 | 19.56 | 20.21 | 21.08 | 22.33 | 23.37 | 22.79 |
| 北　京 | 11.46 | 11.36 | 11.85 | 12.30 | 12.54 | 12.55 |
| 天　津 | 16.16 | 17.12 | 17.50 | 17.97 | 19.04 | 19.94 |
| 河　北 | 18.50 | 19.18 | 20.43 | 20.83 | 21.20 | 20.19 |
| 辽　宁 | 14.68 | 15.56 | 17.10 | 18.40 | 20.62 | 18.37 |
| 上　海 | 14.60 | 14.40 | 15.19 | 15.33 | 15.17 | 14.93 |
| 江　苏 | 18.78 | 19.28 | 20.48 | 21.72 | 22.62 | 23.46 |
| 浙　江 | 16.33 | 16.52 | 16.90 | 17.51 | 18.60 | 19.09 |
| 福　建 | 17.95 | 18.21 | 19.27 | 20.47 | 21.23 | 24.61 |
| 山　东 | 16.73 | 17.50 | 18.50 | 19.94 | 19.74 | 20.52 |
| 广　东 | 15.27 | 15.87 | 16.42 | 16.78 | 17.52 | 16.83 |

续表

| 地　区 | 2015 年 | 2014 年 | 2013 年 | 2012 年 | 2011 年 | 2010 年 |
|---|---|---|---|---|---|---|
| 海　南 | 18.94 | 19.66 | 20.81 | 21.06 | 22.03 | 19.92 |
| 山　西 | 17.41 | 18.41 | 19.24 | 20.17 | 20.37 | 20.46 |
| 吉　林 | 14.28 | 14.51 | 15.12 | 15.39 | 16.78 | 16.47 |
| 黑龙江 | 15.63 | 16.06 | 16.77 | 18.69 | 19.61 | 20.70 |
| 安　徽 | 21.13 | 21.65 | 21.79 | 22.58 | 24.03 | 23.20 |
| 江　西 | 19.80 | 20.50 | 21.91 | 22.93 | 23.70 | 22.94 |
| 河　南 | 19.36 | 20.34 | 20.61 | 20.74 | 21.35 | 19.60 |
| 湖　北 | 20.72 | 21.01 | 21.53 | 22.48 | 23.64 | 21.77 |
| 湖　南 | 22.61 | 23.10 | 23.57 | 23.26 | 24.09 | 23.14 |
| 内蒙古 | 14.14 | 14.45 | 14.74 | 15.31 | 15.86 | 15.62 |
| 广　西 | 22.48 | 22.70 | 22.91 | 22.63 | 22.23 | 21.86 |
| 重　庆 | 20.23 | 21.42 | 22.34 | 24.29 | 26.49 | 26.10 |
| 四　川 | 19.46 | 20.51 | 21.43 | 23.51 | 25.47 | 25.54 |
| 贵　州 | 19.75 | 21.10 | 20.98 | 25.12 | 26.66 | 26.53 |
| 云　南 | 21.14 | 21.58 | 21.47 | 21.82 | 22.06 | 21.34 |
| 西　藏 | 22.10 | 23.30 | 25.56 | 26.69 | 29.77 | 20.16 |
| 陕　西 | 17.51 | 17.97 | 19.71 | 20.64 | 21.04 | 18.73 |
| 甘　肃 | 19.40 | 19.49 | 21.07 | 22.09 | 23.27 | 21.76 |
| 青　海 | 25.17 | 28.43 | 29.42 | 27.42 | 25.92 | 23.38 |
| 宁　夏 | 19.15 | 18.85 | 19.53 | 19.38 | 19.76 | 19.21 |
| 新　疆 | 19.97 | 20.37 | 22.84 | 25.03 | 28.27 | 29.86 |

**表 45　我国各地区小学生师比**

单位：X ∶ 1

| 地　区 | 2015 年 | 2014 年 | 2013 年 | 2012 年 | 2011 年 | 2010 年 |
|---|---|---|---|---|---|---|
| 全　国 | 17.05 | 16.78 | 16.76 | 17.36 | 17.71 | 17.70 |
| 东　部 | 17.37 | 17.04 | 16.94 | 17.10 | 17.07 | 16.82 |
| 中　部 | 17.15 | 16.85 | 16.93 | 18.08 | 18.66 | 18.50 |
| 西　部 | 16.53 | 16.35 | 16.36 | 16.89 | 17.45 | 17.87 |
| 北　京 | 14.35 | 14.44 | 14.36 | 13.70 | 13.38 | 13.20 |
| 天　津 | 14.98 | 14.71 | 14.42 | 14.09 | 13.84 | 13.56 |

续表

| 地 区 | 2015 年 | 2014 年 | 2013 年 | 2012 年 | 2011 年 | 2010 年 |
| --- | --- | --- | --- | --- | --- | --- |
| 河 北 | 17.59 | 16.92 | 17.13 | 17.74 | 17.09 | 16.04 |
| 辽 宁 | 14.28 | 14.07 | 14.33 | 14.72 | 14.91 | 14.85 |
| 上 海 | 15.27 | 15.60 | 15.92 | 15.82 | 15.81 | 15.51 |
| 江 苏 | 17.98 | 17.45 | 16.86 | 16.74 | 16.38 | 15.98 |
| 浙 江 | 18.33 | 18.62 | 19.05 | 19.32 | 19.73 | 19.39 |
| 福 建 | 17.74 | 17.30 | 16.82 | 16.42 | 15.84 | 15.25 |
| 山 东 | 17.02 | 16.67 | 16.16 | 16.41 | 16.67 | 16.24 |
| 广 东 | 18.54 | 18.31 | 18.47 | 18.69 | 19.01 | 19.70 |
| 海 南 | 15.54 | 14.99 | 14.67 | 14.68 | 14.84 | 14.99 |
| 山 西 | 13.12 | 12.70 | 12.72 | 14.20 | 14.68 | 15.28 |
| 吉 林 | 11.63 | 11.26 | 11.83 | 11.94 | 11.81 | 11.60 |
| 黑龙江 | 11.74 | 11.29 | 11.28 | 12.95 | 12.69 | 12.42 |
| 安 徽 | 17.73 | 17.45 | 17.18 | 16.76 | 18.23 | 18.74 |
| 江 西 | 19.56 | 19.64 | 19.70 | 21.13 | 21.25 | 21.00 |
| 河 南 | 18.71 | 18.80 | 19.01 | 21.72 | 22.04 | 21.83 |
| 湖 北 | 16.78 | 16.12 | 16.70 | 17.04 | 19.37 | 18.64 |
| 湖 南 | 19.62 | 19.10 | 19.00 | 19.19 | 19.59 | 19.16 |
| 内蒙古 | 12.91 | 12.09 | 11.85 | 12.09 | 12.36 | 12.60 |
| 广 西 | 19.83 | 19.87 | 19.77 | 19.64 | 19.50 | 19.53 |
| 重 庆 | 17.44 | 17.48 | 17.27 | 17.04 | 16.95 | 17.23 |
| 四 川 | 17.59 | 17.43 | 17.21 | 18.39 | 18.98 | 19.37 |
| 贵 州 | 17.90 | 17.96 | 18.43 | 19.20 | 20.74 | 21.90 |
| 云 南 | 16.80 | 16.94 | 17.03 | 17.40 | 18.06 | 18.32 |
| 西 藏 | 13.99 | 14.56 | 15.65 | 15.49 | 15.45 | 15.84 |
| 陕 西 | 14.93 | 14.21 | 13.96 | 14.06 | 14.83 | 14.90 |
| 甘 肃 | 12.84 | 12.83 | 13.30 | 14.71 | 15.57 | 16.89 |
| 青 海 | 17.15 | 18.28 | 17.60 | 19.10 | 19.77 | 19.52 |
| 宁 夏 | 17.28 | 17.65 | 17.70 | 17.98 | 19.32 | 19.68 |
| 新 疆 | 14.15 | 13.39 | 13.48 | 13.96 | 14.20 | 14.45 |

## 表 46　我国各地区初中生师比

单位:X∶1

| 地　区 | 2015 年 | 2014 年 | 2013 年 | 2012 年 | 2011 年 | 2010 年 |
|---|---|---|---|---|---|---|
| 全　国 | 12.41 | 12.57 | 12.76 | 13.59 | 14.38 | 14.98 |
| 东　部 | 11.90 | 12.12 | 12.30 | 12.85 | 13.44 | 14.08 |
| 中　部 | 12.34 | 12.27 | 12.31 | 13.49 | 14.40 | 14.98 |
| 西　部 | 13.14 | 13.49 | 13.85 | 14.66 | 15.56 | 16.16 |
| 北　京 | 8.62 | 9.44 | 9.75 | 9.83 | 9.90 | 10.24 |
| 天　津 | 9.92 | 10.21 | 10.04 | 9.85 | 10.13 | 10.56 |
| 河　北 | 13.58 | 13.45 | 12.67 | 12.95 | 12.47 | 12.45 |
| 辽　宁 | 10.25 | 10.68 | 10.64 | 11.22 | 11.79 | 12.64 |
| 上　海 | 10.98 | 11.49 | 12.11 | 12.29 | 12.48 | 12.51 |
| 江　苏 | 10.77 | 10.60 | 10.50 | 10.81 | 11.41 | 12.50 |
| 浙　江 | 12.30 | 12.59 | 12.58 | 12.56 | 12.96 | 13.87 |
| 福　建 | 11.57 | 11.49 | 11.43 | 11.59 | 11.83 | 12.84 |
| 山　东 | 11.74 | 11.87 | 12.08 | 12.54 | 13.11 | 13.37 |
| 广　东 | 12.88 | 13.53 | 14.63 | 16.18 | 17.87 | 18.77 |
| 海　南 | 12.79 | 13.33 | 13.73 | 14.54 | 15.63 | 16.82 |
| 山　西 | 9.96 | 10.52 | 11.00 | 12.71 | 13.77 | 14.37 |
| 吉　林 | 9.20 | 9.30 | 9.65 | 10.41 | 11.20 | 12.19 |
| 黑龙江 | 9.59 | 9.60 | 9.60 | 12.04 | 12.17 | 12.73 |
| 安　徽 | 12.60 | 12.40 | 12.63 | 13.23 | 15.46 | 17.10 |
| 江　西 | 14.61 | 14.42 | 14.44 | 15.85 | 16.36 | 16.61 |
| 河　南 | 14.16 | 14.09 | 13.75 | 16.07 | 16.58 | 16.97 |
| 湖　北 | 10.40 | 10.30 | 10.94 | 11.16 | 13.23 | 13.91 |
| 湖　南 | 13.22 | 12.97 | 12.68 | 12.33 | 12.48 | 12.45 |
| 内蒙古 | 10.82 | 11.02 | 11.12 | 12.01 | 12.65 | 12.73 |
| 广　西 | 16.50 | 16.56 | 16.68 | 16.74 | 16.84 | 16.88 |
| 重　庆 | 12.71 | 12.94 | 13.36 | 14.29 | 15.51 | 16.63 |
| 四　川 | 12.39 | 12.86 | 13.41 | 14.92 | 16.09 | 16.80 |
| 贵　州 | 16.01 | 17.29 | 18.23 | 18.31 | 19.23 | 19.62 |
| 云　南 | 15.29 | 15.49 | 15.38 | 16.18 | 17.21 | 17.36 |

续表

| 地　区 | 2015 年 | 2014 年 | 2013 年 | 2012 年 | 2011 年 | 2010 年 |
|---|---|---|---|---|---|---|
| 西　藏 | 12.10 | 13.08 | 13.92 | 14.50 | 14.95 | 15.66 |
| 陕　西 | 10.23 | 10.40 | 10.88 | 11.68 | 12.98 | 14.10 |
| 甘　肃 | 10.84 | 11.44 | 12.28 | 13.99 | 15.22 | 16.64 |
| 青　海 | 13.21 | 13.81 | 13.34 | 14.06 | 15.18 | 15.32 |
| 宁　夏 | 14.16 | 14.59 | 14.68 | 15.11 | 15.90 | 16.47 |
| 新　疆 | 10.58 | 10.47 | 10.67 | 10.98 | 11.46 | 11.98 |

**表 47　我国各地区小学高于规定学历专任教师比例**

单位:%

| 地　区 | 2015 年 | 2014 年 | 2013 年 | 2012 年 | 2011 年 | 2010 年 |
|---|---|---|---|---|---|---|
| 全　国 | 91.89 | 89.84 | 87.33 | 84.91 | 82.05 | 78.29 |
| 东　部 | 93.85 | 92.05 | 89.78 | 87.58 | 84.82 | 81.65 |
| 中　部 | 90.15 | 87.84 | 85.16 | 82.65 | 79.68 | 75.34 |
| 西　部 | 91.23 | 89.18 | 86.66 | 84.11 | 81.29 | 77.46 |
| 北　京 | 99.15 | 98.84 | 98.06 | 97.48 | 96.48 | 95.24 |
| 天　津 | 95.65 | 93.67 | 92.23 | 90.32 | 87.54 | 84.91 |
| 河　北 | 94.49 | 92.63 | 90.16 | 88.05 | 85.38 | 82.28 |
| 辽　宁 | 93.76 | 91.75 | 89.58 | 87.23 | 84.59 | 81.76 |
| 上　海 | 98.75 | 98.24 | 97.60 | 96.61 | 95.03 | 93.35 |
| 江　苏 | 96.11 | 94.53 | 92.97 | 91.03 | 87.48 | 84.34 |
| 浙　江 | 97.26 | 96.01 | 94.65 | 92.25 | 89.69 | 86.85 |
| 福　建 | 88.35 | 86.01 | 83.44 | 80.96 | 77.94 | 74.16 |
| 山　东 | 89.82 | 87.82 | 85.74 | 83.05 | 80.01 | 75.69 |
| 广　东 | 95.25 | 93.33 | 90.06 | 88.14 | 85.85 | 83.51 |
| 海　南 | 87.82 | 85.70 | 83.33 | 80.70 | 78.28 | 73.48 |
| 山　西 | 92.87 | 91.51 | 89.73 | 87.36 | 85.32 | 81.29 |
| 吉　林 | 93.07 | 92.33 | 91.19 | 89.84 | 88.20 | 85.48 |
| 黑龙江 | 93.13 | 91.22 | 88.81 | 86.50 | 84.40 | 81.38 |
| 安　徽 | 90.14 | 86.85 | 83.02 | 79.55 | 75.76 | 71.19 |
| 江　西 | 85.60 | 82.40 | 78.82 | 75.00 | 70.94 | 65.82 |
| 河　南 | 90.64 | 88.36 | 86.19 | 83.70 | 80.76 | 75.91 |

续表

| 地　区 | 2015 年 | 2014 年 | 2013 年 | 2012 年 | 2011 年 | 2010 年 |
|---|---|---|---|---|---|---|
| 湖　北 | 88.52 | 86.24 | 83.12 | 79.90 | 77.05 | 73.48 |
| 湖　南 | 89.75 | 87.19 | 83.92 | 82.85 | 79.35 | 74.21 |
| 内蒙古 | 95.55 | 93.81 | 91.75 | 90.03 | 88.13 | 85.39 |
| 广　西 | 88.31 | 86.34 | 84.03 | 81.15 | 77.96 | 73.75 |
| 重　庆 | 94.33 | 92.63 | 90.70 | 88.79 | 86.66 | 81.71 |
| 四　川 | 91.56 | 89.21 | 86.83 | 84.03 | 80.95 | 77.27 |
| 贵　州 | 89.74 | 87.55 | 84.84 | 82.04 | 78.31 | 73.50 |
| 云　南 | 89.61 | 87.71 | 84.64 | 82.36 | 79.97 | 76.36 |
| 西　藏 | 95.39 | 94.82 | 92.26 | 89.56 | 86.95 | 83.18 |
| 陕　西 | 94.78 | 92.67 | 89.60 | 87.00 | 84.12 | 80.93 |
| 甘　肃 | 87.34 | 84.52 | 81.90 | 79.29 | 76.33 | 71.25 |
| 青　海 | 95.65 | 94.36 | 91.20 | 89.64 | 87.88 | 86.48 |
| 宁　夏 | 93.49 | 91.76 | 86.86 | 82.20 | 79.00 | 76.50 |
| 新　疆 | 91.92 | 90.05 | 88.45 | 86.31 | 83.88 | 80.95 |

**表 48　我国各地区中等职业学校双师型教师数占专业课教师数比例**

单位：%

| 地　区 | 2015 年 | 2014 年 | 2013 年 | 2012 年 | 2011 年 | 2010 年 |
|---|---|---|---|---|---|---|
| 全　国 | 49.57 | 48.04 | 46.13 | 44.28 | 42.30 | 38.01 |
| 东　部 | 57.25 | 54.80 | 51.67 | 49.61 | 47.19 | 42.05 |
| 中　部 | 43.08 | 43.14 | 42.03 | 39.77 | 38.20 | 33.77 |
| 西　部 | 44.56 | 42.97 | 42.07 | 41.27 | 39.36 | 36.56 |
| 北　京 | 53.98 | 55.04 | 52.63 | 50.64 | 48.38 | 45.39 |
| 天　津 | 58.36 | 55.96 | 52.00 | 50.44 | 50.04 | 46.90 |
| 河　北 | 40.11 | 38.00 | 37.05 | 37.35 | 38.04 | 35.38 |
| 辽　宁 | 47.46 | 43.07 | 39.69 | 38.58 | 37.30 | 34.45 |
| 上　海 | 49.39 | 51.34 | 48.18 | 45.15 | 43.54 | 42.35 |
| 江　苏 | 65.06 | 63.94 | 60.58 | 57.07 | 56.18 | 52.57 |
| 浙　江 | 77.07 | 75.77 | 74.22 | 68.84 | 65.20 | 63.88 |
| 福　建 | 57.46 | 53.98 | 51.10 | 49.38 | 47.27 | 39.18 |
| 山　东 | 54.60 | 53.64 | 49.34 | 48.98 | 46.04 | 38.65 |

续表

| 地　区 | 2015 年 | 2014 年 | 2013 年 | 2012 年 | 2011 年 | 2010 年 |
|---|---|---|---|---|---|---|
| 广　东 | 61.18 | 56.04 | 51.88 | 49.79 | 44.93 | 35.28 |
| 海　南 | 51.73 | 44.31 | 39.35 | 37.41 | 35.76 | 35.35 |
| 山　西 | 30.70 | 29.49 | 27.97 | 27.45 | 25.83 | 21.88 |
| 吉　林 | 36.45 | 37.65 | 35.67 | 36.37 | 35.62 | 32.65 |
| 黑龙江 | 39.24 | 37.01 | 33.22 | 31.93 | 30.54 | 29.35 |
| 安　徽 | 69.11 | 69.11 | 67.93 | 58.00 | 55.85 | 42.35 |
| 江　西 | 35.05 | 35.14 | 34.61 | 34.55 | 39.11 | 34.83 |
| 河　南 | 38.05 | 36.95 | 35.48 | 34.79 | 32.80 | 31.04 |
| 湖　北 | 42.63 | 42.64 | 42.50 | 40.28 | 38.02 | 37.69 |
| 湖　南 | 39.88 | 43.26 | 43.39 | 44.17 | 44.55 | 39.08 |
| 内蒙古 | 38.18 | 34.94 | 35.59 | 32.51 | 31.31 | 23.94 |
| 广　西 | 51.42 | 51.97 | 52.97 | 51.41 | 50.20 | 44.00 |
| 重　庆 | 49.54 | 41.33 | 40.29 | 38.77 | 40.46 | 38.80 |
| 四　川 | 46.65 | 44.86 | 42.93 | 45.77 | 42.11 | 39.37 |
| 贵　州 | 45.57 | 43.56 | 41.58 | 43.89 | 42.71 | 41.17 |
| 云　南 | 36.87 | 39.81 | 37.41 | 37.01 | 34.37 | 30.51 |
| 西　藏 | 32.52 | 38.93 | 29.66 | 12.72 | 11.72 | 8.12 |
| 陕　西 | 39.07 | 39.43 | 40.55 | 34.48 | 32.18 | 30.64 |
| 甘　肃 | 36.03 | 34.04 | 31.69 | 30.65 | 30.75 | 29.98 |
| 青　海 | 54.73 | 51.02 | 49.26 | 52.01 | 42.67 | 45.47 |
| 宁　夏 | 49.13 | 46.60 | 43.01 | 49.74 | 45.75 | 53.14 |
| 新　疆 | 51.16 | 47.66 | 49.16 | 43.07 | 41.78 | 43.44 |

**表 49　我国各地区普通高职（专科）院校双师型教师数占专业课教师数比例**

单位：%

| 地　区 | 2015 年 | 2014 年 | 2013 年 | 2012 年 | 2011 年 | 2010 年 |
|---|---|---|---|---|---|---|
| 全　国 | 60.00 | 52.02 | 50.13 | 49.68 | 48.84 | 46.20 |
| 东　部 | 63.59 | 57.06 | 54.22 | 53.45 | 51.30 | 48.63 |
| 中　部 | 61.65 | 50.79 | 49.97 | 48.95 | 49.22 | 46.30 |
| 西　部 | 55.60 | 44.81 | 42.67 | 43.46 | 43.54 | 41.14 |
| 北　京 | 59.37 | 59.46 | 55.88 | 50.23 | 47.08 | 45.17 |

续表

| 地　区 | 2015 年 | 2014 年 | 2013 年 | 2012 年 | 2011 年 | 2010 年 |
|---|---|---|---|---|---|---|
| 天　津 | 67.51 | 56.60 | 51.79 | 52.57 | 51.76 | 49.94 |
| 河　北 | 66.53 | 55.75 | 54.39 | 53.79 | 49.83 | 48.14 |
| 辽　宁 | 63.99 | 50.26 | 47.82 | 49.39 | 48.00 | 47.04 |
| 上　海 | 55.85 | 53.46 | 49.02 | 47.49 | 41.75 | 38.96 |
| 江　苏 | 76.63 | 69.90 | 64.33 | 63.29 | 61.34 | 56.36 |
| 浙　江 | 71.34 | 61.57 | 61.41 | 58.76 | 55.53 | 53.58 |
| 福　建 | 59.36 | 50.32 | 49.15 | 46.93 | 47.58 | 44.66 |
| 山　东 | 64.98 | 52.45 | 51.32 | 53.47 | 50.06 | 47.35 |
| 广　东 | 57.50 | 52.92 | 47.65 | 44.66 | 44.12 | 41.94 |
| 海　南 | 56.46 | 54.47 | 52.02 | 48.03 | 42.55 | 41.52 |
| 山　西 | 45.05 | 40.85 | 34.93 | 35.02 | 36.36 | 30.68 |
| 吉　林 | 61.28 | 49.89 | 49.02 | 48.85 | 49.76 | 47.31 |
| 黑龙江 | 77.74 | 65.69 | 65.34 | 62.73 | 61.14 | 54.96 |
| 安　徽 | 56.95 | 46.00 | 45.54 | 45.93 | 44.34 | 42.34 |
| 江　西 | 59.94 | 53.42 | 52.46 | 48.93 | 50.72 | 46.68 |
| 河　南 | 57.10 | 47.24 | 47.83 | 46.51 | 47.90 | 46.50 |
| 湖　北 | 57.35 | 47.46 | 48.50 | 45.67 | 45.26 | 42.50 |
| 湖　南 | 77.76 | 58.68 | 56.47 | 57.61 | 57.32 | 54.91 |
| 内蒙古 | 56.50 | 45.99 | 44.97 | 44.48 | 44.03 | 39.28 |
| 广　西 | 58.57 | 54.80 | 51.13 | 49.00 | 49.51 | 45.53 |
| 重　庆 | 59.76 | 49.59 | 43.39 | 45.84 | 48.37 | 46.05 |
| 四　川 | 58.09 | 44.68 | 41.81 | 40.30 | 41.16 | 40.33 |
| 贵　州 | 56.29 | 40.41 | 43.46 | 43.02 | 42.08 | 39.20 |
| 云　南 | 56.48 | 37.01 | 33.76 | 43.38 | 42.93 | 39.56 |
| 西　藏 | 41.52 | 0.46 | 1.55 | 32.15 | 32.96 | 23.51 |
| 陕　西 | 54.85 | 44.06 | 40.52 | 41.32 | 39.88 | 38.81 |
| 甘　肃 | 54.77 | 42.69 | 44.09 | 41.80 | 43.51 | 42.65 |
| 青　海 | 59.91 | 45.17 | 54.96 | 50.15 | 45.50 | 45.04 |
| 宁　夏 | 56.63 | 39.06 | 46.60 | 45.75 | 42.42 | 43.59 |
| 新　疆 | 53.83 | 44.08 | 42.74 | 43.82 | 41.12 | 37.77 |

**表 50　我国各地区公共财政预算教育经费占公共财政支出比例**

单位：%

| 地　区 | 2015 年 | 2013 年 | 2012 年 | 2011 年 | 2010 年 |
|---|---|---|---|---|---|
| 全　国 | 14.70 | 15.27 | 16.13 | 16.31 | 15.76 |
| 地区合计 | 16.28 | 16.89 | 17.88 | 17.66 | 17.27 |
| 东部合计 | 16.65 | 17.68 | 18.51 | 18.45 | 17.94 |
| 中部合计 | 15.93 | 16.76 | 18.13 | 17.47 | 16.51 |
| 西部合计 | 16.04 | 15.85 | 16.77 | 16.65 | 16.91 |
| 北　京 | 14.77 | 16.75 | 16.60 | 18.63 | 18.61 |
| 天　津 | 14.36 | 18.10 | 17.67 | 17.56 | 16.36 |
| 河　北 | 17.77 | 17.45 | 19.51 | 18.21 | 19.28 |
| 辽　宁 | 13.60 | 12.91 | 15.85 | 15.50 | 14.55 |
| 上　海 | 11.94 | 14.74 | 14.60 | 14.57 | 13.19 |
| 江　苏 | 18.00 | 17.55 | 17.98 | 17.73 | 17.86 |
| 浙　江 | 18.37 | 19.43 | 20.22 | 20.20 | 19.93 |
| 福　建 | 18.67 | 18.46 | 20.43 | 20.69 | 22.36 |
| 山　东 | 20.45 | 20.90 | 22.21 | 21.25 | 18.66 |
| 广　东 | 15.93 | 19.23 | 19.16 | 19.78 | 19.07 |
| 海　南 | 16.66 | 15.25 | 16.37 | 16.57 | 18.53 |
| 山　西 | 17.50 | 16.88 | 17.77 | 18.38 | 17.67 |
| 吉　林 | 14.62 | 15.38 | 18.25 | 15.84 | 15.12 |
| 黑龙江 | 14.25 | 14.41 | 16.95 | 13.50 | 13.43 |
| 安　徽 | 16.35 | 16.82 | 18.06 | 18.88 | 16.92 |
| 江　西 | 17.75 | 18.79 | 20.41 | 19.31 | 16.17 |
| 河　南 | 16.92 | 19.75 | 21.00 | 21.55 | 19.75 |
| 湖　北 | 14.03 | 13.54 | 14.65 | 14.52 | 14.93 |
| 湖　南 | 15.95 | 17.07 | 17.30 | 16.18 | 16.41 |
| 内蒙古 | 12.19 | 11.88 | 12.27 | 14.32 | 15.45 |
| 广　西 | 19.42 | 19.07 | 19.76 | 18.84 | 19.27 |
| 重　庆 | 13.71 | 13.29 | 13.70 | 14.64 | 16.42 |
| 四　川 | 16.59 | 16.58 | 18.04 | 16.60 | 15.54 |
| 贵　州 | 19.45 | 17.95 | 18.18 | 16.77 | 18.82 |

续表

| 地　区 | 2015 年 | 2013 年 | 2012 年 | 2011 年 | 2010 年 |
|---|---|---|---|---|---|
| 云　南 | 16.08 | 16.38 | 18.59 | 19.05 | 19.36 |
| 西　藏 | 12.95 | 10.88 | 10.09 | 10.65 | 11.50 |
| 陕　西 | 17.07 | 18.58 | 19.56 | 17.76 | 16.70 |
| 甘　肃 | 16.90 | 16.29 | 17.59 | 16.96 | 17.63 |
| 青　海 | 10.77 | 10.03 | 14.42 | 14.89 | 13.09 |
| 宁　夏 | 12.22 | 12.11 | 11.90 | 15.82 | 14.70 |
| 新　疆 | 16.86 | 16.97 | 17.01 | 17.72 | 18.64 |

**表 51　我国各地区小学五项达标学校比例**

单位：%

| 地　区 | 2015 年 | 2014 年 | 2013 年 | 2012 年 | 2011 年 | 2010 年 |
|---|---|---|---|---|---|---|
| 全　国 | 70.98 | 63.35 | 58.23 | 54.40 | 51.53 | 54.88 |
| 东　部 | 85.35 | 81.50 | 75.40 | 71.05 | 64.31 | 67.08 |
| 中　部 | 62.41 | 52.23 | 43.74 | 35.58 | 30.21 | 41.22 |
| 西　部 | 63.52 | 54.12 | 52.14 | 51.68 | 54.04 | 52.79 |
| 北　京 | 93.13 | 92.88 | 88.45 | 87.20 | 79.12 | 73.62 |
| 天　津 | 97.53 | 97.60 | 97.90 | 96.80 | 89.93 | 84.00 |
| 河　北 | 70.79 | 58.33 | 52.98 | 54.83 | 52.65 | 67.28 |
| 辽　宁 | 79.73 | 78.75 | 75.98 | 75.90 | 73.73 | 81.73 |
| 上　海 | 92.59 | 91.70 | 90.43 | 88.25 | 83.61 | 80.63 |
| 江　苏 | 97.90 | 97.02 | 96.16 | 93.59 | 86.46 | 86.89 |
| 浙　江 | 98.95 | 97.71 | 96.27 | 92.73 | 88.55 | 87.37 |
| 福　建 | 93.72 | 90.32 | 87.16 | 80.72 | 66.58 | 66.87 |
| 山　东 | 79.50 | 73.89 | 59.22 | 51.10 | 44.92 | 59.05 |
| 广　东 | 92.96 | 83.56 | 55.28 | 36.63 | 29.03 | 29.18 |
| 海　南 | 42.06 | 34.74 | 29.56 | 23.80 | 12.81 | 21.26 |
| 山　西 | 67.25 | 55.68 | 36.00 | 29.82 | 29.66 | 43.79 |
| 吉　林 | 62.61 | 41.16 | 38.33 | 33.79 | 35.15 | 49.87 |
| 黑龙江 | 46.30 | 43.10 | 41.81 | 35.47 | 34.62 | 44.21 |
| 安　徽 | 82.65 | 65.84 | 44.29 | 22.69 | 13.93 | 20.17 |
| 江　西 | 55.95 | 44.86 | 32.30 | 38.49 | 37.12 | 52.65 |

续表

| 地 区 | 2015 年 | 2014 年 | 2013 年 | 2012 年 | 2011 年 | 2010 年 |
|---|---|---|---|---|---|---|
| 河 南 | 42.81 | 36.06 | 32.76 | 32.60 | 29.03 | 48.94 |
| 湖 北 | 86.69 | 84.38 | 82.27 | 57.34 | 36.46 | 47.70 |
| 湖 南 | 55.06 | 46.78 | 42.16 | 34.44 | 25.68 | 22.45 |
| 内蒙古 | 68.00 | 57.37 | 57.70 | 59.96 | 57.44 | 68.41 |
| 广 西 | 40.91 | 36.15 | 31.15 | 33.28 | 39.81 | 50.61 |
| 重 庆 | 68.77 | 54.74 | 58.27 | 45.95 | 43.86 | 59.33 |
| 四 川 | 81.64 | 74.70 | 72.64 | 67.41 | 61.16 | 59.32 |
| 贵 州 | 82.67 | 73.21 | 70.17 | 68.65 | 71.92 | 79.95 |
| 云 南 | 62.91 | 55.78 | 52.15 | 52.83 | 62.44 | 78.95 |
| 西 藏 | 56.59 | 53.00 | 51.39 | 42.71 | 48.58 | 31.15 |
| 陕 西 | 71.40 | 57.47 | 49.47 | 50.03 | 46.39 | 54.42 |
| 甘 肃 | 70.97 | 56.08 | 50.55 | 55.10 | 57.61 | 23.08 |
| 青 海 | 44.17 | 33.05 | 35.47 | 43.21 | 49.56 | 9.82 |
| 宁 夏 | 61.20 | 45.50 | 35.30 | 29.98 | 31.34 | 31.58 |
| 新 疆 | 53.02 | 52.33 | 61.39 | 71.12 | 78.39 | 86.91 |

**表 52 我国各地区初中五项达标学校比例**

单位:%

| 地 区 | 2015 年 | 2014 年 | 2013 年 | 2012 年 | 2011 年 | 2010 年 |
|---|---|---|---|---|---|---|
| 全 国 | 82.90 | 77.24 | 73.41 | 70.81 | 66.26 | 67.71 |
| 东 部 | 91.75 | 89.08 | 85.19 | 83.22 | 77.81 | 79.10 |
| 中 部 | 77.55 | 70.62 | 65.13 | 58.73 | 51.23 | 59.22 |
| 西 部 | 78.34 | 70.79 | 68.13 | 67.49 | 65.69 | 62.94 |
| 北 京 | 94.94 | 94.30 | 91.70 | 91.09 | 85.67 | 83.13 |
| 天 津 | 95.38 | 94.36 | 93.11 | 94.01 | 90.13 | 84.10 |
| 河 北 | 84.59 | 77.03 | 76.70 | 77.99 | 74.04 | 81.81 |
| 辽 宁 | 93.03 | 91.39 | 90.79 | 90.23 | 86.02 | 92.72 |
| 上 海 | 98.29 | 98.85 | 98.11 | 98.29 | 96.33 | 94.66 |
| 江 苏 | 98.78 | 98.43 | 97.49 | 97.61 | 93.48 | 93.04 |
| 浙 江 | 98.47 | 97.07 | 95.76 | 94.35 | 91.82 | 90.97 |
| 福 建 | 95.76 | 92.35 | 88.87 | 87.65 | 77.12 | 69.88 |

续表

| 地 区 | 2015 年 | 2014 年 | 2013 年 | 2012 年 | 2011 年 | 2010 年 |
|---|---|---|---|---|---|---|
| 山 东 | 88.54 | 85.74 | 75.94 | 70.21 | 63.75 | 74.94 |
| 广 东 | 94.20 | 88.57 | 74.75 | 64.94 | 59.89 | 59.19 |
| 海 南 | 67.31 | 61.79 | 53.90 | 49.07 | 37.64 | 45.71 |
| 山 西 | 74.77 | 68.62 | 54.92 | 49.33 | 48.88 | 62.08 |
| 吉 林 | 84.85 | 70.91 | 71.42 | 62.61 | 58.00 | 67.80 |
| 黑龙江 | 67.86 | 62.58 | 59.47 | 57.69 | 53.70 | 56.21 |
| 安 徽 | 89.16 | 78.00 | 62.10 | 47.26 | 31.65 | 39.09 |
| 江 西 | 74.18 | 67.49 | 59.85 | 58.79 | 56.04 | 66.86 |
| 河 南 | 64.08 | 58.10 | 53.69 | 52.88 | 48.75 | 64.65 |
| 湖 北 | 94.33 | 92.74 | 92.15 | 79.52 | 59.37 | 66.38 |
| 湖 南 | 71.19 | 66.52 | 67.43 | 61.74 | 53.46 | 50.67 |
| 内蒙古 | 74.78 | 66.81 | 67.10 | 68.81 | 64.68 | 76.74 |
| 广 西 | 61.74 | 59.84 | 53.49 | 51.66 | 54.10 | 61.48 |
| 重 庆 | 86.34 | 74.77 | 71.97 | 61.69 | 55.44 | 62.45 |
| 四 川 | 84.71 | 79.18 | 76.96 | 71.70 | 68.03 | 59.93 |
| 贵 州 | 85.36 | 79.19 | 75.70 | 75.14 | 74.74 | 81.31 |
| 云 南 | 83.23 | 79.26 | 77.88 | 74.48 | 74.37 | 91.29 |
| 西 藏 | 67.42 | 60.42 | 58.32 | 64.35 | 59.57 | 49.46 |
| 陕 西 | 84.54 | 75.65 | 69.90 | 71.40 | 65.63 | 69.54 |
| 甘 肃 | 84.87 | 70.46 | 65.27 | 67.28 | 69.35 | 32.88 |
| 青 海 | 73.63 | 61.04 | 63.54 | 64.06 | 63.55 | 20.06 |
| 宁 夏 | 84.22 | 78.81 | 71.49 | 65.10 | 64.05 | 63.75 |
| 新 疆 | 69.26 | 64.07 | 65.95 | 74.18 | 74.78 | 86.33 |

### 表 53 我国各地区小学百名学生教学用计算机台数

单位:台/百人

| 地 区 | 2015 年 | 2014 年 | 2013 年 | 2012 年 | 2011 年 | 2010 年 |
|---|---|---|---|---|---|---|
| 全 国 | 8.46 | 7.45 | 6.34 | 5.13 | 4.22 | 4.14 |
| 东 部 | 11.91 | 10.95 | 9.46 | 7.95 | 6.82 | 6.76 |
| 中 部 | 5.70 | 4.98 | 4.29 | 3.33 | 2.55 | 2.57 |
| 西 部 | 6.85 | 5.58 | 4.65 | 3.76 | 3.12 | 2.93 |

续表

| 地区 | 2015年 | 2014年 | 2013年 | 2012年 | 2011年 | 2010年 |
|---|---|---|---|---|---|---|
| 北京 | 23.39 | 22.79 | 21.65 | 20.95 | 17.90 | 17.71 |
| 天津 | 13.25 | 12.45 | 12.22 | 10.90 | 9.49 | 8.95 |
| 河北 | 10.23 | 8.47 | 6.90 | 5.90 | 5.25 | 5.39 |
| 辽宁 | 11.49 | 10.20 | 8.63 | 7.60 | 6.10 | 7.94 |
| 上海 | 16.52 | 15.57 | 15.09 | 14.74 | 13.01 | 14.33 |
| 江苏 | 11.87 | 11.36 | 11.53 | 10.70 | 9.63 | 9.14 |
| 浙江 | 15.63 | 15.01 | 13.96 | 11.63 | 8.82 | 8.31 |
| 福建 | 9.97 | 9.52 | 8.89 | 7.55 | 6.85 | 6.85 |
| 山东 | 12.09 | 11.41 | 9.13 | 6.74 | 5.76 | 5.74 |
| 广东 | 10.93 | 9.69 | 7.28 | 5.92 | 5.38 | 5.06 |
| 海南 | 6.98 | 5.69 | 4.54 | 3.97 | 2.75 | 2.72 |
| 山西 | 9.37 | 7.76 | 6.02 | 4.50 | 4.00 | 4.10 |
| 吉林 | 8.58 | 6.46 | 5.01 | 4.83 | 4.86 | 5.17 |
| 黑龙江 | 6.70 | 6.50 | 5.88 | 4.88 | 4.89 | 5.19 |
| 安徽 | 7.89 | 6.48 | 4.94 | 3.71 | 2.61 | 2.57 |
| 江西 | 3.59 | 3.03 | 2.65 | 2.08 | 1.99 | 1.97 |
| 河南 | 3.59 | 3.09 | 2.70 | 2.07 | 1.55 | 1.51 |
| 湖北 | 8.94 | 8.91 | 8.42 | 6.19 | 2.56 | 2.57 |
| 湖南 | 4.71 | 4.24 | 3.85 | 3.31 | 2.82 | 2.74 |
| 内蒙古 | 7.75 | 6.51 | 5.46 | 4.93 | 4.15 | 3.89 |
| 广西 | 3.01 | 2.41 | 2.01 | 1.80 | 1.55 | 1.54 |
| 重庆 | 8.23 | 6.53 | 6.01 | 5.23 | 4.65 | 4.03 |
| 四川 | 6.45 | 5.23 | 4.58 | 3.68 | 3.09 | 3.08 |
| 贵州 | 6.65 | 4.86 | 3.28 | 2.25 | 1.51 | 1.48 |
| 云南 | 5.35 | 4.34 | 3.78 | 3.13 | 2.76 | 2.35 |
| 西藏 | 11.13 | 9.87 | 8.88 | 7.85 | 6.76 | 3.83 |
| 陕西 | 11.98 | 10.22 | 7.79 | 6.44 | 5.04 | 4.88 |
| 甘肃 | 8.78 | 6.78 | 5.69 | 4.48 | 4.02 | 3.08 |
| 青海 | 9.09 | 8.03 | 7.48 | 4.85 | 4.14 | 4.33 |
| 宁夏 | 10.88 | 8.78 | 7.93 | 6.95 | 5.88 | 5.75 |
| 新疆 | 7.45 | 6.98 | 5.97 | 4.31 | 3.26 | 4.04 |

## 表 54　我国各地区初中百名学生教学用计算机台数

单位:台/百人

| 地　区 | 2015 年 | 2014 年 | 2013 年 | 2012 年 | 2011 年 | 2010 年 |
|---|---|---|---|---|---|---|
| 全　国 | 12.65 | 11.16 | 9.92 | 8.19 | 6.96 | 6.35 |
| 东　部 | 17.46 | 15.47 | 13.61 | 11.22 | 9.55 | 8.78 |
| 中　部 | 9.51 | 8.72 | 8.02 | 6.60 | 5.59 | 5.17 |
| 西　部 | 10.25 | 8.62 | 7.58 | 6.42 | 5.52 | 4.86 |
| 北　京 | 27.78 | 23.13 | 21.10 | 19.97 | 15.99 | 15.18 |
| 天　津 | 14.22 | 12.80 | 12.26 | 10.77 | 8.31 | 7.62 |
| 河　北 | 11.85 | 10.10 | 9.41 | 8.21 | 7.67 | 7.56 |
| 辽　宁 | 19.49 | 17.44 | 15.91 | 14.03 | 10.92 | 12.59 |
| 上　海 | 31.91 | 29.68 | 28.16 | 27.76 | 24.13 | 24.07 |
| 江　苏 | 21.14 | 18.79 | 18.21 | 15.79 | 13.71 | 11.31 |
| 浙　江 | 25.06 | 22.82 | 21.37 | 18.17 | 14.83 | 12.53 |
| 福　建 | 9.37 | 8.74 | 8.43 | 7.33 | 6.65 | 5.79 |
| 山　东 | 17.54 | 16.21 | 13.74 | 10.06 | 8.70 | 8.36 |
| 广　东 | 16.46 | 13.63 | 10.03 | 7.67 | 6.56 | 5.71 |
| 海　南 | 9.84 | 8.37 | 7.46 | 5.91 | 5.03 | 4.62 |
| 山　西 | 12.68 | 10.57 | 8.55 | 6.67 | 5.99 | 5.85 |
| 吉　林 | 13.68 | 11.83 | 9.65 | 8.99 | 8.55 | 7.77 |
| 黑龙江 | 11.65 | 11.31 | 10.52 | 8.10 | 7.53 | 6.78 |
| 安　徽 | 10.92 | 9.55 | 8.42 | 7.40 | 5.89 | 5.18 |
| 江　西 | 6.88 | 6.20 | 5.81 | 4.79 | 4.36 | 4.13 |
| 河　南 | 7.08 | 6.71 | 6.41 | 4.93 | 4.32 | 4.04 |
| 湖　北 | 13.39 | 12.64 | 11.61 | 9.16 | 5.40 | 4.95 |
| 湖　南 | 8.86 | 8.21 | 7.94 | 7.45 | 6.85 | 6.31 |
| 内蒙古 | 10.57 | 8.71 | 7.59 | 6.56 | 5.69 | 5.10 |
| 广　西 | 6.12 | 5.59 | 5.22 | 4.91 | 4.53 | 4.42 |
| 重　庆 | 8.15 | 6.97 | 6.66 | 5.74 | 4.93 | 4.05 |
| 四　川 | 11.59 | 9.40 | 8.28 | 6.75 | 5.59 | 4.64 |
| 贵　州 | 9.76 | 7.33 | 5.51 | 4.45 | 3.51 | 3.48 |
| 云　南 | 7.80 | 6.78 | 6.36 | 5.43 | 4.79 | 4.24 |

续表

| 地　区 | 2015 年 | 2014 年 | 2013 年 | 2012 年 | 2011 年 | 2010 年 |
|---|---|---|---|---|---|---|
| 西　藏 | 9.60 | 8.34 | 7.00 | 5.71 | 5.03 | 3.74 |
| 陕　西 | 15.15 | 12.77 | 10.87 | 9.31 | 7.60 | 6.88 |
| 甘　肃 | 12.82 | 10.33 | 8.91 | 7.31 | 6.45 | 5.26 |
| 青　海 | 14.71 | 13.45 | 12.78 | 9.29 | 8.74 | 7.15 |
| 宁　夏 | 14.41 | 11.77 | 10.59 | 10.00 | 8.67 | 8.39 |
| 新　疆 | 13.12 | 12.33 | 10.90 | 8.88 | 7.70 | 6.26 |

**表 55　我国各地区普通高中百名学生教学用计算机台数**

单位:台/百人

| 地　区 | 2015 年 | 2014 年 | 2013 年 | 2012 年 | 2011 年 | 2010 年 |
|---|---|---|---|---|---|---|
| 全　国 | 15.87 | 14.40 | 12.92 | 11.75 | 10.99 | 10.93 |
| 东　部 | 22.52 | 20.32 | 17.85 | 15.84 | 14.47 | 14.63 |
| 中　部 | 10.91 | 10.33 | 9.47 | 8.87 | 8.52 | 8.18 |
| 西　部 | 13.35 | 11.72 | 10.63 | 9.75 | 9.24 | 9.19 |
| 北　京 | 97.83 | 87.48 | 73.74 | 66.26 | 55.76 | 53.17 |
| 天　津 | 30.97 | 27.40 | 23.36 | 19.42 | 18.26 | 17.64 |
| 河　北 | 15.37 | 13.58 | 12.54 | 11.38 | 10.52 | 10.84 |
| 辽　宁 | 14.30 | 13.32 | 11.55 | 10.46 | 8.99 | 11.76 |
| 上　海 | 60.09 | 57.76 | 55.54 | 53.25 | 47.68 | 49.90 |
| 江　苏 | 25.94 | 22.71 | 20.79 | 18.66 | 16.21 | 15.32 |
| 浙　江 | 26.64 | 25.42 | 22.73 | 19.36 | 16.94 | 16.37 |
| 福　建 | 23.11 | 22.20 | 19.90 | 17.27 | 16.12 | 15.94 |
| 山　东 | 14.47 | 13.79 | 12.25 | 10.87 | 10.66 | 11.56 |
| 广　东 | 22.95 | 19.14 | 15.36 | 13.22 | 12.45 | 12.01 |
| 海　南 | 18.19 | 14.57 | 12.75 | 11.74 | 11.32 | 11.44 |
| 山　西 | 14.09 | 12.83 | 11.28 | 10.81 | 10.25 | 10.19 |
| 吉　林 | 10.76 | 10.34 | 8.92 | 8.33 | 8.20 | 8.84 |
| 黑龙江 | 10.80 | 10.35 | 9.75 | 9.53 | 9.36 | 8.81 |
| 安　徽 | 12.96 | 11.58 | 10.03 | 9.34 | 9.09 | 8.62 |
| 江　西 | 12.70 | 12.09 | 11.35 | 10.92 | 10.45 | 10.37 |
| 河　南 | 7.09 | 6.95 | 6.73 | 6.24 | 6.08 | 5.76 |

续表

| 地 区 | 2015 年 | 2014 年 | 2013 年 | 2012 年 | 2011 年 | 2010 年 |
|---|---|---|---|---|---|---|
| 湖 北 | 10.81 | 9.89 | 8.99 | 7.73 | 7.02 | 6.03 |
| 湖 南 | 11.95 | 11.89 | 11.25 | 10.99 | 10.79 | 10.93 |
| 内蒙古 | 12.81 | 11.36 | 10.32 | 8.92 | 8.78 | 8.56 |
| 广 西 | 8.96 | 8.89 | 8.65 | 8.02 | 7.99 | 8.23 |
| 重 庆 | 15.11 | 12.47 | 11.77 | 10.95 | 9.63 | 8.82 |
| 四 川 | 14.88 | 12.38 | 10.67 | 9.50 | 8.14 | 7.93 |
| 贵 州 | 9.86 | 8.62 | 7.56 | 6.98 | 6.69 | 7.35 |
| 云 南 | 13.59 | 12.41 | 11.64 | 11.17 | 10.91 | 10.76 |
| 西 藏 | 9.19 | 7.83 | 8.12 | 8.18 | 7.29 | 7.07 |
| 陕 西 | 16.59 | 13.89 | 11.86 | 10.68 | 9.99 | 10.08 |
| 甘 肃 | 12.34 | 10.59 | 9.56 | 9.29 | 9.78 | 9.20 |
| 青 海 | 17.86 | 15.48 | 16.23 | 13.70 | 13.70 | 12.29 |
| 宁 夏 | 15.45 | 13.45 | 12.97 | 12.43 | 12.63 | 13.77 |
| 新 疆 | 16.01 | 15.76 | 14.11 | 12.45 | 12.21 | 12.72 |

## 表 56 我国各地区高校社会服务收入所占比例

单位:%

| 地 区 | 2015 年 | 2014 年 | 2013 年 | 2012 年 | 2011 年 | 2010 年 |
|---|---|---|---|---|---|---|
| 全 国 | 30.51 | 33.94 | 34.38 | 33.48 | 35.66 | 33.91 |
| 东 部 | 30.78 | 34.34 | 34.90 | 32.84 | 34.94 | 32.66 |
| 中 部 | 26.46 | 28.86 | 29.81 | 30.34 | 34.15 | 34.15 |
| 西 部 | 34.83 | 39.27 | 38.65 | 40.02 | 40.28 | 38.34 |
| 北 京 | 28.48 | 31.44 | 32.16 | 29.04 | 32.09 | 26.25 |
| 天 津 | 38.42 | 42.46 | 46.51 | 42.13 | 40.90 | 35.42 |
| 河 北 | 40.23 | 42.67 | 42.95 | 44.66 | 51.05 | 50.35 |
| 辽 宁 | 43.80 | 46.81 | 47.63 | 51.58 | 50.94 | 51.32 |
| 上 海 | 33.07 | 35.24 | 31.52 | 27.84 | 31.03 | 32.90 |
| 江 苏 | 37.93 | 39.64 | 42.95 | 43.30 | 45.80 | 43.51 |
| 浙 江 | 27.96 | 29.34 | 28.36 | 26.92 | 29.31 | 26.93 |
| 福 建 | 14.53 | 16.53 | 19.15 | 21.24 | 17.04 | 17.28 |
| 山 东 | 27.15 | 31.86 | 33.12 | 29.02 | 34.18 | 33.34 |

续表

| 地　区 | 2015 年 | 2014 年 | 2013 年 | 2012 年 | 2011 年 | 2010 年 |
|---|---|---|---|---|---|---|
| 广　东 | 17.65 | 24.77 | 24.99 | 21.52 | 21.18 | 23.69 |
| 海　南 | 7.10 | 7.27 | 7.46 | 11.36 | 8.45 | 12.84 |
| 山　西 | 23.87 | 22.03 | 24.07 | 31.48 | 34.49 | 37.25 |
| 吉　林 | 16.56 | 17.47 | 17.49 | 30.58 | 29.21 | 31.50 |
| 黑龙江 | 42.19 | 47.62 | 41.57 | 35.73 | 44.04 | 39.41 |
| 安　徽 | 14.24 | 15.78 | 18.57 | 19.11 | 21.73 | 22.99 |
| 江　西 | 19.25 | 20.78 | 23.75 | 30.39 | 32.34 | 39.05 |
| 河　南 | 20.46 | 23.88 | 26.23 | 29.55 | 31.59 | 38.26 |
| 湖　北 | 30.33 | 33.80 | 34.84 | 34.03 | 36.32 | 34.65 |
| 湖　南 | 27.94 | 26.60 | 31.85 | 27.68 | 34.84 | 33.57 |
| 内蒙古 | 22.55 | 19.16 | 14.99 | 15.57 | 16.27 | 21.06 |
| 广　西 | 9.78 | 17.10 | 20.37 | 29.15 | 28.86 | 22.75 |
| 重　庆 | 34.28 | 38.87 | 38.37 | 43.12 | 38.24 | 39.46 |
| 四　川 | 44.81 | 48.25 | 52.74 | 53.23 | 55.78 | 48.55 |
| 贵　州 | 14.33 | 17.08 | 20.21 | 25.16 | 26.15 | 32.85 |
| 云　南 | 17.91 | 24.79 | 33.39 | 41.98 | 32.08 | 41.77 |
| 西　藏 | 15.62 | 2.22 | 1.14 | 0.00 | 0.00 | 0.10 |
| 陕　西 | 40.30 | 45.54 | 37.04 | 35.86 | 37.38 | 34.79 |
| 甘　肃 | 25.88 | 22.54 | 29.56 | 35.73 | 47.08 | 45.25 |
| 青　海 | 8.31 | 10.18 | 3.60 | 7.05 | 4.72 | 5.95 |
| 宁　夏 | 8.43 | 8.85 | 14.11 | 11.78 | 7.03 | 10.04 |
| 新　疆 | 14.42 | 7.92 | 15.26 | 13.56 | 9.25 | 16.63 |

**表 57　我国各地区 20—59 岁人口中受过高等教育的比例**

单位：%

| 地　区 | 2015 年 | 2014 年 | 2013 年 | 2012 年 | 2011 年 | 2010 年 |
|---|---|---|---|---|---|---|
| 全　国 | 16.86 | 15.83 | 14.76 | 13.71 | 13.28 | 12.52 |
| 东　部 | 19.03 | 17.98 | 16.85 | 15.69 | 15.26 | 14.48 |
| 中　部 | 14.83 | 13.84 | 12.88 | 11.98 | 11.59 | 10.90 |
| 西　部 | 15.31 | 14.31 | 13.31 | 12.34 | 11.94 | 11.23 |
| 北　京 | 41.75 | 40.74 | 39.63 | 38.56 | 38.38 | 37.75 |

**续表**

| 地　区 | 2015 年 | 2014 年 | 2013 年 | 2012 年 | 2011 年 | 2010 年 |
|---|---|---|---|---|---|---|
| 天　津 | 25.71 | 24.67 | 23.54 | 22.41 | 22.04 | 21.31 |
| 河　北 | 15.00 | 13.95 | 12.82 | 11.64 | 11.16 | 10.36 |
| 辽　宁 | 20.07 | 19.02 | 17.89 | 16.74 | 16.31 | 15.54 |
| 上　海 | 30.84 | 29.81 | 28.70 | 27.60 | 27.30 | 26.61 |
| 江　苏 | 19.04 | 18.00 | 16.87 | 15.71 | 15.27 | 14.49 |
| 浙　江 | 17.20 | 16.15 | 15.03 | 13.87 | 13.42 | 12.63 |
| 福　建 | 16.01 | 14.96 | 13.83 | 12.66 | 12.20 | 11.40 |
| 山　东 | 16.87 | 15.82 | 14.69 | 13.52 | 13.07 | 12.27 |
| 广　东 | 16.80 | 15.76 | 14.63 | 13.47 | 13.02 | 12.23 |
| 海　南 | 15.96 | 14.91 | 13.78 | 12.61 | 12.15 | 11.35 |
| 山　西 | 16.44 | 15.42 | 14.43 | 13.50 | 13.09 | 12.37 |
| 吉　林 | 16.71 | 15.68 | 14.69 | 13.75 | 13.34 | 12.62 |
| 黑龙江 | 15.59 | 14.59 | 13.62 | 12.70 | 12.30 | 11.60 |
| 安　徽 | 13.64 | 12.68 | 11.74 | 10.86 | 10.48 | 9.81 |
| 江　西 | 13.43 | 12.48 | 11.55 | 10.67 | 10.29 | 9.62 |
| 河　南 | 13.58 | 12.62 | 11.68 | 10.80 | 10.42 | 9.75 |
| 湖　北 | 16.84 | 15.82 | 14.82 | 13.88 | 13.47 | 12.75 |
| 湖　南 | 14.39 | 13.42 | 12.47 | 11.57 | 11.18 | 10.50 |
| 内蒙古 | 17.86 | 16.82 | 15.79 | 14.79 | 14.37 | 13.63 |
| 广　西 | 13.43 | 12.45 | 11.48 | 10.53 | 10.15 | 9.45 |
| 重　庆 | 17.00 | 15.97 | 14.95 | 13.96 | 13.55 | 12.82 |
| 四　川 | 13.97 | 12.98 | 12.00 | 11.05 | 10.66 | 9.96 |
| 贵　州 | 12.96 | 11.99 | 11.02 | 10.08 | 9.70 | 9.00 |
| 云　南 | 12.64 | 11.68 | 10.72 | 9.78 | 9.39 | 8.70 |
| 西　藏 | 12.63 | 11.66 | 10.70 | 9.76 | 9.38 | 8.69 |
| 陕　西 | 18.76 | 17.71 | 16.66 | 15.65 | 15.23 | 14.48 |
| 甘　肃 | 15.48 | 14.47 | 13.47 | 12.50 | 12.10 | 11.38 |
| 青　海 | 17.05 | 16.02 | 15.00 | 14.01 | 13.60 | 12.86 |
| 宁　夏 | 18.37 | 17.32 | 16.28 | 15.28 | 14.86 | 14.11 |
| 新　疆 | 20.05 | 18.97 | 17.91 | 16.88 | 16.46 | 15.69 |

**表 58　我国各地区 20—59 岁人口平均受教育年限**

单位：年

| 地　区 | 2015 年 | 2014 年 | 2013 年 | 2012 年 | 2011 年 | 2010 年 |
|---|---|---|---|---|---|---|
| 全　国 | 10.12 | 10.01 | 9.91 | 9.79 | 9.70 | 9.55 |
| 东　部 | 10.47 | 10.36 | 10.29 | 10.17 | 10.07 | 9.92 |
| 中　部 | 10.10 | 9.99 | 9.86 | 9.76 | 9.67 | 9.53 |
| 西　部 | 9.49 | 9.41 | 9.28 | 9.18 | 9.10 | 8.96 |
| 北　京 | 12.79 | 12.66 | 12.59 | 12.44 | 12.34 | 12.16 |
| 天　津 | 11.37 | 11.25 | 11.18 | 11.05 | 10.95 | 10.78 |
| 河　北 | 10.09 | 9.99 | 9.92 | 9.79 | 9.70 | 9.55 |
| 辽　宁 | 10.68 | 10.56 | 10.49 | 10.36 | 10.26 | 10.11 |
| 上　海 | 11.79 | 11.68 | 11.61 | 11.48 | 11.38 | 11.21 |
| 江　苏 | 10.49 | 10.38 | 10.31 | 10.19 | 10.09 | 9.94 |
| 浙　江 | 9.86 | 9.75 | 9.69 | 9.57 | 9.48 | 9.34 |
| 福　建 | 9.88 | 9.77 | 9.71 | 9.59 | 9.49 | 9.35 |
| 山　东 | 10.19 | 10.08 | 10.01 | 9.89 | 9.79 | 9.64 |
| 广　东 | 10.50 | 10.39 | 10.33 | 10.20 | 10.11 | 9.96 |
| 海　南 | 10.24 | 10.13 | 10.06 | 9.94 | 9.85 | 9.69 |
| 山　西 | 10.47 | 10.36 | 10.22 | 10.11 | 10.02 | 9.87 |
| 吉　林 | 10.45 | 10.34 | 10.20 | 10.10 | 10.00 | 9.86 |
| 黑龙江 | 10.29 | 10.18 | 10.05 | 9.95 | 9.85 | 9.71 |
| 安　徽 | 9.43 | 9.33 | 9.21 | 9.12 | 9.04 | 8.91 |
| 江　西 | 9.76 | 9.65 | 9.53 | 9.43 | 9.35 | 9.21 |
| 河　南 | 10.07 | 9.96 | 9.83 | 9.73 | 9.65 | 9.51 |
| 湖　北 | 10.31 | 10.20 | 10.07 | 9.97 | 9.88 | 9.74 |
| 湖　南 | 10.25 | 10.15 | 10.01 | 9.91 | 9.82 | 9.68 |
| 内蒙古 | 10.18 | 10.10 | 9.95 | 9.84 | 9.76 | 9.61 |
| 广　西 | 9.80 | 9.72 | 9.59 | 9.48 | 9.40 | 9.26 |
| 重　庆 | 9.94 | 9.86 | 9.72 | 9.61 | 9.53 | 9.39 |
| 四　川 | 9.44 | 9.36 | 9.23 | 9.13 | 9.05 | 8.91 |
| 贵　州 | 8.61 | 8.54 | 8.42 | 8.32 | 8.25 | 8.12 |
| 云　南 | 8.58 | 8.51 | 8.39 | 8.29 | 8.22 | 8.09 |

**续表**

| 地 区 | 2015 年 | 2014 年 | 2013 年 | 2012 年 | 2011 年 | 2010 年 |
| --- | --- | --- | --- | --- | --- | --- |
| 西 藏 | 5.70 | 5.65 | 5.57 | 5.50 | 5.45 | 5.36 |
| 陕 西 | 10.39 | 10.30 | 10.16 | 10.04 | 9.96 | 9.81 |
| 甘 肃 | 9.17 | 9.10 | 8.97 | 8.87 | 8.79 | 8.66 |
| 青 海 | 8.61 | 8.53 | 8.41 | 8.32 | 8.24 | 8.12 |
| 宁 夏 | 9.74 | 9.66 | 9.52 | 9.41 | 9.33 | 9.19 |
| 新 疆 | 10.19 | 10.10 | 9.96 | 9.85 | 9.76 | 9.61 |

**表 59　我国各地区文盲率**

单位:%

| 地 区 | 2015 年 | 2014 年 | 2013 年 | 2012 年 | 2011 年 | 2010 年 |
| --- | --- | --- | --- | --- | --- | --- |
| 全 国 | 4.72 | 4.77 | 4.85 | 4.94 | 4.82 | 4.88 |
| 东 部 | 3.68 | 3.68 | 3.77 | 3.84 | 3.74 | 3.85 |
| 中 部 | 4.76 | 4.79 | 4.85 | 4.93 | 4.80 | 4.78 |
| 西 部 | 6.49 | 6.62 | 6.68 | 6.76 | 6.60 | 6.64 |
| 北 京 | 1.85 | 1.82 | 1.88 | 1.92 | 1.78 | 1.86 |
| 天 津 | 2.28 | 2.25 | 2.32 | 2.37 | 2.24 | 2.33 |
| 河 北 | 3.04 | 3.02 | 3.10 | 3.16 | 3.05 | 3.14 |
| 辽 宁 | 2.15 | 2.12 | 2.18 | 2.23 | 2.10 | 2.18 |
| 上 海 | 2.90 | 2.88 | 2.96 | 3.02 | 2.91 | 3.00 |
| 江 苏 | 4.16 | 4.16 | 4.26 | 4.34 | 4.25 | 4.36 |
| 浙 江 | 6.09 | 6.13 | 6.26 | 6.38 | 6.33 | 6.47 |
| 福 建 | 2.80 | 2.78 | 2.85 | 2.91 | 2.80 | 2.89 |
| 山 东 | 5.57 | 5.60 | 5.72 | 5.83 | 5.76 | 5.89 |
| 广 东 | 2.35 | 2.33 | 2.40 | 2.45 | 2.33 | 2.41 |
| 海 南 | 4.81 | 4.82 | 4.93 | 5.03 | 4.95 | 5.07 |
| 山 西 | 2.51 | 2.55 | 2.61 | 2.70 | 2.58 | 2.57 |
| 吉 林 | 2.11 | 2.15 | 2.22 | 2.30 | 2.19 | 2.18 |
| 黑龙江 | 2.28 | 2.31 | 2.38 | 2.46 | 2.35 | 2.34 |
| 安 徽 | 9.96 | 9.97 | 10.01 | 10.09 | 9.95 | 9.90 |
| 江 西 | 3.99 | 4.02 | 4.08 | 4.16 | 4.04 | 4.02 |
| 河 南 | 5.36 | 5.39 | 5.44 | 5.53 | 5.40 | 5.37 |

续表

| 地　区 | 2015年 | 2014年 | 2013年 | 2012年 | 2011年 | 2010年 |
|---|---|---|---|---|---|---|
| 湖　北 | 5.30 | 5.33 | 5.38 | 5.47 | 5.34 | 5.32 |
| 湖　南 | 3.19 | 3.23 | 3.29 | 3.37 | 3.25 | 3.24 |
| 内蒙古 | 4.58 | 4.72 | 4.77 | 4.85 | 4.68 | 4.73 |
| 广　西 | 3.32 | 3.45 | 3.50 | 3.58 | 3.41 | 3.46 |
| 重　庆 | 4.93 | 5.06 | 5.11 | 5.19 | 5.03 | 5.08 |
| 四　川 | 6.40 | 6.53 | 6.59 | 6.67 | 6.51 | 6.55 |
| 贵　州 | 11.22 | 11.36 | 11.42 | 11.52 | 11.35 | 11.40 |
| 云　南 | 7.44 | 7.57 | 7.63 | 7.71 | 7.55 | 7.60 |
| 西　藏 | 32.03 | 32.21 | 32.29 | 32.42 | 32.26 | 32.29 |
| 陕　西 | 4.24 | 4.38 | 4.43 | 4.51 | 4.34 | 4.39 |
| 甘　肃 | 10.44 | 10.59 | 10.65 | 10.74 | 10.57 | 10.62 |
| 青　海 | 12.76 | 12.90 | 12.97 | 13.06 | 12.90 | 12.94 |
| 宁　夏 | 7.65 | 7.79 | 7.85 | 7.93 | 7.77 | 7.82 |
| 新　疆 | 2.87 | 3.00 | 3.05 | 3.12 | 2.96 | 3.01 |

# 主要参考文献

## 一、著作

1. [加]查尔斯·泰勒.现代社会想象[M].林曼红,译.南京:译林出版社,2014.

2. [美]罗杰·J.沃恩,特里·E.巴斯.科学决策方法:从社会科学研究到政策分析[M].沈崇麟,译.重庆:重庆大学出版社,2006.

3. [美]维维安娜·泽利泽.给无价的孩子定价——变迁中的儿童社会价值[M].王水雄,译.上海:格致出版社,2008.

4. [美]Jeff Saperstein & Dr. Daniel Rouach.区域财富:世界九大高科技园区的经验[M].北京:清华大学出版社,2003.

5. [美]Martin Carnoy.教育经济学国际百科全书(第二版)[M].北京:高等教育出版社,2000.

6. [美]阿瑟·奥肯.平等与效率——重大的抉择[M].王奔洲,译.北京:华夏出版社,1987.

7. [美]伯顿-克拉克.高等教育新论——多学科的研究[M].王承绪,等译.杭州:浙江教育出版社,2001.

8. [美]大卫·N.海曼.财政学理论在政策中的当代应用(第八版)[M].张进昌,译.北京:北京大学出版社,2006.

9. [美]德里克·博克.走出象牙塔——现代大学的社会责任[M].徐小洲,陈军,译.杭州:浙江教育出版社,2002.

10. [美]菲利普·库姆斯.世界教育危机[M].赵宝恒,李环,等译.北京:人民教育出版社,2001.

11. [美]费雪.州和地方财政学(第二版)[M].吴俊培,总译校.北京:中国人民大学出版社,2000.

12. [美]格罗弗·斯培林,公共部门管理[M].陈宪,等译.上海:上海译文出版社,2003.

13. [美]雷·马歇尔、马克·塔克.教育与国家财富:思考生存[M].顾建新,赵友华,译.北京:中国发展出版社,2003.

14. [美]迈克尔・波特.国家竞争优势[M].李明轩,邱如美,译.北京:华夏出版社,2003.

15. [美]史蒂文・科恩,威廉・埃米克.新有效公共管理者:在变革的政府中追求成功[M].王巧玲,译.北京:中国人民大学出版社,2001.

16. [美]塔尔科特・帕森斯.社会行动的结构[M].张明德,等译.南京:译林出版社,2012.

17. [美]威廉・科萨罗.童年社会学[M].程福财,等译.上海:上海社会科学院出版社,2014.

18. [美]西奥多・W.舒尔茨.教育的经济价值[M].长春:吉林人民出版社,1982.

19. [美]雅各布.明塞尔.人力资本研究[M].张凤林,译.北京:中国经济出版社,2001.

20. [美]珍妮・H.巴兰坦.教育社会学:一种系统分析方法(第五版)[M].朱志勇,范晓慧,主译.南京:江苏教育出版社,2005.

21. [瑞典]里查德・斯威德伯格.经济社会学原理[M].北京:中国人民大学出版社,2005.

22. [英]琳达・岳.中国的增长——中国经济的前30年与后30年[M].鲁冬旭,译.北京:中信出版集团,2015.

23. OECD. Starting Strong IV: Monitoring Quality in Early Childhood Education and Care [M]. Paris: OECD Publishing, 2015.

24. OECD教育研究与创新中心.大趋势形塑教育[M].赵中建,译.上海:华东师范大学出版社,2009.

25. Pelc, S. Marginality and Marginalization. In: Chand R., Nel E., Pelc S. (eds.) Societies, Social Inequalities and Marginalization[M]. Perspectives on Geographical Marginality. Springer, Cham, 2017:13—28.

26. 安格斯・麦迪森.世界经济二百年回顾[M].李德伟,盖建玲,译.北京:改革出版社,1996.

27. 曹青阳.教育现代化与教育情报研究[M].北京:教育科学出版社,2009.

28. 陈国良.中国人力资源开发与教育发展战略研究报告[M].上海:上海人民出版社,2007.

29. 董正华.世界现代化历程・东亚卷[M].南京:江苏人民出版社,2012.

30. 杜成宪,丁钢.20世纪中国教育的现代化研究[M].上海:上海教育出版社,2004.

31. 费孝通.中国文化的重建[M].上海:华东师范大学出版社,2014.

32. 何传启.第二次现代化：人类文明进程的启示[M].北京：高等教育出版社，1999.

33. 何传启.东方复兴：现代化的三条道路[M].北京：商务印书馆，2003.

34. 胡鞍钢，王绍光.政府与市场[M].北京：中国计划出版社，2000.

35. 贾宏燕.教育现代化的“世纪探索”[M].北京：中国时代经济出版社，2010.

36. 联合国教科文组织.2010EFA 全球监测报告——普及到边缘化群体[M].北京：中国对外翻译出版公司，2009.

37. 联合国教科文组织.反思教育：向“全球共同利益”的理念转变[M].联合国教科文组织总部中文科，译.北京：教育科学出版社，2017.

38. 联合国教科文组织国际 21 世纪教育委员会.教育——财富蕴藏其中[M].北京：教育科学出版社，1996.

39. 联合国开发计划署驻华代表处，中国（海南）改革发展研究院.中国人类发展报告 2007/08：惠及 13 亿人的基本公共服务[M].北京：中国对外翻译出版公司，2008.

40. 刘世军、刘建军，等.大国的复兴——国家治理体系与治理能力现代化[M].上海：上海人民出版社，2014.

41. 人民论坛.中国治理：国家治理体系和治理能力现代化[M].北京：中国经济出版社，2014.

42. 上海市教育决策咨询委员会秘书处等.2011 年上海教育发展报告：迈向现代化的上海教育[M].上海：华东师范大学出版社，2011.

43. 世界银行.2006 年世界发展报告：公平与发展[M].中国科学院，清华大学国情研究中心，译.北京：清华大学出版社，2006.

44. 孙国强.2014 全球发展学[M].贵阳：贵州人民出版社，2014.

45. 谈松华，王建.教育现代化区域发展模式研究[M].北京：北京师范大学出版社，2011.

46. 谈松华.教育现代化区域发展模式研究[M].北京：北京师范大学出版社，2011.

47. 谈松华.中国教育现代化的区域发展[M].广州：广东教育出版社，2003.

48. 谈松华.中国教育现代化的区域发展[M].广州：广东教育出版社，2003.

49. 田正平，周谷平，徐小洲.教育交流与教育现代化[M].杭州：浙江大学出版社，2004.

50. 杨国枢.中国人的心理与行为：本土化研究[M].北京：中国人民大学出版社，2004.

51. 尹文耀、张亚鹏.中国分省人口发展与教育现代化[M].杭州：浙江大学出版社，2010.

52. 俞可平.论国家治理现代化[M].北京：北京社会科学文献出版社，2015.

53. 张平海.现代化视野下的中国教育（1862—1922）[M].昆明：云南大学出版社，2006.

54. 中国教育与人力资源问题报告课题组.从人口大国到人力资源强国[M].北京:高等教育出版社,2003.

55. 中国科学院可持续发展研究组.2001 中国可持续发展战略报告[R].北京:科学出版社,2001.

56. 中国现代化战略研究课题组,中国科学院中国现代化研究中心.中国现代化报告2003——现代化理论、进程与展望[M].北京:北京大学出版社,2003.

57. 中国现代化战略研究课题组、中国科学院中国现代化研究中心.中国现代化报告2010——世界现代化概览[M].北京:北京大学出版社,2010.

58. 钟明华,冯增俊.教育现代化的伟大实践—广东教育发展 30 年[M].广州:广东人民出版社,2008.

59. 周稽裘.教育现代化:一个特定历史时期的描述[M].北京:教育科学出版社,2009.

**二、论文**

1. [德]韩博天.通过试验制定政策:中国独具特色的经验[J].当代中国史研究,2010(05).

2. Antikainen, A. In search of the Nordic model in education[J]. Scandinavian Journal of Educational Research, 2016,(03).

3. Budimir, V., Lutilsky, I.D., Idlbek, R. Performance Indicators Development in Function of Higher Education Quality Monitoring[J]. Eurasian Studies in Business and Economics, 2016,(02).

4. Cullen, B.T., Pretes, M. The meaning of marginality: Interpretations and perceptions in social science[J]. Social Science Journal, 2000,(02).

5. Guo, K. Immigrant children in the context of multicultural early childhood education[J]. Journal of Cultural Diversity, 2017,(01).

6. Hartong, S. Between assessments, digital technologies, and big data: The growing influence of 'hidden' data mediators in education[J]. European Educational Research Journal,2016,(05).

7. Kalalahti, M., Varjo, J., Jahnukainen, M. Immigrant-origin youth and the indecisiveness of choice for upper secondary education in Finland[J]. Journal of Youth Studies, 2017,(09).

8. Laoire, C.N., Carpena-Mendez, F., Tyrrell, N.White, A. Introduction: childhood

and migration—mobilities, homes and belongings[J]. Childhood, 2010,(02).

9. Máliková, L., Farrell, M., McDonagh, J. Perception of marginality and peripherality in an Irish rural context[J]. Quaestiones Geographicae, 2016,(04).

10. Ostrom, E. A general framework for analyzing sustainability of social—ecological systems[J]. Science, 2009,(5939).

11. Park, R.E. Human migration and the marginal man[J]. American Journal of Sociology, 1928,(06).

12. Thompson, A., Torres, R.M., Swanson, K., Blue, S.A., Hernández, Ó.M.H. Re-conceptualising agency in migrant children from Central America and Mexico [J]. Journal of Ethnic & Migration Studies, 2019, (02).

13. 鲍寅初.深化素质教育推进教育现代化[J].人民教育,2007(12).

14. 卜玉华.关于"教育现代化理论"从答案到问题的探析[J].华东师范大学学报(教育科学版),1999(02).

15. 陈德中.能动性、反思性与政治[J].现代哲学,2018(05).

16. 陈恩伦,论学习权[J].中国教育学刊,2003(02).

17. 陈桂生."教育理论与实践关系问题"的再认识[J].湖南师范大学教育科学学报,2005(01).

18. 褚宏启.教育现代化的本质与评价——我们需要什么样的教育现代化[J].教育研究,2013(11).

19. 底会娟,王艺芳.发达国家学前教育质量监测体系的比较与启示——以美国、英国、澳大利亚为例[J].现代教育管理,2019(05).

20. 董焱,王秀军,张珏.教育现代化发展评价指标体系研究[J].教育发展研究,2012(21).

21. 冯增俊.广东教育现代化策略探析[J].教育导刊,2007(07).

22. 富晓星,等."教育权利"vs"大城市病"——流动儿童教育获得的困境探究[J].社会学评论,2017(06).

23. 高丙成.我国教育现代化评价指标体系的构建与应用[J].教育科学研究,2019(07).

24. 高丽茹.流动儿童义务教育社会排斥研究[J].西北人口,2015(02).

25. 顾明远.关于教育现代化的几个问题[J].中国教育学刊,1997(03).

26. 顾明远.教育现代化的基本特征及实施策略[J].人民教育,2007(Z2).

27. 顾明远.实现教育现代化的宏伟蓝图——学习贯彻《国家中长期教育改革和发展规

划纲要》[J].北京师范大学学报(社会科学版),2010(05).

28. 顾明远.试论教育现代化的基本特征[J].教育研究,2012(9).

29. 何传启.宏观战略报告摘要:中国教育现代化与上海的使命[J].教育发展研究,2010(Z1).

30. 何传启.现代化科学:现代化发达的原理和方法[J].中国科学基金,2011(02).

31. 胡鞍钢,李春波.知识贫困:新世纪新贫困[J].中国社会科学,2001(1).

32. 胡鞍钢,熊义志.中国的长远未来与知识发展战略[J].中国社会科学,2003(2).

33. 胡伶,范国睿.从关注过程、结果导向到"共享领导":教育政策监测与评估的理论模型构建[J].教育发展研究,2013(04).

34. 胡瑞文.上海要率先实现教育现代化[J].教育发展研究,2010(Z1).

35. 黄宝印,王顶明.探索构建研究生教育质量指数创新研究生教育质量监测与评价方法[J].学位与研究生教育,2019(07).

36. 李鹏,朱德全.监测评估:"互联网+"时代职业教育质量评估体系创新[J].中国电化教育,2018(06).

37. 李伟涛.决策支持视角下的国家教育决策系统功能分析[J].教育发展研究,2018(05).

38. 李伟涛.我国基础教育迈向2035的战略思考[J].中国教育学刊,2018(09)

39. 林尚立.在有效性中累积合法性:中国政治发展的路径选择[J].复旦学报(社会科学报),2009(02).

40. 刘红升,靳小怡.流动儿童的资本禀赋与社会融合研究[J].北京社会科学,2018(05).

41. 刘静,张锦华,沈亚芳.迁移特征与农村劳动力子女教育决策——基于全国流动人口动态监测数据的分析[J].复旦教育论坛,2017(02).

42. 刘希平.深化改革扩大开放加快教育现代化进程[J].中国高等教育,2010(Z2).

43. 刘晓芳,学习权:学校变革的新视角[J].教育理论与实践,2016(17).

44. 刘杨,等.流动儿童歧视、社会身份冲突与城市适应的关系[J].人口与发展,2012(01).

45. 罗云,钟景迅,曾荣光.进城务工人员随迁子女教育公平问题的分配正义与关系正义之考察[J].北京大学教育评论,2015(02).

46. 吕利丹,等.我国流动儿童人口发展与挑战(2000—2015)[J].青年研究,2018(04).

47. 倪晓丰,等.基于GIS的区域义务教育发展监测与应用研究[J].现代教育技术,2019(06).

48. 秦建平,张惠.教育现代化监测指标研究——以四川省成都市为例[J].教育导刊,2012(05).

49. 上海高等教育现代化指标研究课题组，朱益明.上海高等教育现代化框架及其指标的展望[J].教育发展研究，2007(04).

50. 谈松华，王建.珠三角新一轮教育现代化发展调研报告[J].当代教育科学，2006(13).

51. 谈松华，袁本涛.教育现代化衡量指标问题的探讨[J].清华大学教育研究，2001(01).

52. 谈松华.教育现代化的区域发展模式及其机制[J].教育发展研究，2006(13).

53. 檀慧玲，李文燕，罗良.关于利用质量监测促进基础教育精准扶贫的思考[J].教育研究，2018(01).

54. 檀慧玲.新时代我国基础教育质量监测的向度转变[J].教育研究，2018(06).

55. 滕珺.关于中国教育现代化的理论探索——顾明远的教育现代化思想探析[J].教育研究，2008(08).

56. 天津教育现代化研究课题组.关于天津率先基本实现教育现代化目标与指标体系的研究[J].天津教育，2003(04).

57. 吴文胜，李艳华.流动儿童的教育歧视现象及消除对策[J].教育理论与实践，2011(12).

58. 项贤明.比较视野中的教育现代化进程[J].比较教育研究，2007(12).

59. 肖莉娜，何雪松.社会想象的嬗变：理解中国社会转型的认知社会学视角[J].浙江学刊，2019(01).

60. 徐玲.国际教育指标体系的分析与思考[J].教育科学，2004(02).

61. 杨小微.迈向2035：中国教育现代化的目标定位[J].华中师范大学学报(人文社会科学版)，2019(05).

62. 于述胜，王俊明.在积累与反思中深化教育现代化史研究——兼评《中国教育早期现代化问题研究》[J].教育学报，2010(04).

63. 袁晓娇，方晓义.亲子身份认同代沟与流动儿童孤独感：亲子关系的中介作用[J].中国特殊教育，2018(07).

64. 张光珍，等.流动儿童的歧视知觉与学校适应：一项追踪研究[J].心理发展与教育，2016(05).

65. 张康之，张乾友.新市民社会背景下的国家与社会治理[J].文史哲，2011(01).

66. 张力.提高教育现代化水平的重要政策涵义[J].中国高等教育，2007(23).

67. 张炜.治理视域下教师教育现代化评价指标体系框架的构建[J].教师发展研究，2017(04).

68. 张岩，等.歧视知觉与流动儿童社会疏离感的关系：一个有调节的中介模型[J].心理发展与教育，2017(06).

69. 赵丽艳，顾基发.东西方评价方法论对比研究[J].管理科学学报，2000(01).

70. 赵茜，辛涛，刘雨甲.我国基础教育质量监测与评价的现状与趋势——第二届“中国基础教育质量监测与评价”学术年会综述[J].教育研究，2017(09).

71. 钟贞山.以人民为中心的教育现代化：理论、实践与内涵实现[J].国家教育行政学院学报，2018(01).

# 后 记

开展教育现代化的动态监测研究是一项复杂、艰巨、挑战性极强的研究任务。伴随国家教育现代化发展2035目标的设定，规划与政策呈现出综合化，加上我国教育治理能力现代化和参与全球教育治理不断提出新要求，教育现代化监测面临着从提供信息数据转向提供动态深层次支持的迫切需求。为更好地回答这些问题，课题组成员付出了长达五年的努力，从理论嬗变、历史进展、发展现状、国际比较等方面对我国教育现代化发展进行了全方位透视，构建了适合我国国情的教育现代化动态监测指标体系。

本书是集体智慧的结晶。上海市教育科学研究院作为长期从事教育战略研究的单位，集中了大量的人力物力支持此项研究。感谢杜晓利、李伟涛、顾云峰、张珏、王秀军，作为核心组成员，不仅承担了繁重的研究任务，还承担大量的协调工作，使本研究工作能有条不紊地顺利推进；感谢杜瑛、付炜、李芙蓉、田健、董业军、张振助、胡伶、苏娜、魏延志、王瑞德、杨治平、宋天敏、杨晓凤、李金钊、徐静茹的辛劳与努力，使本研究在深度、广度上得以延展。感谢我的博士生柏荣、孙科技、田贤鹏、刘金松、孙闻泽、张曦琳以本研究为基础，在某些方面做深化分析，从不同角度丰富了本研究成果。

感谢何传启、胡鞍钢、蔡舫、童世骏、袁振国等专家长期关注我国教育现代化的推进，并从理论研究视角为本研究提供了真知灼见，对本研究监测指标体系的构建大有裨益。特别是何传启、胡鞍钢、蔡舫等专家还承担了本书部分内容的撰写工作。

感谢华东师范大学、中国教育科学研究院等单位为本研究作出的贡献。

本书的编写和出版得到多方面的支持和鼓励，在此一并致谢！

陈国良

全国教育科学规划国家重点项目“教育现代化的动态

监测及政策调适研究”首席专家

2019年10月18日

图书在版编目（CIP）数据

教育现代化的动态监测及政策调适研究 / 陈国良等著.
— 上海：上海教育出版社，2020.11
ISBN 978-7-5720-0210-6

Ⅰ.①教… Ⅱ.①陈… Ⅲ.①教育现代化 – 研究 – 中国
Ⅳ.①G52

中国版本图书馆CIP数据核字(2020)第231235号

责任编辑 王爱军
特约编辑 余鸿源
封面设计 陆 弦

**教育现代化的动态监测及政策调适研究**
**陈国良 杜晓利 李伟涛 等著**

出版发行 上海教育出版社有限公司
官 网 www.seph.com.cn
地 址 上海市永福路123号
邮 编 200031
印 刷 上海展强印刷有限公司
开 本 787×1092 1/16 印张 19
字 数 356 千字
版 次 2021年3月第1版
印 次 2021年3月第1次印刷
书 号 ISBN 978-7-5720-0210-6/G·0164
定 价 98.00 元

如发现质量问题，读者可向本社调换 电话：021-64377165